21세기 창조경제의 꽃

경제민주화
자유와 평등의 조화

경제민주화
자유와 평등의 조화

펴낸날   초판 1쇄 2013년 4월 5일
         초판 2쇄 2013년 5월 1일

지은이   이춘구
펴낸이   서용순
펴낸곳   이지출판

출판등록 1997년 9월 10일 제300-2005-156호
주 소   110-350 서울시 종로구 운니동 65-1 월드오피스텔 903호
대표전화 02-743-7661 팩스 02-743-7621
이메일   easy7661@naver.com
디자인   박성현
마케팅   서정순
인 쇄   꽃피는청춘(주)

값 25,000원

ISBN 978-89-92822-98-5 93300

※ 잘못 만들어진 책은 바꿔 드립니다.

이 도서의 국립중앙도서관 출판시도서목록(CIP)은 e-CIP홈페이지(http://www.nl.go.kr/ecip)와 국가자료
공동목록시스템(http://www.nl.go.kr/kolisnet)에서 이용하실 수 있습니다.(CIP제어번호: CIP2013001632)

ECONOMIC DEMOCRACY
BALANCE OF LIBERTY & EQUALITY

경제민주화
자유와 평등의 조화

법학박사 이춘구 지음

이지출판

올바른 경제민주화의 실현을 위해

2012년 대선 정국을 뜨겁게 달구었던 경제민주화 논쟁은 여전히 많은 사람들의 초미의 관심사다. 우리 집에서도 마찬가지다. 두 아들과의 대화에서 자주 화제에 오르곤 하기 때문이다.

경제민주화 논쟁은 자유와 평등의 전쟁이라고도 할 수 있다. 우리 대한민국은 정치적으로 자유민주주의를 기본으로 하고 경제적으로는 수정자본주의를 바탕으로 하고 있다. 그러나 지금 경제민주화를 주장하는 대부분의 경제주체들, 그리고 정치권까지 경제적 평등에 매몰되어 가는 게 아닌가 하는 생각이 든다. 경제적 자유를 주장하는 목소리는 대기업 중심의 전국경제인연합회 등에 국한되고 있다.

이 같은 논쟁은 우리에게 선택을 강요하고 있다. 우리는 경제활동면에서 국가로부터의 자유와 국가로의 예속의 기로에 서 있는 것이다. 국가로부터의 자유는 자유롭게 재산권을 소유하고 영업과 기업 등 경제활동을 펼치는 일이다. 궁극적으로는 우리 경제의 지속가능한 성장을 실현하여 공동체의 번영을 이룩하자는 것이다.

국가로의 예속은 평등을 강조하는 것으로 기회 균등의 차원을 넘어 결과의 균등까지를 주장하며, 이는 보편적 복지를 추구하는 것이다. 평등 논리는 부유세를 비롯한 증세 논쟁의 배경이 되고 있다. 지금처럼 경제적 평등을 강조하다 보면 결과적으로 국가로의 예속의 길을 가는 것이나 마찬가지가 아닌가? 경제민주화를 이룩하기 위해서는 이 같은 관점에서 자유와 평등을 어떻게 조정할 것인가를 선택해야만 한다.

현실적으로는 부익부 빈익빈 현상으로 양극화가 심각해지고 있다. 대기업이 골목상권까지 휩쓸고, 동네 빵집과 커피숍까지 진출하는 현상을 어떻게 해야 할까? 더 나아가 대기업과 중소기업의 분쟁, 소비자 권익의 침해, 노동3권의 약화, 비정규직 근로자들의 생존권 보장 소홀 등도 갈등을 고조시키고 있다.

여기서는 대기업 등 경제적 우월자의 횡포와 권력 남용에 대한 규제가 시급한 과제가 되고 있다. 이에 대해 순환출자 금지를 비롯해 출자총액 제한, 금산분리, 대기업 총수의 불법에 대한 형사처벌 강화 등이 논의되거나 입법이 추진 중이다. 이 과정에서 경제적 평등의 실현이 강조되고 있다.

이에 반해 소유권 보호와 기업활동의 자유 등 경제적 자유의 확충과 보장은 소홀히 취급되는 것이 문제이다. 이구동성으로 경제민주화 하면 경제적 평등만 강조되고 있다. 경제적 자유 없이 경제적 평등을 이룰 수는 없다. 소유권을 기초로 하는 기업활동의 자유 없이 경제적 평등을 말할 수 있을까? 생산과 유통의 중심인 기업이 왕성하게 활동하며 지속적으로 발전해 나갈 때 비로소 경제적 평등을 주장할 수 있는 근거가 생긴다. 공정하게 분배하고 노동과 자본의 가치가 정당하게 평가될 때 경제적 평등을 주장할 수 있다.

우리 자본주의는 1960년대 이후 추진된 산업화 과정에서 급속도로 발전하였다. 정부가 수출입국 정책을 펴면서 대기업이 탄생하고, 경제발전을 앞당기게 되었다. 하지만 이 과정에서 저임금과 세계 최장의 노동시간 등 근로자들의 희생은 과소평가되고 있다. 물론 자본가의 탁월한 경영능력과 세계 시장으로의 과감한 도전 등은 높이 평가받을 만하다. 이를 바탕으로 우리가 세계 10위 경제대국으로 발돋움할 수 있었다. 그래도 기업과 우리 경제를 살리기 위해 노력해 온 근로자에 대한 분배와 보상은 인색하다는 비판이다.

우리 기업들은 대부분 산업화 과정에서 정부의 지원을 전폭적으로 받았다. 그러나 지원을 받은 만큼 규제도 크다. 정부 중심의 성장정책을 펴다 보니 규제가 하나의 문화로 자리 잡게 된 것이다. 이것이 우리 경제의 발목을 잡고 있다. 이에 대해 경제계뿐 아니라 학계에서도 꾸준히 규제 완화를 주창하고 있다. 규제를 완화하고 기업활동의 자유를 확대하겠다는 것이 산업화 이후 역대 정부의 주요 정책과제가 되고 있다.

그러나 구호에만 그친 때문인지 하나의 기업을 설립하고 경제활동을 하는 데는 여전히 규제 조항이 많다. 이처럼 기업활동을 규제하고서는 경제성장을 제대로 이루지 못하고 더 나아가 분배도 어렵게 될 것이다.

우리는 산업화 과정에서 경제를 발전시키며 독재에 대한 투쟁을 끊임없이 벌여왔다. 그 결과 1987년 6·10항쟁을 통해 정치적 민주화를 이루어 냈다. 곧 산업화와 민주화를 동시에 이룩한 것이다. 그후 25년이 지나면서 경제민주화에 대한 욕구가 분출하게 되었다. 앞서 얘기한 바와 같이 경제적 모순이 심화되면서 경제민주화 논쟁이 거세게 일고 있다. 헌법 제119조에 경제 조항을 두고 특히 제2항에서는 경제민주화를 규정하고 있지만 개념조차 통일되지 못하고, 개별법에서도 경제민주화에 능동적으로 대처하지 못하고 있다.

경제민주화를 부정하는 입장도 있다. 그러나 우리 국민은 경제민주화를 정치민주화만큼 열망하고 있다. 정치민주화를 이룬 만큼 이제는 경제민주화를 이룩해야 한다. 이를 실천하기 위해서는 정치민주화의 경험과 철학이 경제민주화로 고스란히 옮겨져야만 한다. 이 같이 판을 바꿔야만 우리 경제가 올바르게 성장하고, 개별 경제주체들도 건전하게 유지될 것이다. 이것은 근로자와 대기업, 중견기업, 중소기업, 소비자와 정부에 이르기까지 동등하게 균형적으로 추진되어야 한다. 그러나 경제의 특수성, 즉 경영상의 고도의 판단이 존중되어야 하며, 소유권과 경제활동의 자유 보장 등과 조화를 이루어 나가야 할 것이다.

경제민주화도 궁극적으로는 헌법을 비롯해 행정법, 민법, 상법, 형법 등 법체계 안에서 제도화되어야만 하며, 경제학을 비롯해 정치학, 사회학, 철학 등 여러 학문의 융복합적 접근을 통해 이론체계가 완성되어야 한다.

나는 이 책에서 저널리즘적 접근을 기초로 경제민주화의 이론체계를 구축하려고 한다. 공법 이론상 경제민주화를 본격적으로 다룬 저서나 논문이 없는 게 아쉬워 경제학 중심으로 경제민주화 개념을 정리하고자 한다. 신자유주의적 접근이라는 비판도 있을 수 있지만 자본주의 경제, 시장경제를 통해 경제민주화는 이룩될 수 있다고 본다. 수요와 공급의 법칙이 이루어지면서 유효수요를 창출하는 것이 경제민주화의 요체이다.

따라서 미국과 독일, 프랑스 등 선진국의 헌법과 행정법 등 공법체계와 우리 헌법상 경제질서와 공법이론 등을 정리했다. 또 우리 헌법의 연원과 조소앙의 삼균주의, 이승만의 일민주의 등의 연구를 통해 경제민주화의 방향성을 정립하려고 했다.

특히 주목했던 것은 학자들의 학문적 배경이다. 미국에서 공부한 학자들과 유럽, 즉 독일에서 공부한 학자들은 공법상 경제질서에 대해 각기 다른 입장을 보이고 있다. 미국 학파들은 자유민주주의와 수정자본주의 입장에 서 있고, 독일 학파들은 사회민주주의와 사회국가적 시장경제 질서를 강조한다. 특정 학파의 이론에만 치우치기보다는 우리 헌법과 행정법 등 공법이 취하고 있는 입장을 원천적으로 밝히려고 한다. 즉 우리 법체계를 정확하게 객관적으로 이해하고 정리함으로써 헌정 질서의 혼란을 방지할 의무가 공법학계에 있다고 본다.

그리고 경제민주화를 주장하는 개별 경제주체들과 양대 정당, 정부의 입장을 비교적 자세히 살펴보았다. 경제주체들의 주장을 객관적으로 비교 검토함으로써 우리 주권자들이 최종적으로 선택해야 할 경제민주화의 기준을 제시하려고 한다. 현행 법체계를 존중하는 한편 입법론적으로 우리가 가야 할 방향을 놓치지 않아야 한다.

경제민주화는 곧 자유와 평등의 균형적 실현이다. 여기에 프랑스 혁명의 주요한 가치인 박애를 강조하지 않을 수 없다. 박애는 우리의 개국 이념인 홍익인간(弘益人間), 재세이화(在世理化)와 상통한다. 인간세계를 널리 이롭게 하자는 홍익인간의 철학은 자유와 평등을 바탕으로 국가를, 더 나아가 인류 사회를 발전시키자는 것이다. 개방성과 창의성, 사회적 정의, 균형감각, 인도주의를 그 기둥으로 하고 있다. 재세이화의 철학 또한 이치로써 세상을 교화하고 다스리자는 것이다. 이치가 무엇인가? 이성과 자연법, 학문과 교육, 예의염치와 실정법이 이치의 핵심이다. 세계 어느 나라에서도 이와 같이 사해동포주의(cosmopolitanism)를 건국 이념으로 내세운 바가 없다.

경제민주화도 궁극적으로는 우리의 이상(Idea)을 현실 사회에서 실천하려는 것이다. 노사가 공동으로 행복하고, 대기업과 중소기업이 그리고 소비자와 생산자가 함께 번영하는 게 우리의 이상이다. 우리의 이상을 실현하기 위한 방편으로 경제민주화를 논의하는 것이다. 경제민주화는 수단이지 그 자체가 목적일 수는 없다. 지나치게 집단논리에 빠지지 아니하고, 서로 양보하고 타협하며 경제민주화의 길을 열어가야 한다. 경제민주화 논쟁을 이끌고 가는 각 경제주체들은 절호의 기회를 잘 살려 나가야 한다. 앞서 정치민주화를 이룩했듯이 경제민주화도 이루어 내야만 한다.

이 책을 내게 된 것은 각자 다른 소리를 하는 데 대한 공법학도로서, 언론인으로서의 우려가 단초가 되었다. 자칫 논쟁으로 우리 사회가 또다시 분열하는 게 아닌가 하는 염려도 모른 체할 수 없었다. 이 논쟁에 참여한 모든 경제주체들의 주장을 살펴보면서 타협과 조정의 길을 찾을 수 있겠다는 생각이 든다. 집단논리를 이성과 화해와 조정의 논리로 전환하자는 것이 이 책의 목적이다.

이 책이 나오기까지 많은 분들의 도움이 있었다.

전북대학교 서거석 총장님은 학문적 열정을 되살려 주며 어려운 고비 때마다 일으켜 세워 주었다. 법학전문대학원 백종인 교수님은 지도교수로서 전편에 걸쳐 방향을 잡아 주고 용기를 북돋아 주었다. 군산대학교 김충묵 교수님은 전체적인 이론의 틀과 연구 방향을 잡아 주었다. 우석대학교 김희곤 교수님은 헌법상 경제민주화에 관한 이론체계를 세우도록 했다. 전북대학교 법학전문대학원 김용섭 교수님은 여러 학회를 주관하면서 최신 논문과 자료를 직접 챙겨 주었다. 특히 경제민주화와 관련해 박근혜 정부의 공법적 과제에 대해서 깊게 지도해 주었다. 조성규 교수님은 연구의 전반적인 체계를 세워 주면서 경제민주화를 직접 실천할 수 있는 입법론적 연구와 경제행정의 발전 방향을 제시해 주었다.

친구인 전북대학교 신기현 교수님과 후배인 정영선 교수님은 연구 전체 과정에서 늘 나침반 역할을 해 주고, 후배인 김용 교수님은 바쁜 가운데서도 전국의 막대한 자료를 직접 챙겨 주었다. 권정림 선생님은 늘 자유로운 시각에서 경제민주화를 연구할 수 있도록 방향을 교정하고 자료를 정리해 주었다. 이정우 선생님은 늘 대화하고 정신적으로 이끌어 주며 힘들 때마다 용기를 북돋아 주었다. 전북대학교 법학전문대학원 유종민 박사님은 최종 정리를 도맡아 주었으며, 가족인 오미화, 이의철, 이호철과의 대화는 좀 더 현실적이며 깊이를 더하게 해 주었다.

이 책을 내게 된 것은 경제민주화를 염원하는 신나라레코드 김기순 회장님과 이지출판사 서용순 대표님의 결심에 따른 것이다. 이지출판사 여러분의 노고로 이 책이 더욱더 빛을 발하고, 우리가 함께 염원하는 경제민주화가 한층 앞당겨질 것이다.

2013년 3월 인왕산 서실에서

눌제(訥霽) 이춘구(李春求)

| 차례 |

제1부

왜 경제민주화인가

경제민주화는 만능이 아니며, 헌법을 비롯한 일정한 공법적 틀 안에서 논의되어야 한다. 민주주의는 자유와 평등의 갈등 국면에서 성숙하게 된다. 정치면에서 이룩한 자유민주주의를 경제면에서 평등민주주의로 질적 전환을 이룩해 내야 할 과제를 안게된 것이다. 즉, 정치민주주의를 경제민주주의로 이동(shift)시켜야만 한다.

지금 대한민국은 경제민주주의, 경제민주화(economic democracy) 논쟁에 휩싸여 있다. 즉 경제민주화는 대한민국의 시대정신이 되었다. 그런데 경제민주화에 대한 국민의 목소리가 제각기 다르다. 민주주의의 양축인 자유와 평등이 균형을 유지해야 하는데 평등 쪽으로 치우친 감이 없지 않다. 우리는 냉철하게 경제민주화의 핵심을 파악하고 올바른 경제민주화 실천을 위해 국민적 에너지를 쏟아야만 한다.

　정치권에서부터 시작된 경제민주화 논쟁이 노동계, 경제계, 시민사회단체는 물론 공법학계에까지 번지고 있다. 공법학계는 이 분야와 관련해 아직 본격적으로 연구가 이루어지지 않고 있다.[1] 경제학뿐 아니라 정치학, 사회학 등 여러 학문 분야에서도 경제민주화를 주제로 뜨겁게 논쟁이 펼쳐지고 있다.

　경제민주주의에 관해 주목하지 않을 수 없는 것은 대한민국 경제질서에 관해 기본적 틀을 어떻게 이해하고 발전시켜 나가야 하는 문제와 연결

---

[1] 2012년 하반기에 각 공법학회가 경제민주화에 관해 서론적 학술발표회를 열기 시작했다.
　한국공법학회 · 한국행정법학회 · 한국국가법학회 : 차기정부의 공법적 과제, 2012. 10. 27
　한국국가법학회 · 전북대학교 법학연구소 : 사회통합과 공법적 과제, 2012. 12. 8
　한국행정법학회 · 한국법제연구원 : 공생발전을 위한 행정법의 대응, 2012. 12. 15

되어 있기 때문이다. 경제민주주의는 또 경제 분야에만 그치는 것이 아니라 정치와 노동, 자본, 사회 등 모든 분야에 영향을 미치게 된다.[2] 경제민주주의는 헌법의 기본적 질서인 자유민주주의(liberal democracy)와 떼려야 뗄 수 없는 관계이다.

그런데 지금 왜 경제민주주의를 주장하는가? 대기업과 가진 자들의 경제력은 갈수록 커지는 데 비해 중소기업과 가지지 못한 자들의 경제력은 갈수록 위축되기 때문이다. 경제력 집중으로 인한 폐해를 현행 법체계가 규율하지 못하는 데 대한 반작용이다. 40여 년의 산업화 과정에서 대기업은 공룡처럼 부를 축적해 국가 사회에 엄청난 영향력을 발휘하고 있다. 정부가 통제할 수 없을 정도로 자산규모가 커진 데다 경제를 주도하는 수출 비중도 절대적이다.

삼성의 시가총액이 341조 원(2012. 12. 13)으로 2013년도 정부예산 342조 원과 비슷한 규모이다.[3] 이에 비해 노동계급은 자본으로부터 소외되고 분배의 불공평성이 심해져 입지가 축소되고 있다. 자본과 노동의 불균형, 대기업과 중소기업의 불공정, 기업과 소비자의 갈등 등의 문제가 갈수록 증폭되고 있고 계층간 양극화가 심화되고 있다. 이 같은 현상을 그대로 둘 경우 자유시장 경제질서가 무너지고 헌정질서마저 위협받게 될 것이다.

대한민국은 1948년 공화국 수립 이후 암울한 독재시대를 거친 뒤 1987년 6·10항쟁을 계기로 민주화의 길로 들어섰다. 이를 계기로 서구적 자유민주주의가 헌정 기본질서로 자리 잡게 되었다. 경제면에서 민주주의는 1987년 헌법 제119조 제2항에 경제민주화를 명문화하면서 헌법상 경제질서를 지배하는 원리가 되고 있다. 다만 1987년 이후 특별한 논의가 없다가 헌법 개정이 거론될 때마다 경제계와 노동계의 갈등이 두드

---

2 정치민주화와 경제, 사회민주화에 관해서는 제4부에서 보는 바와 같이 독립적으로 보는 견해가 유력하게 제기되고 있다.
3 기획재정부, 2013년 정부예산

러지게 나타나곤 했다.

　그러나 2012년 제18대 대통령선거를 계기로 거대 자본에 대한 적절한 통제와 양극화 해소, 노동의 자본 참여, 동반성장 등의 관점에서 여야 간 치열하게 입법 전쟁이 펼쳐지고 있다. 새누리당은 기업의 자유와 재산권을 존중하면서 공정거래질서를 확립해 영세 상공인과 근로자들을 보호하려는 데 중점을 두고 있다. 현행 헌법과 행정법상 경제질서를 중시하는 것이다.

　민주통합당은 거대자본의 통제에 중점을 두면서 부의 편중 현상을 시정하고 노동의 참여를 확대하는 한편 세제 측면에서 소득분배의 불균형을 해소하는 데 역점을 두고 있다. 상당 부분 자유시장 경제를 바탕으로 하는 헌법상 경제질서를 뛰어넘어 헌법과 마찰의 소지를 안고 있다.

　경제민주화는 만능이 아니며, 헌법을 비롯한 일정한 공법적 틀 안에서 논의되어야 한다. 민주주의는 자유와 평등의 갈등 국면에서 성숙하게 된다. 정치면에서 이룩한 자유민주주의를 경제면에서 평등민주주의로 질적 전환을 이룩해 내야 할 과제를 안게 된 것이다. 즉 정치민주주의를 경제민주주의로 이동(shift)시켜야만 한다.

1. 지속가능한 경제질서

　경제민주주의(Wirtschaftsdemokratie)와 경제민주화(Wirtschaftsdemokratisierung)는 개념상 약간의 차이가 있다. 경제민주주의는 정치민주주의와 마찬가지로 경제면에서 자유와 평등이 조화를 이루는 체제를 가리킨다. 경제민주화는 이 같은 경제민주주의를 이룩해 나가는 과정을 말한다. 여기에서는 경제민주화의 궁극적인 지향점을 경제민주주의로 보기 때문에 보다 포괄적으로 경제민주화 개념을 쓰기로 한다.

　먼저 경제민주화 논의의 배경을 철저히 분석해 본다. 법 이론은 법 현실을 떠나서 존재할 수 없으며, 현실을 떠난 법 이론은 공허한 논리에 그치고 만다. 경제민주화를 요구하는 경제주체들, 즉 근로자와 사용자, 대기업과 중소기업, 생산자와 소비자, 대형유통업체와 중소상인, 경제단체와 시민단체, 노동조합 등 여러 주체들의 주의주장을 있는 그대로(da sein) 통찰해야 한다. 결국 논의의 배경을 살핌으로써 국민적 타협 방향을 찾고, 입법을 올바르게 하며, 집행의 효율성과 법적 안정성을 도모하게 될 것이다.

둘째, 대한민국이 채택하고 있는 자유민주주의와 자본주의 경제질서의 공법적 기초를 살펴본다. 최근 교과서 논쟁에서 촉발된 민주주의 논쟁의 핵심을 자세히 짚어보고 대한민국의 헌정질서를 올곧게 세울 수 있는 방안을 찾고자 한다. 우리 헌법과 행정법은 결국 자유민주주의를 정치적 질서로 채택하고, 이를 바탕으로 경제면에서도 자유와 평등이 조화를 이루는 자본주의의 건전한 발전을 도모한다.

역사적으로 상당 기간 자유민주주의가 침해를 당하고, 자본주의가 정부 주도로 발전된 측면이 강하다. 비록 이 같이 굴곡의 역사를 가지고 있다고 해서 우리가 추구하고자 하는 자유민주주의의 이상과 자본주의 경제질서를 결코 부정할 수는 없다. 서구 사회가 겪은 시행착오를 우리는 단기간 내에 극복해야만 한다. 여기서 경제민주화의 필요성이 새삼 강조된다.

셋째, 경제민주화에 관한 헌법적 이론 토대를 다시 세움으로써 헌법의 규범력을 확립하며, 논쟁에 따른 혼동의 소지를 줄이고자 한다. 경제민주화를 지탱하는 경제질서는 자본주의적 시장경제질서에서 사회적 시장경제질서로의 이행(移行)이다. 사회적 시장경제질서는 근본적으로 수정자본주의의 통제경제(controlled economy)라는 점을 밝혀 둔다. 경제민주화는 또한 사회국가원리에서 비롯되는 것으로 본다. 사회급부적 성격의 복지국가와는 구별지어야만 경제민주화의 실체를 정확히 이해하게 될 것이다.

넷째, 경제민주화를 실행하는 정부의 경제행정을 살피고, 올바른 경제민주화 방향을 모색한다. 경제행정에 민주주의와 법치주의 원칙이 적용됨으로써 경제민주화의 길을 가게 될 것이다. 경제질서 규제와 경제활동 규제, 대외경제 규제라는 큰 틀에서 개별 행정법의 경제민주화 방향을 모색하고자 한다. 대형유통업체와 골목상권의 갈등조정 방안을 비롯해 독점 규제, 하도급 공정화, 금산분리, 증권거래질서 규제방안 등을 구체적으로 살펴본다.

다섯째, 경제민주화의 제도화를 위한 입법 방향을 제시하고 양당제로의 이행 과정에서 양대 정당의 정강정책과 입법태도를 비교 검토한다. 새누리당은 공정거래를 위한 시장경제질서 확립을 단계적으로 추진하자는 것이고, 민주통합당은 대기업 개혁을 기본으로 경제성과를 공정하게 분배하자는 입장이다. 구체적으로 경제적 약자의 보호, 공정거래법 집행체계 개선, 대기업의 불법에 대한 법적 대책, 기업 지배구조 개선, 금산분리 강화 등을 진단해 본다.

여섯째, 이명박 정부의 경제민주화를 바라보는 원칙과 시각을 기초로 박근혜 정부가 수행해야 할 경제민주화 과제를 제시한다. 양당이 기본적으로 비슷한 법적 태도를 보이고 있다. 그러나 친기업 정책을 편 것으로 평가받는 이명박 정부에 비해 박근혜 정부는 조금 더 대기업의 개혁과 중소기업 보호, 공정거래, 분배구조 개선 등에 중점을 두게 될 것이다. 아울러 지속가능한 성장을 위한 일자리 창출과 계층 간 갈등 해소에 주력할 것이다. 이는 박근혜 정부 홀로 추진할 수 없는 것이며, 양대 정당의 타협과 각 경제주체들의 이해와 양보, 타협이 있어야 가능하다. 우리는 이 시점에서 대한민국 경제민주화를 위해 대사회협약(grand social contract)을 맺도록 해야 한다.

2. 경제민주화 논의 범위와 방법

경제민주화는 지금 논의되는 것처럼 무제한적인 것인가? 나는 경제민주화의 실체를 공법적 입장에서 살펴보고 대한민국의 자유민주주의를 한 단계 더 발전시키는 법리를 모색하는 데 초점을 맞추려 한다. 자유시장 경제질서를 더욱더 공고히 하고 경제민주화를 실질적으로 구현하고자 하는 방안을 검토한다. 이는 대한민국의 정치적 기본질서인 자유민주주의와 경제적 기본질서인 자본주의를 좀 더 건강하고 굳건하게 확립시키자는 것이다. 대한민국의 기본질서인 자유민주주의와 자본주의를 훼손하면서 경제민주화를 운위하는 것은 헌법 파괴적일 수도 있기 때문이다.

또한 경제민주화의 범위와 한계를 공법학적 견지에서 살펴본다. 이에 따라 경제민주화를 둘러싼 헌법과 행정법 등 공법 이론의 전개 과정을 천착하는 데 중점을 두고 경제민주화와 관련된 법률안을 입안하는 과정과 논점 등을 종합적 견지에서 접근하고자 한다. 전반적으로 국내외 학설을 비교하고 헌법재판소, 법원 판례 등을 검토함과 동시에 경제학을 비롯한 정치학, 사회학, 철학 등 학문 간 융복합적 관점에서도 접근을 시도하고자 한다.

공법학계에서 자세히 시도된 바 없는 경제학적 분석을 통해 경제민주화 개념이 형성되는 과정을 살펴보면서 자본주의의 발달과 노동의 가치 실현, 유효수요의 유지와 성장, 시장경제의 작동과 실패, 자본의 특성, 법인자본주의 그리고 제국주의 내지 군국주의의 등장으로 인한 세계 질서의 혼란 분석 등에 중점을 두려고 한다.

따라서 경제민주화의 논의 배경이 되는 사회 양극화를 비롯해 대기업으로의 경제력 집중, 노동 현실 등의 문제를 각종 여론조사를 통해 실증적으로 접근해 본다. 공법학이 순수 이론학문에서 저널리즘적 접근법으로 방법론을 넓히는 계기를 마련하면서 시의성과 적절성을 따져 보겠다.

그리고 헌법의 연원과 역사적 전개 등을 통해 헌법에서 일관되게 유지되며 발전하는 경제질서의 기본을 규명해 본다. 대한민국 헌법의 탄생 과정에서 건국의 아버지들이 경제질서에 관해 어떻게 생각했는가 하는 문제를 비롯해 역대 헌법에서 이 생각이 구현되는 과정, 개별 행정법에서 나타나는 제도와 문제 등을 살펴볼 것이다.

또한 행정법적 측면에서 학설의 전개와 실제 법규, 경제행정 현상에 대해서도 주목한다. 시민단체와 노동계, 경제계에서 분출하고 있는 경제민주화 입법 요구와 실제로 입법 책임을 지고 있는 정당들의 정책을 입법정책적 관점에서 진단해 본다. 나아가 이명박 정부의 경제민주화에 대한 인식을 분석하고 박근혜 정부의 과제 등을 제시해 보겠다.

제2부

경제민주화의 개념

경제민주화는 동등한 인간의 권리로부터 시작된다. 자본주의자의 직함은 배타적이며 소극적이다. 그것은 공동체나 근로자, 국가로부터 간섭받지 않고 다른 사람의 노동으로부터 이윤을 얻는 유산층의 권리이다. 동등한 인간의 권리는 포괄적이며 적극적이다. 그것은 사회적 산품의 공정한 배분, 교육과 기술훈련, 고용기회의 공정한 배분에 대한 각자의 권리이다. 또한 그들의 공동체의 경제적 결정에 있어서 소리를 내고 평등하게 투표하는 데 대한 모든 주민의 권리이다.

ECONOMIC DEMOCRACY

제1장

경제민주화 용어의 어원

    현행 헌법의 경제질서는 자유시장경제를 기본으로 하면서 사회정의와 경제민주화의 실현을 기본 목표로 한다. 헌법 제119조 제1항은 '대한민국의 경제질서는 개인과 기업의 경제상의 자유와 창의를 존중함을 기본으로 한다'고 규정한다. 제2항은 '국가는 균형 있는 국민경제의 성장 및 안정과 적정한 소득의 분배를 유지하고, 시장의 지배와 경제력의 남용을 방지하며, 경제주체 간의 조화를 통한 경제민주화를 위하여 경제에 관한 규제와 조정을 할 수 있다'고 한다. 제1항은 경제상 자유를, 제2항은 경제상 평등을 강조하는 것으로 볼 수 있다. 자유가 우선이며, 평등은 자유의 남용과 부작용을 예방하기 위한 안전장치인 셈이다.

1. 경제민주화 용어의 등장

    경제민주화라는 용어는 19세기 말 영국의 Webb 부부가 산업민주주의(industrial democracy)를 제기한 데서 비롯되었다.[4] 산업민주주의는 democracy in industry 또는 economic democracy로 불리기도 하는

---

4 G. C. Field, Political Theory, Methuen&Co Ltd, 1963, p. 143

데, 그들이 이 말을 사용한 것은 어느 산업현장의 노동조합 활동에 특별히 초점을 맞춘 것이다.

이 용어는 점차 정부 영역으로 확산되었으나 경제민주화 개념은 매우 모호하다.[5] 부나 소득의 평등을 의미하기도 하고, 정부와 관련이 없다고 한다. 독일에서는 1차 세계대전 후 사회민주당이 먼저 경제민주주의를 주창했다.[6]

이 같은 서구의 경제민주주의는 대체로 기업의 소유나 경영에서의 노동자 참가를 목표로 삼았다. 종업원지주제나 독일의 노사공동결정제가 그런 흐름에 따른 제도이다. 반면에 일본에서는 2차 세계대전 패전 이후 미군에 의해 단행된 재벌개혁, 농지개혁, 노동개혁을 경제민주화라고 칭했다. 사회주의적 개량 요소가 포함된 서구의 경제민주화와는 달리, 낡은 경제 시스템을 자본주의 질서에 적합하게 변혁한 것이 일본의 경제민주화였다고 할 수 있다. 일본의 전후 고도성장에는 이런 경제민주화가 크게 기여했다. 우리나라도 일본과 비슷한 과정을 겪고 있다고 하겠다. 결국 각국이 처한 상황에 따라 구체적인 내용이 달라질 수밖에 없는 것이 경제민주화의 실체이다.

사회주의자들은 새로운 사회주의의 이상을 경제민주화(economic democracy)라 한다.[7] 그들이 말하는 경제민주화는 적어도 대기업이나 금융기관과 같은 경제체제가 정치적 통제 하에 종속되는 것을 말한다. 그들은 농민, 협동조합, 소기업 그리고 자유주의 정체의 몇몇 기관들을 위해서 시장에 대한 정부 행동에 관해 약간의 제약을 인정하지만 경제체제로부터 정치체제를 분리시키려 하지 않는다. 사회주의의 도덕·문화 가치라는 명분 아래 경제체제를 정치체제에 종속시키고자 하는 것이다.

5 G. C. Field, op cit, 144p : 'Economic democracy' is a particularly vague term.
6 김기원, '경제민주화' 낱말풀이, 한겨레, 2012. 9. 6
7 Michael Novak, The Spirit of Democratic Capitalism, Simon and Schuster Publication, 1982 (김학준·이계희 역, 민주자본주의의 정신, 을유문화사, 1983) 127쪽

그들은 이러한 통일적인 사회주의적 질서는 분권화되고 또 민주화될 것이라고 말한다. 만일 그렇게 된다면 사회주의 질서는 자유시장과 똑같은 선택을 해야 한다. 그들은 사회주의적 가치를 지키기 위해 궁극적으로는 강제적인 국가권력을 이용하지 않으면 안 될 것이다.

한편 경제민주화는 경제학 교과서에 등장한 일이 없는 신조어라는 지적도 있다.[8] 이것은 학문의 발달에 따라 준거기준이 진화하고 상황이 변하는 것을 인정하지 않는 것과 같다. 경제민주화와 관련된 개념들이 최근에 비로소 주류 경제학의 연구 대상이 되기 시작한 것은 사실이다. 공법학계에서도 이 같은 흐름을 반영해 경제학과 경제민주화 이론의 변천을 살피기 시작했다.[9] 여기서는 고전학파(Classic School), 케인즈학파(Keynesian School)와 신케인즈학파(Neo-Keynesian), 시카고학파(Chicago School), 신자유주의(Neo-Liberalism)로 나누고 있다. 우리의 경우 조세부담과 관련된 재정 민주주의, 저개발 부문과 소득 하위계층과 동반성장, 중산층까지도 포함하는 포용적 성장 등의 내용이 경제민주화 개념의 구성요소로 거론되고 있다.

2. 경제민주화 개념의 형성

서구에서는 경제민주화 개념이 자본주의 경제발전 과정을 통해 형성되는 것으로 보고 있다. 중세 토지경제에서 근대 산업경제로 경제체제가 바뀌는 과정에서 경제민주화가 이룩되기도 하고 위협을 받기도 했다는 것이다. 특히 자본주의로의 체제 변화로 경제민주화가 대두되기 시작했다. 학자들은 중세적 재산권이 근대적 자본으로 고스란히 계승되면서

---

8 표학길, 경제민주화, 구체적 청사진이 필요하다, 조선일보, 2012. 9. 10
9 지성우, 경제민주화 논의의 규범적 의의와 실천적 지향점에 대한 헌법적 관점에서의 재해석, 공생발전을 위한 행정법의 대응, 한국행정법학회 · 한국법제연구원 행정법분야 연합학술대회, 2012. 12, 126-129쪽

자본의 노동임금 착취와 저임금 구조, 자본의 이윤 극대화, 노동의 유효 수요 감소 등으로 결국 근로자 대다수가 경제적 의사결정에서 배제되고 빈곤에 빠지게 되었다고 해석한다. 이에 따라 경제민주화가 위기를 맞게 되어 이에 대한 입법적 대책을 마련해야 한다.

(1) 자본주의 경제민주화

영국의 Clifford Hugh Douglas는 저서 *Economic Democracy*에서 체제는 사람들을 위해 만들어진 것이지 사람이 체제를 위하는 것은 아니라면서 경제 전 과정을 통해 민주화 방안을 제시했다.[10] 인간의 이익은 자기발전적이며, 신학적이든 정치적이든 또는 경제적이든 모든 체제 위에 있다고 본다. 인간에 있어서 어떤 변화가 이루어지든 나쁜 체제는 여전히 나쁜 체제라는 것이다.

실업과 경제적 악화, 실업 가능성, 성공적인 주식투기꾼과 하루에 1달러를 버는 용병으로 돌아선 사람, 그리고 정원사에서 기계 숙련공의 보수의 세 배를 버는 삯일꾼으로 돌아선 사람 사이의 보수 불평등의 악순환이 공급과 수요법칙의 거친 사례들이다. 부의 분배의 불평등은 상품 구매에 제한을 가하게 되며 구매력의 평등화에 역행하게 된다.

노동과 관계에 있어서 국가는 보다 더 행복하지는 않다. 영국 산업불안위원회(British Commission on Industrial Unrest)는 중간 보고서를 다음과 같이 냈다.[11]

"노동 불안의 한 원인은 근로자들이 의심과 불신을 갖고 의회와 정부 부처의 약속과 맹서를 간주하게 된 점이다."

---

10 Clifford Hugh Douglas, Economic Democracy(1920), Kessinger Publishing, p. 6
11 Clifford Hugh Douglas, op. cit. p. 13

산업 그 자체에 있어서 자본과 노동 세력들 사이에서 임금과 노동시간에 관한 지속적인 투쟁은 복지와 지위와 훈육에 의해 매일 복잡해지고 있다. 자본의 집중화에 맞서 노동조합도 집중화하고 있다. 숙련 근로자와 비숙련 근로자 그리고 노동조합원과 간부 사이의 험악한 언쟁이 벌어진다고 경계한다.

Clifford Hugh Douglas는 경제 전 과정에서 자본의 우월성과 노동 착취성을 경계하고 노동의 임금과 구매력, 즉 유효수요(Effective Demand)를 유지하는 한편 경제를 민주적으로 이끌어 갈 것을 궁극적인 목표로 삼고 있다. 그는 사고와 행동의 독립성을 전제로 하며, 이와 반대로 가는 압제적 사회와 경제적 조건들을 바람직스럽지 않은 것으로 분석한다. 1920년대에 제기된 경제민주화의 미래상은 주요 경제분야에서 시장이 자율규제작용(self-regulating)을 할 것이라는 생각 위에 기초하고 있다.[12]

(2) 법인자본주의 경제민주화

1787년 헌법제정회의(Constitutional Convention) 이후 한 세대 만에 미국인들은 정치적 평등과 정치적 자유 그리고 경제적 자유를 갖춘 질서정연한 사회에 도달한 것으로 인식하고 있었다.[13] 그러나 이 세 가지는 대립할 수밖에 없는 것이다. 헌법 입안자들 가운데 상당수는 민주주의, 정치적 평등, 다수 지배 그리고 정치적 자유가 재산을 보전하고 자유롭게 처분할 수 있는 재산 소유자의 권리를 위협할 수 있었다고 본다. 이런 의미에서 민주주의는 통념대로 경제적 자유, 특히 재산권을 위협한다고 간주되었다.

Robert A. Dahl은 이 세 가지 가치를 실현할 수 있는 체계로 법인자본

---

12 Thomas Meyer, The Theory of Social Democracy, Polity Press, 2008, p.112

13 Robert A. Dahl, A Preface to Economic Democracy, The Regents of the University of California, 1985 (배관표 역, 경제민주주의에 관하여, 2011, 후마니타스) 8쪽

주의(Corporate Capitalism)를 들고 있다. 법인자본주의는 이윤을 추구하도록 법적으로 요구를 받는 계층적 관료적 법인의 지배를 특징으로 하는 자본주의 시장을 기술하기 위해 사회과학과 경제학에서 사용되는 개념이다.[14] 기업의 소유(ownership)와 통제(control)로 인해 나타나는 불평등을 줄임으로써 정치적 평등과 민주주의를 강화하는 데 도움을 줄 수 있는 대안적 경제구조의 가능성을 모색한다.

논증의 핵심 전제는 첫째, 문명세계에서 평등은 확대되고 있으며 이는 불가피한 현상이다. 둘째, 자유는 가장 중요한 가치이다. 아마도 평등보다 자유가 실제로 더 중요할 것이다. 하지만 사람들은 자유보다 평등을 사랑한다. 평등은 확실히 확대되고 있는 반면, 자유는 살아남을 수 있을지조차 의문스럽다. 셋째, 자유의 필요조건은 권력행사에 대한 강력한 견제장치의 존재이다. 넷째, 정치적 사회적 경제적 평등이 보편화되어 있고 다수의 무제한적 권력행사를 막을 수 있는 장치가 모두 제거되어 있는 민주국가에서 다수는 국가를 전제적으로 지배할 수도 있다.

인종차별을 비롯해 정치적 불평등을 야기하는 여러 근원은 여전히 남아 있다. 정치적 불평등의 근원 가운데 하나인 기업의 소유와 통제 문제는 어떨까?[15] 첫째, 소유와 통제는 부, 소득, 지위, 기술, 정보와 정치적 선전에 대한 통제권, 정치지도자에 대한 접근권 그리고 대체로 예측 가능한 삶의 기회 등에서 노소를 막론하고 시민 간에 상당한 차이를 유발한다. 둘째, 훨씬 더 명백한 문제인데 극소수 예외를 제외하면 기업의 내부 통치는 법적으로나 실제로나 매우 비민주적이다. 사실상 미국인들은 순수한 정치적 평등을 기업에 적합한 권위의 원리로 받아들이는 것을 거부해 왔다. 이런 이유로 기업의 소유와 통제는 기업의 통치에 참여할 수

---

14 Wikipedia, Corporate capitalism is a term used in social science and economics to describe a capitalist marketplace characterized by the dominance of hierarchical, bureaucratic corporations, which are legally required to pursue profit.

15 Robert A. Dahl, 앞의 책, 65쪽

있는 능력과 기회의 측면에서 시민 간에 커다란 불평등을 초래한다. 법인 자본주의는 경제적 측면에서 훨씬 효율적일 뿐만 아니라 역사적으로 국가의 통치면에서도 민주주의와 정치적 자유를 놀라운 수준까지 보장해 주고 있다. 논쟁의 여지가 있겠지만 지금까지 어떤 대안보다 자본주의는 훨씬 많은 자유를 제공하는 데 보탬이 되었다.

미국인들은 경제적 자유를 요구하는 것은 정치적 자유나 정치적 평등을 요구하는 것만큼이나 타당하다고 본다. 경제적 자유가 사유재산권을 포함하며, 사유재산권은 기업을 사적으로 소유한 사람이 기업을 직접 통제하거나 통제를 임의로 위임할 수 있는 권리까지 포함하고 있다는 생각이다. 결론적으로 현대 미국 자본주의의 법인 구조는 '양도할 수 없는 (inalienable)' 권리에 입각한 것이다. 헌법의 세 가지 축, 즉 생존권과 자유 그리고 재산권은 양도할 수 없는 권리라는 미국인의 전통적인 믿음 덕분에 이는 여전히 힘을 잃지 않고 있다.

민주적 절차는 평등한 투표권과 효과적 참여, 계몽적 이해(enlightened understanding), 의제에 대한 데모스(demos, 인민)의 최종적 통제, 포괄성을 갖춰야 한다. 법인자본주의와 관료적 사회주의 모두 사회적 경제적 자원의 불평등을 야기하는 경향이 있다. 이 같은 불평등은 정치적 평등을 침해할 정도로 심각하며, 나아가서는 민주적 절차까지 위협한다.

다음으로 기업에 대한 사적 소유권은 개개인뿐 아니라 사회 전체적으로도 유익하며 효율성, 경제적 진보, 정치적 자유 등과 같은 가치에도 유익하다. 도구적인, 즉 공리주의적인 관점이다. 또 다른 관점에 따르면 사적 소유권은 자연권, 심지어는 양도할 수 없는 도덕적 권리로서 다른 자연권들과 마찬가지로 정부와 법은 이를 보호할 의무가 있다. 따라서 기업에 대한 사적 소유권도 마찬가지다. 이 두 관점은 서로 모순되지 않은 채 미국 역사에서 두루 통용되어 왔다. 그 누구도 "정당한 법 절차에 의하지 않고는 생명, 자유, 재산을 박탈당하지 않는다"고 규정한 수정헌법

제5조와 제14조의 보호조항은 두 관점 모두를 근거로 할 수 있다.

법인자본주의와 사유재산권과의 관계에서 5가지 명제를 도출해 낼 수 있다.[16]

첫째, 모든 사람은 경제적 자유에 대한 권리를 가진다.

둘째, 경제적 자유에 대한 권리는 사유재산권을 정당화한다.

셋째, 사유재산권은 기업에 대한 사적 소유 권리를 정당화한다.

넷째, 기업에 대한 사적 소유 권리는 거대한 법인들에 대한 사적 소유를 정당화한다.

다섯째, 법인 기업에 대한 사적 소유 권리를 축소하는 일은 민주적 절차에 의한 것이라 해도 정당하지 못하다.

결론적으로 데모스와 데모스의 대표자들은 민주적 절차를 통해 민주주의, 공정성, 효율성 등의 가치를 추구하고, 바람직한 인간성을 함양하며, 인간다운 생활을 영위하는 데 필수적인 최소한의 개인적 자원을 확보할 수 있도록 기업을 어떻게 소유하고 통제할 것인지 결정할 수 있는 권리가 있다.

결국 민주주의와 정치적 평등 그리고 자유를 실현하려면 어떤 경제질서가 가장 좋을까? 우리는 정치적 평등과 민주적 절차 그리고 정치적 기본권을 성취하고 싶다. 따라서 우리 경제질서는 이 가치들을 실현하는 데 도움이 되어야만 하며, 적어도 이를 침해해서는 안 된다. 그렇다면 최선의 경제질서는 무엇보다 정치적 자원을 잘 배분해 평등한 투표권, 효과적인 참여, 계몽적 이해 그리고 법의 지배를 받는 모든 성인들에 의한 정치의제의 최종적 통제와 같은 목표들을 달성하는 데 도움이 되어야 한다. 배분 방식에는 여러 가지가 있을 것이다. 더구나 중요한 정치적 자원에는 소득과 부와 같은 경제적 자원뿐만 아니라 지식, 기술 그리고 국가를 운

---

16   Robert A. Dahl, 앞의 책, 86쪽

영하는 데 필요한 자원과 역량을 이용할 수 있는 공직자들의 특별한 권리 같은 것들도 포함된다.

Robert A. Dahl은 가능한 대안, 즉 기업에서 일하는 모든 사람들이 집단적으로 소유하고 민주적으로 통치하는 기업 체계를 제시하고 있다. 민주적으로 통치한다는 것은 앞서 제시한 절차를 준수하며, 기업 내에서 정치적 평등을 실현하며 정치적 기본권을 보장할 수 있어야 한다는 것을 뜻한다. 이 대 자치기업(self-governing enterprise)의 가장 중요한 특징 가운데 하나는 투표권의 평등, 즉 기업에 고용된 사람들은 1인 1표의 권리를 갖는다는 점이다. 이런 체계는 노동자 협동조합(worker's cooperatives), 자주관리(self-management), 산업민주주의(industrial democracy)라고 불린다. 이 같은 기업은 외부의 민주적인 정치적 통제에 의해 설정된 범위 내에서 민주적으로 운영되기 때문에 자치기업에서 일하는 사람들은 기업의 시민이라 할 수 있다.

기업은 민주적으로 통제되기 때문에 생산과 수익분배, 임금, 더 나아가 재투자 등 일체를 결정하게 된다. 이에 따라 경영자가 종업원들과 협의하는 의사(擬似) 민주주의적 제도, 중요 결정은 경영자가 내리고 종업원은 제한된 참여만을 허용하는 제도, 종업원 지주제 등과 구별해야 한다. 자치기업으로 전환하는 방법은 기업이 재정적으로 어려워졌을 때 근로자들이 인수하는 방안과 몇몇 산업 분야에서 대표 기업들을 뽑아 자치기업 체계를 도입하는 방법이 있을 수 있다.

궁극적으로 기업 자치는 '참여민주주의'를 창출하는 방식으로, 그리고 참여를 통해 인간 품성과 행동의 변화를 만들어 내는 방식으로 옹호된다. 작업장 민주주의(workplace democracy)는 인간계발을 촉진하고 정치적 효능감을 높인다. 또 소외를 줄이고 일을 통해 공동체의 결속을 강화하며, 공공선에 대해 애착을 갖게 한다. 더 나아가 이기주의를 약화시키며, 기업 내에서 적극적이면서 공공의식을 가진 시민 집단을 만들 뿐 아니라 국가통치에서도 참여를 독려하고 시민의식을 고양시키게 된다.

하지만 그러한 기대, 즉 작업장을 넘어 사회, 경제 그리고 정부까지 파급될 것이라는 기대는 의심의 여지없이 실현되지 못했다.[17] 물론 자치기업 체계가 시민 간의 이익, 목표, 관점, 이데올로기 등의 대립을 없앨 수는 없다. 자치기업 체계는 이익 갈등을 줄여 주며, 모든 시민이 국가통치에서 정치적 평등과 민주적 제도를 유지하는 데 대한 동등한 이해관계를 갖도록 하며, 공정성의 기준에 대한 좀 더 확고한 합의에 이를 수 있게 해 줄 것이다.

따라서 정치적 운동에 영향을 미치는 정부 정책에 대해 기업과 대기업이 가지고 있는 권력과 영향력의 막대함 때문에 법인자본주의는 비판을 받는다. 많은 사회과학자들은 인민의 이익을 위해 행동하는 데 실패한 기업들을 비판하고 있다. 기업의 존재는 사회에서 개인 사이의 동등한 권력관계를 주장하는 민주주의 원칙을 회피하는 것으로 지적받고 있다.

(3) 협동적 자본주의 경제민주화

William H. Kotke는 *Economic Democracy* 서문에서 역사는 승자에 의해 기록된다고 밝히고, 중세 이후 자본의 제국주의 중심 연합이 세계를 규제하고 있다고 주장한다.[18] 500여 명의 소수가 지구 전체 인구의 절반보다 더 많은 부를 갖고 있다. 현대사회의 모든 구조의 강력하고 미묘한 독점구조, 특히 지식의 독점구조가 심각한 현실이다.

사회 대중은 오늘 우리가 향유하는 노동권과 정치권, 여성의 권리, 인권을 쟁취하기 위해 수백 년 동안 투쟁해 왔다. 그러나 대중에 의한 사회적 통제력은 갈수록 약화되고 있다. 미국 기준으로 1995년에 상위 0.5%

---

17 Robert A. Dahl, 앞의 책, 108쪽

18 J. W. Smith, Economic Democracy, Institute for Economic Democracy Press, 2005, Foreword p. ⅹ ⅴ : allied imperial-centers-of-capital

의 부가 하위 90%의 부와 같다. 상위 계층은 정치인과 정치적 통제력을 가진 집단에게 교묘하게 자금을 제공하고 있다. 이들은 유권자 수준의 정치적 통제를 자꾸 제거해 나가게 될 것이다. 이럴 경우 결국 IMF, World Bank, GATT, NAFTA, WTO, MAI, GATS, FTAA와 군벌로만 희소화하고 집중시키게 될 것이다. 그러나 인권의 신장과 소수의 이윤과 권력을 위해서보다는 집단운명을 창조하기 위해 경제민주화에 매진해야 한다.

전 세계의 부는 토지자원과 기술특허, 통신기술, 사회적 기술로서 은행제도 등에 의해 독점되고 있다. 이 독점을 제거해야만 분배의 정의를 실현하고 전 세계의 공동번영을 이룩하게 된다. 노동과 자본, 자원의 절반 가량은 독점체제에 의해 낭비되고 있다.

J. W. Smith는 역사적으로 부의 대량적 양도가 제국의 주변부로부터 제국의 중심으로 이루어진 것을 직시하고 테러와의 전쟁을 수행해야 한다고 주장한다. 이것은 만인의 평등권과 테러와의 전쟁이 미국의 건국이념이기 때문이다. 미국은 언론과 사상, 거주 이전, 압제로부터의 자유라는 위대한 이상 위에 건국된 나라이다. 불공정 거래를 개선하고 산업기술과 참된 민주정부와 평등하고 공정한 거래의 평화로운 외교정책 등과 같은 사회기술을 발전시켜야 한다.[19]

기술의 유효성과 봉건 잔재적인 교묘한 독점적 자본주의로부터 민주주의적 협동적 초효율적인 자본주의로 재구조화하는 것으로부터 오는 성과는 평등하고 공정한 거래의 정의롭고 윤리적인 국가정책으로의 역사적 전이의 기회를 제공한다. 이 같은 전이는 테러리즘과 전쟁을 제거하

---

19 J. W. Smith, op. cit. p.1: social technology(truly democratic government and a peaceful foreign policy of equal and fair trade)
강철규, 소셜테크노믹스, 엘도라도, 2011, 10쪽
사회적 기술은 경제발전에 중요한 역할을 하며, 소득을 증대시키고, 구성원의 경제적 기회를 확장시켜 경제적 자유를 확대한다. 사회적 기술로 활용된 지표들은 기업지배구조(CG), 공시(Disclosure), 반부패(Anti-corruption), 기업규제완화(Business Deregulation), 기업윤리(Ethic), 경제자유도(Economic Freedom), 법치(Legal/Judicial System) 등이다.

게 되는 대부분의 가난을 신속하게 사라지게 할 것이다. 연간 400억 달러만이 맑은 물과 위생, 가임 여성의 건강, 기본적인 건강과 영양, 모든 지구 시민을 위한 교육 등에 투입된다. 이에 비해 전쟁비용은 연간 8,000억 달러에 이르며, 파괴되는 비용도 거의 같다. 이러한 낭비적 일로 포기되는 부의 생산이 훨씬 더 낭비적이다.

소수를 위한 우월적 권리와 다수를 위한 열등한 권리는 토지와 기술, 화폐, 정보의 교묘한 독점으로 구조화되어 있다. 그러한 폐쇄적이고 교묘한 독점업자들의 불로소득은 경제 효율을 감소시키며, 다른 사람들의 몫을 줄이게 된다.

경제는 생산하고 사람의 수요를 분배하기 위한 사회적 기계이다. 인간은 상호 이익을 위해 사회 안에서 결합하게 된다. 즉 기초적인 문명적 충동은 강자의 압제로부터 약자를 보호하는 데 있다. 경제적 가치는 일하고 먹고 마시는 것, 즉 생활에 의해 창조된다. 불평등을 법률로 구조화하는 교묘한 독점적 재산권을 창조함으로써, 그들은 세계의 대부분을 자발적으로 넘기는 데 대해 자신도 모르게 확신하게 되었다.

이 같은 교묘한 독점들이 자본을 축적하기 위해 필수적이라는 것은 또 다른 우화이다. 자본은 모두를 위해 전적이고 평등한 권리로 한 경제에서 더 빠르게 축적할 수 있다. 교묘한 독점을 제거하고 현대 보통사람들의 전적이고 평등한 권리에 대해 귀속시키는 것은 토지에 대한 권리와 기술사용에 대한 권리, 자본을 동원할 권리, 정보에 대한 권리, 생산적 사용으로부터 나오는 보수의 분배권을 증대시킬 뿐 아니라 그러한 권리를 확실하게 한다. 현대 보통사람들은 민주적 협동적 자본주의(democratic cooperative capitalism)를 지지하게 된다.[20] 이 자본주의는 초효율적 자본주의이다.

---

20 J. W. Smith, op. cit. p. 2

모두가 토지와 기술, 자본 동원, 통신에 접근하는 한 그러한 독점들은 스스로 다시 구성할 수 없으며, 다른 사람들에 의해 생산된 부에 대해 현재 주장하는 막대한 과다비용은 소멸된다. 자본 관리자들은 치열한 경쟁 하에 놓이게 되며 비경쟁은 빠르게 소멸될 것이다. 경제적 효율성은 가파르게 상승할 것이며, 공정한 이윤에 대해 경쟁이 유지된다. 그 공정한 이윤은 실제 존재하는 것, 즉 공정한 임금을 위해 인정된다.

극도로 부자인 소수와 가난한 다수를 창출하는 동등하게 생산적인 일에 대한 불공정한 보수이다. 생산적인 능력으로 단계적으로 구매력(buying power)을 형성하는 데 실패하는 것을 통해 불공정한 보수는 가난의 원인일 뿐 아니라, 그것은 경제적 효율성을 저하시키고 산업능력을 낭비하고 전쟁을 일으킨다. 전쟁은 보다 더 많은 노동과 자본, 자원들을 낭비하고 파괴한다.

사회 관습은 법률의 한 형태이다. 고대문화의 관습은 사회가 효율적으로 진화하는 데 거대한 장애로 알려져 있다. 자연의 부에 대한 봉건 잔재적 배타적 재산권(residual-feudal exclusive property rights)의 파편들이 자본주의의 효율성을 저해한다는 것을 제대로 인식하지 못하고 있다. 우리는 법률에 의해 독점이 제거된 것으로 배우고 있다. 이것은 진실이 아니다. 법률은 강자의 보호를 위해 강자에 의해 입안된다. 그들은 특별히 교묘한 독점을 자본주의 법률로 입안했다. 배타적 봉건적 재산권 아래에서 극소수가 부를 생산하는 재산과 생산한 부를 독점했다.

서구 사회는 봉건주의로부터 진화했다. 권력을 쥔 사람과 전권을 가진 사람들에게만 봉건적 독점권을 갖도록 했다. 이 같은 독점의 기본적 주요 사항은 절대로 포기되지 않는다. 각자가 부유한 독점가가 되는 데 기회를 가진다는 의미에서만 전적으로 권리를 갖는다. 그러나 손꼽을 수 있는 소수만이 그러한 봉건 잔재적 독점권을 획득할 수 있다.

봉건시대에 봉건 영주들이 봉건 잔재적 배타적 재산권에 기초해 독점권을 유지하기 위해 투쟁했던 것처럼 강자들은 오늘날 그들의 독점적 재산권을 유지하기 위해 투쟁하고 있다.[21] 귀족들이 권력과 부에 대한 독점권을 유지하려고 싸웠던 것처럼 오늘날의 전쟁은 독점화된 부를 생산하는 과정을 보호하는 것이다. 오늘날의 부분적 민주주의는 전적인 자유와 일시에 모두를 위해 계단석을 까는 것이다.

봉건주의의 마지막 잔재물인 배타적 재산권 자격을 사회적 부가 적절하게 전환되는 조건부 재산권 자격으로 인정하며, 국부의 분배에 대한 모든 국민의 권리를 인정하는 것이다. 경영진의 독점적 봉건주의로부터 교묘한 독점적 자본주의로 진화하는 과정에서 독점을 통한 자본의 축적은 불가피한 것일지도 모른다. 과거 역사로부터 파생되고 관습과 법으로 공고하게 제도화된 불평등권은 빠르게 변화될 수 없다. 그러나 교묘한 독점을 통해 자본을 축적하는 것은 불필요할 뿐 아니라 그것은 극적으로 경제효율성을 저하시킨다.

전체적이고 평등한 권리를 갖고 있다고 하는 대중의 가장 깊은 믿음에도 불구하고 대의민주주의는 서구 문화를 통해 확립된 것으로서 충분한 민주주의는 아니다. 재정적 정치적 실세는 지명되는 사람의 보다 더 많은 비율에 대해 확고한 통제력을 갖고 있다. 대의민주주의나 제국주의적 민주주의의 시민은 국가나 그러한 결정에 복종하는 입법기구에 대해 무엇이 진행되는가에 대해 거의 생각이 없다. 이리하여 그들은 여전히 복종자이며, 아직 충분한 시민은 아니다.

참여민주주의(participatory democracy)에서 새로운 법이나 법률상 변화들이 시민에 의해 논의되고 투표되고 있다. 그들은 지방과 국가 입법기구에서 진행되는 일에 대해 매우 잘 알고 있으며, 법률에 대해 직접적으로 투표하고, 자신의 결정에 복종한다. 그래서 그들은 전적으로 자유로

21 J. W. Smith, op. cit. p. 3

운 시민들이다. 권력구조가 자신의 시민(복종자)에게 전체적이고 평등한 권리를 부정하는 것과 같은 방식으로 전체적으로 평등한 경제권의 이해를 부정해 왔다. 자연의 부에 대한 봉건 잔재적 배타적 자격들은 이러한 기만의 중심물이다.

각국은 Friedrich List의 보호주의 철학에 따라 새로운 산업과 시장을 발전시켜 왔다. Adam Smith의 철학에 따라 그들이 발전해 왔다는 것은 불평등 거래를 통한 지속적인 약탈을 감추기 위해 설계된 신화이다.[22] 국가안보(national security)와 국가이익(national interests)이라는 용어도 같은 차원에서 사용된다. 이렇게 될 경우 대량생산과 대량소비의 낭비, 강대국간 전쟁 등으로 세계의 생태체계를 악화시킬 것이다.

이러한 것을 피하기 위해 신중상주의, 신자유주의(기업제국주의로 변형됨)로부터 민주주의적 협동적 자본주의를 통해 세계 모든 인류에게 자원을 배분하도록 재건축하는 것이 필요하다. 이러한 선택이 이루어지기만 하면 국가 비밀에 대한 모든 필요가 사라지며, 세계 평화와 지속가능한 발전, 가난 추방 등의 모든 목표를 달성할 수 있으며, 세계 토양과 생태체계를 재건하고 보호할 수 있게 될 것이다. 공정한 거래인 민주주의적 협동적 자본주의는 모든 독점을 제거하며, Adam Smith의 자유로운 거래, 즉 교묘한 독점적 자본주의보다 몇 배 더 효율적이다.

(4) 사회화된 노동의 경제민주화

Allan Engler는 저서 *Economic Democracy*에서 사회화된 노동을 통해 자본주의를 대체하고 경제민주주의를 이룩할 것을 주장한다.[23] 인류는 자본주의자 계급을 필요로 하지 않는다고 말하고, 임금 근로자가 이제 경

---

22 J. W. Smith, op. cit. p. 8

23 Allan Engler, Economic Democracy, The Working Class Alternative to Capitalism, Fernwood Publishing, 2010, p. 7

제 복지를 위해 요구되는 모든 일을 하고 있다고 한다. 20세기로 들어서면서 농업과 산업생산성의 향상, 과학의 혁신 등을 통해 개인 노동과 자영업 형태에서 벗어나 대기업, 자본에 집단적으로 고용되면서 노동의 사회화가 이루어진다.[24] 20세기 상당 기간 자본주의는 시장에 있어서의 개인과 동일시되었으며, 민주주의와 향상되고 있는 삶의 기준들과 동일시되어 왔다. Allan Engler는 자본주의가 사회화된 노동체제이며, 사적으로 자본가 집단이 소유하는 체제 그리고 근로현장의 독재체제라고 정의를 내린다. 그리고 경제활동은 시장 세력들의 보이지 않는 손(invisible hand)에 의해서가 아니라 충분히 보이는 주인과 하인 관계(fully visible master-servant relations)를 통해 부를 소유한 소수의 이윤을 위해 움직이고 있다고 한다.

이윤을 극대화하려고 하는 경쟁적 추동력은 자본가 기업이 생산을 증대시키고 동시에 고용과 임금을 삭감하게 한다. 자본의 비상은 노동 절약적 기술의 발달과 함께 어떤 곳에서는 임금 작업을 줄이고, 다른 곳에서는 노동의 사회화를 가속화시킨다. 인류가 사회적 고용에 보다 더 의존하면 의존할수록 자본주의 체제 지지자들은 보다 더 도전적으로 경쟁적인 개인주의를 수호한다.

공공 역무에 대한 세금이 과중하다고 자본가들은 불평한다. 신화 속에서 자본주의는 봉건적 압제로부터 보통 사람들을 자유롭게 했다고 한다. 현실에 있어서는 개인적 자본주의 권리는 부를 가진 소수들이 다수의 보조금과 고용, 삶의 비용으로 자신들을 자유롭게 부자로 만들고 있다. 기업들은 보다 높은 이윤으로 부가적인 공급과 기술, 시장을 획득한다.

공공 역무도 자본가 소수의 이윤에 의해 동기가 부여된다. 심지어 재산권이 인민 자신의 노동의 산품에 대한 인민의 권리라고 한다면, 자본은

---

24 Allan Engler, op. cit. p. 10

합법화된 도둑질이다.[25]

　근로계급을 위해서 민주주의는 근본적이다. 민주주의는 수단이자 목표이다. 투표와 항의, 파업권과 함께 집회, 결사, 표현의 자유와 같은 민주적 권리는 근로자들로 하여금 노동계급의 이익을 지키고 발전시키게 한다. 실질적 민주주의, 인민을 위한 인민에 의한 실질적인 지배와 인간의 평등이 근로계급 운동의 역사적 열망이다.

　자본주의가 20세기에 적어도 선거에 있어서 민주주의와 동일시되었지만, 자본주의는 노동현장의 독재에 근거하고 있다. 소수 자본가 계급은 민주주의 권리를 제한하고 지지하면서 이익을 얻게 된다. 형식적인 권리들은 사회관계를 안정시킨다. 선출된 정부는 근로자 눈에서 보면 자본주의자 권리를 합법화시킬 수 있다. 국내에서 공공기관의 지원은 다국적 기업들이 다른 나라에서 사적인 이익을 얻도록 돕고 있다. 자본주의 역사에서 대부분 부자는 민주주의를 폭도들의 지배(mob rule)로 보았다. 제한된 민주주의 권리는 근로계급의 투쟁의 결과물이다.

　자본주의자들은 가장 기본적인 인간의 인권을 지속적으로 무시한다. 자본주의는 불평등권의 체계라고까지 주장한다.[26] 자본주의가 세계 시장을 지배한 200여 년 동안 국가 내에서 또 국가들 간에 소득 불평등이 거의 10년 주기로 커졌다. 기업의 이사회 회의실과 대부분의 나라에서 정통 경제학과 정치적 의제를 지배하는 신보수주의자들(neoconservatives)은 시장이 규제를 받지 않으면 시장은 완전고용 상태에서 평형에 이를 것이라고 주장한다. 그러나 실제 자본주의 세계에서는 성장기를 지나 불황과 고용 감소, 시장 쇠퇴로 이어지고 있다. 대호황은 경쟁적인 소수 권리의 예측 가능한 결과이다.

---

25 Allan Engler, op. cit. p. 15: If property is the right of people to the products of their own labour, capital is legalized theft.
26 Allan Engler, op. cit. p. 18: Capitalism is a system of unequal entitlements.

이윤을 극대화하기 위해 자본주의 기업들은 생산을 확대하고 노동비용을 줄인다. 그들은 노동절약적 기계를 도입하고, 작업 속도를 높이고, 임금을 삭감하며, 보다 인건비가 싼 곳으로 설비를 옮긴다. 이런 가운데 2008년의 재정 붕괴로 자본주의는 심각한 위기 국면에 들어서 있다. 또한 기업들로 하여금 자원을 지속가능하지 않은 비율로 개발하게 하며, 환경비용을 공동체와 근로자들, 다른 종족들과 미래 세대에게 전가시키며 외부화한다. 불평등 지수가 악화되고 환경문제가 악화되면서 부의 소유자들은 압제와 군국주의, 전쟁으로 돌아선다.

　Allan Engler는 이와 관련해 자본주의에 대해 근로계급을 대안으로, 즉 경제민주화를 제시했다. 모든 주민은 공동체의 경제와 정치적 결정에 목소리를 내고 평등한 투표를 할 자격이 주어질 것이며, 지방자치단체와 국가, 국제공동체는 기업을 소유하고, 공공 역무를 지시할 것이다. 주택보급과 건강관리, 고용기회, 교육, 기술훈련, 여가와 사회적으로 생산된 재화와 용역의 공정한 배분은 인권으로서 모두에게 제공된다. 개별기업은 권장되고 재화와 용역은 민주적으로 규제된 시장을 통해 교환될 것이며, 과학과 기술, 시장은 소수를 위한 이윤이 아니라 인류의 복지를 위한 방향으로 나아갈 것이다.

　라틴아메리카 외에는 자본주의에 대한 조직적인 반대세력이 실제로는 없는 실정이다. 노동조합과 근로자들이 지지하는 정당이 근로자들을 위해 삶을 더 향상시키려고 의도된 변화를 촉진한다.

　그러나 그 체제에 도전하는 것은 아니다. 사회 행동가들은 가난과 환경 악화, 차별, 압제 또는 전쟁 등 간단한 쟁점들에 대한 운동을 제한한다. 자본주의에 대한 대안으로 무장혁명과 권위주의적 국가주의가 시도되고 있다. 그것은 독재와 경제와 정치생활에 대한 국가의 하향식 통제, 무질서와 죽음, 파괴를 초래한다.

　인류의 평등과 민주주의, 협력의 세계로서 경제민주화가 대안일 때, 자본주의는 더 이상 최소악(a lesser evil)이라 할 수는 없다. 혁명정당이 아니라 근로계급이 사회변혁 기구일 때 변화는 근로현장 조직, 공동체 동력화와 민주적 정치행동에 근거를 둘 것이다. 목표는 자본주의를 성과와 개혁으로 경제민주화로 변혁하는 것이다. 성과와 개혁은 방법론적으로 유산계급의 권리를 인간의 권리, 즉 인권으로, 자본가 소유권을 공동체 소유권으로, 주인과 하인 관계를 근로현장 민주주의로 대체하는 것이다.

사회화하는 대부분의 노동에 의해 자본주의는 유산자 권리와 모든 형태의 소수자 지배를 민주적으로 종식시킬 능력을 가진 인민계급을 창조했다. 임금 근로자는 이제 기계조립공과 공공부문과 민간부문 종사자, 소매상과 도매상, 행정과 교통, 재정과 농업 종사자를 포함한다. 자영업자와 일용직, 가게 점원, 기계 자가 운전자, 기능공과 예술인, 농부, 물납소작인, 비정규직, 실업자와 학생들도 포함하고 있다. 근로소득에 의존하는 절대다수의 인민은 사회적 노동과 경제생활의 지시에 있어서 평등한 사람으로서 참여할 자격이 주어질 때까지 소수자를 극복하지 못할 것이다.[27]

경제민주화 즉 대안으로서 근로계급이 자본주의와 소수의 권리를 종식시킬 것이다. 이것은 세상을 뒤집지는 않는다. 근로계급의 목표는 경쟁적인 소수의 권리를 동등한 인간의 권리로, 자본주의 소유권을 사회적 소유권으로, 주인-하인 관계를 근로현장의 민주주의로 대체하는 것이다. 대안으로서 근로계급은 공산주의나 사회주의로 불리어질 수 있다. 그러나 양자는 국가 소유권과 하향식 중앙 명령제로 정체성이 규정지어진다. 그것은 실질적 민주주의 또는 사회민주주의로 불리어질 수 있다.

그러나 전자는 모호한 반면에 후자는 자본주의 내에서 온건한 개혁을 위한 지지를 의미한다. 경제민주화는 그 의미하는 바가 있기 때문에 보

27 Allan Engler, op. cit. p. 45

다 선호할 것이다. '민주적' 이라는 말은 고대 그리스로부터 자원과 가족 노동, 재산이나 도시의 유용한 관리로 적용되고 있다. 소수 독재정치, 즉 부자에 의한 지배의 반대인 민주주의는 인민에 의한 지배를 의미해야만 한다.

경제민주화는 동등한 인간의 권리로부터 시작된다. 자본주의자의 직함은 배타적이며 소극적이다. 그것은 공동체나 근로자, 국가로부터 간섭받지 않고 다른 사람의 노동으로부터 이윤을 얻는 유산층의 권리이다. 동등한 인간의 권리는 포괄적이며 적극적이다. 그것은 사회적 산품의 공정한 배분, 교육과 기술훈련, 고용기회의 공정한 배분에 대한 각자의 권리이다. 또한 그들의 공동체의 경제적 결정에 있어서 소리를 내고 평등하게 투표하는 데 대한 모든 주민의 권리이다.

동등한 인간의 권리는 근로자들이 기업을 소유한다는 것을 의미하는 것은 아니다. 자본주의 하에서 근로자들의 기업 소유는 일자리를 보호하고 근로자들에게 사회적 노동의 민주적 지시에 있어서 경험으로 제공하는 것이다. 그러나 이것은 근로자인 소유자들로 하여금 즉각적인 작은 이익에 초점을 맞추도록 하게 하는 사적 경쟁적 소유권의 한 형태로 남게 된다.

경제민주화는 다양한 공동체의 소유권을 전제로 한다. 그리고 공동체의 자발적인 상호의존성에 기초하며, 세계적 협동과 인류의 평등성을 기초로 한다. 모든 사람은 보다 큰 공동체에 대해 보다 작은 동심원에 있어서 의사결정에 참여하는 자격이 주어질 것이다. 경제민주화와 관련해 국가는 지속적으로 언어와 문화, 정치, 경제활동에 중심지가 될 것이다.

남성과 여성이 작업에 있어서 독재에 굴복해야만 할 때 민주주의는 피상적이며 의례적이다. 작업 현장은 눈 뜨고 있는 시간의 대부분을 보내는 곳이다. 경제민주화에 있어서 모든 근로자들은 자신의 노동시간을 민주적으로 결정하고 평등하게 투표하게 될 것이다. 공동체는 기업을 소유하며, 정책을 수립하고, 수입과 지출을 감시하고, 기업의 목표가 충족되는지를 결정한다.

자본주의 하에서 다수는 비슷한 기업에 의해 판매되는 비슷한 산품들 가운데 선택하도록 하는 끊임없는 선전에 폭격을 맞는 메시지의 수동적 수용자이다. 경제민주화에 있어서 미디어는 사회적으로 수용되고 민주적으로 규제된다.

TV와 라디오는 국유화할 수 있으며, 도시는 TV와 라디오 방송국뿐 아니라 신문사와 영화관을 소유할 수 있다. 자본주의 하에서 언론의 자유는 주주들과 집행기관, 광고주들을 위해 이윤을 극대화하려는 기업 소유자의 권리를 의미한다. 그러나 경제민주화에 있어서 언론의 자유는 정치와 경제 생활의 민주적 결정에 필요한 모든 정보에 대한 모든 사람의 권리일 뿐 아니라 공동체의 메시지를 형성하는 데 참여하는 모든 사람의 권리를 의미한다.

경제민주화에 있어서는 형평을 위한 교육과 모든 산업에서 동등한 노동에 대해 동등한 임금이 보장되고 또한 개별적 생산과 직접적인 소비가 이루어질 것이다. 이와 함께 자본은 경제생활에 있어서의 역할이 거의 없어질 것이다. 이에 따라 압제와 전쟁도 사라지고 결국 노동은 교환가치의 원천으로서 역할을 하게 될 것이며, 시장은 민주적으로 규제될 것이다. 더 나아가 중앙 계획을 수립하는 데 정예주의가 작용하고, 상향식 의사결정이 이루어지게 된다. 시장에서의 교환을 통해 분배를 공정하게 할 것이며, 민주적으로 계획을 세우고, 자연 생태계와 조화를 이루는 삶을 영위하게 될 것이다.[28]

---

28 Allan Engler, op. cit. p. 78

(5) 경제민주화 개념의 확장성

노벨경제학상 수상자 Joseph E. Stiglitz와 세계적 지성 Avram Noam Chomsky 등은 경제민주화의 진행 방향이 부자보다는 가난한 다수가, 무역보다는 생산이, 금융보다는 노동이 더 중요시되고 권리를 보장받는 새로운 경제시스템의 구축으로 이어질 것이라고 했다.[29] 그리고 경제민주화가 정치민주화에 더해 민주주의의 본질을 더욱 확대하는 것이라고 했다. 좀 더 많은 사람들이 중요한 의사결정에 참여해 공평한 기회를 얻게 된다면 곳곳에서 벌어지고 있는 갈등과 다툼이 한결 줄어들 것이다.

미국에서 경제민주주의는 "결정 권한을 기업 주주들로부터 근로자, 고객, 공급자, 이웃 그리고 보다 광범위한 공중을 포함하는 이해관계자들에게 이동시킬 것을 제안하는 사회경제적 철학"으로 정의되기도 한다.[30] 이 입장에서는 경제민주화를 한 마디로 정의하거나 접근하기 어렵다.

그러나 대부분의 주창자는 현대적 재산권 관계가 가격을 매기고, 일반적 복지를 사적 이윤에 종속시키며, 경제정책 결정에서 국민의 민주적 목소리를 부정한다고 주장한다.

고전적 자유주의자들은 생산수단에 대한 소유권과 통제는 개인과 기업에 속하며, 매일 시장에서 작동되는 소비자 선택의 수단에 의해 유지될 수 있다고 주장한다. 따라서 그들은 자본주의 사회질서는 단어상 엄격한 의미에서 경제민주주의라고 말한다.[31] 이에 대해 비판론자들은 소비자들은 시장에서 구매할 때 오로지 생산품의 가치에 대해서만 투표한다고

---

29 Avram Noam Chomsky, People First Economics, New Internationalist Publications, 2011.(김시경 역, 경제민주화를 말하다, 위너스북, 2012) 9쪽

30 Wikipedia, Economic democracy is a socioeconomic philosophy that proposes to shift decision-making power from corporate shareholders to a larger group of public stakeholders that includes workers, customers, suppliers, neighbors and the broader public.

31 Ludwig V Mises, The Nature and Role of the Market: The Role and Rule of Consumers, Ludwig von Mises Institute, 2006, p. 158

지적한다. 그들은 생산품의 수단을 가져야 하는 사람, 이윤을 지킬 수 있는 사람 또는 결과적인 소득분배에 대해 투표하는 것이 아니라고 한다.

현대 자본주의는 산출된 생산품을 구매하기 위해 사회가 소득을 충분히 버는 것을 방해하거나 막는 경향이라고 경제민주화 지지자들은 일반적으로 주장한다. 공통된 자원을 기업이 독점하면 전형적으로 인위적인 부족현상을 초래하고, 사회경제적인 불균형을 초래한다. 이 같은 불균형은 근로자가 경제적 기회에 접근하는 데 제한을 가하고 소비자들의 구매력을 축소시킨다. 경제민주주의는 보다 큰 사회경제적 이데올로기의 구성요소로서, 독립적 이론으로서 그리고 개혁의제의 별종으로서 제안되고 있다.

예를 들면 충분한 경제권을 확보하는 수단으로서 앞서 규정한 충분한 정치권으로의 길을 열어 준다. 개혁의제로서 비집중화와 경제적 자유화에서부터 민주적 협동, 공정거래, 음식생산과 통화의 지역화에 이르기까지 포괄한다. 이처럼 경제민주화는 자본주의와 자본에 대한 시각에서부터 실체적 내용이 달라질 수 있다. 자유와 평등의 균형, 자본과 노동의 등가치 실현, 분배 정의의 실현 등이 경제민주화 정도를 가늠하게 한다.

제2장

법적 개념으로서의 경제민주화

1. 정치권의 논의

현실적으로 경제민주주의, 경제민주화는 정치권에서부터 논쟁이 거세게 일고 있다. 사회의 양극화, 대기업과 중소기업의 불공정 거래 등이 심각해지면서 나타난 현상이다. 소위 보수 성향인 여권이 자유 성향인 야권보다 논쟁이 치열하다.

2012년 대선을 앞두고 새누리당은 김종인 국민행복추진위원장 등의 건의로 박근혜 대통령 후보가 경제민주화를 공약 사항으로 내걸었다. 새누리당 전현직 국회의원 48명도 '경제민주화실천모임'을 만들어 입법을 추진했다. 그러나 이한구 원내대표가 경제민주화의 개념과 내용이 모호하다며 비판적 입장이었다.[32] 정치판에서 정체불명의 경제민주화나 포퓰리즘 경쟁을 하느라 정신이 없고, 그래서 기업의 의욕이 떨어지고, 국민이 불안해하고 있다고 비판했다. 경제민주화실천모임 대표인 남경필 의원은 이 같은 발언은 시대착오적이며 경제민주화는 정체불명이 아니고 포퓰리즘도 아니며 국민이 요구하는 시대적 과제라고 반박했다.

---

32 연합뉴스, 이한구 · 김종인 경제민주화 설전 2라운드, 2012. 9. 5

    김종인 국민행복추진위원장은 정치권의 대선공약으로 떠오른 경제민주화에 대해 "자꾸 딴 방향으로 해석하면 안 된다"며 "경제세력의 지나친 횡포를 국가가 조절해 주지 않으면 심화되는 양극화 등의 문제가 해결될 수 없다"고 지적했다.[33] 또 "압축성장을 한 지난 25년간 정치민주화도 했지만 사회갈등의 고조는 더욱 심화되고 일부 큰 경제세력들이 전체를 지배하는 모습이 나타나지 않았나"라며 "20~40대는 현 상황을 달갑게 생각하지 않는다"고 설명했다. 새누리당 박근혜 후보는 모두가 조화롭게 발전하는 경제구조가 되어야 한다는 차원에서 경제민주화를 주장한다고 강조했다.[34] 경제민주화는 재벌 해체도 아니고 재벌 감싸기도 아니며 시장 공정 차원에서 시장 지배력 남용을 근절해야 한다고 덧붙였다.

    정부에서는 홍석우 지식경제부장관이 2012년 9월 5일 30대 그룹 사장단과의 간담회에서 "경제민주화는 일자리와 같은 말일 수 있다. 일자리가 해결되면 경제민주화 논란은 자연히 해결될 것"이라며 "투자증대도 중요하지만 일자리 창출에 노사간 지혜를 모으자"고 말했다.[35] 홍석우 장관은 정치권에서 논의되고 있는 경제민주화 관련 여러 아이디어가 기업활동에 지장을 주지 않도록 정부가 최선을 다하겠다고 밝혀 경제민주화에 대한 인식의 한 단면을 드러냈다.

2. 공법학에서의 경제민주화

    1960년대 이래 국가주도의 경제정책은 경제성장의 원동력이 되었으나 경제의 자율성과 자생력을 현저히 약화시켰다는 점에서 경제민주화는 정치민주화 다음에 반드시 이루어야 할 문제이다.[36] 헌법 제1조 제2항에

---

33 연합뉴스, 김종인, 박근혜 경제민주화 밀고 나갈 것, 2012. 6. 13
34 연합뉴스, 경제민주화 너무 혼란스럽게 비치면 안 돼 2012. 9. 5
35 연합뉴스, 홍석우, 경제민주화로 기업 위축 우려, 2012. 9. 5

서 규정하고 있듯이 "모든 권력은 국민으로부터" 나오는 것이므로 정치권력을 국민의 동의에 기초하게 해 순화하고 자기통치를 실현하는 것이 정치영역에서의 민주화이듯이 경제영역에서의 권력(재벌 등)을 경제주체의 자유와 경제주체인 인간의 존엄성을 확보하기 위해 순화 또는 통제하는 것은 경제민주화의 핵심적인 문제라고 한다. 이 견해에 따르면 오늘날 한국에서 정부가 경제의 자율성을 침해하는 부분보다 거대 기업집단이 정부의 정책 결정에 막강한 영향력을 행사하고 있다는 사실, 즉 경제의 권력화라는 현상을 염두에 두어야 한다는 것이다.

경제민주화는 경제활동에 관한 의사결정권이 한 곳에 집중되지 아니하고 분산됨으로써 경제주체 간에 견제와 균형이 이루어지고, 시장기구가 정상적으로 작동되는 상태를 말하는 것이다.[37] 우리 경제민주화의 주된 내용은 민주적인 노조, 농민조직, 소비자조직의 결성, 실질적인 기업공개와 주식분산, 독과점과 경제력 집중의 규제, 금융자율화, 경제계획의 신축성과 유연성 등이 꼽히고 있다.[38]

경제민주화란 민주주의 이념을 정치영역뿐 아니라 경제영역에서도 실천하려는 것으로 보는 견해도 있다.[39] 경제활동에 관한 의사결정권이 한 곳에 집중되지 아니하고 분산되며, 경제주체 간에 견제와 균형이 이루어지는 공정한 경쟁구조, 정당한 노력에 대한 보상이 이루어지는 경제적 정의의 실현, 각인의 인격이 존중되는 탈빈곤화를 위한 분배의 보장 등을 그 요소로 한다. 더 나아가 헌법이 규정하고 있는 경제민주화의 규범적 의미를 구체적으로 확정하기 위해서는 우리가 당면하고 있는 특수한 경제여건이 고려되어야 한다.

---

36 송기춘, 경제의 민주화를 위한 법적 과제, 법연 2012. 11 vol. 35, 29쪽
37 권영성, 헌법학원론, 법문사, 2010, 169쪽
38 변형윤, 경제민주화의 길, 비봉출판사, 1992, 16-19쪽
39 김기영, 헌법강의, 박영사, 2002, 215-216쪽

또 민간주도 경제, 경제의 자율화, 분배의 공정화, 시장기능의 회복 등을 경제민주화로 예시하는 입장도 있다.[40] 이 같은 분석은 경제의 자유를 보다 더 강조한 것이다. 그러나 이들 모두 경제민주화의 한 단면만을 강조하고 있을 뿐이다. 따라서 종합적 내지 체계적 관점에서 이들 입장은 상호보완적 관계에 있다. 이 때문에 우리가 지향해야 할 경제민주화 또한 시장기능의 회복을 통해 경제활동의 자율화와 분배의 공정화를 동시에 이루어야 한다.[41]

경제민주화 개념의 법적 의미에 관해 학설이 갈린다.[42] 제1설에 의하면 법적인 의미를 갖지 않는다고 본다. 제2설에 의하면 경제영역에서의 사회정의 실현이라는 정도의 의미로 본다. 제3설에 의하면 이른바 경제민주주의, 즉 근로자의 공동결정권의 근거가 된다고 본다. 헌법재판소는 제2설에 근거해 판결을 내리고 있다.[43]

(판례) 경제민주화의 의미(금융산업의 구조개선에 관한 법률)

우리 헌법은 헌법 제119조 이하의 경제에 관한 장에서 균형 있는 국민경제의 성장과 안정, 적정한 소득의 분배, 시장의 지배와 경제력 남용의 방지, 경제주체 간의 조화를 통한 경제의 민주화, 균형 있는 지역경제의 육성, 중소기업의 보호·육성, 소비자보호 등의 경제영역에서의 국가목표를 명시적으로 언급함으로써 국가가 경제정책을 통해 달성해야 할 공익을 구체화하고, 동시에 헌법 제37조 제2항의 기본권 제한을 위한 법률유보에서의 공공복리를 구체화하고 있다.[44] 따라서 헌법 제119조 제2항

---

40 권영설, 헌법이론과 헌법담론, 법문사, 2007, 882-883쪽
41 권오승, 우리나라의 경제입법과 국회의 역할, 제6공화국과 정부규제합리화 추진 방향에 관한 심포지엄 초록, 전국경제인연합회, 1988, 1쪽
42 양건, 헌법강의Ⅰ, 법문사, 2007, 175쪽
43 헌재 2004. 10. 28. 99헌바91, 판례집 16-2, 104, 128-129
44 헌재 1996. 12. 26. 96헌가18, 판례집 8-2, 680, 692-693

에 규정된 경제주체 간의 조화를 통한 경제민주화의 이념도 경제영역에서 정의로운 사회질서를 형성하기 위해 추구할 수 있는 국가목표로서 개인의 기본권을 제한하는 국가행위를 정당화하는 헌법규범이다.

경제주체 간의 조화를 통한 경제민주화란 경제영역에서의 의사결정권의 집중을 완화한다는 의미로 해석된다. 제2설과 판례의 입장은 국가의 경제 개입의 근거로 경제민주화를 별도로 규정한 데 대해 특별한 의미를 부여하지 않는 것이며 적절치 않다고까지 한다. 그러나 제3설에 따라 근로자의 공동결정권을 법률로 정할 수 있는 근거로 해석한다면 보충의 원리에 위반된다. 다만 근로자의 공동결정권에 이르지 않는 정도에서 의사결정권 집중을 완화하는 제도는 허용될 수 있다. 이 해석은 제2설과 제3설의 중간적 해석이라고 할 수 있다. 헌법조항에서 근로자와 사용자만을 한정하지 않고 포괄적으로 경제주체라고 규정하고 있으므로 근로자·사용자 관계만이 아니라 사업자·소비자 관계 등 경제영역 전반에서의 의사결정권 집중 완화의 뜻으로 해석하는 것이 적절하다고 본다.

경제민주주의는 민주주의 원칙을 경제영역에까지 확대·관철하려는 서구 노동조합의 프로그램에서 나타난 개념으로 보는 견해도 있다.[45] 독일의 경우 이미 20세기 초에 자유노조와 사회민주당에 의해 경제민주주의가 사회주의의 실현을 위한 길로써 주장되었다.[46] 오늘날 독일에서 경제민주화는 노동조합의 핵심적 목표의 하나가 되고 있다. 노동조합은 극단적이라고 표현되는 자유주의의 제한을 통해 근로자의 이익을 실현할 수 있다고 믿는다. 경제민주주의는 한편으로는 자본주의에 대한 대안으로서, 또 한편으로는 프롤레타리아 독재를 위한 선택으로 이해될 수도 있

---

45 홍정선, 행정법원론(하), 박영사, 2011, 699-700쪽
46 G. Benelli, Mitbestimmung und Selbstverwaltung, 1983, S. 131
       홍정선 700쪽 재인용

다. 경제민주주의는 아직도 정치적 민주주의를 경제적 영역으로 확대한 것으로 이해된다. 이 같은 경제민주주의는 독일의 기업조직법에서 공동결정제도로 나타나고 있다.

경제민주주의는 일반적으로 근로자를 경제적 결정과정에 참여시킴으로써 정치적 민주주의를 경제적 민주주의로 보완해야 한다는 요청으로 이해하는 입장도 있다.[47] 경제영역에서의 결정에의 참여(Mitbestimmung)에 대한 요청은, 한편으로는 기업 차원에서 근로자의 결정참여권 형태로 또는 전경제적 차원에서 국민경제회의와 같은 국가기구에서의 국가경제정책 수립과정에 있어서의 공동결정의 형태로 나타나고 있다. 그러나 경제민주주의의 요청은 그것이 어떤 형태든 간에 정치적 민주주의에서 유출될 수 없다. 경제민주주의 이념은 경제영역도 민주화가 되어야만 정치적 민주주의가 비로소 완결된다고 하는 정치적 헌법과 사회·경제적 질서 사이의 동질성에 기초하고 있다.

경제민주화를 부정하는 견해도 있다. 민주주의를 내세워 소득의 평준화를 주장하거나 교육의 기회평등을 부르짖고, 나아가서 경영구조 내에서의 자본과 노동력의 등가치적인 경영참여를 꾀하는 것 등은 민주주의적 가치내용으로서의 평등을 잘못 이해한 것이라고 하는 이론이 그것이다.[48] 바로 이곳에 사회적 민주주의(soziale Demokratie), 경제적 민주주의(wirtschaftliche Demokratie), 학문적 민주주의(wissenschaftliche Demokratie) 등 국가적 정치영역을 떠나서 사회생활의 각 분야를 민주화(Demokratisierung)시키는 데 있어서의 민주주의 이론의 한계가 있다. 민주주의는 정치적 자유와 평등, 정의를 내용으로 하기 때문에 사회국가적 원리로 간주되는 이른바 물질적인 생활조건의 평등과는 다르다.

---

47 한수웅, 한국헌법상의 경제질서, 공법학의 현대적 지평-심천 계희열 박사 화갑기념논문집, 1995, 178쪽
48 허영, 헌법이론과 헌법, 박영사, 2011, 225쪽

3. 소결

1945년 독립 이후 우리나라의 발전과정을 보면 경제발전과 자유민주주의의 성장이 국가적 과제였다. 이 같은 관점에서 경제민주화에 대한 통찰을 시도해야 한다.[49] 경제민주화는 전체적으로 '그 사회의 경제행위, 곧 재화 및 용역의 생산과 소비행위와 부 및 소득의 생산과 분배 그리고 소유가 민주적으로 이루어지는 것'을 뜻한다.

민주주의는 자유와 평등을 내포하기 때문에 곧 경제민주화란 그 사회의 각 경제주체의 의사결정과 경제행위와 경제적 소유에 있어서 각 구성원의 자유가 존중되는 가운데 평등성이 유지되어야 하는 것이다. 더 나아가 한국 사회는 자유민주주의와 공정한 성장, 법치주의를 조화롭게 실천하는 방향으로 발전해야 한다.[50]

일부 경제학자들도 경제적 민주화는 정치적 민주화를 밑받침하는 기초라고 강조한다.[51] 경제민주화를 위해서는 민간기업활동에 가해진 정부의 간섭을 줄여야 한다. 그러나 민간기업의 독과점적 산업조직 내지는 불공정거래에 대한 정부 통제는 결코 줄여서는 안 된다. 이와 함께 노동3권을 보장하고 노동운동의 자율성을 확대하며 노사 간 대등한 지위를 확보하게 하는 것이다.

이처럼 경제민주화는 자본주의 발달 과정에서 보듯 기업의 자유와 근로자의 평등이 조화를 이룰 수 있도록 하는 노력의 총체라고 할 수 있다. 기업의 자유는 국가로부터 개인과 기업의 자유로운 경제활동을 보장받는데 초점이 있다.

근로자의 평등은 자본에 의한 노동의 착취로부터 해방되어 임금 가치

---

49 이근영, 한국경제의 성장과 발전, 비봉출판사, 1997, 224쪽
50 이근영, 앞의 책, 285-297쪽
51 전철환, 경제민주화와 위기의 대응철학, 20-22쪽

를 제대로 보장받고 더 나아가 기업의 의사결정에 목소리를 낼 수 있는 데 초점이 맞춰져 있다. 또한 대기업과 중소기업의 상생, 농어민과 중소상공인 등의 자조 조직, 소비자의 권리보호 등도 경제민주화를 정의하는 데 주요한 개념 형성 요소로 정의를 내릴 수 있다. 우리나라의 경제발전과 민주주의 발전 과정에서 경험한 바와 같이 자유와 평등의 실현에 대한 순환적 요구가 시대에 따라 각기 다르게 나타나고 있다.

제3부

경제 자유와 평등의 갈등

경제민주화의 시작과 끝은 국민에게 경제민주화의 주체로 설 수 있는 주권을 확립해 주는 것, 그것을 참여라고 표현하든, 근로자, 농민, 시민사회 등의 힘을 강화시켜 주는 것이라고 표현하든 본질은 근로자 민중의 경제주권의 문제이다.

ECONOMIC DEMOCRACY

2012년 들어 자본주의 체제에 대한 반성이 고개를 들면서 경제민주주의와 경제민주화에 대한 논쟁이 벌어졌다. 압축성장으로 인한 각종 부작용에 대한 반성이라고 할 수 있다. 이 같은 움직임은 경제 상황의 악화, 양극화 심화, 공정거래질서의 붕괴 위험에서 비롯된 자본주의 위기론에서 비롯되었다.

경제민주화 논쟁은 정치권에서 시작되어 경제인 단체, 시민사회단체, 학계로까지 확산되었다. 2012년 12월 대통령선거를 앞두고 민주통합당에 이어 새누리당이 경제민주화를 주요 의제로 설정하면서 더욱더 논쟁이 격화되었다. 이 같은 흐름은 대한민국이 정치민주화를 이룩한 것처럼 경제면에서도 민주화를 한층 심화시켜야 하는 필연적 과정, 시대정신(Der Geist Der Zeit)으로 받아들여지고 있다. 정치민주화에서 경제민주화로 질적 변화가 이룩되어야 한다는 것이다. 여기서 논쟁의 핵심을 정리하면서 공법학계가 나아갈 방향을 모색해 보고 저널리즘적 접근법(journalistic approach)의 유용성과 아카데미즘적 접근법(academic approach)의 적확성을 정립하는 데 초점을 맞출 것이다.

제1장

한국 자본주의 위기론

경제민주화를 주창하는 배경은 한국 자본주의의 위기를 어떻게 극복하고 체제의 안정성을 높여 나갈 것인가 하는 데 초점이 맞춰져 있다. 이것은 우리 헌법상 경제질서를 자유민주주의와 자본주의, 사회민주주의로 볼 것인가 하는 문제와도 밀접한 연관이 있다.[52] 우선 위기라고 하는 자본주의의 상황을 경제지표로 살펴보자.

1. 양극화로 인한 갈등 심화

한국 자본주의 경제질서를 위협하는 요인은 부익부 빈익빈으로 인한 양극화 현상이 나타나 갈등이 심화되고 있는 점이다. 현대경제연구원의 '국내 양극화 현상의 실체' 라는 보고서를 통해 양극화 실태를 살펴보면[53] 양극화 현상을 가계소득과 불평등도, 가계소비, 고용과 일자리, 임금, 기업성장과 수익률의 5가지 부문으로 구분한다. 먼저 가계소득과 불평등도의 경우 중산층 비중은 2008년 66.3%까지 떨어졌다가 2009년부터 상승세로 전환해 2011년 67.7%까지 회복되었다. 경제적 불평등도를 나타내는

---

52   이춘구, 자유민주주의의 공법적 고찰, 법학연구(전북대학교 법학연구소) 제34집, 2011, 388쪽
53   이부영 · 정민, 국내 양극화 현상의 실체, 현대경제연구원, 2012. 6.

지니계수는 2009년 0.295까지 상승했다가 2011년 0.289로 다소 줄었지만 여전히 높은 수준이다.

가계 소비 중 가처분소득 대비 교육비는 소득 5분위와 1분위 계층 간 격차가 좁혀졌다. 두 계층의 가처분소득 대비 교육비 지출 비중 격차는 1990년대 1.1%포인트에서 2000년대 이후 1.0%포인트로 좁혀졌다. 그러나 가처분소득 대비 5분위와 1분위 계층의 주거비 지출 비중 격차는 확대되었다. 고용과 일자리면에서 청장년층 실업률은 1998년 12.2%까지 상승한 후 2011년 6.9%까지 떨어졌다. 청장년층의 실업률 차이도 외환위기 당시보다 1.6%포인트~2.7%포인트 좁혀졌다. 임금 차이는 정규직과 비정규직 간에 2010년 1,036,000원까지 떨어졌다가 2011년 1,026,000원으로, 제조업과 비제조업의 격차는 2003년 229,000원에서 2011년 126,000원으로 줄어들었다.

대기업·중소기업 간 총자산 및 매출 증감률 차이는 1990년대 대비 2000년대에 축소되었으며 최근에는 마이너스로 전환되었다. 현대경제연구원은 "국내 양극화 현상을 해소하기 위한 정책 노력이 지속되어야 한다"며 "좋은 일자리 확충을 위한 노력, 중산층 이하 계층의 주거비와 교육비 부담 경감을 위한 정책 대안 등이 필요하다"고 조언했다.

2. 소수 대기업의 경제력 집중

한국 자본주의의 성장은 대기업 중심 성장정책에서 비롯되었지만 또 여기에 한국 자본주의를 성장이 지속가능한(sustainable growth) 체제로 유지하는 데 부작용이 있다는 지적이다. 특히 10대 대기업의 경제력 집중 현상이 갈수록 심화되고 있다. 2012년 2월 6일 재벌닷컴과 금융정보 업체 에프앤가이드(FnGuide), 경제개혁연구소가 발표한 자료에 따르면, 10대 대기업 계열 90개 상장사의 2012년 1월 말 시가총액은 648조 원에 이른다.[54] 이는 유가증권시장과 코스닥시장의 시가총액 1,227조 원 가운데 52.83%에 이르는 규모이다. 10대 대기업의 시가총액 비중은 2008년 말 44.87%에서 2009년 말 46.59%, 2010년 말 51.90%로 글로벌 금융위기 이후 계속 확대되었다. 매출 비중은 2008년 말 47.18%, 2009년 말 49.99%, 2010년 말 51.86%로 글로벌 금융위기 이후 해마다 올라갔다. 경제력 집중도를 가늠하는 지표인 매출 비중이 높아진 것은 그만큼 쏠림이 심해졌음을 뜻한다.

대기업의 경제력 집중도가 올라가는 것은 글로벌 경쟁력 향상 과정에서 나타나는 자연스런 현상일 수도 있다. 그러나 양적 성장과 비교해 질적 성장은 미흡한 것으로 나타나 있다. 독과점적 시장지배 지위를 악용해 계열사나 관계사에 일감을 몰아주고 담합과 같은 불공정거래 행위도 서슴지 않은 것으로 지적되고 있다. 통계청에 따르면 광업·제조업 분야의 산업 집중도 단순평균은 2002년 40.7%에서 2009년 45.0%로 커졌다. 시장규모를 고려한 가중평균은 이 기간 47.6%에서 55.4%로 상승했다. 시장 규모가 큰 산업의 독과점이 심해졌다는 것을 의미한다.

대기업의 독과점 심화는 불공정거래를 유발한다. 공정거래위원회가 55개 상호출자제한 기업 가운데 총수가 있는 집단 소속 광고와 시스템통합(SI), 물류 등 20개 업체의 내부거래 현황과 사업자 선정방식 실태를 분석한 결과, 계열사 간 내부거래의 88%가 경쟁입찰이 아닌 수의계약 방식으로 이루어졌다. 대기업이 계열사 간 일감 몰아주기를 통해 비계열 독립기업에는 참여 기회조차 주지 않은 것으로 드러났다.

대기업들이 수출을 늘려 한국 경제를 떠받치는 만큼 경제력이 집중되는 것을 부정적으로 평가할 수만은 없다. 그러나 시장의 건전성을 높이려면 기업 간의 지나친 격차는 해소되어야 한다. 삼성, 현대차, SK, LG 등

---

[54] 연합뉴스, 재벌 경제독점 사상 최고, 2012. 2. 6

4대 대기업의 전체 매출은 이제 우리나라 GDP의 50%를 넘었다.[55] 경제력이 집중되면 미시적 거시적 차원에서 안정성이 떨어지고, 창의성과 다양성이 위축된다. "한 나라의 국내총생산(GDP)을 100이라고 할 때 100명이 골고루 생산하는 것은 5명이 생산을 독식하는 것보다 훨씬 낫다. 기업들이 동반성장할 수 있어야 한다"는 것이다. 대기업에 경제력이 집중된 상황을 해소하기 위해 정치권에서는 출자총액제한제 부활, 순환출자 금지, 지주회사 요건 강화 등이 제시되고 있다.

동반성장위원회는 '협력이익배분제'라는 이름으로 이익공유제 도입 방안을 발표했다.[56] 지배구조 개선 방법을 논의하는 동시에 중소기업 육성 방안을 마련하는 것도 중요하다. 대기업은 해외시장 매출 비중이 90%인 데 반해 중소기업은 10%대에 그친다. 이 같은 구조를 고쳐야만 경제력 집중을 해결할 수 있다. 중소기업의 글로벌화를 확대 지원해야 하며, 국가연구개발(R&D) 예산에서 중소기업 지원 비중을 높여 기술 경쟁력을 향상시켜야 한다.

3. 소액주주 의결권 보호 소홀

소액주주권 보호와 기업의 지배구조 개선을 목적으로 1998년 상법에 도입한 집중투표제가 대기업들의 외면으로 유명무실하다. 집중투표제는 소액주주들의 의결권을 집중시켜 대주주가 내세운 인물을 거부하고 소액주주 추천인사가 이사로 선임될 가능성을 높여 준다. 이사 2명 이상을 선임할 때 소액주주는 자신의 표를 한 명에게 몰아줄 수 있다. 특히 경영진을 감시해야 하는 사외이사를 선임할 때 집중투표제는 더욱 힘을 발휘한다.

집중투표제는 도입된 지 13년이 지났다. 하지만 대기업을 포함한 국내

---

55 연합뉴스, 정운찬 '대통령 동반성장 결연한 의지 적어', 2012. 9. 4
56 매일경제, 대 · 중소기업 '협력이익배분제' 합의, 2012. 2. 6

시가총액 기준 100대 기업(금융·공기업 제외) 가운데 이를 시행하는 회사는 단 2개이다. 제도만 채택한 회사도 이들 기업을 포함해 4개에 불과하다.[57] 상법은 기업이 정관에 규정을 두면 집중투표제를 배제할 수 있도록 하고 있다. 애초의 입법 취지를 살리려면 상법을 개정해 집중투표제를 의무화해야 한다는 목소리가 높다. 대기업들이 이 제도를 외면하는 것은 총수의 의결권 행사와 이사회 장악에 걸림돌이 되기 때문이다.

경제민주화를 위해 집중투표제와 함께 서면투표제, 전자투표제를 도입해야 한다는 요구도 적지 않다. 100대 기업 가운데 서면투표제를 채택한 회사는 9개에 불과하다. 시민단체와 학계는 기업의 지배구조를 개선하고 주주를 보호하려면 집중투표제가 반드시 필요하다고 주장한다. 경영진을 견제하기 위해 사외이사제도가 시행되고 있지만 제 역할을 못하고 있어 소액주주들의 실익에 부합하는 인사의 이사회 진입을 도와줘야 한다는 것이다.

경제정의실천시민연합은 "재벌 지배구조 속에서 횡령, 불법상속 등 주주들에게 손해를 끼치는 일들이 아직도 벌어지고 있다"면서 "이제는 집중투표제와 같이 주주를 보호하기 위한 제도가 정착되어야 한다"고 주장한다. 대기업이 집중투표제를 배제할 수 있는 요건을 더욱 엄격하게 하는 것도 하나의 방안이다. 그러나 전국경제인연합회는 "주주 다수가 원하지 않는 것을 획일적으로 도입하라고 강요하는 것은 경제민주화를 훼손하는 것"이라고 반박하고 있다.

4. 자산 양극화에서 사회 양극화로

한국 자본주의는 출발 당시에는 일제 침략과 6·25전쟁 결과 등으로 비교적 균등한 입장에서 시행되었다. 그러나 산업화 과정에서 대기업과

---

[57] 금융감독원 전자공시시스템, 100대 대기업 집중투표제 분석, 2012. 7. 13

자본가 중심의 불균형 성장정책 등에 따라 공정성과 기회균등이 훼손되었다. 심지어는 부의 상속과 증여로 인한 신분 세속화 우려마저 일고 있다.

2012년 9월 12일 한국거래소와 국세청 자료에 따르면 2011년 말 현재 주식을 보유한 19세 미만 미성년자는 9만2천 명에 이른다.[58] 주식시장 전체 주주의 1.8%에 해당한다. 이들이 보유한 주식은 시가총액 기준으로 3조9,510억 원, 당시 시가총액의 1.4%였다. 1인당 평균 4,295만 원을 보유한 셈이다. 미성년자 주주들의 보유액은 2004년 3,700억 원에 2009년 7,500억 원, 2010년 1조1,290억 원에 이어 2011년에는 4조 원으로 껑충 뛰었다. 미성년자 주식 인구도 2004년 3만천 명에서 2010년 6만7천 명으로 늘었고, 2011년 9만 명이 넘어 10만 명 선을 바라보고 있다.

일찌감치 막대한 부동산을 물려받아 종합부동산세 대상자가 된 미성년자도 적지 않다. 2010년 기준으로 20세 미만 종부세 대상자는 171명에 이르고, 세액은 4억1800만 원이다. 바로 위 연령층인 20대(20~29세) 종부세 대상자도 1,149명이나 된다. 종부세 부과기준이 완화되어 미성년자 대상자는 2008년 434명에서 2009년 216명으로 줄었고, 2010년에는 더욱 감소했다. 2012년 종부세 대상 기준은 주택 6억 원 초과(1세대 1주택자는 9억 원 초과), 종합합산토지 5억 원 초과, 별도합산토지 80억 원 초과 등이다.

만 20세 이전에는 혼자서 증권 계좌를 개설할 수 없는데도 미성년자 주주가 많은 것은 증여세를 피하기 위한 편법으로 주식이 악용되고 있기 때문이다. 증여세는 기간과 액수에 따라 누진적으로 부과되기 때문에 어릴 때부터 조금씩 물려주면 증여세를 피할 수 있게 된다. 부유층의 증여·상속을 통한 부의 대물림은 사회의 역동성을 떨어뜨리고 반감을 키울 수 있다. 특히 편법·탈법적인 수단이 동원되는 경우에는 사회적 반감을 불러올 수 있다.

---

[58] 연합뉴스, 미성년자 보유주식 4조 원, 종부세 170여 명, 2012. 9. 12

5. 한국 근로시간 OECD 최장, 임금은 중간

경제민주화의 주요 근원지 가운데 하나는 노동계이다. 노동과 자본의 동등한 역할 못지않게 노동의 인간화, 복지화가 경제민주화의 주요 근간이기 때문이다. 기본적으로 한국 근로자의 근로시간은 주요 선진국 가운데 가장 길지만 임금은 중간 수준이다. 기획재정부 보고서에 의하면 한국 근로자의 1주 평균 근로시간은 44.6시간으로 OECD 국가 가운데 최고 수준이다.[59] 연평균 실질임금은 3만5,406달러로 회원국 가운데 중간 정도이다. 노동생산성은 23번째이며, 단위노동비용 증가율도 0.7%로 낮은 편이다. 이는 임금이 노동생산성과 비례해서 증가하고 있다는 의미이다. 실업률(3.5%)과 6개월 이상 장기실업자의 비중(6.8%)은 OECD 회원국 가운데 가장 낮은 편이다. 사회보장제도의 사각지대와 높은 비경제활동인구 비중에 따른 착시효과가 작용한 것으로 풀이된다.

경제활동참가율은 66.2%로 OECD 평균(70.6%)에 미치지 못하고 있다. 특히 청년층과 25~54세 여성의 참가율이 낮다. 고학력화와 군복무, 결혼과 출산에 따른 경력 단절이 원인으로 꼽히고 있다. 고용탄성치(경제성장률 대비 취업자수 증가율)는 0.29로 독일(0.93), 호주(0.86), 프랑스(0.47) 등 선진국보다 낮다. 경제가 성장하는 만큼 취업자가 늘어나지 않는다는 뜻이다. 취업유발계수(10억 원 당 취업자수)가 높은 서비스업에 취업자 비중이 적은 데다 기업의 국외 투자가 늘고 있기 때문이다. 국내총생산 대비 고용분야 재정지출 규모는 2007년 0.38%에서 2010년 0.76%로 배 이상 늘었다. 글로벌 금융위기를 겪으면서 실업률이 높은 나라는 실업급여 지출 비중이 높아졌지만 한국은 일자리 사업 등 적극적 고용정책을 펴온 것으로 나타났다.

---

59 기획재정부, 한국 고용의 현주소: 경제협력개발기구(OECD) 국가와 주요 고용지표 비교, 2012. 9. 16

따라서 학력, 기업규모, 성별, 고용형태, 지역 등 임금 격차를 일으키는 요인별로 대책을 마련해야 한다. 비정규직 문제를 해결하려면 원·하청 구조의 공정거래질서를 확립하고, 여성이 선호하는 정규직 시간제 일자리를 늘려야 한다. 자영업은 노동시장의 완충지대 역할을 하지만 특정 부문에 지나치게 집중되어 있다. 특히 도소매, 음식숙박업 등 노동생산성이 낮은 부문에 취업자가 늘어나고 있다.

생계형 창업에는 신규 진입을 억제하고 기존의 자영업자에게는 직업훈련과 생계비 지원 등 출구전략을 제공하는 구조조정이 필요하다. 그리고 취업자의 88%를 차지하는 중소기업에 설비투자를 늘리고, 취업유발계수가 높은 고부가 서비스산업의 일자리를 확대해야 하며, 고용창출력을 높이려면 근로시간을 단축하고 유연근로제 등 다양한 근무형태를 확산해서 신규 인력 수요를 만들어야 한다. 또한 여성이 일과 가정을 양립할 수 있도록 보육지원을 늘리고, 청년들의 사회 진출 연령을 낮출 방안을 찾아야 한다.

한국 근로자들이 정년보다 이른 53세 무렵에 퇴직하는 점을 고려하면 퇴직 시기를 늦추고 전직을 지원하는 제도도 검토해야 한다. 현재 실업률이 고용 상황을 제대로 반영하지 못하므로 국제노동기구(ILO) 국제표준을 검토해 '노동저활용지표' 같은 고용보조지표를 개발해야 하며, 일자리 창출 모멘텀을 이어가려면 재정지원 일자리 사업의 범위를 직업훈련과 고용서비스로 넓혀야 한다.

6. 자본과 노동의 등가치론

노동계를 대표하는 학자들은 자본과 노동의 등가를 주장하며 경제민주화를 이룩해 나가야 한다고 주장한다. 대기업이 골목시장과 중소기업 영역까지 장악하며 경제 생태계를 망가뜨린다는 비판이 제기되고 있다.[60] 더 나아가 정치권과 관료들의 책임론을 제기하며, 사법부로까지

책임론이 확산하고 있다. 더 거슬러 올라가 경제는 오직 기업가의 일이라고 보는 친자본 반노동의 이데올로기가 근원이라고 생각한다. 노동자가 경제 논의에서 빠져 노동의 사회적 존재감을 갖지 못하는 것이다.

하지만 노동시장 또한 경제민주화의 대상이다. 우선 '동일노동 동일임금' 규정이 지켜지지 않고 있다. 동일한 생산과정에서 정규직과 비정규직은 노동의 질적 차이가 크지 않다. 현재와 같은 큰 임금 격차는 질적 차이가 아니라 대부분 제도 때문이다. 노동조합이 자유시장에서 받는 임금보다 더 높은 임금을 받아 고용을 줄어들게 만들고 그만큼 비정규직 노동자를 양산하고 있다. 우리나라 대기업 노조는 귀족노조라는 말을 들을 정도이다.

노동조합은 또한 청년실업, 대기업의 구직난, 중소기업의 구인난, 자영업자의 양산, 백수의 증가 등과 같은 노동시장의 고질적인 문제의 근본적인 원인으로 지적되고 있다. 이에 따라 노동시장의 각종 문제를 근절하고자 한다면 기업만을 탓하며 잘못된 경제원리에 초점을 맞출 것이 아니라 노동시장을 민주화하는 데 노력을 기울여야 한다. 역설적으로 노동시장의 각종 문제와 폐해를 척결하는 길로써 제시되고 있다.

한편으로는 자발적으로 비정규직을 선택한 근로자가 절반이 넘고, 전체 비정규직 근로자의 94%가 중소기업에서 일하고 있다. 대기업이 착취하고 있다는 대기업 하청 중소기업의 평균 순이익률은 대기업과 관계없는 중소기업의 두 배에 이른다. 자영업자가 어려운 근본적 원인은 경제협력개발기구(OECD) 회원국 평균의 두 배에 이르는 자영업자 비중으로 인한 치열한 경쟁과, 자영업자 스스로의 경쟁력 부족에 기인한 소비자 선택 때문이라는 지적도 나오고 있다.[61]

60 김동춘, '노동' 없는 경제민주화 논의, 한겨레, 2012. 7. 31
61 김영배, '노동계 편들기'로 변질된 경제민주화, 동아일보, 2012. 7. 24

제2장

경제민주화 인식 분석

1. 정당 간의 인식 차이

대기업 개혁을 비롯한 경제민주화는 2012년 5월 30일 개원한 19대 국회를 비롯해 정치권의 정책 경쟁에서도 중심을 이루는 소재였다. 대통령 선거 또한 경쟁의 열기를 한층 높이는 요인이 되었다. 새누리당은 2012년 4·11 총선의 10대 공약 가운데 하나로, 민주통합당도 7대 정책 비전의 하나로 경제민주화를 제시했다.

하지만 두 정당의 차이는 대기업 개혁에 대한 태도에서 갈린다. 민주통합당은 대기업의 경제력 집중 완화와 지배구조 개선이 필요하다는 태도를 보인 반면, 새누리당은 대기업과 중소기업 간 불공정거래를 시정하는 데 초점을 맞추고 있다. 정당 간의 이런 차이는 경제민주화에 대한 시각 차에서부터 비롯되었다. 당시 진영 새누리당 정책위의장은 "여야가 내세운 경제민주화의 의미가 서로 다르다"고 했다. 새누리당은 경제민주화의 핵심을 공정한 시장경쟁으로 보고 있다는 것이다. 대기업의 경제력 집중에까지 개입할 필요는 없다는 입장이었다.

민주통합당은 대기업과 중소기업 간 성과 공유, 공정한 이익 분배를 경제민주화의 주요 과제로 제시했다. 당시 이용섭 민주통합당 정책위의

장은 "경제민주화란 대기업과 중소기업 간 격차를 줄이고 성과를 골고루 나눠 갖는 것을 의미한다"고 말했다. 민주통합당은 공정한 시장경쟁에서 한 발짝 더 나아가 대기업의 경제력 집중을 완화시켜야 한다는 것이었다.

두 정당의 시각 차는 구체적인 정책의 차이로 이어졌다. 민주통합당은 2012년 4월 11일 총선에서 출자총액제한제 도입, 순환출자 금지, 지주회사 요건 강화, 금산분리 강화 등을 공약으로 내걸었다. 모두 대기업의 경제력 집중 완화를 위한 장치들이었다.

새누리당 총선 공약집에는 대기업 개혁에 관련된 내용이 없다. 이한구 원내대표는 "민주당은(대기업의) 지배구조 문제까지 손대려 하는데 출자총액제한제 등은 효과가 없다는 게 진보 진영 학자들 입에서도 나온 얘기"라고 했다. 새누리당 총선 공약은 일감몰아주기 규제 강화, 대기업의 중소기업 사업영역 진출제한 강화, 부당 단가인하 등 공정거래 확립에 집중되었다. 대부분 현재 시행중인 법과 제도를 좀 더 보완하는 수준이었다.

경제민주화에 대한 정당 간의 온도 차가 큰 게 사실이지만 접점도 있다. 하도급 부당 단가인하에 대한 징벌적 손해배상제도(피해액의 3배)의 확대 등 대기업과 중소기업 간 공정거래 확립의 필요성에는 동감을 표시했다. 19대 국회 들어 이와 관련된 정책들이 제한적이나마 현실화될 것이다.

2. 포퓰리즘 논란

현실적으로 경제민주화에 대한 기본개념부터 엇갈리고 있다. 2012년 대선 정국의 화두로 떠오른 경제민주화에 대해 대기업 10개 가운데 7개, 중소기업 10개 가운데 4개는 '포퓰리즘(인기영합주의) 구호'라고 했다.[62] 국회의원은 이에 전혀 동의하지 않고, 야당 의원 21명 가운데 19명은 대기업 개혁이 경제민주화의 핵심이라고 보고 있다. 이 가운데 12명은 '매우 그렇다'고 했지만 새누리당 의원들은 동조하지 않고 있다.

동아일보가 국회 정무위원회, 지식경제위원회, 환경노동위원회 소속 국회의원 41명과 대기업 48개, 중소기업 73개를 대상으로 경제민주화 관련 설문조사를 한 결과 이와 같이 나타났다. 경제민주화라는 구호만 있고 각론에서는 법을 만드는 정치권이나 법의 적용을 받는 기업 간에 아무런 합의가 안 된 가운데 경쟁적으로 관련 법안을 쏟아내고 있는 것이다.

3. 경제민주화 과제 인식

여야 의원들은 기업의 지배구조 개선, 공정거래 강화, 복지·노동정책, 과세 강화, 기업범죄 처벌 강화, 소상공인·중소기업 보호, 금융자본 규제, 시장 개입, 노동·금융시장 합리화 등 10개 소주제에 대해 "대부분 경제민주화 과제에 해당한다"고 보고 있다. 하지만 대기업은 물론 중소기업도 '공정거래 강화' 외의 항목에 대해서는 "경제민주화의 과제가 아니다"라고 보고 있다.

대형마트 의무휴업제를 비롯해 동반성장지수 평가 발표, 특정업종 대기업 진출 금지, 대기업 총수 사면 폐지, 징벌적 손해배상제 등 기업범죄 처벌 강화, 출자총액제한제도 재도입, 부당 내부거래 규제 강화, 계열분리 청구제, 금융·산업자본 분리 강화, 일감몰아주기 처벌 강화, 국민연금 등 연기금 주주권 행사 강화 등 경제민주화 각론에 대해서 국회의원들은 대부분 찬성하고 있다. 그러나 대기업들은 소극적인 입장을 보이고 있다.

또 다른 분석을 보면 재벌 지배구조 개혁의 구체적 정책 가운데 순환출자에 대해 새누리당 온건파는 신규 출자만 금지하자는 입장이고, 강경

---

62 동아일보, '경제민주화' 기본개념조차 엇갈렸다, 2012. 7. 30

파는 기존 출자도 단계적으로 의결권을 제한하자는 입장이다.[63] 민주통합당은 3년 내 순환출자를 해소하는 방안을 강구하고 있다. 전경련과 경총 등 재계는 이에 반대하고 있다. 금산분리와 지주회사 규제 강화에 대해서는 새누리당 온건파와 재계는 반대하며, 새누리당 강경파는 검토 필요, 민주당은 추진 입장을 보이고 있다. 출자총액제한제 부활에 대해서는 새누리당은 실효성이 없는 것으로 보고, 재계는 반대하고 있다. 민주당은 10대 그룹에 적용하자고 주장하고 있다.

대기업과 중소기업의 상생 분야 가운데 불공정행위 징벌적 배상제, 일감몰아주기 금지, 대형유통업체 영업시간 제한에 대해 새누리당은 추진을 주장하고, 민주당은 강화하자는 입장이다. 재계는 일감몰아주기 금지에 대해서는 원칙적으로 찬성하지만 나머지 두 가지에 대해서는 반대하는 입장이다.

공평과세에 대해서는 새누리당이 형평과세를 주장하는 반면, 민주당은 1% 부자 대상 증세를 추진하자는 입장이다. 주주권 강화 문제에 대해서도 새누리당과 민주당은 추진 입장이며, 재계는 반대 입장이다.

---

63 조선일보, 재벌 소유구조… 與 강경·野 '손봐야' 與 온건 '반대', 2012. 7. 5

제3장

경제민주화를 둘러싼 경제주체별 입장

경제민주화와 관련해 경제주체들의 주장은 각기 다르다. 한편으로는 양극화 등 사회 불평등 현상의 문제점을 들고 적극적으로 경제민주화의 필요성을 논하고 대안을 제시하고 있다.

소위 진보 성향의 단체들은 경제민주화 논의에 적극적이며 급진적인 입법을 촉구하고 있고, 보수 성향의 단체들은 경제민주화 논의 자체에 소극적이며 유보해야 한다는 입장이다. 경제계는 대기업의 경우 기업의 지속성과 성장, 경영의 자율성, 기업가 정신 등의 보호를 위해 신중하게 추진해야 한다고 주장한다.

대기업은 오히려 지금의 논의처럼 평등보다는 자유에 중점을 두고 기업활동의 대폭적인 자유를 촉구하고 있다. 노동계는 근로조건의 악화와 양극화 부작용 등을 지적하며 폭넓은 노동민주화를 요구하고 있다. 이 같은 논의들이 단계적으로 접합점을 찾아가며 제도화할 것으로 보인다.

1. 시민단체의 입장

(1) 참여연대의 경제민주화 방안

참여연대는 '상생'과 '동반성장'에서 '제도적 대기업 규제'로 경제민주화 방향을 제시하고 있다. 현실적으로 이루어지고 있는 경제민주화 노력을 좀 더 제도적으로 구체화하고 대기업 규제에 초점을 맞추고 있다. 참여연대는 대기업이 이미 중소상인, 중소기업, 소비자, 노동자 등 각계각층의 생존과 생활에 깊숙이 악영향을 미치고 있는 상황에서 신자유주의적 상생과 동반성장의 도그마에 갇혀 말로만 그치는 대기업 개혁, 나아가 대기업과의 사회적 타협만을 외쳐서는 국민대중의 심각한 생존과 생활의 위기는 해결될 수 없다고 주장한다.[64]

수출 강국인 일본도 2011년 무역적자를 기록할 정도로 세계경제 상황은 어느 한 국가가 압도적 수출 우위로 살아남기 어렵다는 사실을 보여주고 있다. 수출 대기업을 밀어주기 위한 고환율 정책은 원자재를 수입·가공해 대기업에 납품하는 중소기업의 경영을 압박하고 물가상승으로 인한 민생경제의 위축으로 이어지고 있다. 대기업 개혁과 경제민주화는 중소기업과 중소상인, 서민 생존권 수호와 내수경제 활성화를 통한 우리 모두의 살 길이고, 보편적 복지국가로 가기 위해 반드시 성취해야 하는 절실한 국가적 과제로 다가오고 있다. 이제 '상생' 전략, '동반성장' 전략을 좀 더 적극적인 대기업 개혁정책으로 전환하고, 법적 규제를 통해 중소기업과 중소상인을 보호하는 경제운영 전략의 대전환이 필요하다.[65]

① 대기업의 사업행위 규제, 중소상인 보호

중소기업과 중소상인 적합업종 보호 특별법 제정이 필요하다. 대기업이 중소기업청장이 지정하는 중소기업 및 중소상인 적합업종 사업을 인수·개시 또는 확장하기 위해서는 중소기업청장의 승인을 받아야 하고, 이미 적합업종에 진출한 대기업에 대해서는 중소기업청장이 1차적으로 사업이양권고를 하고, 이를 이행하지 않을 경우 2차적으로 중소기업청장

---

64 참여연대, 정책(입법)보고서, 상생과 동반성장에서 제도적 재벌 규제로, 2012, 6쪽
65 김남근, 'MB정부 심판이 참여정부 부활인가?', 참여사회연구소 시민정치비평 39호, 2012

이 해당 대기업 등에 대하여 주식 처분, 기업 분할 등을 명할 수 있도록 한다.[66]

계열(기업) 분리 명령제는 두 차원에서 접근이 필요하다. 먼저 이 제도를 처음 고안한 미국과 같이 독점 해체, 대기업 해체 수단으로 도입하는 것이다. 예를 들면 유류·통신·전자 등 독과점이 심각하고 자주 담합행위가 발생해 소비자의 후생이 크게 침해되는 대기업에 대해 기업분리를 명하거나, 산업 대기업이 금융기관까지 지배하는 경우 금융과 산업을 분리하도록 명하거나, 제조업·보험·건설·유통 등 각 산업에 대한 문어발식 지배로 경제 전체에 대한 지배력이 과도할 경우 그러한 산업을 계열에서 분리하도록 해서 독과점의 폐해를 해소하는 것이다. 범위를 좁혀 대기업이 중소기업이 영위하는 시장 영역에 진출하여 사후적으로 시장점유율이 5%가 넘는 경우에도 이러한 기업분리, 계열분리 명령을 통해 해당 대기업이 중소기업이 영위하던 시장에서 사업을 철수하도록 하는 방식의 입법이 필요하다.

중소기업에 대해서는 먼저 중소기업 강국인 독일, 일본, 대만 등과 같이 중소기업이 사업조합 단위로 공동납품, 공동협상, 공동구매 등 공동행위를 할 수 있도록 하기 위해 현재 이런 행위를 담합으로 처벌하는 공정거래법을 개정할 필요가 있다.

하도급거래 공정화에 관한 법률을 개정해 납품단가의 공정한 결정을 도모하고, 표준하도급계약서 미사용시 하도급업체에 고지 및 공정위 신고의무를 부과하도록 한다. 구제의 실효성을 높이기 위해 손해배상명령제, 징벌적 손해배상, 공정거래위원회의 전속고발권 폐지, 중소기업 조합의 분쟁절차에서의 당사자성 인정 등을 통해 불공정한 하도급 관행을 개선해야 한다.

---

66 참여연대, 앞의 책, 11쪽

유통 대기업의 동네 상권 침탈을 막기 위해 도시계획적 측면에서 진출 규제, 영업시간 규제 등을 포함한 유통산업발전법 개정이 필요하다. 독일, 프랑스 등 서구 유럽 국가에서는 대형마트가 발생시키는 교통과 소음 등에 대해 생활환경 측면에서 주거지역 등에는 진출을 규제하고 있다. 상업지역과 같은 허용지역에서도 매출 영향 평가를 통해 주변 상인들에게 미치는 악영향이 최소화되는 경우에만 진출을 허용하고 있다. 또한 유럽 국가들은 유통 근로자들의 노동권 보호를 이유로 늦은 저녁시간이나 야간 영업, 휴일에는 원칙적으로 영업을 금지하고 예외적으로 식품 등 일부 품목에 대해서만 제한된 시간 범위에서 관할관청의 허가를 받아 영업을 하도록 하고 있다.[67]

② 대기업의 담합행위 규제, 소비자 보호

소비자 분쟁에 대해서는 피해자 권리참가 신고를 한 소비자에 대해서만 판결의 효력이 미치게 하는 옵트인(opt-in) 방식의 소비자집단소송법을 도입한다. 입증 책임의 전환, 표본 감정 방법 등 입증 책임과 방법의 완화 등을 통해 소비자 피해구제를 좀 더 쉽게 함으로써 일상화되어 있는 대기업의 담합행위로 인한 주요 생필품 시장의 독과점 가격구조를 개선할 수 있도록 한다. 이와 함께 담합행위에 대한 과징금을 부당이득 환수로 명확히 하고, 징수된 과징금으로 피해자 기금을 조성해 피해자 구제에 실질적으로 사용되도록 법안을 정비할 필요가 있다.

③ 대기업에 대한 조세개혁

대기업에 과도하게 편중되어 있는 각종 특혜감세제도를 축소하기 위해 조세특례제한법의 최저한세율을 법인세 과세표준 1천억 원 이상의

---

67 참여연대, 앞의 책, 17-19쪽

대기업에 대해서는 20%까지 인상하고, 고용투자세액공제제도 등은 한시적 존속기간이 만료되면 일몰되도록 하는 등 특혜감면제도를 점진적으로 폐지함으로써 대기업의 법인세 실효세율을 높인다. 아울러 법인세 과세표준 1천억 원(2009년 현재 190개 기업) 이상에 27%의 세율을 부과하는 최고세율구간을 신설한다. 대기업의 특혜적 일감몰아주기에 대하여는 일감몰아주기로 상승한 주가가치분에 대하여 증여세와 양도소득세(주식을 처분할 경우)를 부과한다.[68]

④ 대기업의 소유지배구조 개선 및 출자 규제

대기업의 소유지배구조 개선과 경제력 집중 방지를 위해 공정거래법과 상법을 개정한다. 가공의 의결권을 창출함으로써 지배주주의 지배력 유지·강화, 승계의 수단으로 악용되고 있는 환상형 순환출자를 금지하고, 행위규제가 대폭 완화되어 애초 입법 취지대로 기능하지 못하고 있는 지주회사제도를 복원·강화해야 한다. 금산분리 규제 또한 2009년 개정 이전 상태로 회복시켜야 한다. 출총제는 이를 대체하는 다른 규제방식이 도입되어 있지 않은 상황에서 대기업이 무분별하게 사업을 확장하는 폐해가 심각하므로 경제력 집중 완화 종합대책을 마련하는 과정에서 출총제 재도입 방안도 검토하도록 한다.

이 같은 사전적 규제와 더불어 사후적 규제도 정비해야 한다. 일감몰아주기를 포함한 부당지원행위 규제 근거를 정비하여 효율적인 법집행이 이루어지도록 하며, 이해관계자에 의한 책임 추궁이 활발하게 이루어질 수 있도록 상법상 소액주주의 주주대표 소송 제기 요건을 완화하고 다중대표 소송 및 다중 장부열람권도 도입해야 한다.

---

68 참여연대, 앞의 책, 26쪽

(2) 경제민주화국민본부의 경제민주화 방안

경제민주화 이슈를 선점하기 위한 시민사회와 대기업 사이의 경쟁이 뜨겁게 벌어지고 있다. 시민사회 쪽에선 여러 단체들이 힘을 모아 연대하는 움직임을 보이고 있다. 2012년 6월 22일 출범한 '경제민주화와 재벌개혁을 위한 시민연대 준비위원회(경제민주화연대)'는 시민사회 연대체이다. 새로운사회를여는연구원, 참여연대, 민변, 민언련, 전국교수노조, 민주노총, 청년유니온, 학술단체협의회, 전국유통상인연합회, 한국기독청년회 등 23개 단체가 참여하고 있다.[69] 경제민주화 연대는 대기업 범죄 가중처벌법, 골목상권 대기업 퇴출제도, '공휴일은 재래시장으로' 법 등을 쟁점화하고 있다.

참여연대, 민주노총, 민주사회를 위한 변호사 모임 등 국내 520여 개 시민사회단체로 이루어진 '경제민주화와 재벌개혁을 위한 국민운동본부(경제민주화국민본부)'가 2012년 9월 25일 출범했다. 경제민주화국민본부는 서울 청계천 전태일 다리 앞에서 출범식을 열고 경제민주화와 대기업 개혁을 위한 3개 분야 13개 과제를 발표했다. 국민본부는 대기업과 공기업의 청년고용할당제 도입과 최저임금제도 전면 개선, 대형마트 의무휴업일제 등 유통산업발전법 개선, 노동시간 단축을 통한 일자리 늘리기 등 13개 과제를 실현하기 위한 시민운동을 벌이고 있다. 국민본부는 출범선언문에서 "대기업 경제 권력 집중으로 국민 생존과 민주주의가 위기에 처하는 등 경제민주화는 시대적 과제"라며 "시민의 힘으로 대기업 개혁, 경제민주화를 이루자"고 제안했다.

① 경제민주화국민운동본부 출범 배경
경제민주화국민운동본부가 출범한 배경은 대기업 개혁과 경제민주화가

---

69 한겨레, 경제민주화 대격돌 예고, 2012. 7. 10

시대적 과제이기 때문이다. 국민소득 2만 달러 시대에 일을 해도 가난에서 벗어나지 못하는 워킹 푸어(working poor)가 늘고 있고, 국민의 60% 이상이 가계부채를 짊어진 채 힘들게 살아가고 있다. 갈수록 올라가는 교육비, 의료비, 통신비 그리고 주거비는 더 이상 감당하기 어려운 지경에 이르렀지만 소득은 올라가지 않고 있다. 정규직 임금의 절반밖에 되지 않고 사회보험 사각지대에 놓여 있는 비정규직의 임금 격차는 갈수록 벌어지고 있다. 청년들의 일자리 문제는 해소될 기미가 없으며 최저임금은 여전히 현실화되고 있지 않다. 99%의 삶이 더 고단해지고 있는 것이다.

친기업적 정부가 집권하면서 규제완화, 감세, 고환율 유지 등으로 말미암아 대기업은 '나홀로 성장'을 누렸다. 대기업의 성장이 중소기업과 자영업, 노동자에게 전달된다던 적하효과는 작동되지 않았고, 99% 국민과 1%의 대기업의 격차는 점점 벌어졌다. 정부가 '동반성장'과 '공정사회'로 방향을 틀었지만 변화된 것은 없다. 극심한 경제적 불평등과 양극화를 초래한 경제구조를 개혁해 공정하고 민주적인 경제질서를 세워 나가자는 것, 바로 이것이 대기업 개혁과 경제민주화의 출발이다.

이것은 우리만이 요구하는 것이 아니다. 전 세계적으로도 카이로에서 월가에 이르기까지 청년들과 시민들이 신자유주의가 초래한 세계적인 불평등에 저항하고 있다. 대기업 개혁과 경제민주화가 일시적인 유행에 그칠 수 없고 우리 시대의 과제가 되는 이유가 바로 이것이다.

② 대기업의 경제권력 집중과 민주주의의 위기

민주주의에서는 소수에게 힘이 집중되면 남용될 수 있다. 정치권력이 소수에게 집중되면 독재가 나타난다. 시장에서 지배력이 커지면 독점이 나타나고 공정경쟁을 해치는 경제권력으로 발전한다. 지금 한국의 대기업이 그러하다. 국내 중소기업과 골목상권의 중소상인 사업영역까지 침범해 들어오고 있는 중이다. 나아가 시장에서의 독점권력을 넘어선

'선출되지 않은 사회권력', 이것이 오늘 한국 대기업의 현주소이다. 견제할 사회세력도 그 어떤 견제장치도 작동되지 않는 권력이 우리 사회 민주주의의 심각한 위협이 되고 있다.

독재권력이 종식되지 않고 정치적 민주화를 생각할 수 없듯이 시장권력화된 대기업을 규제하지 않고서는 경제민주화를 말할 수 없다. 유통 대기업을 규제하지 않고 상인들의 생존을 말하는 것은 무의미하다. 매출의 절반 가까이 대기업에 납품하고 있는 중소기업에게 납품단가 현실화를 회피하고 상생을 말하는 것도 허구이다. 주요 필수재나 내구재가 모조리 대기업의 독과점 품목인 현실에서 이를 외면하고 소비자 보호를 말할 수는 없다. 이를 동반성장과 상생이라는 이름 아래 대기업이 자율적으로 해결해 주기를 기대할 수는 없는 것이다. 경제민주화를 위해 대기업 개혁과 규제는 필수적이다.

③ 시민의 힘으로 경제민주화 달성

대기업이 이미 중소상인, 중소기업, 소비자, 근로자 등 각계각층 국민의 생존과 생활에 깊숙이 영향을 미치고 있는 상황에서 신자유주의적 상생과 동반성장의 도그마에 갇혀 시장의 자율이나 대기업과의 사회적 타협만을 외쳐서는 국민의 심각한 생존과 생활의 위기는 해결될 수 없다. 국가경제 발전이나 서민대중의 생존을 위하여 필요하면 법적 규제를 통해서도 중소기업과 중소상인을 보호해야 한다.

법과 제도 이전에 무엇보다 중요한 것은 대기업의 시장 독식으로 피해를 입는 근로자, 중소상인, 농민, 중소기업 그리고 소비자들이 자신의 경제적 권리와 정당한 몫을 찾고 경제민주화를 위해 힘을 모으는 것이다. 경제민주화와 재벌개혁을 위한 국민운동본부는 시민의 힘과 의지를 모아 경제권력이 된 대기업을 견제하고 경제민주화를 시민사회운동으로 발전시키고자 출범하게 되었다. 이제 대기업 개혁과 경제민주화는 정치적 구호나 입법 영역을 넘어서 대기업의 과도한 경제력 집중으로 직접 피해를 입고 있는 근로자와 소비자, 자영업과 상인, 중소 기업인들을 포괄하는 민생운동어 되었다.

④ 시장에서의 경제민주화

민주주의의 기본원리는 견제와 균형이다. 시장권력도 대기업의 독식에서 벗어나기 위해서는 시장경제의 이해당사자인 중소상인, 중소기업, 소비자 등 각계각층의 이해와 요구에 의하여 견제와 균형이 이루어져야 한다. 한편으로는 경제적 약자인 중소상인과 중소기업의 생존권을 보장하고, 담합행위로 인한 과도한 물가로부터 소비자를 보호하는 것이다. 다른 한편으로는 이러한 경제적 약자의 사회적 경제적 지위를 향상시켜 시장경제의 운영이 지나치게 대기업의 이익을 보장하는 방향으로만 운영되지 않도록 함으로써 결과적으로 소득분배, 고용창출, 소비자의 안정된 소비, 가계의 안정, 수출과 내수의 균형 등 시장경제 전체의 균형을 찾아 나가는 것이 경제민주화가 지향하는 목표이다.

이를 위해 대기업의 중소상인·중소기업 적합업종 진출규제를 위한 중소상인·중소기업 적합업종 보호 특별법 제정, 대형마트 의무휴업일제, 동네상권 진출규제를 위한 허가제 도입 등을 위한 유통산업발전법 개정, 불공정한 납품단가 인하, 납품단가 원자재 가격 연동제 도입 등을 위한 하도급법 개정과 중소기업 사업조합단위의 공동행위 허용을 위한 공정거래법 개정, 대기업의 담합행위로부터 소비자를 보호하기 위한 소비자 집단소송법 제정 등이 이루어져야 한다.

⑤ 일자리에서의 경제민주화

노동시간 단축을 통한 일자리 늘리기, 비정규직 규제와 차별 철폐로 일자리 안정화, 정리해고 남발 규제로 일자리 지키기 등으로 청년과 근로자 등의 생존권을 보호해야 한다. 대기업의 노동 유연화 전략으로 고용 없는 성장, 비정규직 등 불안정한 일자리의 만연과 정규직의 임금, 근로조건에 비하여 지나친 차별, 수시로 벌어지는 대량해고로 인한 일자리의 불안 등으로 청년실업과 저임금 근로자의 양산, 상시적인 고용불안정은 사회적 경제적 양극화의 원인이 되고 있다. 이제 일자리 측면에서 노동시간 단축을 통한 일자리 창출, 비정규직 불완전 고용을 안정된 일자리로 전환하기 위한 비정규직 축소와 차별철폐, 정리해고 남용규제 등을 통한 일자리 지키기 등 일자리에서도 경제민주화가 실현되어야 한다.

구체적으로 노동시간 단축을 통한 일자리 창출을 위한 '노동시간 단축과 일자리 창출 특별법' 제정, 비정규직 및 여성근로자 차별철폐와 비정규직 축소 및 여성노동권 확보를 통한 일자리 불안 해소, 정리해고 남용으로부터 일자리를 지키기 위한 근로기준법 개정, 청년실업과 근로빈곤층 해소를 위한 대기업·공기업의 청년고용할당제 도입과 최저임금제도 전면 개선 그리고 기초농산물 국가수매제 실시로 농민생존권 보장, 식량주권 실현 및 경제민주화의 토대 구축이 우선되어야 한다.

⑥ '경제력 분산'과 '조세정의'의 경제민주화

대기업의 지배구조와 경제력 집중을 개선하고 공평과세와 조세정의가 실현되어야 한다. 대기업의 경제력 집중을 개선하기 위해 대기업의 출자총액을 제한하고 순환출자를 규제해야 한다. 대기업의 지배구조에서 재벌총수 등의 책임을 명확히 하고 소수주주들을 보호하기 위한 이중대표소송 등 지배구조의 개선이 필요하다.

대기업을 총수 일가가 전횡적으로 운영하는 대표적인 사례인 일감몰아주기를 근절하기 위해 공정거래 측면에서의 행위 규제뿐만 아니라 사후적으로 일감몰아주기로 얻은 이익을 증여세와 소득세를 통해 환수해야 한다. 대기업에 대한 각종 특혜감면을 폐지해 공평과세를 실현하고 법인세 상위구간의 신설 등을 통하여 조세정의를 실현해야 한다.

이에 따라 대기업의 문어발식 진출규제를 위한 출자총액제한과 순환출자금지 도입을 위한 공정거래법 개정, 대기업 내부의 일감몰아주기 근절을 위한 공정거래법과 상속증여세법 및 소득세법 개정, 근로자의 경영참가, 연기금의 주주권 행사, 이중대표소송 등 경영민주화와 지주회사의 지배요건, 산업자본의 금융자본 지배요건 강화 등을 통한 대기업의 지배구조 개선, 대기업에 대한 각종 특혜감면 폐지를 통한 공평과세의 실현과 법인세 상위구간 신설 등 누진적 과세를 통한 조세정의 실현을 위한 조세특례제한법과 법인세법 개정이 이루어져야 한다.

(3) 바른사회의 경제민주화 유보 입장

시민단체 바른사회시민회의(이하 바른사회)가 정치권의 경제민주화 움직임을 두고 대선을 앞둔 입법 포퓰리즘이자 대기업 죽이기라며 비판적인 입장을 밝혔다. 이 단체는 "경제성장률이 둔화되고 있는 상황에서 일자리를 창출해야 하는 기업들을 오히려 규제하려는 경제민주화 움직임은 시정되어야 한다"고 주장했다.

① 경제민주화 논란

바른사회가 2012년 8월 8일 서울 프레스센터에서 개최한 '경제민주화 논란' 긴급 토론회에서 학자들은 경제민주화 관련 법안의 문제점을 지적했다. 조동근 바른사회시민회의 공동대표는 모든 길은 경제민주화로 통하는 것 같다면서, 이는 각 정파가 최소한의 '정체성'마저 갖지 못하고 있다는 것을 의미한다고 비판했다. 경제민주화는 인위적인 분배질서를 전제로 한다는 점에서 '국가개입주의에 지대추구행위'가 더해진 최악의 조합이라는 것이다. 또 '시장의 실패와 탐욕'을 이야기하지만 시장이 '행위의 주체'가 될 수는 없다며, 시장이 탐욕스러운 것이 아니라 '인간이 탐욕스러울 뿐'이라고 반론을 제기했다. 시장 실패의 근저에는 예외 없이 '정책의 실패'가 존재한다고 했다.

먼저 기업의 순환출자 금지 움직임에 대해 순환출자로 이루어 낸 투자가 성공하기만 하면 소액주주, 임직원, 소비자 모두 이익을 얻는다면서 우리 기업들은 한국을 넘어 세계에서 가장 경쟁력이 강한 기업집단들이고, 그 경쟁력의 기반이 된 공격적 투자는 순환출자로부터 나왔다고 지적했다. 중소기업 보호를 위해 순환출자 등을 제한하는 것은 꼭 필요한 투자를 막을 가능성이 높다는 점에서 과도한 규제라는 것이다. 특히 투자를 많이 하지 않는다고 비난하면서 최소자금으로 투자하는 방법인 순환투자를 금지하고 출자총액을 규제하는 것은 앞뒤가 맞지 않는다고 비판했다. 또 순환투자 금지로 인해 소유주의 의결권이 대폭 축소되면 외부의 적대적 인수합병(M&A)에 취약해질 것이며, 국내 자본이 인수할 엄두를 낼 수 없는 삼성, 현대차는 중국 등 외국 자본에게 좋은 사냥감이 될 것이라고 주장했다.

대기업 계열사 간 거래가 부당하다면 거대 공기업 산하의 많은 자회사에 대해서는 어떠한 견해나 법규제를 적용할지에 대한 논의도 고려되어야 한다. 기업 지배구조 측면에서 볼 때 이번 입법은 갈수록 활발해지는 기업 인수 합병 추세 속에 불안정한 경영권 쟁탈을 야기할 수 있다.

국가발주 사업에 대기업 참여를 제한하는 법안에 대해 세계무역기구(WTO) 규정 때문에 외국 대기업이 국가발주 사업에 입찰하는 것을 막지 못하는 상황에서 국내 대기업만 참여를 제한하는 것은 역차별이라는 반론도 있다. 중소기업이 대기업과 거래하는 과정에서 불합리하거나 불평등한 관행이 있다면 그것을 해소하는 것이 합리적이지만, 과도한 규제로 당사자간 거래가 의도와 달리 왜곡되거나 훼손되는 것은 피해야 한다. 이와 함께 경제민주화를 경제주체 간 민주적 관계 회복으로 정의한다면 대기업과 중소기업 사이 못지않게 정부와 기업 간의 민주적 관계 회복, 즉 관치경제 청산이 절실하다.

또 재벌의 횡령·배임죄에 대해 집행유예 선고를 금지한 '특정경제범죄가중처벌 등에 관한 법률 개정안'에 대해서 법률안의 개정 취지는 이해하지만 양형 기준은 입법부가 아닌 사법부의 고유 영역이라며 특정층에 대해서만 엄격한 제재를 가한다는 측면에서 헌법상의 평등권을 침해할 소지도 있다.

공정거래위원회의 전속고발권이 폐지되면 대기업에 비해 법률자문능력이 취약한 중소기업들의 피해가 예상된다. 따라서 무분별한 검찰수사나 소송에 대한 안전장치로서 전속고발권이 유지되어야 한다.

②금산분리, 바람직한 해법 모색

바른사회는 2012년 9월 10일 서울 프레스센터에서 '금산분리, 바람직한 해법 모색'을 주제로 토론회를 열고, 경제민주화 논의 과정에서 제기되는 금산분리가 금융산업의 건전성보다는 기업의 지배구조를 소위 민주화론자들이 원하는 방향으로 전환하기 위한 것이라는 점에서 문제가 있다고 비판했다. 그리고 금산분리 규제강화는 금융산업의 경쟁력을 떨어뜨리고 산업발전을 가로막는 사전규제, 과잉규제라고 지적했다. 풍부한 산업자본의 높은 경쟁력을 금융자본에 활용하는 것은 금융자본의 취약성을 해소하는 현실적인 방법이라는 것이다.

또한 미국의 금융위기가 금산분리를 완화해서 발생한 것이 아니라 저금리정책, 부동산정책, 금융감독정책, 금융정책, 금융기관의 도덕적 해이 등 주로 정부정책의 잘못으로 발생한 것이라고 진단했다. 우리나라 역시 저축은행 사태에서 나타난 것처럼 금산분리보다는 금융과 정치 혹은 정부의 적절한 분리라고 할 수 있는 '금정분리'가 더 필요한 시점이다.

은행업에 비해 제2금융업은 저축에 기반하지 않은 신용창출 문제가 별로 없다는 점에서 주인(지배주주)의 존재가 주는 장점이 더 크다. 따라서 금산분리와 같은 사전적 규제는 국민경제와 국민을 대상으로 한 '위험한 실험'이 될 가능성이 높다. 또 제2금융권의 금산분리라는 직접 규제보다 금융감독 강화와 지배구조 강화로 문제를 해결해야 하며, 이를 위해서는 금융시스템을 강화하여 금융기관 경영의 독립성과 건전성을 확립해야 한다.

저축은행 사태에서 알 수 있듯이 검증되지 않은 개인 자본가 중심의 대주주 규정이 오히려 부도덕한 대주주를 양산해 냈다. 따라서 금융기관의 대주주 적격성 여부는 대기업이나 특수관계인의 참여를 제한하는 방향으로 강화되기보다는 대주주의 도덕성과 건전성에 비중을 두어야 할 것이다.

③ 제2금융권 대주주 적격성 심사

바른사회는 또 2012년 9월 25일 한국관광공사에서 '제2금융권 대주주 적격성 심사, 과연 적격한가'라는 주제로 토론회를 열고 대안을 제시했다. 이는 9월 10일 새누리당 경제민주화실천모임이 제2금융권의 대주주에 대해서도 적격성 심사를 강화하는 4개 법안을 발의한 데 따른 것이다.

모임은 상호저축은행 사태 등 대주주의 모럴 해저드가 국민경제에 미치는 파급효과를 사전에 막아야 한다는 입법취지를 내세웠다. 그러나 외국의 경우 인허가 당시부터 대주주 적격요건을 엄격하게 규제하는 입법 사례는 없고, 은행과 달리 수신기능이 없는 제2금융권에 은행과 같은 수준의 규제를 한다는 것은 과잉입법이라는 지적이 있다. 2011년 정부가 발의한 지배구조법 역시 이 같은 이유로 규개위 심사에서 대주주 자격유지 조건이 삭제되었다. 헌법상의 보충성 원칙(제126조)과 과잉금지의 원칙(제37조 제2항)에 위배되는 '위헌성 법률안'이라는 것이다.

또 배임죄로 처벌받았다 해서 대주주 자격을 박탈하는 것은 과도한 국가통제로서 '반법치주의'라고 비판했다. 아울러 금융기관 대주주의

적격성을 엄밀히 심사하는 것은 물리적으로 불가능하므로 표적심사가 될 가능성이 크고, 이는 '관치금융 폐해'를 야기할 수도 있다.

전형적인 금융기관인 은행과 보험사, 증권사, 신용카드사의 경우는 규제방식을 달리해야 한다. 우선 헌법의 기본권 제한 원칙에 배치된다. 위법한 하나의 행위에 대해 단지 대주주라는 이유만으로 최대한의 가벌성을 설정하려는 것은 사회적 보복으로 봐야 한다. 법치주의 기본과 평등권에 어긋나는 것이다. 기존의 형법, 특정경제범죄가중처벌법, 상법 등에 의한 처벌 외에 추가적 제재는 기본권 제한의 비례성의 원칙에 어긋난다. 외국 자본에 의한 침탈 및 내국인의 금융자본에 대한 역차별이 우려되며, 외국의 입법 유례가 없는 강력한 대주주 억제안의 성격을 띠고 있다.

대주주라는 이유만으로 자격심사를 강제하는 것은 사유재산권 침해이며 비자본적이라는 비판도 있다. 대주주로서 경영에 직·간접적 관여자, 업무집행책임자에 대한 자격규제는 가능하다.

'국민연금공단의 주주권 행사' 및 '사외이사 중심 경영체제' 등과 함께 정치권이 민간기업을 장악하려는 시도라는 주장도 있다. 2011년에 '금융회사 지배구조 법률' 입법과정에서 과도한 규제라 하여 삭제된 법안으로 금융회사 경영에 혼란을 초래할 수도 있다. 금융회사 주인이 바뀌고 대주주 의결권이 제한된다면 임직원과 소비자 입장에서는 매우 부당한 처사이다. 기업 경영을 감시할 대주주가 없어진다면 임직원의 도덕적 해이를 초래할 것이다. 감독기구에 의한 벌칙 강화 및 사법부를 통한 금전적 징벌 강화는 사후에 제한적으로 발동되어야 경제시스템의 효율성을 저해하지 않는다. 예금보험공사 및 공정거래 감독기구와 지배주주 간 계약을 통한 지배적 통제가 이루어질 수 있을 것이다.

④ 순환출자의 세계적 현황 및 시사점
대선 공약으로 순환출자금지 문제가 정치권에서 본격적으로 논의되었

다. 여야 대선 캠프에 따라 정도의 차이는 있지만 순환출자가 기업의 경쟁력을 약화시키고 국가경제를 위협한다고 했다. 그러나 순환출자는 국내 기업에서만 나타나는 독특한 현상이 아니다. GE(미국), 도요타(일본) 등에서 모두 복잡한 순환출자구조를 보이고 있지만 이를 문제 삼는 나라는 없다. 더욱이 기업공개를 강제해 순환출자를 사실상 유도한 정부가 지주회사라는 자신들의 '모범답안'으로 기업구조를 억지로 뜯어고치는 것은 바람직하지 못하다. 이에 대해 바른사회는 '순환출자의 세계적 현황 및 시사점'이라는 주제로 2012년 11월 8일 서울 프레스센터에서 토론회를 열었다.

첫째, 가공자본은 주식회사가 다른 주식회사에 투자할 때 항상 발생하며, 착한 기업에도 가공자본이 존재한다. 순환출자로 중소기업이 어려워진다는 건 침소봉대다. 대기업의 빵집이나 대형마트 등과 같은 프랜차이즈와 순환출자는 아무 관계가 없다. 1%로 99%를 지배한다는 비판에 대해서는 구글, 페이스북, 워렌버핏 사례를 참조해야 한다. 현대차가 기아차를 인수해 세계적 자동차 기업으로 만드는 과정은 순환출자의 기능과 의미를 잘 보여주는 사례이다. 인수 성공으로 외부투자자, 납품하는 중소기업, 근로자, 소비자 모두에게 이익이 될 것이다. 기업에게 투자를 안한다고 비난하면서 한편으로 투자수단을 무력화해서는 안 된다.

둘째, 순환출자로 인한 대규모 투자의 실패도 인식해야 하며, 부당한 사익 추구나 소유와 지배의 괴리는 문제를 일으킬 수 있다. 순환출자를 금지할 경우 불러올 파장은 우려스럽다. 기존 계열사 중 상당수가 적대적 M&A에 노출되고 기업집단의 경쟁력을 약화시킬 것이며 기업 경영권에 대한 위협이 잇따를 것이다. 정직한 부분지불준비제도 시행으로 시장진화가 이루어지도록 해야 할 것이다.

셋째, 소비자, 주주, 채권자 등 이해당사자에게 중요한 것은 시장경쟁력이지 순환출자가 아니다. 순환출자 구조 해소로 경영권을 잃게 되면

진짜 두려운 건 우리 정부임을 알아야 한다.

넷째, 순환출자가 금지되어야 하는 이유로 가공자본 여부를 들고 있는데 가공자본은 회사가 다른 회사에 투자할 때 필연적으로 발생하고, 이를 금지하는 것은 투자하지 말라는 것과 같다. 소수주주들은 단체적 의결권으로 기업 오너에 맞서 의지를 관철시킬 수 있으며, 대주주는 가공자본이 아니어도 이미 지분을 가지고 경영권을 행사할 수 있다. 순환출자로 인한 자기주식 취득금지를 우회하는 경우에만 순환출자를 금지해야 한다. 순환출자를 금지하면 적대적 M&A에 무방비로 노출되며 결국 기업 경영권이 위협을 받게 된다.

바른사회는 2012년 11월 16일 새누리당 박근혜 대통령 후보의 경제민주화 최종공약 발표에 대해 논평을 냈다. 바른사회는 기존 순환출자 의결권 제한, 대규모기업집단법 제정, 재벌총수에 대한 국민참여재판 등을 수용하지 않은 것을 긍정적으로 받아들였다. 이 같은 주장은 대기업의 손발을 묶으면 경제가 살아날 것이라는 현실적 여건에 대한 고려가 부족한, 잘못된 진단에 따른 처방이라고 본 것이다. 이런 대책은 투자를 늘려 일자리를 창출하기는커녕 대기업으로 하여금 경영권 강화에 몰두하게 만들 것이라고 지적했다.

공정거래위원회 전속고발권·폐지나 국민연금 의결권 강화 등도 좋은 의도나 명분에서 시작되었다 할지라도 경제에는 부정적인 영향을 미칠 수 있다. 담합이나 경쟁제한성 등 전문적인 영역을 경제전문가가 아니라 경찰과 검찰에 맡길 때 소송남발의 가능성도 고려해야 한다. 국민연금기금의 독립성 강화를 전제로 한 국민연금의 보유주식 의결권 강화정책도 과연 현실적으로 가능한 것인지 재고해 봐야 한다. 국민연금이 이미 국내 주요 기업들의 지분을 다수 보유한 상황에서 국민연금의 의결권 확대는 결국 기업에 대한 정부의 영향력 확대로 이어질 수 있기 때문이다.

2. 경제계의 입장

(1) 경제계의 반발

경제계가 우리 사회 최대 화두가 된 경제민주화에 대해 반대 입장을 견지하면서도 미묘한 입장 변화를 보이고 있다. 정치권에서 경제민주화 애기가 나올 때마다 기업의 피로도가 높아지고 있다며 불편한 심기를 감추지 않았던 것과 달리 경제민주화의 필요성을 일부 인정하면서 한발 물러서는 모양새다. 2012년 8월 28일 열린 경제5단체장 간담회에서 경제계 수장들은 국회나 언론에서 경제민주화 개념에 대해 다양한 견해가 있을 수 있다고 말하고, 그 필요성과 사회적 요구에 대해서는 충분히 공감한다는 입장을 밝혔다. 아울러 경제민주화 논의의 핵심인 공정경쟁과 대기업-중소기업 동반성장을 위해 협력하기로 의견을 모았다.

골목상권 침해와 중소기업 간의 불공정거래 등으로 재계를 향한 비판이 커지는 상황에서 경제민주화에 대한 반대 논리가 제 밥그릇 지키기로 인식되고, 오히려 국민적 신뢰를 잃었다는 분석에서 방향 전환이 이루어지는 것으로 보인다. 결국 경제민주화 논의에서 여론을 거스르지 않으면서도 어느 정도 설득력 있는 대응 논리를 만들어 내느냐가 경제계의 과제가 되었다. 경제단체 관계자는 순환출자금지 등 경제민주화를 입법화하려는 정치권의 움직임을 견제하면서 경제계 자체적으로 해결하려는 의지와 능력을 대내외적으로 내보일 필요가 있다고 말했다.

전국경제인연합회(전경련) 회장단은 2012년 9월 13일 경제민주화는 경제주체 간 조화로운 상생을 바탕으로 모든 국민이 윈-윈할 수 있는 방향으로 논의가 이루어져야 한다고 밝혔다. 또한 최근 정치권의 경제민주화 논의와 관련해 기본정신에 대해서는 공감하지만, 그 방법은 서민들의 삶의 수준을 높이고 우리 경제의 성장 활력을 회복시키는 데 초점이 맞춰져야 한다고 주문했다. 그리고 우리 경제가 2%대의 저조한 성장 기조를 지속하면 일자리와 가계소득 감소로 최근 몇년간 개선 조짐을 보이던 양극화 현상이 심화되고 서민생활이 어려워질 것이라고 전망했다.

(2) 역사적 경제민주화론

경제계의 생각을 대표하는 한국경제연구원은 2012년 10월 11일 광화문에서 토론회를 열고 경제민주화에 대한 입장을 정리했다. 먼저 '경제민주화의 역사적 고찰 : 독일을 중심으로'에서 경제민주화(Demokratisierung der Wirtschaft)의 이념적 고향은 독일이라고 밝혔다.[70] 독일에서도 1920년대에 처음 등장해 1970년대 사이에 주로 사용된 개념이며, 오늘날에는 독일에서조차 사용하지 않는다고 한다. 경제민주화는 사회민주주의의 핵심이념, 즉 참여해 공동으로 결정한다는 민주주의의 고유한 의미를 경제에 적용한 것뿐이라고 한다. 그러나 그런 경제민주화는 치명적이라는 것이다.

원래 경제민주화는 20세기 초 마르크스주의를 비판하고 그 이념가들과 경쟁했던 E. Bernstein과 F. Naphtali 등이 주창한 사회민주주의의 핵심 요체이다. 자본주의는 물론이요 정통 마르크스주의, 그리고 소련식 계획경제는 각기 나름대로의 독재로 인해 인간들이 자신의 운명을 스스로 정할 수 없기 때문에 그 대안으로 제시한 것이 경제민주화이다. 사회민주주의자가 볼 때 자본주의 독재는 자본과 대기업이고, 마르크스주의는 프롤레타리아 독재이고, 소련식 계획경제는 소수 엘리트의 독재이다. 사회민주주의는 어떤 유형의 독재도 반대하며, 사회민주주의의 핵심가치는 사회적 의사결정에의 참여이다. F. Vilmar는 "경제민주화란 권위주의적 의사결정이 민주적 의사결정으로 교체된 경제구조와 절차, 민주적 의사결정은 민주국가와 경제적 당사자들의 참여를 통해 정당화되는 의사결정"이라고 정의를 내렸다.

---

70 민경국, 경제민주화의 역사적 고찰 : 독일을 중심으로, 한국경제연구원 '경제민주화 제대로 알기', 2012년, 4쪽

사회민주주의는 정치민주화와 경제민주화를 요체로 한다. 정치민주화는 프롤레타리아 혁명과 독재가 아니라 다당제의 정치적 경쟁을 통해서 사회주의 실현이 가능하다고 믿었다. 경제민주화는 기업 내부에서 노동조합의 기업경영 참가를 보장하며, 국민경제계획 결정에 근로자들이 참여해 소비와 생산에 관한 공동결정을 내리게 하는 것을 내용으로 한다.

바이마르공화국 시기에는 자유노조가 경제민주화를 주장했다.[71] 자유노조는 근로자 기업과 공기업, 협동조합기업 등 비자본주의적 경제형태를 주장한다. 철강, 석탄산업 등 국영기업의 자주관리에 노동조합의 적극적 참여를 보장하고, 친노동법의 확대를 통한 노사관계의 민주화, 국가 경제정책 결정에 노동조합 대표의 참여를 보장한다.

1950년대에서 1960년대까지 독일은 자유시장으로 변화하고 사회민주당 강령에서 생산수단의 국유화를 삭제했다. 여기서 공유재산과 계획경제가 반드시 경제민주화의 요소일 필요는 없다. 또 자본주의를 극복하는 것이 아니라 자본주의를 조종하고 수정하는 것이 사회민주주의 목표이다. 사회적 공동결정을 통한 거시조종과 기간산업의 공유화, 노동자의 경영참여 등 민주적 수단을 통해서 계획경제를 완화할 필요성을 절감하게 되었다.

1970년대 이후 좌경화 경향으로 경제민주화 목소리가 강화되었다. 이 시기에 구체적으로 논의된 것은 소득정책을 위한 노사정 3자 합의제도 등 사회적 공동결정제도의 도입이다. 그러나 이마저 오래가지 못하고 소멸되고 말았다. 1978년 1천 명 이상의 주식회사에 의무적으로 도입한 근로자 경영참가제도이다. 이는 자본의 독재로부터 근로자를 해방하기 위해서 자본가와 근로자가 나란히 기업정책을 합의제로 결정하는 것이다. 경제민주화의 개념은 주로 '근로자 경영참여제도'를 의미하게 되었다. 그러나 이 같은 제도는 주주와 근로자 모두에게 유익한 제도가 아니라는

---

71 민경국, 앞의 책, 6-9쪽

것이 판명되었다. 근로자 경영참여제도는 재산권의 공유화를 초래한다. 기업경영의 효율적인 제도이기보다는 오히려 기업경영의 발목을 잡고 기업경영을 정치화시킬 뿐이다.

경제민주화는 재벌개혁을 비롯해 순환출자금지 등 30개 가까운 내용으로 구성되어 있어 매우 혼란스럽다. 규제는 경제활동의 자유를 제한한다며 규제에 대해 경계를 한다. 경제민주화는 큰 정부를 불러와 자유와 번영에 치명적 결과를 초래할 것으로 우려한다. 규제가 적고 경제자유가 많을수록 경쟁력도 강화되고, 빈곤도 해소되며, 일자리도 창출되고, 경제도 번영한다는 것은 알려진 사실이다. 더욱이 자유경제에서만이 양극화의 문제도 해소된다는 것에 유념할 필요가 있다.[72]

경제민주화는 자본주의에 반대하는 사람들이 내세우는 사소한 정책들을 포장하는 말이 되었다는 지적도 있다.[73] 이에 대해서는 기업의 지배구조에 관한 주장을 경제민주화라는 거창한 구호로 포장한 것이라며 비판한다. 이런 주장의 이론적 바탕은 여전히 마르크스주의의 노동량 가치설(quantity theory of value)이다. 이 이론은 수요와 공급이 가격을 결정한다는 사실을 깨닫지 못한 원시적 이론으로 마르크스주의 경제학자들도 오래 전에 버렸다. 규모가 큰 기업들이 대체로 경쟁력이 높아 세금과 임금을 많이 지불한다. 규모의 경제는 경제학의 기본법칙이다. 그러면서도 중소기업들이 대기업으로 자라나도록 격려해야 한다.

시장경제에서 기업형태는 환경에 맞게 진화한다. 실재하는 기업 지배구조는 우리 사회의 도덕, 법, 지식, 문화적 풍토로 이루어진 환경에서 나올 수 있는 가장 나은 지배구조에 아주 가까울 것이다.[74] "잘나가는 자는 누르고 뺏고, 불쌍한 자는 보호하고 도와주자는 것이 경제민주화인 것 같다"고

72 민경국, 앞의 책, 12쪽
73 복거일, 진화의 관점에서 본 경제민주화, 한국경제연구원 '경제민주화 제대로 알기', 2012년, 14쪽
74 복거일, 앞의 책, 24쪽

보는 견해도 있다.[75] 그런 의미의 정책이라면 우리는 이미 초강력 경제민주화 정책들을 아주 많이 가지고 있다. 세금 문제의 경우 대기업의 상위 1%가 전체 법인세의 80%, 개인소득세는 상위 1%가 전체의 45%를 부담하는 실정이니 이미 민주화가 되었다는 것이다.[76] 자영업자의 상위 7%가 종합소득세의 85%, 근로소득자 상위 12%가 전체 근로소득세의 85%를 각각 낸다. 전체 근로소득자와 자영업자의 40%가 세금을 한푼도 내지 않는다. 가진 자의 것을 뺏은 것이 민주화라면 한국의 직접세는 과도할 정도로 민주화가 되었다. 중소기업 보호와 지역정책 역시 마찬가지다.

대기업 정책은 한국이 단연 세계 최강이다. 자산 5조 원 이상 기업집단에 대해서는 공정거래위원회가 집중적으로 감시와 규제를 한다. 이를 일반집중이라고 한다. 미국 등 다른 나라들이 하나의 시장에서 독점력을 행사할 경우 규제하는 것을 시장집중이라고 한다. 이처럼 한국은 오랫동안 경제민주화라고 불릴 규제와 조정을 해 왔다.

(3) 법적 경제적 철학적 반론
① 법적 반론

한국경제연구원은 2012년 6월 4일 서울 프레스센터에서 '경제민주화, 어떻게 볼 것인가 : 2012 대한민국에의 시사점'을 주제로 정책토론회를 개최했다. 여기서는 헌법 제119조 제1항과 제2항의 관계는 '원칙'과 '보완'의 관계이며, 제2항 '경제민주화'를 시장에 대한 국가 개입의 정당성을 부여하는 만능규범처럼 인식해서는 안 된다고 강조했다.[77] 특히 대기업-중소기업 간 '경제민주화'의 경우, 대기업의 경제활동 관련 기본권을

---

75 김정호, 기존의 경제민주화조치부터 잘 챙겨보라, 한국경제연구원 '대한민국 역사 속에서의 경제민주화 제대로 알기', 2012년, 34쪽
76 한국경제신문, 2012. 5. 28
77 신석훈, 법적 측면에서 본 경제민주화의 한계, 한국경제연구원 '경제민주화, 어떻게 볼 것인가?', 2012, 3쪽

제한하는 형식으로 이루어질 것이라고 예상했다. 그러나 이때에도 기본권 제한의 한계인 법치국가의 원리, 적법절차 원칙 등 국가권력의 남용을 통제하는 헌법 원리들은 반드시 지켜져야 한다는 것이다.

여기서는 대기업 규제를 사전적 규제와 형식적 사후적 규제, 실질적 사후적 규제로 구분하고 있다. 사전적 규제의 경우 불공정행위의 근본적 원인이라고 여기는 대기업 소유구조 규제, 중소기업 고유업종으로의 대기업 진입 규제를 들고 있다. 관련법으로는 공정거래법상 경제력 집중규제 등이다. 형식적 사후적 불공정행위 규제는 법에서 불공정행위 유형을 제시하고, 대기업의 행위가 이런 행위유형에 해당할 경우 불공정성에 대한 구체적 입증 없이 불공정성을 인정하도록 하는 것이다.

또 대기업 스스로 불공정하지 않다는 사실을 입증해서 규제를 벗어나게 하고, 공정거래위원회는 과징금을 부과한다. 여기에는 하도급법, 대형유통업법, 공정거래법상 부당지원행위 금지 등이 관련되어 있다. 실질적 사후적 불공정행위 규제는 피해자가 기업행위의 불공정성을 법원에서 입증해 손해배상을 받게 한다. 이와 함께 공정거래위원회가 구체적인 경쟁 훼손행위를 규제한다. 여기에는 민법과 회사법, 공정거래법 등이 관련되어 있다.

이에 따라 정치권에서 '경제민주화'의 의미를 대기업에 대한 민주적 통제의 의미로 해석하는 것은 중립적이지 못하다. 소유·지배의 괴리현상은 내부 지배주주와 외부 소수주주 모두에게서 나타나는 것이므로 중립적 관점에서 볼 필요가 있다.[78] 유럽연합(EU)과 경제협력개발기구(OECD)가 소유·지배괴리 자체를 부정적으로 보며, 사전적으로 직접 규제하려는 것은 득보다 실이 더 많으므로 사후적으로 남용된 행위를 규제하는 것이 바람직하다는 취지의 보고서를 2007년에 발표한 바 있다.[79] 지금까지

---

78 신석훈, 앞의 책, 14쪽

우리 사회가 시장을 통제하는 '경제민주화'에 관심을 가져왔다면 앞으로는 경제민주화를 통제하는 '법치국가원리'에 관심을 가져야 한다.

② 경제적 반론

시장경제야말로 진정한 경제민주주의라고 주장한 오스트리아 학자 Ludwig von Mises의 견해를 설명하며, 승자 독식은 시장현상이라기보다 오히려 선거에서 나타나는 현상임을 강조하는 설명도 있다.[80] 자본주의는 사표(死票)가 전혀 발생하지 않고 소비자들의 마음이 변하면 언제든지 정권교체가 가능하기 때문에 정치시장의 투표에 비해 훨씬 정교한 투표장치라는 것이다. Mises는 저서 《관료제(*Bureaucracy*)》에서 경제민주주의와 관련해 다음과 같이 말했다.[81]

"자본주의 생산시스템은 마지막 한 페니까지 투표권을 가지는 경제민주주의이다. 소비자들은 주권을 가진다. 자본가, 기업가 그리고 농부는 사람들의 위탁자들이다. 만약 그들이 복종하지 않으면 만약 그들이 소비자들이 그들에게 요청하는 것을 가능한 것 중 가장 저렴한 비용으로 생산하는 데 실패한다면 그들은 자리를 잃고 만다. 그들의 임무는 소비자들에

79 Report on the Proportionality Principle in the European Union, Sherman & Steering LLP, ISS, ecgi, 2007.
Lack of Proportionality Between Ownership and Control, Overview and Issues for Discussion, Issued by the OECD Steering Group on Corporate Governance, December 2007

80 김이석, 경제민주주의를 시장경제의 또 다른 이름으로 이해한 미제스, 한국경제연구원 '경제민주화, 어떻게 볼 것인가?', 2012, 1쪽

81 Mises, Bureaucracy(황수연 역, 관료제)
The capitalist system of production is an economic democracy in which every penny gives a right to vote. The consumers are the sovereign people. The capitalists, the entrepreneurs, and the farmers are the people's mandatories. If they do not obey, if they fail to produce, at the lowest possible cost, what the consumers are asking for, they lose their office. Their task is service to the consumer. Profit and loss are the instruments by means of which the consumers keep a tight rein on all business activities.

대한 서비스이다. 이윤과 손실은 소비자들이 모든 경제활동에 대한 견고한 지배력을 유지하는 수단이다."

과거 귀족이나 왕 등 특권계층은 소비자들을 섬김으로써가 아니라 특권 유지와 이에 대한 저항의 제압을 통해 그들의 부를 누렸다. 그러나 시장경제는 기득권을 인정하지 않는다. 소비자들의 선택이 변하는 순간 과거에 소비자들의 선택을 받았다는 사실은 별로 존중되지 않는다. 소비자 다수의 뜻에 따르지 않는 경제활동을 왜 경제민주주의라고 불러야 하는가라고 Mises는 반문한다. 민주주의가 타락해서 다른 사람들의 것을 그들의 동의 없이 가져와 더 많은 사람들에게 나눠 주는 정책을 펼침으로써 다수의 표를 사려는 시도를 해왔다. 다수의 표를 준 사람들에게 공짜를 나눠 주고 이 부담은 다른 이들에게 지게 하려는 일들이 빚어졌다.

그러나 법의 지배를 세움으로써 이런 일들의 발생을 제한하는 '제한된 민주주의(limited democracy)'는 시장경제와 양립되며, 자유주의와 양립될 수 있다. Mises가 말하는 민주주의는 이 제한된 민주주의를 말한다. 다수 소비자들의 뜻에 따르는 생산, Mises는 시장경제가 바로 그런 생산 체제라는 뜻에서 시장경제가 경제민주주의를 구현하고 있다고 강조했다. 다수결을 통한 주기적 선거는 소득재분배를 지향하고 있는 무상복지 포퓰리즘 정책, 경제력 집중과 같은 소비자 선택의 결과를 인위적으로 조정하려는 정책들을 제안하고 있다며 비판적 시각이다.

③ 철학적 반론

철학적 입장에서 경제민주화는 민주화라는 말의 오용(誤用)이며, 경제민주화의 궁극적 귀결점은 전체주의라고 한다.[82] 이 견해에 따르면 우리

---

82 신중섭, 이념 · 철학적 측면, 한국경제연구원 '경제민주화, 어떻게 볼 것인가?', 2012, 1쪽

사회는 권위주의와 독재정치를 거치면서 '민주화'와 '민주주의'는 성스러운 언어가 되었으며, 때문에 '경제민주화'라는 말에 어떤 내용을 넣든 무조건 좋은 것으로 생각하는 '습관'이 있다. 경제적 자유를 축소하는 것을 '경제민주화'로 부르는 것은 잘못된 언어 사용이며, 이와 더불어 정치권력에 의한 '연대와 이타심'만 강조한 '경제민주화'를 국가운영의 원리로 삼는 것은 지속가능성이 없기 때문에 결국 실패할 것으로 전망했다.

더 나아가 헌법 제119조 제2항에 경제민주화 조항이라고 이름을 붙이고 있지만 이것은 정당한 이름 붙이기는 아니라고 비판한다. 즉 정명론(正命論)에 부합하지 않는다고 한다. 제2항은 정부의 경제에 대한 개입을 허용한다. 제2항에 명시된 경제민주화는 경제주체 간의 조화의 결과로 경제민주화를 규정할 뿐이다. '균형 있는 성장, 적정한 소득분배, 시장지배·경제력 남용방지'를 위한 규제를 경제민주화로 해석하는 것은 지나친 확대 해석이다. 제2항은 경제에 대한 정부의 규제와 조정을 정당화하는 조항일 뿐이다. 따라서 제2항 전체를 경제민주화 조항이라고 부르는 것은 잘못이며, 정부의 규제와 조정에 대한 정당화 조항이라고 불러야 한다. 경제 자유와 경제민주화를 대비시키는 것은 잘못된 사고에서 나왔다. 민주주의의 반대말은 권위주의 또는 독재이기 때문에 경제적 자유를 축소하는 것을 경제민주화라 하고, 경제적 자유를 확대하는 것을 경제 비민주화라 부르는 것은 잘못된 언어 사용이다.

Robert Nozik에 따르면 어떤 사람이나 집단도 함부로 행할 수 없는 것이 소유권이다.[83] Nozik은 사유재산권에 대한 정당화를 시도하지 않았다. 그는 우리의 도덕적 직관에 의해 사유재산권은 정당화된다고 생각하고 있기 때문이다. 모든 사람이 자신이 소유할 권리를 가지고 있는 것을 소유하고 있다면 그 분배는 정의롭다. 재화가 결과적으로 어떻게 분배되

---

83 Robert Nozik, Anarchy, State and Utopia(ASU), 1974, p. IX

었는가를 보고 정의로운지 또는 정의롭지 않은지를 판단하는 것은 잘못이다. 재화가 어떻게 생산되고 어떻게 분배가 이루어지는가를 보고 정의를 말할 것이 아니라 재화가 어떻게 생산되고 분배가 어떻게 이루어져 왔는가를 보아야 한다는 것이다. 공리주의자나 John Rawls가 내세우고 있는 결과를 보고 정의를 판단해야 한다는 입장에 강력하게 반대한다.

평등주의적 자유주의자 Rawls는 개인의 사회적 지위나 타고난 천부적 재능을 '공동의 자산'으로 간주했다.[84] 그는 자연적 자질이나 사회적 지위가 당연한 권리로서 개인에게 주어지는 것은 아니라고 주장했다. 그것들은 임의적 요소에 의존하기 때문에 그것을 개인에게 귀속시키는 것은 도덕적으로 정당하지 않다고 보았다. 따라서 개인은 자신이 가진 자질이나 그것으로부터 유래하는 이익을 독점할 권리가 없다. 그는 자산을 공동의 자산(collective asset)으로 간주했다. 이렇게 되면 평등한 분배의 길이 열린다. 그러나 Rawls의 관점에 따르면 분배는 도덕적 자격에 대한 보상이 아니고, 사회제도의 결과일 뿐이다.

경제민주화라는 용어의 의미에 가장 접근한 기업의 경제적 의사에 시민과 종업원이 참여해야 한다는 주장은 소유의 평등을 전제로 한 것이다. 이런 입장은 사회주의 시장경제를 전제로 삼고 있는 것으로 자본주의와 시장경제의 근간인 사유재산권을 부정하는 것이다. 사유재산권을 부정하고, 경제활동의 과정과 결과에 개입해 자신들이 원하는 상태를 만들겠다는 시도는 전체주의나 독재정권 하에서나 가능하다.

여기서 연대와 이타심의 도덕과 자유와 책임의 도덕적 양면성에 주목해야 한다. 경제민주화와 관련해 연대와 이타심에 기초한 사회를 만들려는 노력은 지속가능하지 않기 때문에 성공할 수 없다. 거대사회에서 국가나 사회조직의 가치로서 연대와 이타심은 권장되어야 할 가치가 아니라 이성의 힘

---

84 John Rawls, A Theory of Justice, The Belknap Press of Havard University, 1972, p. 179

으로 억눌려야 할 가치이다. 자유기업이나 경제적 자유의 토대가 도덕적으로 취약한 사회, 자본주의 시장경제에 대한 시민의 이념적 충성심이 약한 사회에서 경제민주화를 막을 수 있는 마땅한 방법은 많지 않다.

(4) 쟁점별 반론
① 경제

한국경제연구원은 2012년 7월 10일 서울 프레스센터에서 '경제민주화, 어떻게 할 것인가 : 쟁점별 고찰'을 주제로 정책토론회를 개최했다. 경제분야에서는 경제민주화를 위해 정부는 공리주의적 선택을 하고 대기업은 극대화된 파이를 나눠야 한다는 주장이 제기되었다.[85] 하지만 지금까지 행태로 보아 이를 기대하기 어렵다. 대기업의 행태 변화 없이는 반 대기업 정서가 지속되고, 이는 정치적 압력과 정부규제로 나갈 수 있음을 지적한 것이다. 그러나 현재 논의되는 경제민주화 방안 중 징벌적 손해배상, 일감몰아주기 규제에 대해서는 연구가 더 필요하고 출자총액제한제도도 논란이 지속될 것으로 예상된다.

경제민주화 과정에서 기업할 인센티브와 창의와 혁신 인센티브가 주어져야 하며, 성장 잠재력을 지나치게 해쳐서는 곤란하다. 재벌에게 그렇듯이 현 세대에게도 도덕적 의무가 있다. 우리에게 후손들의 몫을 빼앗을 권리가 있는가? 또 기업들의 규제 회피로 인한 부작용을 감안해야 한다.

경제민주화는 경제영역에서 1인1표의 민주주의 원리를 실현하려는 것이다.[86] 이 때문에 1원1표 원리에 기초한 자본주의와 서로 충돌한다. 자본주의에서 경제민주주의를 실현하는 것은 근본적으로 어려운 일이다. 주주만이 기업 의사결정에 참가하고 주주가치의 극대화를 위한 경영이 이루어지는 주주자본주의(shareholder capitalism)에서는 경제민주화가

---

85 유진수, 경제분야, 한국경제연구원 '경제민주화, 어떻게 볼 것인가?', 2012, 86쪽
86 김형기, 경제민주화 의제, 한국경제연구원 '경제민주화, 어떻게 볼 것인가?', 2012, 95쪽

실현되기 어렵다. 그러나 주주, 근로자, 협력업체, 소비자, 시민 등 기업 이해관계자가 기업 의사결정에 직·간접적으로 참가하고, 이해관계자들의 상호이익을 위한 경영을 하는 이해관계자 자본주의(stakeholder capitalism)에서는 경제민주화가 실현될 가능성이 높다. 경제적 자유주의가 최대한 확장되어 있는 자유시장 자본주의 혹은 자유시장경제(liberal market economy)에서는 경제민주화가 어렵다. 그러나 조정시장경제(coordinated market economy)에서는 경제민주화 실현 가능성이 높다. 권력이 작동하고 있는 현실 시장경제와 공정거래가 이루어지는 곳과 경제력이 분산된 곳에서는 경제민주화 가능성이 높다.

② 노동

2012년을 1962년 제1차 경제개발계획이 출범한 지 50년, 1987년 6·29 선언 이후 25년이 경과하면서 산업화·민주화를 압축적으로 달성한 것으로 보고 경제민주화에 대한 견해를 밝히기도 했다.[87] 압축된 산업화는 경제력 집중, 부와 소득 격차의 확대, 계층의 고착화를 초래한 것으로 본다. 민주화로 국민의 인권과 자유는 신장되었으나, 국가기능은 위축되었다. 세계화, 정보화 시대에 맞는 우리나라의 21세기 신노사관계 정책의 정립은 경제 선진화를 위해 자유주의(시장주의=고투자, 시장질서정책)와 공동체주의(고용·사회안전망 정책)를 결합한 정책을 통해 기존의 노사관계법을 약화 내지 강화하는 것이 아닌 근본적인 재창조가 필요하다.

이에 따라 19대 국회 개원과 대선국면에서 정치권이 인기영합적 행보로 현장 노사관계를 악화시키고 기업의 국제경쟁력을 악화시키는 것을 지양해야 한다. 최대 노동이슈 중 하나인 '비정규직·사내하청' 문제에 있어서는 과대 보호된 기존 정규직에는 좀 더 유연한 노동시장제도가 필요하고,

---

87 이승길, 경제민주화와 노동, 한국경제연구원 '경제민주화, 어떻게 볼 것인가?', 2012, 25쪽

비정규직의 경우 좀 더 안정적인 노동시장제도가 필요하다. 21세기 세계화·정보화 시대의 탈산업화형으로 전환하는 데에 대대적인 노동법 개정과 노사관계의 개혁이 필요하다. 노동법 개혁은 먼저 유동적 노동시장으로 유연성을 높이고, 반면에 노동시장의 안전성을 높이는 방향을 잡아야 할 것이다.

노사정 또는 노사공익 간의 계획된 진지한 사회적 대화를 통한 입법화가 필요하다. 또 지속적인 복지재정을 위해서는 성장이 필수이며, 복지와 고용이 유기적으로 결합된 '고용친화적 복지, 복지친화적 고용'이 이루어져야 한다.[88] 교육 격차의 완화, 맞춤형 교육을 통해 실현될 수 있다고 전제하고, 이를 위해 사립학교의 자율성 강화, 대학 구조조정, 정보공개 강화 등이 필요하다.[89] 특히 반값 등록금과 같이 부유층까지 포함한 일괄적인 학비 지원보다 저소득층 중심의 장학제도 확충이 바른 정책 방향이라 할 수 있다.

(5) 기업가 정신 위기론
① 반기업 정서의 배경

경제민주화 논의에는 반대기업 정서가 뿌리를 내리고 있다. Adam Smith의 국부론에서부터 주식회사 대기업에 대한 적대감이 표출되기 시작해 완전경쟁모형 또한 반대기업 정서를 조장하고 있다.[90] Karl Marx와 Joseph Alois Schumpeter의 대기업 경제 필망론도 오늘날 반대기업 정서의 뿌리를 반영하고 있다.

시장은 스스로 돕는 자를 도움으로써 경제사회 구성원들을 스스로 돕

88 홍경준, 복지와 고용이 함께 가는 복지국가, 한국경제연구원 '경제민주화, 어떻게 볼 것인가?', 2012, 5쪽
89 유진성, 교육분야, 한국경제연구원 '경제민주화, 어떻게 볼 것인가?', 2012, 70쪽
90 좌승희, 반기업 정서의 배경, 한국경제연구원 '경제민주화와 기업가 정신', 2012, 51쪽

는 자로 변신시키는 경제사회 진화의 추진 메커니즘이다. 시장은 차이, 차등, 차별을 만들어 냄으로써 동기부여를 통해 모두를 스스로 돕는 자로 변신시키는 차별자이다. 정부는 시장의 차별화 기능을 약화시키는 게 아니라 이를 더 강화해야 한다. 즉 정부의 경제적 차별화가 발전의 필요조건이다. 반대로 정부의 평등주의 정책은 경제정체의 충분조건이라고 한다. 이에 따라 경제력 집중과 집적은 발전의 정상적인 과정이다. 집적과 집중 없이 발전은 없다는 것이다.

자본주의 경제는 시장경제라기보다는 기업경제라고 하는 게 옳다고 한다. 좁은 의미의 경제민주화의 핵심은 기업 생태계의 균형을 추구하는 것이다. 기업 지배구조의 민주화 혹은 대기업 해체를 통해 소위 실체적 민주주의를 지향한다고 하면 결국 성장하는 기업을 역차별하지 않고 기업생태계의 균형을 달성하기는 어려울 것이며, 이럴 경우 기업의 경제발전 기능을 차단하게 될 것이다.

기업은 민주화의 대상이 아니다. 기업은 고거래비용 경제활동의 집합으로 시장처럼 투명할 수 없다. 또 기업은 수직적 명령조직으로 기업경영은 민주화의 대상이 아니다. 더 나아가 경제는 민주화의 대상이 아니라고 본다. 시장경제의 본질은 경제적 차등, 차별, 경제력 집중과 불평등을 통해 동기를 부여하는 장치이다. 경제적 민주화는 사민주의와 같이 경제적 결과평등을 추구한다. 우리는 이미 오래된 경제민주화의 역사를 가지고 있다. 경제민주화는 오늘날 경제의 어려움의 뿌리로 지목된다. 대기업 지배구조 민주화에서부터 대기업 해체까지 헌법을 왜곡하는 경제민주화 논의가 난무하는 것은 우려스러운 일이다.

② 자본주의에 대한 내재적 위협

일부 경제평론가는 '반기업 정서'가 우리 사회에서 점차 커진 대기업에 대한 반감을 완곡하게 표현한 말(euphemism)이라고 한다.[91] 우리 사회에서 대기업이 '사회적 악한'이 된 지는 오래이다. 이 같은 상황은 대기업에 대한 징벌적 규제들을 만들어 냈다. 경제민주화는 실질적으로 대기업 지배구조의 직접적 규제를 뜻한다. 대기업에 대한 반감의 밑에는 자본주의에 대한 거대한 반감이 자리하고 있다. 보통사람들에게 대기업은 자본주의의 가장 두드러지고 가장 상징적인 부분이다. 자본주의에 대한 반감이 대기업에 대한 반감을 증폭시킨다. 자본주의는 경제적 자유를 구현한 체제이다. 모든 시민들에게 경제활동에 참여할 기회를 보장한다. 대부분의 사람들은 자본주의에 호의적이지 않고, 적잖은 사람들에게 자본주의는 '더러운 말'이 되었다.

자본주의의 중심기구는 시장이다. 시장을 이해하고 지지하는 사람들은 드물고, 시장을 싫어하고 억누르려는 사람들은 많다. 뿌리 깊은 상업 천시와 기업가 정신의 박약 등 우리 사회의 전통도 시장에 호의적이지 않다. 우리 사회에 널리 퍼진 마르크스주의의 부정적 영향도 크다. 또 시장을 둘러싼 환경에 대한 이해도 부족하다. 자본주의의 또 하나의 특질은 그것이 자신 안에서 반자본주의 문화를 키우는 경향이 있다는 것이다. 자본주의에 대한 반감의 증가에는 또 하나의 강력한 힘이 작용한다. 바로 대중매체의 점증하는 영향력과 그것에 힘입은 민중주의의 득세이다.

정보시장에 참여하는 대중들이 빠르게 늘어나면서 민중주의 세력은 엄청나게 커진다. 사람들이 자본주의에 대해 품은 반감은 지적 능력이나 상상력의 부족만으로 설명하기에는 너무 강렬하다. 부러움의 정치는 큰 폐해를 낳았다. 가난한 사람들을 위한 소득 재분배가 사회적 목표였다. 최근에는 '평등 자체를 위한 평등'이 목표가 되었다. 필연적으로 재산권에 대한 비합리적 침해가 심해졌다. 여기서도 자본주의는 자신에 대한 내재적 위협을 키운 셈이다. 소득 양극화 또한 반기업 정서를 기르게 된다.

---

91 복거일, 자본주의에 대한 내재적 위협, 한국경제연구원 '경제민주화와 기업가 정신', 2012, 63쪽

이같은 반자본주의적 시각은 예리한 면이 도사리고 있다.

③ 기업가 정신 파괴하는 경제민주화 입법

일부 언론에서는 기업가 활동의 대부분을 범죄 목록으로 만들고 있는 경제민주화 법제 도입에 반대한다.[92] 현행법의 경제민주화 관련 규제와 기업가 정신을 훼손하는 법제에도 반대 의견을 표시한다. 지금도 규제는 넘치고 있다. 기업가 정신에 대한 평가수단을 명확히 하고, 소위 경제민주화법이 초래하는 수많은 부작용을 비판하는 노력이 필요하다는 것이다.

반기업가 정신은 이윤추구 행위를 증오하고, 과다한 이윤은 도덕적 불성실의 결과이다. 기업행위를 범죄로 보고 예비단속적 규제를 강화하자는 경제민주화 법안들이 문제이다. 대기업 지배구조를 개선하려 하거나 기업경영의 투명성을 제고한다든지 대기업의 시장지배력 남용을 방지한다는 것이다. 이는 결국 기업 내 의사결정의 통일성을 해치고, 공정거래를 파괴하면서 기존 거래선만 우대하게 한다. 도전적 사업에 대한 위험회피적 선택을 선호하게 만들고, 무엇보다 신규투자를 사실상 금지하는 것과 동일한 효과를 거둘 것으로 우려된다.

다음 6개 범주는 대부분 기업가의 일상적인 의사결정 과정에서 드러나는 행동들의 특성이다. 영업의 자유를 규제하는 7건의 입법과 소유권 행사를 규제하는 7건, 사업과 계약할 자유를 규제하는 5건, 기업구조와 형태를 선택할 자유를 제한하는 6건, 엄벌주의의 과잉입법, 즉 기업가를 범죄자로 규정하는 6건, 그리고 기업 내 의사결정 과정에 개입하려는 5건 등이다.[93]

경제성장에서 기업가 정신은 다른 무엇보다 중요하다. 경제민주화법

92 정규재, 기업가 정신 파괴하는 경제민주화 입법들, 한국경제연구원 '경제민주화와 기업가 정신', 2012, 9쪽
93 정규재, 앞의 책, 16-17쪽

은 기업을 죽이는 여러 방법 가운데 최악의 방법이다. 이는 기업을 국유화하는 것보다 나쁘다. 기업의 국유화는 소유권을 부정하는 것이다. 경제민주화법은 소유권에서 다소의 유보를 두는 것 외에 일상적인 경제활동까지 법률적 규제를 하는 것이다. 중소기업연구원은 이에 대해 기업가 정신이 한국경제 발전의 원동력이었으나 최근 주춤한 상황이라고 지적하고, 창의와 혁신을 바탕으로 한 기업가 정신의 활성화를 주장했다.[94] 구체적 방안으로는 기업가 정신 함양 시스템 구축, 창의와 혁신 기반의 창업 마인드 확산, 창업 기업에 대한 투자 인프라 혁신, 청년창업 안전망 및 기술창업 인프라 구축 등을 제시했다.

(6) 중소기업계 찬반 양론

중소기업은 경제민주화에 대해 대기업과 다른 입장을 취하고 있다.[95] 중소기업중앙회는 유력 대선 후보자들이 발표하는 경제민주화 공약은 중소기업과 소상공인이 바라는 '경제3불[96] 해소'와 '공정거래 질서확립'에 초점을 두고 있어 중소기업계는 환영한다고 밝혔다. 특히 그동안 중소기업과 소상공인이 누누이 강조해 온 적합업종제도의 실효성 확보, 납품단가 협상력 제고, 대형유통업체 및 가맹사업자 불공정행위 근절, 대형유통업체의 골목상권 진입규제 등에 대해 대통령 후보자 모두 그 중요성을 인식하고 경제민주화를 위한 차기 정부의 핵심 실천과제로 채택한 것은 우리 사회가 앓고 있는 갈등국면을 해소할 수 있는 초석을 마련했다는 점에서 높게 평가했다.

또한 공정거래 문화정착을 위해 전속 고발권 폐지, 징벌적 손해배상제

---

94 김동선, 기술창업 활성화를 위한 기업가 정신 제고방안, 한국경제연구원 '경제민주화와 기업가 정신', 2012, 27-42쪽
95 중소기업중앙회, 최근 정치권의 경제민주화 공약 발표에 대한 중소기업계 입장, 2012. 11. 16
96 3불이란 대기업의 일방적인 납품단가 책정 등 거래의 불공정, 대기업의 무분별한 진출로 인한 시장 불균형, 카드수수료 차별 등 제도의 불합리를 뜻한다.

도를 도입하고, 그동안 시장에서 중소기업과 소상공인의 성장기회를 크게 제한하고 있던 대기업 및 총수 일가의 일감몰아주기와 부당 내부거래에 대한 규정도 엄격히 적용할 것을 담고 있어 이에 대한 기대 또한 매우 크다. 다만 기업 지배구조 개선을 위한 순환출자에 대해서는 대기업이 강점을 가지고 있는 대규모 투자나 신성장 동력 견인을 위한 신수종산업 진출 등을 위해 불가피한 측면이 있으나, 순환출자가 중소기업과 소상공인의 사업기회 상실과 골목상권 침해가 되어서는 곤란하다는 것이 업계의 의견이다.

중소기업계는 이러한 공약들이 구체적이고 종합적으로 실천해 나갈 수 있는 집행체계 마련을 바라고 있다. 따라서 박근혜 정부 내 '경제민주화특별위원회'를 자문기구가 아닌 행정기구로 설치해야 하며, 입법 활동들이 원활하게 추진될 수 있도록 국회 내에도 '경제민주화위원회'를 설치해 공약 구체화에 대한 진정성을 국민들에게 보여 줘야 할 것이라고 촉구했다.

3. 노동 경제민주화

노동은 자본과 함께 자본주의 사회를 지탱하는 양대 축이다. 사실 경제민주화의 핵심은 앞서 살펴본 바와 같이 노동의 공정성이다. 노동가치의 제평가와 함께 경영에의 참여, 국가사회 구성원으로서의 능동적 참여, 실질적인 복지 수혜 등이 노동 경제민주화의 핵심이다. 우리의 경우 노동조합이 대기업 중심으로 세력화하면서 중소기업 노동조합과 비정규직 노동조합 등과의 형평성이 과제로 떠오르고 있다.

불황 속에서도 대기업은 창사 이래 최대 수익을 올리고 있지만, 비정규직 800만, 가계부채 1,000조 원, 중소상인 몰락 등 양극화가 심해져 지속가능한 경제성장에 경고등이 켜지면서 국민들의 불만이 경제민주화

요구로 표출되고 있다.[97]

그러나 경제민주화는 선거철의 의례적인 포퓰리즘 이슈로 그칠 우려가 크다. 실제 4·11총선을 앞두고 동반성장위원회가 구성되어 정운찬 전 총리를 중심으로 대기업과 중소기업의 상생을 모색하며 '중소기업 적합업종', '동반성장지수 산정·공표', '초과이익공유제' 등을 추진했으나 대기업의 반대로 유명무실해졌고, 개선 내용이 대부분 권고 수준에 그쳐 실효성이 크게 약화되었다.

금융자본과 산업자본이 결합하면서 재벌은행을 탄생시켰고 미국 투자은행을 모방한 자본시장통합법이 2009년에 시행되고 출자총액제한제도가 폐지되었다. 규제가 사라진 대기업은 계열사를 확대하고 유통, 금융시장과 민영화되는 공적 영역 등으로 진출 영역을 확대하면서 독과점으로 수익을 극대화하고 있다.

이러한 대기업의 경제력 집중과 사익추구 등을 제한해 경제민주화를 회복하자는 것은 바람직한 일이다. 진정한 경제민주화는 대기업 개혁에 그쳐서는 안 되며 민생경제 전반으로 확대되어야 한다. 헌법 제119조 제2항에 따라 과도한 독점과 불평등한 분배, 시장 실패를 정부가 바로잡을 필요가 있다.

경제민주화의 기본원칙은 경제의 3주체인 기업, 국민, 정부의 상호관계에서 기업과 정부가 한편이 되어 국민, 노동을 착취하는 구조를 혁파하여 그 균형을 회복하는 것이다.

노동계는 기업이 시장논리와 불법 편법으로 독과점을 과도하게 실현하고, 그것도 내수와 고용, 노사관계의 정상화와 관련이 없는 방식으로 진행하고, 광범위한 중간 착취지대를 형성하고 있으며, 이를 정부가 비호하는 방식으로 진행됨으로써 근본적인 힘의 균형을 상실하고 있다고

---

97 김장호, 경제민주화를 위한 노동정책 핵심과제와 전망, 경제민주화와 노동정책 대토론회, 2012. 9. 13, 22쪽

주장했다. 본질은 국민에게 돌려주는 것이며, 그 핵심인 근로자, 농민에게 경제주권을 돌려주는 것이다. 따라서 경제민주화의 기본방법도 정부권력을 통한 대기업 규제에만 있는 것이 아니라, 이해당사자(노조 및 종업원, 납품업체, 소비자 등)들의 의사결정 참가를 확대해야 한다.

경제민주화의 시작과 끝은 국민에게 경제민주화의 주체로 설 수 있는 주권을 확립해 주는 것, 그것을 참여라고 표현하든, 근로자, 농민, 시민사회 등의 힘을 강화시켜 주는 것이라고 표현하든 본질은 근로자 민중의 경제주권의 문제이다.

경제민주화 영역은 대기업 개혁문제라는 협소한 영역에 국한될 것이 아니라, 한국사회에 광범위하게 존재하는 중간착취구조를 개선하고 노동, 농민 등 서민의 민생해결을 핵심으로 금융, 통상, 환율, 조세정책 등 거시경제 전반으로 확장되어야 한다는 것이 노동계 시각이다. 경제민주화와 재벌개혁을 위한 시민연대가 2012년 9월 13일 국회도서관에서 연 '경제민주화와 노동정책 대토론회'를 중심으로 살펴본다.

(1) 경제민주화와 노동권
① 경제개혁을 통한 불평등 해소

노동계는 대기업 개혁 경제민주화운동의 글로벌 버전은 '불평등(inequality) 해소를 위한 99%운동'이라고 경제민주화의 배경을 설명했다. 반대로 세계적으로 공감대를 넓혀가고 있는 '불평등 해소를 위한 99%운동'의 한국 버전이 대기업 개혁 경제민주화운동이라고 한다.[98] 이와 관련해 최근 세계경제 위기와 소득불평등의 상관관계를 분석해 보려는 노력이 다양하게 벌어지고 있다. 특히 상위 1%가 점유하고 있는 소득비중의 역사적 추이가 고점에 이르렀을 때 경제위기가 발발했다는 역사

---

98 김병권, 경제민주화와 노동권, 경제민주화와 노동정책 대토론회, 2012. 9. 13, 3쪽

적 경험은, 소득불평등 완화가 경제위기 해결 모색의 중대한 실마리임을 암시해 주고 있다. 1990년대 미국 노동부장관을 지낸 Robert Reich는 자본주의의 안정적 발전과 성장은 소득 격차가 낮아졌을 때 실현되었음을 강조했다.[99] 그런데 총 소득 중 상위 1%에게 돌아간 몫이 세계 대공황 직전인 1928년과 세계 금융위기 직전인 2007년에 23%를 넘으면서 최고치에 이르렀다는 것이다.

사실 한국경제도 다르지 않다. 2010년 기준 한국의 상위 1%가 차지하고 있는 소득비중은 11.2~11.5%(새사연 추정 11.2%, 김낙년 교수 추정 11.5%)로 나와 있는데, 이는 외환위기 직후인 1998년 6.97%에 비해 거의 두 배가 늘어난 것이다. 지난 10년 동안 한국사회의 경제적 불평등과 상위 1%로의 부 쏠림현상이 심각했으며 그 속도가 유례없이 빨랐음을 알 수 있다.

② 자본이 전가한 노동의 위기

중시해야 할 사실은, 미국을 중심으로 2009년 씨티그룹이나 AIG같이 파산지경까지 이른 은행들의 부실이 이후 일정하게 청산되고, GM을 비롯한 제조업의 수익률도 상당히 회복되었다는 것이다. GM은 불안하나마 자동차시장 1위를 탈환한 상태이고 생산량 기준으로 대략 경제위기 이전의 80% 이상 복구를 한 상태이다.

그런데도 여전히 8% 수준의 높은 실업상태와 낮은 소득상태가 왜 개선되지 않고 있는 것일까? 복합적인 요인이 있겠지만 쉽게 소득 불평등 해소가 되지 않는 것은, 지난 30년 동안 신자유주의가 만들어 낸 노동시장의 심각한 파괴와 황폐화의 결과로 빚어진 노동시장 구조와 자본의 이익구조 때문이다.

---

[99] Robert Reich, 위기는 왜 반복되는가, 김영사, 2010, 42-53쪽

"(신자유주의는) 인류 역사상 유례가 없는 부의 재분배를 낳았다. 그런데 이번에는 공공에서 민간으로, 노동에서 자본으로, 빈자에서 부자로 재분배가 이루어졌다. 사회 엘리트들에게로 부가 집중되면서 민간의 빈곤뿐만 아니라 공공의 빈곤도 크게 악화되었다. 달리 표현하면 복지국가의 발전을 상징했던 부의 재분배가 완전히 뒤집힌 것이다."[100]

이 같은 현상이 한국경제에서는 더욱 선명하게 드러났다. 경제위기 가운데에서도 이른바 대기업 중심의 '나홀로 성장'이 이어졌던 것이다. 예를 들어 삼성전자를 주력으로 한 삼성그룹과 현대차를 중심으로 한 현대차 그룹은 세계 금융위기 때 오히려 경쟁자들을 따돌리고 글로벌 기업의 지위를 확고히 해 왔다. 포춘지 선정 글로벌 500대 기업에서 삼성전자는 2007년 46위에서 2011년 22위로, 현대차는 76위에서 55위로 뛰어오른 것만 보아도 금융위기가 도약의 기회가 된 셈이다. 이들을 포함한 한국 5대 대기업의 이익률 신장은 2008년 한 해를 제외하고는 이후 더욱 가파르게 상승하였고, 그럴수록 국민경제 속에서 이들이 차지하는 비중이 높아져 갔다.

동시에 이들 대기업이 글로벌 금융위기에서도 엄청나게 선방해 이익을 올렸음에도 불구하고, 그 효과가 국민경제에는 전달되지 않고 '나홀로 성장'에 그치면서 국민경제에 대한 이들의 연관효과, 즉 낙수효과(trickle-down effect)에 대한 회의적인 인식이 팽배해졌다. 급기야 친기업적인 정부에서도 이들에게 '상생'과 '동반성장'을 요구하게 되었다. 대기업 개혁과 경제민주화에 대한 요구가 이러한 상황적 배경을 바탕에 두고 있음은 물론이다.

---

[100] 아스비에른 발, 지금 복지국가는 어디로 가고 있는가, 2012

③ 노동시장에서 거대자본의 독재

노르웨이 노동조합운동가 아스비에른 발은《지금 복지국가는 어디로 가고 있는가(The Rise and Fall of welfare state)》에서 신자유주의가 노동시장에서 어떻게 민주주의를 무너뜨려 왔는지를 잘 설명해 주고 있다. 그는 2차대전 이후 1970년대까지를 구가했던 자본주의 황금기를 무너뜨리고 등장한 신자유주의는 당연히 1970년까지 기능했던 노동을 보호하는 사회적 협약=계급적 타협구조를 붕괴시켰다고 분석했다. 기존의 사회적 타협은 '노동을 관리하고 분배할 권한을 자본가들에게' 넘기는 대신 '자본가들은 시장에 대한 보다 엄격한 통제와 규제를 받아들여야 하고, 경제성장의 중요한 부분이 포괄적인 사회복지 계획으로 돌려지는 것을 수용해야' 한다는 것이었다.

노동과 자본 사이의 사회적 협약의 결과 노동시장에서는 노동조합운동의 단체협약뿐 아니라 근로자들의 보호와 유급 휴가, 고용규제에 관한 법들이 강화되고 종업원들의 보호와 안정을 크게 높였다. 그 결과 민주주의가 확대되고 사회적 안전이 강화되었다. 그리고 이러한 노동권의 보호와 노동환경에서의 민주적 틀의 확립에 기초해 임금과 소득이 체계적으로 상승하고 격차는 줄어들었다. 자본주의의 황금기는 이를 바탕으로 한 근로자의 안정적 구매력으로 가능했다.

그런데 신자유주의는 규제완화와 개방화, 자유화라는 이름 아래 국가와 공공부분에 대한 공격과 함께 특히 노동시장에 대한 체계적인 공격을 하고 노동법과 단체협약을 무력화시켜 나갔다. 그것은 노동 유연화, 또는 유럽에서의 유연 안정화라는 이름으로 진행되었다. 아스비에른 발은 "노동시장은 근로자들의 경험과 자격과 지식을 중요하게 여기지 않고 있으며, 외부 컨설턴트들에 의한 구조조정에 점점 더 많이 노출되고 있다. 아웃소싱과 역외 아웃소싱, 다운사이징, 유연성 강화가 작업장에서 개별 직원과 노동조합의 권력을 동시에 약화시켰다"고 지적했다.

④ 노동권 보호로 방향 전환

한국사회도 보편복지와 경제민주화가 시대의 화두가 되면서 15년 동안 초고속으로 진행된 노동시장 유연화 추세를 꺾고, 다시 노동권 보호체제를 가동시켜야 한다고 주장하고 있다. 그것이 근로자의 입장에서 본 경제민주화의 최우선 과제이다. 그리고 경제위기에 대한 대처법이다. 이 시점에서 미국 경제공황 당시 뉴딜정책의 중요한 수단의 하나로 판명되었던 1935년 '전국노동관계법(NLRA : National Labor Relation Act)' 또는 속칭 '와그너법(Wagner Act)'을 기억해 볼 필요가 있다.

1929년 대공황 이전까지만 해도 단순 근로자들의 단체결성과 단체행동, 피켓팅 등을 '범죄적 공모' 행위로 몰아서 형사처벌하는 것이 미국 법원에서 일반적인 현상이었을 정도로 미국의 노동권은 열악했다. 그래서 1930년대 초 미국 노동조합 조직률은 10% 전후 수준에 불과했다.

미국 의회는 경제위기가 장기화되고 실업률이 폭증하자 그 해법으로 '사용자와 근로자 조직 간의 힘의 균형을 구축'하여 불필요한 산업분규를 줄이고, 동시에 '독립성을 가진 노동조합이 이윤의 적정한 분배를 주장하기 때문에, 이러한 노동조합의 활동에 의해서 근로자들의 경제 사정이 호전되어 시장에서 높은 구매력이 유지될 것이라는 믿음'으로 법안을 만들게 된다.[101] 지금 한국의 노동현장에서 되살려야 할 것도 대단히 기본적인 노동권 확보와 부당 노동행위 금지일 수도 있다.

⑤ 생산성과 실질임금의 선순환

대공황 시기에 만들어진 미국의 전국노동관계법은 2차대전이 끝난 후 1947년 '노사관계법(Labor Management Relation Act)' 또는 '태프트-하틀리법(Taft-Hartly Act)'이 제정되면서 적지 않게 노동권 부분이 약화

---

[101] 강희원, 와그너법체제와 미국의 노동조합, 1999

되었다. 그럼에도 2차대전 이후 1970년대까지는 일정하게 노동권 보호와 노동생산성 증가에 따른 노동자 소득증대 메커니즘이 작동했다. 그렇지 않았다면 전후 자본주의 황금기는 없었을 것이다.

> "(1950~60년대 자본주의 황금기에) 가장 중요한 사실은 정부가 일반 근로자들의 협상력을 높여 주었다는 점이다. 근로자들은 노조에 가입할 권리를 보장받았고, 사업을 운영하는 사용자들은 성실한 태도로 노조와의 협상에 임해야 했다. 1950년대 중반 무렵에는 미국 전체 근로자들의 약 3분의 1이 노조에 가입되어 있었다."[102]

그 결과 신자유주의가 세계적으로 확산되기 이전인 1945년부터 1980년 사이에 미국을 포함한 주요 자본주의 국가에서 완전고용과 생산성 향상에 연계된 임금상승에 기초한 '선순환적' 메커니즘이 작동했다. 생산성 향상이 임금상승을 촉진한다 → 임금상승은 수요확대의 동력이 되고 완전고용을 창출한다 → 수요확대와 완전고용은 추가 투자에 대한 동기부여를 해 주고 그것은 다시 더 높은 생산성 향상을 촉진한다는 순환구조가 바로 그것이다.[103]

사실 경제민주화는 분배의 형평성을 달성하고 국민의 소득 불평등을 완화함으로써 내수기반을 강화하려는 성장전략과 밀접히 연관되어 있다. 즉 경제민주화는 내수기반 성장, 소득주도 성장, 임금주도 성장전략과 내용적으로 합치되어 있다는 것이다. 이처럼 민주적 성장은 내수기반의 성장이면서 불평등 해소를 통해 발전하는 소득주도 성장전략이다. 경제민주화를 이루지 않고서는 성장도 불가능하다는 뜻이다. 그리고 그것

---

102   Robert Reich, 앞의 책, 80쪽

103   Thomas Palley(2011), "The economics of wage-led recovery: Analysis and policy recommendations", 『International Journal of Labor Research 2011 Vol 3』

은 불평등과 부의 독식을 재생산하는 부채 의존 성장, 수출 의존 성장을 대체할 단 하나의 대안으로 부상할 가능성이 높다. 특히 장기침체가 기정 사실화되어 가는 현 시점에서 경제민주화를 통한 소득주도 성장전략은 우리 경제에서 선택의 여지가 없는 대안이기도 하다.

이런 차원에서 볼 때 노동민주화는 신자유주의 박스를 다음과 같이 해체하고 재구성하는 것이다.

1) 근로자들을 울타리에서 빼내고 대신 기업과 금융시장을 넣는다.
2) 세계화를 관리된 세계화로 대체한다.
3) 완전고용을 복원한다.
4) 신자유주의적 작은정부 의제를 사회민주적 의제로 바꾼다.
5) 신자유주의 노동시장 유연화를 연대성 기반 노동시장으로 대체한다.

결국 이 정책 박스는 정책이 다면적 측면에서 접근되어야 함을 말해주는데, 정책 결정자들은 경제는 시스템이기 때문에 정책의 전체 패키지를 시행해야 한다고 강조한다.

⑥ '압도적 다수 노동' 의 민주화를 위해

신자유주의를 통해 민주주의적 통제에 의해 운영되고 있는 공공부문의 많은 공익적 서비스가 사적 자본의 이윤 논리에 의해 지배되는 시장으로 들어왔다. 노사간 오랜 협의와 민주적 절차를 밟아야 할 노동규칙들이 규제 없는 노동시장에 맡겨졌다. 시장에는 어떤 정치적 책임도 없으며 어떤 선거의 영향을 받는 주체나 행위자도 없다. 이제 국민에게 중요한 사안들이 국민에게 선거로 평가받는 것이 아니라 주식시장에서 주가로 평가받는 시스템이 된 것이다.

"민주주의가 압박에 시달리고 있다. 결정권이 점점 시장의 행위자들에게로, 재정적으로 막강한 개인과 조직과 관료들에게로 넘어가고 있다.

선거에서 국민에게 책임지지 않는 사람들에게로 옮겨가고 있다."[104] 결국 신자유주의가 규제완화와 민영화라는 이름을 통해 얻고자 했던 것은 정치적 통제, 그리고 민주주의라는 제도의 통제로부터 벗어나는 것이었다.

"(시장에 대해) 규제를 한다는 것은 곧 자본과 시장의 힘의 영향력에 제한을 둠과 동시에 민주적으로 선출된 주체와 근로자들과 그 조직에 권력을 부여할 법률과 규율을 도입한다는 것을 의미한다." 이 반대는 무엇인가. "민주적 영향력과 사회적 안전, 노동조합의 권리를 행사할 도구를 폐지하게 되는 것이다. 결정권이 정치체제로부터 시장으로 이관되는 것이다."

결국 노동개혁은 단순한 '일자리 창출' 문제도 아니고, 보다 적극적인 '노동시장 정책'도 아니고 민주주의를 확립한다는 것을 의미한다. 그것은 "돈이 돈을 버는 환경을 엄격히 규제"하고 대신에 "사람이 노동하는 환경을 최적으로 만들기 위해" 제도와 규율을 다시 세워야 한다는 것을 의미한다. 그런 뜻에서 지금 시대의 개혁은 자본시장을 엄격히 다운사이징 (down sizing) 하고 노동시장을 업사이징(up sizing) 해야 한다.

노동면에서 볼 때 경제민주화란 민주주의가 시장에 우선한다는 것을 명백히 하는 것이다. 물론 여전히 시장질서가 중심이고 경제민주주의가 보조라는 인식이 팽배한 실정이다. 노동민주화는 사적 자본의 재산권과 이윤추구의 자유를 인정하되, "자본의 이윤추구 권리보다 국민이 일을 할 권리가 우선한다는 것"을 명백히 하는 것이다.

민주주의 국가에서는 기업도 최종적으로는 주식시장의 주가가 아니라 민주주의제도와 선거를 중시하게 해야 한다. 특히 근로자들이 스스로 자신의 권리를 지키고 협상력을 높일 수 있도록 제도를 설계하고 정치적

---

104 아스비에른 발, 앞의 책, 2005년 노르웨이 적록 정부 정강 중에서.

여건을 확보해 주는 것이 중요하다. 사실 1930년대 뉴딜정책 중 가장 중요한 것도 근로자의 협상력을 높여 준 것이고 자본주의 황금기 시기가 작동했던 것도 근로자의 협상력이 있었기 때문이다. 다만 소수의 조직 근로자가 아니라 다수의 근로자가 그러한 권리를 갖도록 하는 것이 관건이다.

(2) 노동기본권 보장
① 노동기본권 보장과 경제민주화
노동계는 노동기본권의 온전한 보장 없이 경제민주화는 실현될 수 없다고 주장한다. 대기업이 글로벌화되었으나 내부 양극화가 더 심화되는 것을 막지 못하고 원하청, 비정규로 이어지는 다단계 착취구조가 고착된 것은 결국 노동조합의 힘이 미약했기 때문이다.

노동기본권이 약화되는 근본원인은 노조 조직률이 계속 떨어지기 때문인데, 2010년 말 현재 노조 조직률은 9.8%로, 사상 처음으로 10% 미만으로 하락했다. 노조 조직률은 1989년 19.8%를 정점으로 2004년 이후 10%대로 낮아진 뒤 2010년 9.8%를 기록했다. 세계적으로 가장 낮은 10% 수준인 한국의 노조 조직률로는 임금과 고용을 안정화할 수 없다. 사용자의 부당노동행위를 엄벌하고 노동3권을 온전히 보장할 때 노조 조직률은 획기적으로 높아질 것이다.

노동기본권 보장에서 가장 중요한 것은 모든 근로자에게 노조설립의 자유를 보장하고, 단체교섭권과 단체행동의 범위를 확장하는 것이다. 특히 비정규직과 공공부문에서 노동조합 활동을 자유로이 할 수 있는 법과 제도를 정비하고, 노조탄압의 수단으로 악용되는 복수노조 자율교섭 봉쇄를 개선해야 하며, 궁극적으로 산별교섭체제를 구축해야 한다. 이러한 노동기본권이 국제수준에 맞추게 될 때, 현재 글로벌화되고 있는 대기업과 최소한의 힘의 균형을 맞출 수 있는 조건이 마련되고 근로자들이 주체가 되고, 참여하는 경제민주화의 출발점을 만들 수 있다.

1998년 '파견근로자 보호 등에 관한 법률(이하 파견법)'이 제정된 이후 근로자 공급 중 파견이 합법화되었으나 도리어 다양한 중간착취만 확대되었다. 2006년에 파견법(시행 2007. 7. 1. 법률 제8076호)이 개정되었으나 여전히 용역, 아웃소싱, 사내하청 등 간접고용 형태의 근로자들에게는 고용과 임금의 불안정성이 지속되고 있다. 또한 학습지 교사, 레미콘 기사, 보험모집인 등 '특수형태근로종사자'라고 불리는 특수고용직 근로자도 노동법 사각지대에서 실질적인 권리확보가 불가능한 상태이다.

이와 같이 종속적 노동 하에 있으면서도 헌법상 노동3권의 주체가 되지 못하는 간접고용, 특수고용직 근로자들에 대한 근로자성 인정과 더불어 사용자의 책임회피를 근본적으로 막는 법제도의 도입이 매우 시급한 상황이다. 따라서 이들에 대한 노조법상 근로자성을 보다 넓게 인정하고 동시에 사용자가 책임을 회피하지 못하도록 사용자 개념도 확대해야 한다.

노동기본권에 대한 시민권적 인식의 확대는 노동기본권을 상식적인 국제노동기준에 부합되도록 하는 노력과 병행되어야 한다. 대한민국이 세계 12위 경제대국으로 세계에서 차지하는 경제적 지위가 상위권임에도 불구하고 사회적 지위는 대한민국 정부가 국제노동기준인 ILO협약 189개 중 겨우 28개 협약만을 비준한 데서 보듯이 하위권에 머무르고 있다. 전세계 공통의 기본인권과 관련한 ILO 핵심협약 중 대한민국 정부가 비준을 미루고 있는 협약(29호, 87호, 98호, 105호)을 조속히 비준하여 우리 사회의 노동기본권이 시민권적 지위를 확보해야 경제민주화의 출로가 비로소 열릴 수 있다.

시급한 것은 ILO의 핵심협약인 '87호 결사의 자유 및 단결권의 보호에 관한 협약'과 '98호 단결권 및 단체교섭권에 대한 원칙의 적용에 관한 협약'을 조속히 비준하는 것이다. 또한 인류의 보편적 권리에 반하는 비인도적인 '강제근로'의 금지를 위하여 '29호 강제근로에 관한 협약'과 '105호 강제근로의 폐지에 관한 협약'을 비준해야 한다.

ILO 결사의 자유위원회는 2012년 3월 313차 회의를 열어 그간 제소된 사건에 대한 ILO의 권고와 입장을 담은 363차 보고서를 발표한 바 있다. ILO 결사의 자유위원회는 이 보고서를 통해 대한민국 정부에 '기업단위 복수노조제도에 대한 관점과 관련하여 모든 사회 파트너들과 지속적이고 깊은 상의를 신속히 진행하여 근로자들이 자신의 선택에 의하여 노조를 설립하고 노조에 가입할 수 있는 권리가 보장되도록 하여야 하고', '사용자에 의한 노조전임자 임금지급은 법적 간섭사항이 되지 않도록 하여 이 문제에 관해서는 노사 간 자유롭고 자발적인 교섭이 이루어지도록 신속히 처리해야 한다'고 권고했다.

② 근로자의 경영참가

경제민주화는 노동기본권 보장만으로 이루어지는 것이 아니라 근로자가 기업경영에 적극 참가함으로써 실질적인 경제운영의 주체가 될 때 한 단계 높아질 수 있다. 또한 노동의 민주화는 기업경영 참가를 통해서 더욱 강화된다.

최근 경제민주화와 관련하여 기업 내에서 주주들끼리의 민주주의, 기업들끼리의 경제민주화, 그리고 기업의 사회적 책임에 관한 논의가 광범위하게 이루어지고 있다. 그러나 이러한 논의의 핵심에는 근로자의 경영참가 문제가 배제되어 있다. 근로자가 경제의 주체가 아니라 경제의 종속변수에 불과하다. 경제민주화 문제는 자본의 문제이거나 권력이 나서서 자본의 통제를 어느 정도 수준에서 할 것인가 하는 문제일 뿐이다.

그러나 이것은 정부가 매우 균형적이고 공공의 이익에만 봉사하는 비계급적 존재라는 가상의 기초해서만 가능한 것이다. 민주정부가 들어서고, 그 역할이 보다 효과적인 자본에 대한 통제로까지 나아간다 하더라도 민주정부의 힘은 결국 국민, 근로자로부터 나온다. 따라서 자본에 대한 통제도 본질적으로는 사회적 국민적으로 진행되어야 실질적인 힘을 발휘할 수 있다.

　주주가 기업을 지배하는 주주민주주의는 이미 그 주주가 산업자본도 아닌 금융자본의 노리개로 전락했고, 금융자본의 힘으로 산업자본의 힘을 통제하려는 전반적 초국적 자본의 운동과 부합되는 방향에 기여했다는 비판도 나오고 있는 형국이다. 따라서 경제민주화 문제의 또 하나의 축은 기업의 조직과 운영에 대한 노동의 참여문제로 제기되어야 한다.

　노동자의 경영참여는 자본의 소유지배구조 문제에 대한 가장 강력한 대안의 하나이자 경영민주화의 핵심적인 수단이다. 자본진영은 각종 보고서를 통해 독일 등의 예를 들되, "대화와 타협의 문화가 정착되지 않은 한국의 노사관계 특성에 따라 노동자 경영참가는 경영 관련 의사결정을 늦추고 노사갈등을 심화시키는 등 부정적 측면이 크다"며 성과배분제, 우리사주제, 노사협의회 등 기존 제도를 유지하는 것이 바람직하다는 입장이 강하다.

　그러나 이러한 주장은 자본우위를 보장하고 노동배제적 노사관계를 유지하려는 사용자 단체들의 이데올로기 공세에 지나지 않는다. 오히려 종업원지주제, 노동조합이사 선임, 노동조합의 경영참여제도를 도입해야 한다. 이러한 문제도 결국 조직화되어 있는 근로자들의 힘으로 경영에 참가한다는 수준이기 때문에 미약한 것은 사실이나 그 출발점으로 의의가 있다고 하겠다.

　구체적인 근로자의 경영참여 문제는 한국 자본주의의 새로운 개조와 관련되어 있다. 유럽식, 스웨덴식, 미국식 등을 전문가들이 참고해 구체적인 형태를 잡아내야 한다. 현재 중요한 것은 근로자의 경영참여 문제가 단순히 기업 내 노동조합에만 국한된 것이 아니라 근로자, 소비자, 지역사회, 지방자치단체, 시민사회조직 등 다양한 이해관계자의 참여를 확대하는 계기로 작동해야 한다는 점이다. 이렇게 해야 현재 노동조합의 발전 수준이나 역량 등을 고려해 볼 때, 근로자의 경영참여가 단순히 기업 내

복지문제로 전락하지 않고 사회적 의제로 발전할 수 있고 실질적인 통제력을 발휘할 수 있다.

③ 공정분배, 고용안정

1,800만 명에 이르는 임금근로자에 대한 공정한 분배는 경제민주화의 기초이다. 현재와 같이 저임금구조, 고용불안, 800만 명이 넘는 비정규직 문제가 개선되어야 한다. 먼저 한국의 최저임금은 시간당 5,000원도 되지 않는데 선진국의 50% 수준에도 못 미친다. OECD는 평균임금의 50%로 최저임금을 인상할 것을 권고하였다. 문제는 이러한 최저임금에도 못 미치는 근로자들이 200만 명이 넘는다는 것이다. 다음으로 안정된 고용은 계속 줄어들고 신규고용은 대부분 비정규직 등 불안정한 고용이다. 이는 주로 대기업의 감원, 외주·하청으로 인해 확대되고 있다.

노동의 민주화는 고용과 임금의 안정화가 보장될 때 가능하며 이는 노사가 대등한 힘을 가질 때 유지될 수 있다. 그러나 고용과 임금은 단체교섭을 통해서 확보되며 노동조합의 교섭력이 이를 담보한다. 현재와 같이 정부가 노조에 억압적이고 노사관계에서 사용자 편들기를 지속하는 조건에서 노동의 민주화가 실현되기는 어렵다.

근로자들의 임금과 고용 안정화로 소득이 보장되면 소비가 확대되고 수요가 증가하는 선순환 구조가 이루어진다. 세계경제 장기침체로 수출이 한계를 보이는 상태에서 내수 활성화는 한국경제 지속성장의 중요한 기반이 된다. 내수 활성화는 임금근로자의 소득 보장에 있다.

④ 보편적 복지, 사회공공성 확대

지금은 불안정한 일자리 문제도 심각하지만 일자리 자체가 줄어들고 있다는 것이 문제이다. 일자리 창출의 실마리는 보편적 복지 확대, 사회공공성 확대와 뗄 수 없다. 복지의 확대는 일자리의 창출을 수반한다. 특히 보건, 교육, 공공부문의 일자리를 선도하고 민간으로 확대해 보편적 복지를 달성하려는 정부의 선도적 노력이 절실한 때다. 보편적 복지는 단순히 일자리 문제뿐만 아니라 지금 심각해지고 있는 워킹 푸어(working poor), 노인, 여성 빈곤, 청년실업의 또 하나의 출로가 될 수 있다.

경제민주화는 그 자체로 독자적인 의미를 지니는 것이 아니라 일자리 창출과 연결되고 보편적 복지를 지향하며, 시장에 대한 공적 영역의 확대로 이어질 때 비로소 그 의미도 살아나고 성공 가능성도 높아질 수 있다. 근로자의 노동기본권 확대, 경영참여의 확대라는 제반 조건이 성립될 때 이러한 문제도 사회적 힘을 가지고 상승발전시킬 수 있다는 것이 중요하다.

⑤ 기업민주화

'기업민주화'라는 과제가 기업 내에서의 문제만을 중시하고 기업 외에서의 문제는 등한시한다는 비판이 있을 수 있다. 그러나 기업 외에서의 문제, 구체적으로는 일자리 창출, 공정분배 등의 과제는 경제민주화 개념의 확장과 구체화를 통해 충분히 포괄할 수 있고, 기업 내 민주주의의 지체로 인해 근로자들이 당하고 있는 고통이 매우 크며, 다른 과제는 노동계가 다른 맥락 속에서 충분히 제기할 수 있기 때문에 노동의 과제로서는 기업 내 문제에 집중할 필요가 있다.[105]

주식회사의 이사를 근로자들이 선출하도록 제도를 정비해야 한다고 한다. 현재 단체협약을 통해 사외이사를 근로자들이 추천하도록 하는 회사가 없지 않지만, 법률상 그런 제도가 마련되어야 하며 그 규모도 더 확대되어야 한다. 그렇게 할 경우 주식회사 운영에 근로자들의 참가가 실질적으로 보장될 수 있다.

단체교섭의 범위를 확대해 나가야 한다. 현재 경영상의 문제는 단체교

---

105 강문대, 경제민주화와 노동정책 대토론회 토론문, 2012. 9. 13, 41쪽

섭의 범위에 포함되지 않는 것으로 해석되고 있는데, 기업 내의 경영상 문제라고 해도 기업 내에 노조가 있는 경우에는 노조와 합의를 통해 결정 해야 한다. 그 외 경영성과의 분배, 기업의 사회적 책임 등에 대해서도 단 체협약을 통해 결정하도록 해야 한다.

현재 법에 규정되어 있는 노사협의회제도와 근로자 대표와의 협의 규 정이 실질화될 수 있도록 해야 할 것이다. 이와 같은 제도들은 기업 내의 민주주의를 이루기 위한 최소한의 장치이며, 규정의 취지대로 현실에서 도 적용되어야 한다.

⑥ 일자리 혁명

우리 사회의 '일자리 혁명(job revolution)'은 '모든 이에게 좋은 일자 리를' 제공할 수 있는 종합적인 정책대안으로 구성되어야 하며, 이러한 '고용기적(employment miracle)'은 완전고용의 실현, 양질의 일자리 확 충, 생애주기 및 계층 특성과의 조응, 포용적 고용안전망의 구축을 주요 축으로 삼아 달성되어야 한다.[106]

이러한 정책목표는 좋은 일자리의 '사회적 원칙(social principle)'을 지키는 방향으로 구성되어야 하고 '사회적 가치(social value)'로 인정받 아야 한다. 좋은 일자리는 ① 임금, 노동조건 및 사회보험상 공정한 대우, ② 해고보호, 고용기간과 질 등으로 표현되는 고용안정성, ③ 노동자의 숙련, 기술, 연령, 생애주기에 조응하는 고용의 지속가능성, ④ 노동3권, 경영참여 및 사회연대 등 노동기본권을 보장해야 한다.

이와 같이 좋은 일자리의 창출 기능이 원활하게 재생산되기 위해서는 앞에서 간략히 살펴본 대로 보편적이고 연대적 임금정책, 누진적 조세정 책을 통해 가처분소득의 격차 축소와 실질임금의 포괄적 인상을 이끌어

---

106 이상호, 경제민주화와 일자리 혁명, 경제민주화와 노동정책 대토론회, 2012. 9. 13, 55쪽

낼 수 있는 소득주도형 지속가능 성장전략은 물론, 불공정하도급/원하청 관계를 공정거래와 상생협력적 관계로 전환하고 비용분담과 이익공유제도를 도입해야 한다.

또한 기업네트워크 활성화와 산업클러스터의 현대화를 통해 고용친화적 투자촉진적 산업전략을 추진해야 한다. 한편 대기업 노사의 연대책임을 강화하고 산별교섭의 제도화 및 사회적 협의제도를 활성화하는 사회연대책임적 노사관계전략을 추구해야 한다. 마지막으로 노동시장으로부터의 이탈로 인해 발생하는 비용과 위험을 줄이고 노동시장으로의 재진입을 촉진시키기 위해 사각지대의 해소, 취약계층에 대한 적극적 지원, 사회보험 및 고용보험제도와 서비스를 현대화하는 한편, 이행노동시장의 제도화를 통해 보편적이고 포용적인 사회고용안전망을 구축해야 한다.

⑦ 여성근로자 권익 보호

170만 명의 시간제 근로자 중 123만 명이 여성이며, 시간제 일자리의 평균 근속기간은 1년 4개월로 6년 9개월인 정규직, 2년 5개월인 비정규직에 비해 훨씬 짧다.[107] 임금도 가장 낮은 62만1천 원에 불과하고 국민연금 13.2%, 건강보험 15.4%, 고용보험 15.9%으로 사회보험 가입률이 낮으며, 사회안전망의 사각지대에 방치되고 있다.

특수고용근로자 61만4천 명 중 여성이 41만6천 명으로 68%에 이른다. 여성근로자의 65.5%가 30인 미만 영세사업장에서 근무하고 있다. 300인 이상 사업장에서 근무하는 여성근로자는 7.5%이다. 2009년 여성 대졸자가 27만1,773명으로 남성 대졸자 26만8,223명을 처음으로 앞질렀으나 대기업으로의 취업은 여전히 차별적이다. 대졸 신입 공채 합격자 남녀 비율을 조사한 결과 여성은 평균 18.5%로 나타났다.

---

107 배진경, 경제민주화, 여성노동권 확보가 핵심이다, 경제민주화와 노동정책 대토론회, 2012. 9. 13, 63쪽

2009년 한국의 성별 임금격차는 38.9%로 OECD 평균 15.8%의 2.5배로 OECD 회원국 중 남녀 임금격차가 가장 크게 나타난다. 제49차 CEDAW (유엔여성차별위원회) 최종 견해에서 '남녀고용평등법의 동일가치노동 동일임금에 관련된 조항을 집행할 것'을 권고했다. 남자 정규직 임금을 100이라 할 때 여자 정규직 임금은 66.3%, 남자 비정규직 임금은 54.2%, 여자 비정규직 임금은 39.6%로 격차가 클 뿐 아니라 구조화되어 있다. 남녀 차별보다 고용형태에 따른 차별이 더 심하고, 성과 고용형태에 따른 차별이 비정규직 여성에게 집중되고 있다.

노동부문에서의 남녀평등을 이루기 위해서는 패러다임부터 바꾸자는 주장이다. 남과 여, 정규직과 비정규직 간의 차별이 없는 평등과 공존의 사회로의 전환이 필요하다. 노동가치의 재평가로 일한 만큼 정당한 대우를 받을 수 있는 새로운 사회적 협약을 완성해야 할 것이다. 소비상품 안에 근로자의 땀과 노력이 있음을 인지하고 소비자이면서 동시에 근로자라는 정체성을 공감해야 한다.

가사 책임이 없는 남성근로자를 표준적인 근로자로 설정하고 이런 요건을 충족하기 어려운 여성은 저임금의 부차적인 노동력으로 규정하는 남성표준형 노동시장과 남성생계부양자형 복지체제를 폐지해야 한다. 모든 근로자는 돌봄의 권리와 의무가 있으며, 모든 근로자는 차별 없는 사회적 노동을 수행할 권리를 가져야 한다.

⑧ 배제된 집단의 노동권

경제민주화 논의에서 자본만큼 노동이 중요하지만 사실상 경제민주화 논의를 기존의 노동운동, 조직노동의 요구와 현황에만 맞추는 것은 청년, 여성, 노인 등 경제민주화의 실질 피해집단이나 사회적 약자집단에 대한 또 다른 배제가 될 위험성이 제기되고 있다.[108] 이렇게 될 경우 경제민주화의 성과가 특정 세대에 독점됨으로써 세대간 선순환 구조를 되살리지 못하게 되고 경제민주화 역시 지속성을 가지기 힘든 상황이 초래될 수 있다. 경제민주화, 그리고 노동민주화는 1987년 이후 만들어진 조직노동이 정세상 후퇴하거나 어려운 지점을 회복하는 것이 아니라 1997년 이후 새롭게 형성된 사회적 약자집단의 노동기본권과 노동소득 등을 보장하는 것을 중심으로 구성되어야 한다는 의견이다.

노동기본권 보장에 있어서 주변부 노동이라 불리는 청년, 여성, 노인 등의 노동조합 설립이 가능하도록 근로기준법의 근로자성 확대, 노동조합법 개정이 시급하다. 최저임금 역시 평균임금의 50%로 하는 것은 사실상 최저임금이 '청년임금' 또는 '노인임금'으로 되는 집단에게는 부족한 수준이다. 따라서 최저임금을 넘어서 생활임금을 요구할 수 있도록 할 필요가 있다.

최저임금법을 더 적극적으로 개정해서 최저임금위원회가 최저임금을 정하는 것과 함께 생활임금 가이드라인을 정하고, 공공부문, 정부, 지자체 등이 생활임금을 시행할 수 있도록 하는 것을 고려할 필요가 있다. 최저임금위원회나 정부의 각종 위원회에 공식적으로 조직노동 외에 속해 있는 당사자가 들어갈 수 있도록 제도개혁을 할 필요성이 있다.

노동시간 단축의 경우 제조업의 교대제 개편 수준이 아니라 전체 노동의 노동시간 단축과 질 좋은 일자리 창출 등이 함께 논의될 수 있도록 해야 한다. 보편적 복지 역시 조직노동의 경우 사실상 기업복지가 존재하는 상황에서 큰 이해관계가 없을 수 있지만, 청년들의 경우 매우 절실한 요구이다. 고용보험법 개정을 통해 구직수당 도입, 자발적 이직의 실업급여 지급 등이 매우 중요할 것으로 사료된다. 그런 측면에서 보편적 복지나 경제민주화는 조직노동이 포함하지 못하는 다른 집단에게 매우 중요한 의미를 가진다고 할 수 있다. 청년고용할당제의 경우 지금까지 사실상

조직노동은 공공부문의 정년연장을 합리화하기 위한 수준의 형식적 요구에 그친 것이 아닌지 돌아볼 필요가 있다.

경제민주화에서 정년연장을 이야기하기 위해서는 무엇보다도 실질적으로 민간부문까지 강제되는 고용할당제를 조직노동이 주장하지 않으면 정년연장 요구 역시 설득력을 가지기 힘들다. 조직노동 역시 경제민주화의 개념을 적극 수용하고 이를 통해 그간 조직노동에 포괄하지 못했던 청년, 여성, 노인 등의 다양한 사회적 약자 집단의 이해와 요구에 연대하는 형태로 운동을 발전시켜 나가는 것이 긍정적일 것으로 보인다.

⑨ 거시경제의 경제민주화

노동계는 또 거시경제의 사안을 경제민주화와 관련시켜 논리를 전개한다. 근로자와 연대성이 강조되는 농민이 몰락하고 식량을 해외에 의존하면서 경제민주화를 이루기는 어렵다고 역설한다. 신자유주의 농업정책과 기후 위기로 세계적 식량 생산기반이 축소되고 초국적기업의 식량 독과점, 투기자본에 의한 곡물가 폭등으로 식량위기가 만성화되고 있다. 한국은 2012년 9월 '국내 곡물 자급률 현황'에 따르면 2011년 쌀 자급률[109]은 83%를 기록했다. 이는 2010년 105%보다 22% 감소한 것이며, 1981년 이후 최저 수준이다. 쌀 자급률이 하락하면서 곡물 자급률도 동시에 떨어졌다. 2011년 곡물 자급률은 23%로 전년(28%) 대비 5%포인트 하락했다. WTO, FTA로 한국 농축산물시장이 지속적으로 개방되면서 농업이 몰락하고 있다.

자본주의 경제의 혈맥인 금융의 투기화를 막지 못하면 경제민주화는 불가능하다. 경제의 주춧돌이자 사회 인프라인 국내 은행 대부분을 외국 자본이 차지하였다. 이들의 선진 금융기법은 개인대출, 부동산 담보대

---

109 쌀 자급률은 소비량 중 생산량이 차지하는 비율을 말한다.

출, 수수료 위주의 영업이며 부자 마케팅, 서민 배제 등으로 나타나고 있다. 그 결과 금융과 산업의 연계가 약화되었고 금융산업의 독점이익은 증가하였으나 서민·지방금융은 위축되고, 부동산 거품과 자산양극화가 심화되었다. 외국자본의 급격한 유출입으로 통화팽창, 자산버블이 형성되고 이에 대비하기 위한 외환보유고 유지비용으로 외평채 발행 등 막대한 세금이 투입되고 있다.

먼저 금융의 민주화를 위해서는 은행업법의 대주주 제한규정을 엄격히 적용하고 사전사후 심사를 강화해야 한다. 다음으로 금융지주회사법과 은행법상 산업자본의 은행지분 소유한도를 4%로 하향하고 사모펀드는 예외 없이 비금융주력자(산업자본)로 간주해야 한다. 다음으로 외국자본의 은행 지분 소유한도제를 도입하고 외국자본의 국내 은행 인수를 제한하기 위해 외국인 투자 제한 사유에 공익성 조항을 추가하여야 한다. 또한 최고 이자율 인하로 대부업체로 인한 고금리 피해를 보는 영세 자영업자와 서민 부담을 경감한다.

그리고 지역·서민금융 강화를 위해 대형 금융기관에 지역·서민·중소기업 지원을 의무화하는 법안을 마련한다. 금융통화위원회와 서민의 이해를 대변할 수 있는 위원을 추가하고 금융위원회를 공적 기구로 전환한다. 외한 거래세를 도입하여 외국자본의 단기 투기 거래를 억제하고 주식, 채권, 파생상품 거래에 과세한다.

고환율 정책은 수출대기업을 지원하고 물가폭등을 가져왔다. 적정 환율을 넘어서는 고환율을 지속적으로 유지하는 것은 자국 국민들을 수탈해 수출산업에 보조금을 주는 것과 같다. 환율이 높아지면(원화가치가 떨어지면) 수출상품의 원화 환산치가 증가하면서 수출업체의 매출 증가와 순익 '폭증'을 낳고, 수입상품의 자국통화 환산치가 증가해 수입업체의 비용이 증가하게 된다. 수입업체들은 일반적으로 그 부담을 판매가격에 반영하기 때문에 결국 고환율의 부담은 근로자 서민에게 전가된다.

한국 정부는 수출 중심의 성장전략을 세운 1960년대 이래 부단히 고환율 정책을 구사하면서 원화가치를 떨어뜨려 국민의 부를 수출업체들로 강제 이전시켜 왔다.

2008년 2월 25일부터 2010년 12월 31일까지 아시아 국가들의 환율 변동률을 보면 모든 나라가 하락세이나 독특하게 한국만 환율이 올랐다. 당시는 2008년 글로벌 위기에서 일시적으로 벗어나고 있었으므로 원화 환율은 하락해야 정상적이었다.

금융위기가 한창이었던 2008~2011년 4년간 수출기업들은 총 230조 원, 연평균 58조 원에 달하는 환차익을 거두었다. 즉 한국 정부는 97년 외환위기 이래 고환율 정책을 지속하면서 매년 적게는 수십조 원, 많게는 60~70조 원에 이르는 엄청난 국민의 부를 수출기업들에게 강제로 이전시켰다. 그 결과 삼성전자와 현대차 등 수출 대기업은 전세계적 경제위기가 한창이던 2009년, 2010년에 사상 최대 실적을 거두며 선전할 수 있었던 것이다.

부자감세 등으로 조세의 재분배 효과는 상실되었다. 2010년 한국의 법인세는 36.4조 원으로 전체 조세(223조)의 16.3%를 차지한다. 법인세 감면은 국가재정 감소로 공공사업이나 복지혜택이 후퇴할 수 있고, 정부가 간접세 위주(직접세는 부자감세)로 조세체계를 개편해 조세의 재분배 역할이 제대로 발휘되지 못했다. 기업 입장에서는 법인세가 적으면 순이익이 올라간다. 늘어난 순이익은 주로 배당금, 임원 상여금, 차기이월 이익 잉여금으로 처분된다.

따라서 법인세를 내리면 주주 배당금이나 임원 상여금이 늘어난다. 한국은 1990년대 초반 법인세율은 법인이윤 1억 원 이상 기업의 경우 32% 였는데, 김영삼 정부 때 28%, 김대중 정부 때 27%, 노무현 정부 때 25%로 낮아졌고, 이명박 정부 때 22%로 크게 인하되었다. 1994년까지 32% 였던 법인세율 최고세율이 이제 22% 낮아진 것이다.

조세감면은 주로 재벌 대기업에 편중되어 있으며, 일부 세액공제에는 최저한세가 적용되지 않는다. 2010년 법인세 세액공제 총액 5조5,584억 원 중 79%가 대기업에 귀속되었고, 2009년 상위 10개 대기업에 전체 임시투자세액공제액의 54%가 집중되었다.

2010년 제조업 외감기업[110]을 대상으로 추정한 조세지원액 8조4,321억 원 중 59.1%가 10대 재벌기업에, 84.3%가 대기업에 집중되었으며 삼성그룹이 33.9%, 삼성전자가 21.9%를 차지하였다. 또한 상위 1% 대기업은 전체 조세지원액의 59.7%를 차지하였다. 경제민주화를 위해서는 법인세, 소득세 최고세율을 올리고 자본이득 과세를 신설하여 조세의 재분배 기능을 회복시켜야 한다고 주장하고 있다.

---

110 외부감사대상기업으로 보통 '외감법인' 이라 한다.

제4장

경제민주화에 관한 국민적 공감대

1. 경제민주화 찬성 여론

국민은 경제민주화에 대해 대체적으로 찬성하고 있다. 2012년 7월 3일 발표된 새누리당의 여론조사 결과가 이를 입증한다. 국민 10명 가운데 8명은 적정한 소득의 분배와 재벌개혁을 골자로 하는 경제민주화가 필요하다고 생각하는 것으로 나타났다. 새누리당 경제민주화실천모임이 리서치앤리서치(R&R)에 의뢰해 2012년 6월 28일 하루 동안 전국 유권자 천 명을 대상으로 실시한 여론조사 결과이다.[111]

'경제민주화가 적정한 소득의 분배, 경제력 남용 방지, 재벌과 대기업의 지배구조 민주화라고 할 때 필요하다고 보느냐'는 질문에 79.0%가 그렇다고 답했다. 불필요하다는 응답은 12.5%에 그쳤다. '대기업이나 재벌의 의사결정이 민주적으로 이루어지고 있느냐'는 질문에는 그렇지 않다는 응답이 67.5%로, 그렇다는 응답 23.3%의 3배에 가깝다. 대부분은 경제민주화가 2012년 12월 대선의 핵심 이슈가 될 것이라고 전망했다. 86.9%는 경제민주화에 대한 입장이 후보결정 고려사항으로 중요하다'

---

111 오차범위 ±3.1%포인트

고 답했다.

경제민주화와 관련된 주요 쟁점에 대해서도 개혁적 여론이 높다. ▲출자총액제한제도에 대해서는 찬성 52.3%, 반대 31.9% ▲금산분리정책은 유지 67.6%, 폐지 20.0% ▲계열사 일감 몰아주기는 공정경쟁을 저해한다는 의견이 66.9%, 효율성 증대를 위한 선택이라는 응답은 26% ▲중소기업 적합업종 분류에 대해서는 찬성 76%, 반대 16.2%로 나타났다. 또 ▲대기업의 골목상권 진출이 문제된다는 여론은 79.3%, 문제되지 않는다가 17% ▲대형마트 규제와 관련해서는 의무휴업을 늘려야 한다는 53.9%, 줄여야 한다는 41.1% ▲경제범죄 총수의 경영권 제한에 찬성하는 견해가 76.3%, 반대는 17.2%에 그쳤다.

2. 대기업보다 중소기업 보호

일반 국민이 중요하게 생각하는 경제민주화 정책은 대기업의 소유구조 규제가 아니라 중소기업 보호라는 여론조사 결과가 나왔다. 새누리당 싱크탱크인 여의도연구소가 2012년 9월 11일 발표한 여론조사를 보면 '경제민주화를 위해 가장 중요하다고 생각하는 정책'이란 질문에 응답자의 45.0%가 '대기업의 일감몰아주기 금지와 적합업종 지정 등 중소기업 보호'를 1순위로 꼽았다. 24.4%는 '탈세·횡령 등 재벌의 불법행위에 대한 처벌 강화', 10.6%는 '재벌의 금융회사 소유 금지', 7.8%는 '빵집 대형슈퍼 등 재벌의 골목상권 진입 금지'라고 각각 답했다. 반면 '재벌 해체'를 주장한 응답자는 6.5%, '대기업 총수의 의결권 제한'을 꼽은 응답자는 5.7%였다.

'경제민주화를 알고 있느냐'는 질문에 '들어봤지만 구체적 내용은 잘 모른다'고 답한 사람이 70.1%로 가장 많았고, '구체적 내용까지 잘 알고 있다'는 응답자는 22.0%, '전혀 들어본 적 없다'는 응답자가 7.9%였다.

'경제민주화에 동의하느냐' 란 질문에는 76.3%가 '동의한다' 고 답했고 '동의하지 않는다' 는 답이 10.0%, '잘 모름' 이란 답이 13.7%였다. '대선에서 경제민주화의 중요도는' 이란 질문에는 '중요하다' 는 응답자가 83.7%로 다수를 차지했고, '중요하지 않다' (13.7%) '잘 모르겠다' (2.6%) 는 답이 뒤를 이었다. 이번 조사는 여의도연구소가 전국 성인 남녀 3,296명을 대상으로 했으며 표본오차는 95% 신뢰 수준에 ±1.71% 포인트이다.

3. 경제민주화 조항 존치 논란

헌법상의 경제민주화 조항을 삭제해야 한다는 재계 주장에 국민 65%가 반대한다는 여론조사 결과가 나왔다. 참여연대와 민주통합당 원혜영 의원은 전국 20세 이상 성인 남녀 천 명을 대상으로 설문한 결과 경제민주화 조항 삭제에 64.8%가 반대했다고 2012년 7월 24일 밝혔다. 삭제에 찬성한다는 응답자는 13.8%였다.

경제민주화와 대기업의 개혁 필요성에 대해서는 '공감한다' 는 답변이 70.1%, 경제민주화와 대기업 개혁이 함께 가야 한다는 응답도 70.0%로 많았다.

경제민주화의 방향은 '대기업과 중소기업의 공정거래질서 확립' 이라는 답변이 43.7%였고, 이어 '중소기업, 소상공인 등 경제적 약자 보호' 가 27.8%, '경제 양극화 해소' (12.9%), '재벌의 기업지배력 개혁' (12.1%) 순이었다. 그리고 82.3%가 대기업 법인세 대폭 인상에 찬성했고, 대선의 최대 현안도 '재벌 대기업 체제 개혁과 경제민주화' 라고 답한 의견이 28.6%로 가장 많았다. 기업형 슈퍼마켓(SSM)의 골목상권 진출 규제는 72.4%, 대형마트 의무휴업에는 74.5%가 공감한다는 의견을 내놨다.

그러나 '경제민주화라 하면 어떤 생각이 먼저 떠오르는가' 라는 질문에 41.7%가 '정치권에서 정치적 이해관계에 따라 주장하는 정책' 이라고 답해 회의를 나타냈다.

경제민주화를 가장 잘 이루어 낼 것 같은 정당으로는 새누리당(39.0%)이 민주통합당(28.7%)이나 통합진보당(8.0%)보다 높은 기대를 받았다. 여론조사는 2012년 7월 22일 하루 자동전화면접(ARS) 방식으로 진행되었으며 표본오차는 95% 신뢰구간에 ±3.1% 포인트이다.

4. 선 성장, 후 복지

현대경제연구원은 2012년 7월 18일부터 24일까지 전국 20세 이상 성인 남녀 1,011명을 대상으로 설문조사한 결과 복지보다 성장을 중요시한다는 응답이 복지 우선 응답의 세 배에 이른다고 8월 5일 밝혔다. 조사 결과에 따르면 '대선 후보들이 성장과 복지 가운데 어디에 중점을 두어야 하나'라는 질문에 대해 '선(先) 성장, 후(後) 복지'라고 응답한 사람이 41.9%로 나타났다. '선 복지, 후 성장' 응답(13.7%)의 세 배가 넘는다. 둘 다 동시에 추구해야 한다는 '성장과 복지의 균형' 응답률은 44.3%로 나타났다.

또 '대선 후보들이 어떤 정책에 중점을 두어야 하나'라는 질문에는 '물가안정'(36.0%), '일자리 창출'(32.3%), '경제민주화'(12.8%), '복지 확대'(6.7%) 순으로 응답률이 높았다. 대선 후보들이 잇따라 내놓고 있는 복지공약에 대해선 진정성을 의심하는 사람이 많았다. '대선 후보들의 복지공약을 평가해 달라'는 질문에 대해 '선거용'(78.1%)이란 응답이 '꼭 필요한 공약'(21.9%)이란 응답의 네 배 수준으로 나타났다. 현대경제연구원은 "저성장시대를 맞이하는 국민의 불안감이 큰 것으로 나타났다"며 "경쟁적인 복지공약보다 성장과 일자리에 대한 확실한 비전을 제시해야 한다"고 조언했다.

경제민주화에 대한 각계 의견을 국민 여론면에서 정리해 보았다. 경제민주화를 추진하되 경제성장을 해쳐서는 안 되며, 성장과 복지가 동시에 추진되어야 한다는 결론이다. 성장해야만 일자리가 창출되고 유효수요가 유지되고, 이로 인해 성장이 가능하기 때문이라는 인식이 깔려 있다.

대기업의 경제력 집중으로 인한 부작용, 예를 들면 황제식 경영, 계열사 일감몰아주기, 중소기업 적합업종까지 문어발식 확산, 대형유통업체의 골목상권 진출에 대해서는 크게 우려하는 입장이다. 이 같은 여론으로 헌법상 경제민주화 조항의 존치를 바라는 입장이 다수로 확인되었다.

또 대기업의 개혁이 경제민주화의 핵심과제로 대두되었다. 이에 따라 헌법상 한계 여부와는 관계없이 출자총액제한제도와 금산분리, 대형유통업체의 골목상권 진입규제 등에 대한 찬성 여론이 많았다. 입법 과정에서 이 같은 여론을 고려해야 할 것이다. 아울러 자본주의 제도와 헌법상 한계에 대해서 깊게 고려하고, 국민경제 정책에 맞게 올바른 결정을 내려야 할 것이다.

제4부

자유민주주의의
공법적 논쟁

법은 항상 머물지 않고 변화하지만 그 가운데서도 지켜야 할 기본원리와 철학이 내재
된 게 사실이다. 또한 자유민주주의 논쟁은 기본적으로 이데올로기 논쟁을 넘어서 국
가철학의 문제이다. 경제민주화 논의 과정에서 기본적으로 이 문제에 대해 확실히 이
해할 필요가 있다. 주제에 맞춰 국가철학, 정치철학뿐 아니라 법체계적이고 입법정책
적인 관점에서 객관적인 접근을 시도하겠다.

제1장

문제의 제기

경제민주화 논의에 앞서 대한민국은 자유민주주의 논쟁에도 휘말려 있다. 초·중·고 역사교과서에 민주주의라는 용어를 어떻게 기술할 것인가에 대한 논쟁이 바로 그것이다. 소위 진보진영의 학자들은 당초 역사교과서 개정시안에 기술된 바와 같이 민주주의로 표현하자고 주장했다. 이에 대해 소위 보수진영의 학자들은 자유민주주의로 표기하는 게 맞다며 맞서고 있다. 이 같은 논쟁은 언론에서도 비슷하게 펼쳐지며 대한민국을 이념 투쟁의 장으로 또 한번 밀어넣고 있다.

법학자를 비롯해 정치학자, 사학자, 언론 등 사회 제세력이 모두 나서서 논쟁에 가담하고 있다. 대한민국 헌법이 제정된 지 60년이 넘었는데도 이 같이 분열 양상을 보이는 것은 국가의 정체성 면에서 심각한 위기라고 하지 않을 수 없다. 정부는 진통 끝에 2011년 11월 8일 새 중학교 역사교과서 집필기준을 발표했다. 이에 따라 자유민주주의와 자유민주적 기본질서 두 가지를 표현하기로 했다.

우리는 먼저 헌법을 비롯한 공법 규정을 연혁과 입법정책 측면에서 짚어봐야 한다. 이어서 최근에 펼쳐지고 있는 자유민주주의 논쟁을 살펴본다. 이를 뒷받침하는 자유민주주의와 사회민주주의 등 각국이 취하고 있는 민주주의 형태를 이론적으로 논의하고, 인민민주주의와 주권민주주의 등은 논의의 집중화를 위해 생략하겠다. 기본적으로는 대한민국 헌법 제정의 취지에서부터 사회경제의 변화, 조국 분단의 실정 등을 염두에 두고 논의해야 할 것이다.

법은 항상 머물지 않고 변화하지만 그 가운데서도 지켜야 할 기본원리와 철학이 내재된 게 사실이다. 또한 자유민주주의 논쟁은 기본적으로 이데올로기 논쟁을 넘어서 국가철학의 문제이다. 경제민주화 논의 과정에서 기본적으로 이 문제에 대해 확실히 이해할 필요가 있다. 주제에 맞춰 국가철학, 정치철학뿐 아니라 법체계적이고 입법정책적인 관점에서 객관적인 접근을 시도하겠다.

제2장

자유민주주의 규정의 연혁

1. 헌법 규정의 변천

(1) 제헌헌법

1948년 7월 17일에 제정된 제헌헌법은 민주주의와 관련하여 전문에서 "민주주의 제 제도를 수립하여 정치, 경제, 사회, 문화의 모든 영역에 있어서 각인의 기회를 균등히 하고 능력을 최고도로 발휘케 하며"라고 밝히고 있다. 대한민국이 건국하면서 민주주의에 대해 처음으로 천명한 규정이다. 이에 앞서 "대한국민은 기미 삼일운동으로 대한민국을 건립하여 세계에 선포한 위대한 독립정신을 계승하여"라고 밝히고 있다.

제헌헌법은 기본적으로 미국을 중심으로 독일과 프랑스 등 민주주의 선진국의 헌법을 모방한 것이다.[112] 군주주의 체제를 부정하며 국민주권주의, 인간의 존엄을 전제로 한 자유·평등·복지 원칙, 권력분립, 경제질서 조항 등을 들며 공산주의가 아닌 자유민주주의를 채택했다. 이것을 건국정신이라고 볼 수 있다. 모방적 헌법이기는 하지만 건국의 아버지들이 헌법적 결단을 한 것이라고 할 수 있다.

---

[112] 정종복, 8·15 헌법의 발견, 제헌헌법과 건국정신, 경향신문, 2011. 8. 12

남과 북의 두 민주주의는 그 원형을 200여 년 전 서구의 역사적 사건에 각각 두고 있는 것이 된다.[113] 북한에서 최고인민회의 부의장을 지낸 홍명희는 대한민국 헌법이 "미국 헌법을 못되게 모방한 것"이라 비방했지만, 이념사적 문맥으로 볼 때 오히려 1791년의 프랑스 헌법과의 인연이 더 깊다. 한편 북한의 인민민주주의 체계라는 것은 인권과 권력분립 원리에 기초하는 헌정국가를 적대하는 점에서 1792년 8월의 이른바 제2차 혁명의 전통을 이어받은 것이다. 한반도의 분단은 이념사적 견지에서 볼 때 이두 유형의 민주주의 이데올로기의 갈등의 산물이라고 할 수 있다.

미국이 한국과 수교한 1882년 이래 기본적으로 우리 헌법 제정에 영향을 미쳤다.[114] 조선 개국 493년(1884년) 2월 11일 한성순보 제14호에 미국 독립선언문이 소개된 것을 필두로 상해임시정부의 대한민국임시헌법은 미국식인 기본권보장제도와 국민주권주의, 공화제, 권력분립주의, 입헌주의, 대통령제를 도입했다. 1919년 4월 14일 필라델피아에서 열린 한인대표자대회에서는 미국식 정부를 모델로 신정부를 구성해야 한다고 촉구했다. 이 헌법은 대한민국 헌법 제정 때 상당히 참고가 되었다.

1945년 8월 15일 일본의 패전으로 9월 8일 미군이 38선 이남에 진주하고, 20일 미군정청 조직을 발표했다. 군정청은 인민의, 인민을 위한, 인민에 의한 민주주의 정부를 건립하기까지의 임시정부이다. 1948년 4월 7일 하지 중장은 조선인민의 권리에 관한 포고를 발표함으로써 제헌헌법의 기본권 조항에 영향을 끼쳤다. 이 같은 미군정의 건국 전 입법은 전반적으로 제헌헌법에 많은 영향을 미쳤다. 경제제도에 관해서는 자본주의 경제체제로 할 것이냐 계획경제체제로 할 것이냐가 문제가 되었다. 미군정은 경제통제를 많이 했다. 결국 제헌헌법은 미국 헌법과는 다른 경제 조항을 두게 되었다.[115]

113 배찬복 · 안정수, 자유민주주의의 본질과 미래, 을유문화사, 1992, 84쪽
114 김철수, 한국에서의 미국헌법의 영향과 교훈, 대학출판사, 1987, 9쪽

해방 후 미군정은 한국의 민주화를 위해 일제 치하의 억압적인 법령들을 폐지하고 새로운 영미식 법제도를 도입했다.[116] 또 제헌헌법은 1919년의 바이마르헌법을 모방한 것으로 정치적 민주주의뿐 아니라 경제적 사회적 민주주의를 보장하고 있는 것이 특색이다. 바이마르헌법이 재산권과 자유권의 절대성을 부인하고 사회적 정의의 원칙을 앞세운 것은 자본주의의 폐단인 분배체계의 모순을 시정하고 경제적 약자에게 최저한의 문화적 생활을 보장하기 위한 것이다. 바이마르헌법은 자유권이 공공복리를 위해 제한되어야 하며 최저한의 문화적 생존권 확보를 위해 조정되어야 한다는 것을 명백히 했다. 이런 점에서 우리 헌법은 수정자본주의에 입각하고 있다고 하겠다. 이것을 헌법용어에 따라 사회정의주의라고 할 수도 있다.[117] 자유권과 생존권의 조화 그 자체이다.

국민주권주의 선언과 민주공화국 건설, 대의제 채택과 아울러 농지분배, 인간다운 생활권의 보장, 사영기업의 국·공유화를 규정하며 계획경제적 요소가 가미되어 있다. 특히 근로자에 대해 근로3권을 보장하면서 기업이윤에 대한 균점권까지도 규정하고 있었다. 이 같은 계획경제적 규정은 공산주의와 대결해야 하는 당시에 있어서 불가결한 것이었는지도 모른다.

많은 대가를 치르면서 이룩한 서구의 자유민주주의(liberal democracy)를 우리는 제헌헌법을 통해 빌려 온 것이다.[118] 자유민주주의는 자유주의(liberalism)와 민주주의(democracy)가 결합해 생긴 것이다. 일반적으로 자유민주주의는 자유주의자(libearlists)가 주장하는 자유(liberty)와 민주

---

115 제84조 : 대한민국의 경제질서는 모든 국민에게 생활의 기본적 수요를 충족할 수 있게 하는 사회정의의 실현과 균형 있는 국민경제의 발전을 기함을 기본으로 삼는다. 각인의 경제상 자유는 이 한계내에서 보장된다.
제85조 : 광물 기타 중요한 지하자원, 수산자원, 수력과 경제상 이용할 수 있는 자연력은 국유로 한다. 공공필요에 의하여 일정한 기간 그 개발 또는 이용을 특허하거나 또는 특허를 취소함은 법률의 정하는 바에 의하여 행한다.
116 김철수, 법과 사회정의, 서울대학교 출판부, 1989, 197쪽
117 김철수, 앞의 책, 230쪽
118 이종은, 민주주의와 혁명, 영학출판사, 1989, 9쪽

주의자(democrats)가 요구하는 평등(equality)과 인민주권(popular sovereignty)을 다같이 보장해 주는 체제이다.

　대한민국은 헌법상 정치질서로는 전체주의나 권위주의가 아닌 자유민주주의를, 경제질서로는 공산주의가 아닌 자본주의를 채택하고 있는 것이 명백하다. 자유민주주의는 서구에서 생성되고 발전되어 온 개념이다. 민주화(democratization)라는 격심한 진통을 겪고 있는 한국 사람들은 자유민주주의를 서구의 문맥에서 이해해야 할 필요가 있다. 더 나아가 이해하고 난 후에 필요하다고 느껴진다면 대한민국에 자유민주주의를 정착시킬 방도가 떠오를 것이다. 결국 제헌헌법은 미국과 프랑스의 자유민주주의적 바탕 위에 바이마르적 사회적 정의를 깊게 녹여낸 것이다.

(2) 1972년 유신헌법

　민주주의와 관련해 헌법은 1969년 10월 21일 6차 개정까지 제헌헌법과 같이 민주주의 제 제도라는 표현을 유지하고 있다. 그러다가 1972년 12월 27일 7차 전면 개정에 이르러 "대한국민은 3·1운동의 숭고한 독립정신과 4·19의거 및 5·16혁명의 이념을 계승하고 조국의 평화적 통일의 역사적 사명에 입각하여 자유민주적 기본질서를 더욱 공고히 하는 새로운 민주공화국을 건설함에 있어서, 정치·경제·사회·문화의 모든 영역에 있어서 각인의 기회를 균등히 하고 능력을 최고도로 발휘하게 하며"라고 밝혔다.

　여기서 자유민주적 기본질서라고 규정하고 있다. 제7조 정당 조항에서 정당의 목적이나 활동이 민주적 기본질서에 위배되거나 국가의 존립에 위해가 될 때 정부는 헌법위원회에 그 해산을 제소할 수 있고, 정당은 헌법위원회의 결정에 의하여 해산된다라고 이를 뒷받침하고 있다. 남북 대치 상황이 악화되는 가운데 대한민국의 정체에 대해 명확히 한 것으로 볼 수 있다. 그러나 이 같은 개헌에 대해 일부 비판론자들은 명목적인 규정으로서 소위 민주세력들을 탄압하기 위한 것이라고 주장하고 있다.

(3) 1987년 현행헌법

1987년 10월 29일 9차 전면 개정 헌법은 1972년 유신헌법과 같은 태도를 취하고 있다. 즉 전문에서 "조국의 민주개혁과 평화적 통일의 사명에 입각하여 정의·인도와 동포애로써 민족의 단결을 공고히 하고, 모든 사회적 폐습과 불의를 타파하며, 자율과 조화를 바탕으로 자유민주적 기본질서를 더욱 확고히 하여"라고 밝히고 있다. 더 나아가 제4조에서 "대한민국은 통일을 지향하며, 자유민주적 기본질서에 입각한 평화적 통일정책을 수립하고 이를 추진한다"고 규정하고 있다. 제8조 제4항에서는 "정당의 목적이나 활동이 민주적 기본질서에 위배될 때 정부는 헌법재판소에 그 해산을 제소할 수 있고, 정당은 헌법재판소의 심판에 의하여 해산된다"고 했다. 한층 더 자유민주적 기본질서에 대한 의지를 구체화하고 강화했다.

(4) 헌법의식과 헌법규범력 확대

자유민주주의와 관련된 우리 헌법의 연혁을 살펴보았다. 그러나 헌법이 제대로 규범력을 발휘했는지에 대해서는 현대 정치사의 굴곡만큼이나 회의적일 수밖에 없다. 1993년 문민정부 출범 이전에는 민주화에 대한 투쟁이 끊이지 않았다. 우리 헌법의 규범력이 선진국의 규범력에 비해 약했기 때문이다.

Löwenstein의 분석에 따른다면 선진국가의 헌법이 규범적 헌법인 데 대해 우리 헌법은 대체로 장래를 위한 명목적 헌법이라고 하겠다.[119] 헌법은 다른 법률이 가지고 있는 강제의 계기와 제재(Sanktion)를 직접적으로 가지고 있지 않기 때문에 그 규범력은 치자와 피치자의 헌법 준수의식, 즉 헌법 규범에의 준법심에 달려 있다고 하겠다. Konrad Hesse가 지적한 바와 같이 일반사람들의 의식, 특히 헌법생활에 책임을 가지는 사람

---

119 김철수, 앞의 책, 222쪽

들의 의식 속에 권력에의 의지뿐 아니라 헌법에의 의지(der Wille zur Verfassung)가 약동하고 있을 때 법으로서의 헌법은 살아 있는 힘으로 된 다는 것이다.

헌법 의식에 따라 헌법은 안전성과 불안전성을 갖게 된다. 헌법에 대해 압 도적 다수가 강한 지지를 할 때 헌법 질서는 가장 안정적이다. 헌법의 규범력 을 강화시키고 질서를 안정시키기 위해서는 국민의 헌법 의지를 향상 강화시 킬 수밖에 없다. 헌법 규범의 내용 자체도 민족의 공동의식에 근거하고, 경제 사회의 요구에 적응하고 변화하는 내외 상황에 적응할 능력을 가져야 한다.

그러나 규범의 내용이 아무리 이상적이라도 이것을 해석 적용하는 주체 가 무능하거나 무책임해서는 헌법은 살아 있는 규범이 될 수 없다. 실제로 헌법에 규범력을 부여하는 것은 국민이며, 그 중에서도 지배권력자의 헌법 에 대한 인식이나 충성, 정치철학과 통찰력 등이 가장 큰 영향력을 가지고 있다. 헌법 현실과 헌법 규범이 일치될 때 비로소 우리는 규범적 헌법을 가 지게 될 것이다. 이 같은 점에서 자유민주주의 논쟁도 명확한 해석과 이를 지키려는 헌법 의지를 다시 한번 확인하는 계기가 되어야 할 것이다.

2. 공법 규정의 변천

(1) 자유민주주의

헌법정신을 이어받아 자유민주주의를 구체적으로 규정한 법률은 다음 과 같다. 1999년 2월 5일에 제정된 통일교육지원법은 제2조에서 통일교 육이라 함은 국민으로 하여금 자유민주주의에 대한 신념과 민족공동체 의식 및 건전한 안보관을 바탕으로 통일을 이룩하는 데 필요한 가치관과 태도의 함양을 목적으로 하는 제반 교육을 말한다고 정의하고 있다. 또 제3조 제1항에서 통일교육은 자유민주적 기본질서를 수호하고 평화적 통일을 지향하는 방향으로 실시되어야 하며, 제2항에서 통일교육은 개인적 파당적 목적으로 이용되어서는 안 된다고 선언하고 있다. 이 법은 통일교육의 핵심으로 자유민주주의를 정의하고 구체적 내용으로 자유민주적 기본질서의 수호를 강조한 것으로서 그 의미가 크다.

2005년 5월 31일에 제정된 국가보훈기본법은 제3조 제1호 다에 대한민국의 자유민주주의 발전에 기여한 자를 국가를 위한 '희생·공헌자'로 정의하고 있다. 1999년 1월 29일에 개정된 국가유공자 등 단체설립에 관한 법률은 제1조에서 "이 법은 대한민국상이군경회, 대한민국전몰군경유족회, 대한민국전몰군경미망인회, 광복회, 4·19혁명부상자회, 4·19혁명희생자유족회, 재일학도의용군동지회 및 대한민국무공수훈자회를 설립함으로써 민족정기를 선양하고 국민의 애국정신을 함양시키며 자유민주주의의 수호 및 조국의 평화적 통일과 국제평화의 유지에 이바지함을 목적으로 한다"고 규정하고 있다. 이 법률의 전신인 군사원호대상자단체설립에 관한 법률(제정 1963. 8. 7)은 이 부분을 언급하지 않고 있다. 당시에는 자유민주주의 발전의 역사가 짧았기 때문이 아닌가 생각한다.

1989년 3월 31일에 제정된 한국자유총연맹육성에 관한 법률은 제1조에서 "이 법은 사단법인 한국자유총연맹을 지원·육성함으로써 대한민국의 자유민주주의를 항구적으로 옹호·발전시키는 데 이바지하게 함을 목적으로 한다고 밝히고 있다. 이북5도에 관한 특별조치법(제정 1962. 1. 20)은 2005년 3월 10일 일부 개정에서 자유민주주의 함양을 제4조 6항 관장사무에 포함시켰다. 대한민국재향경우회법(제정 1973. 12. 31)도 2011년 5월 30일 일부 개정을 통해 제3조의 2에 자유민주주의 체제 수호와 호국정신의 함양 및 고취를 위한 사업을 포함시켰다. 2002년 8월 26일에 제정된 출판문화산업진흥법은 제19조에서 자유민주주의 체제를 전면 부정하는 출판물을 유해 출판물로 규정하고 있다.

이처럼 대한민국은 민주화의 진전에 따라 헌법정신을 구현하기 위해 개별 법률로써 자유민주주의 체제 옹호를 규정하고 있다. 이 같은 입장은 정권과 정파를 떠나 일관되게 유지되고 있음을 보여 주고 있다.

(2) 자유민주적 기본질서

자유민주적 기본질서에 관해 명문으로 규정한 법률의 대표적인 것은 국가보안법이다. 국가보안법은 1948년 12월 1일 제정 당시에는 본문 6조로 간결하게 짜여졌다. 그러다가 1991년 5월 31일 일부 개정을 통해 본문 24조로 늘어나면서 자유민주적 기본질서를 구체적으로 규정했다. 즉 제5조(자진지원·금품수수) 제2항은 국가의 존립·안전이나 자유민주적 기본질서를 위태롭게 한다는 정을 알면서 반국가단체의 구성원 또는 그 지령을 받은 자로부터 금품을 수수한 자는 7년 이하의 징역에 처한다고 규정하고 있다. 제6조(잠입, 탈출) 제1항도 국가의 존립·안전이나 자유민주적 기본질서를 위태롭게 한다는 정을 알면서 반국가단체의 지배 하에 있는 지역으로부터 잠입하거나 그 지역으로 탈출한 자는 10년 이하의 징역에 처한다고 규정한다. 제7조(찬양·고무 등) 제1항 또한 국가의 존립·안전이나 자유민주적 기본질서를 위태롭게 한다는 정을 알면서 반국가단체나 그 구성원 또는 그 지령을 받은 자의 활동을 찬양·고무·선전 또는 이에 동조하거나 국가변란을 선전·선동한 자는 7년 이하의 징역에 처한다고 규정한다. 국가보안법은 국가의 존립·안전과 대등한 가치로 자유민주적 기본질서를 보고 있다.

1995년 12월 21일에 제정된 헌정질서파괴범죄의 공소시효 등에 관한 특례법은 제1조에 이 법은 헌법의 존립을 해하거나 헌정질서의 파괴를 목적으로 하는 헌정질서파괴범죄에 대한 공소시효의 배제 등에 관한 사항을 규정함으로써 헌법상 자유민주적 기본질서를 수호함을 목적으로 한다고 규정하고 있다. 2008년 3월 28일에 제정된 법교육지원법은 제1조에서 이 법은 법교육을 체계적으로 지원하고 수행하는 데 필요한 사항을 정함으로써 국민들로 하여금 자율과 조화에 바탕을 둔 합리적인 법의식을 함양하고 자유민주적 기본질서를 이해하는 건전한 민주시민을 육성하여 법치주의 구현에 이바지함을 목적으로 한다고 밝히고 있다. 헌법에 규정된 자유민주적 기본질서는 개별법을 통해 이처럼 명문으로 보호받고 있는 것이다. 모호하고 추상적 개념이 아니라 분명하고 구체적 개념으로 받아들이고 있다.

(3) 유사 개념

2001년 5월 24일에 제정된 국가인권위원회법은 제1조에서 "이 법은 국가인권위원회를 설립하여 모든 개인이 가지는 불가침의 기본적 인권을 보호하고 그 수준을 향상시킴으로써 인간으로서의 존엄과 가치를 구현하고 민주적 기본질서의 확립에 이바지함을 목적으로 한다"고 밝히고 있다. 민주적 기본질서의 전제 조건 내지 구체적 내용으로서 기본권의 불가침성과 인간으로서 존엄과 가치를 강조하는 입법 취지를 보면 자유민주적 기본질서와 동등한 개념으로 이해해야 할 것이다.

1997년에 제정된 북한이탈주민의 보호 및 정착지원에 관한 법률은 제4조 제3항에 보호 대상자는 대한민국의 자유민주적 법질서에 적응하여 건강하고 문화적인 생활을 영위할 수 있도록 노력하여야 한다고 기본원칙을 정하고 있다. 입법자들은 북한이탈주민에게 가장 강조해야 할 원칙으로서 자유민주적 법질서, 즉 자유민주주의적 기본질서를 들고 있다.

2002년 1월 26일에 제정된 광주민주유공자예우에 관한 법률은 제1조에서 "이 법은 광주민주화운동과 관련하여 공헌하거나 희생한 자와 그 유족 또는 가족에 대하여 국가가 응분의 예우를 함으로써 민주주의의 숭고한 가치를 널리 알려 민주사회의 발전에 기여함을 목적으로 한다"고 규정하고 있다. 제2조에서는 우리 대한민국의 민주주의와 인권의 발전에 기여한 광주민주화운동이라고 다시 강조하면서 예우의 기본이념을 밝히고 있다. 여기서 규정한 민주주의 개념은 앞서 규정된 법률과 마찬가지로 자유민주주의 개념으로 보아야 할 것이다.

제3장

역사교과서 집필기준 논란

앞에서 살펴본 바와 같이 자유민주주의와 관련해 헌법과 여러 공법들은 시대를 두고 조금씩 다르게 규정하고 있다. 직접적으로 자유민주주의를 규정한 법률이 있는가 하면, 자유민주적 기본질서로 규정한 법률도 있다. 또 민주적 기본질서로 규정하기도 하고, 민주주의로 규정한 경우도 있다.

이런 가운데 교육과학기술부가 2011년 역사교육과정 개정 고시에서 민주주의를 자유민주주의와 자유민주적 기본질서로 바꿨다. 이에 대해 2011년 10월 7일 서울 덕성여대에서 '초·중·고 역사교과서의 현대사 서술과 민주주의' 학술토론회가 열렸다. 그때 한국근현대사학회, 역사교육연구회, 역사와 교육학회, 역사문제연구소, 전국역사교사모임, 역사교육연구소, 한국사연구회, 한국역사연구회 등이 참여했다.

이를 계기로 사학계뿐 아니라 법학계, 정치학계 등에서 자유민주주의 논쟁이 격렬하게 일고, 자칫 국론 분열의 우려까지 제기되었다. 여기서 교육과학기술부의 최종 입장, 학계를 비롯한 언론계 논쟁과 그 원천적 이론의 요점을 살펴보겠다.

1. 교육과학기술부의 최종 입장

교육과학기술부는 민주주의 용어와 관련된 격렬한 논쟁을 거친 뒤 2011년 11월 8일 새 중학교 역사교과서 집필기준을 확정 발표했다. 자유민주주의 서술과 관련해서는 헌법재판소가 "우리 헌법이 자유민주적 기본질서를 규정해 자유민주주의 실현을 헌법의 지향이념으로 삼고, 자유민주주의를 헌법질서의 최고 기본가치로 파악한다"[120]고 판결한 점을 토대로 헌법 조항에서 사용된 자유민주적 기본질서라는 용어를 사용했다.

교과부는 여러 헌법 학자들도 헌법의 자유민주적 기본질서가 자유민주주의를 의미한다는 견해를 보이고 있어 교육과정상 자유민주주의를 현행 헌법에 명시되어 있는 자유민주적 기본질서로 표현했다고 설명했다. 초안에는 없다가 역사학계에서 문제를 제기해 사용 여부가 논란이 되었던 '독재'의 경우 '독재화'라는 표현으로 바뀌었다. 장기집권에 의한 독재 부분도 있지만 다른 사례도 존재하기 때문에 "자유민주주의가 장기집권 등에 따른 독재화로 시련을 겪기도 하였으나"라고 표현했다.

교과부가 발표한 중학교 역사교과서 집필기준은 4개월여의 기간을 거쳐 최종 확정되었다. 교과부는 2011년 7월 20일 집필기준 개발 기본계획을 수립하고, 8월 9일 역사교육과정을 고시한 직후 국사편찬위원회에 집필기준 개발을 의뢰했다. 8월 고시를 둘러싸고 역사교육과정개발추진위원회(역취위)' 위원 20명 가운데 오수창 서울대 국사학과 교수 등 9명이 9월 중순 자진 사퇴했다. 역추위는 역사교육과정과 집필기준의 개발에 관해 교과부장관에게 자문하는 기구이다. 역추위가 제시한 민주주의란 용어 대신 자유민주주의를 교과부가 채택하고, 역추위가 이를 수용한 데 항의하는 차원이었다.

---

[120] 헌재 1990. 4. 2, 89헌가113, 판례집 제2권, 49

논란은 국정감사로까지 번졌다. 용어 변경을 둘러싸고 여야 의원이 충돌하면서 교과부와 시도 교육청에 대한 국감 일정이 며칠 간 파행을 겪었다. 당시 한나라당 의원이 2011년 9월 19일 국감에서 "북한에 가서 의원하라"고 말한 데 대해 민주당 등 야당 의원들은 사과를 요구하면서 국감 중지를 요구하기도 했다.

〈표〉 중학교 역사교과서 집필기준 변경비교(교육과학기술부)

	공청회(안)	중학교 역사교과서 집필기준
자유 민주주의 서술	4·19혁명 이후 현재에 이르기까지 자유민주주의의 발전과정을 정치변동과 민주화운동, 헌법상의 체제 변화와 그 특징 등 중요한 흐름을 중심으로 설명한다.	4·19혁명 이후 현재에 이르기까지 자유민주적 기본질서의 발전과정을 정치변동과 민주화운동, 헌법상의 체제 변화와 그 특징 등 중요한 흐름을 중심으로 설명한다.
독재 표현	자유민주주의가 시련을 겪기도 하였으나 이를 극복하였으며, 국민의 기본권이 점진적으로 확대되고 평화적인 정권교체가 정착된 것에 유의한다.	자유민주주의가 장기집권 등에 따른 독재화로 시련을 겪기도 하였으나 이를 극복하였으며, 국민의 기본권이 점진적으로 확대되고 평화적인 정권교체가 정착된 것에 유의한다.

국사편찬위원회가 집필기준 초안을 만들어 2011년 10월 17일 공청회에서 공개했을 때는 소위 보수-진보 진영 사이에 핵심 표현의 사용 여부를 놓고 논란이 이어졌다. '민주주의·자유민주주의' 표현, '독재' 표현의 추가 등이 쟁점이었다. 국편은 집필기준 초안과 공청회 의견을 토대로 집필기준안을 만들어 10월 24일 교과부에 제출했다. 교과부는 이 집필기준안에 대해 10월 26일 장관 자문기구인 '역사교육과정개발추진위원회'의 자문과 검토를 거쳤다. 이어 교과용 도서운영심의회 심의를 거쳤으며

역사학계 관련 단체와 헌법학자들과 간담회를 통해 의견을 수렴한 뒤 장관이 확정했다.

집필기준 개발과 관련하여 교과부는 "국편과 역추위의 최종 협의와 헌법학자들의 견해를 바탕으로 역사적 사실과 우리의 헌법정신, 교육적 차원 등을 종합적으로 고려해 집필기준을 확정했다"고 말했다. 검정을 통과한 교과서는 2013년부터 일선 중학교의 역사 수업시간에 사용된다.

2. 민주주의의 연혁

민주주의는 그리스어의 Democratia로부터 파생된 말로 Demos(인민)와 Kratos(지배)의 합성어이다. 민주주의는 군주제나 귀족제와는 달리 국민이 지배하는 정부 형태를 의미한다. 민주주의는 자유, 평등, 도덕적 자기발전, 공동이익, 개인이익, 사회적 공리, 빈곤의 보상, 효과적 결정 등을 성취한다는 근거에서 옹호되어 왔다.

역사적으로 고대 민주주의는 기원전 5세기 그리스 아테네에서 꽃을 피웠다. 직접 민주주의 형태로 시민이 입법, 사법에 직접 참여하며, 시민의 민회가 최고 주권을 갖고 도시의 공공업무를 담당했다. 고대 민주주의는 중세기 내내 오랫동안 동면에 들어갔다. 사상적으로 마키아벨리와 홉스, 로크 등에 의해 유럽의 정치질서를 유지 형성해 나갔다. 마키아벨리는 시민적 인문주의(Civic Humanism) 또는 전통적 고대 공화주의(Classical Republicanism)를 대변하고, 홉스와 로크는 자유주의적 입헌주의(Liberal Constitutionalism)를 내세웠다.

18세기 말부터 19세기 초까지 정치체제는 자유시장경제를 형성하고 육성할 정부를 선출함과 동시에 탐욕스러운 정부로부터 시민의 인권을 보호하지 않으면 안 되었다. 이를 보호적 민주주의라고 한다. 국가는 이에 따라 자유시장경쟁의 원칙, 사유재산제도의 보장, 부르주아 계급의 기본권 등 시민민주주의(부르주아 민주주의)를 보호하려 했다. 실제로 당시의 정치권력이 부르주아에게 있었기 때문에 노동자와 소농계층에게는 아무런 의미가 없었다.

이 때문에 과격한 급진주의인 마르크스 사회주의, 공산주의 그리고 무정부주의가 유럽 시민민주주의를 위협하기에 이르렀다. 1789년의 프랑스대혁명은 자유주의의 대원칙이 선언적으로 수용되는 역사적 계기가 되었다. 또 영국의 폭발적 산업화로 자유주의가 팽창하게 되고, 이 과정에서 무시할 수 없을 정도로 성장해 가는 노동자 계급의 역량을 두려운 눈빛으로 바라보면서 대응책을 찾지 않으면 안 되었다. 그 결과 출현한 것이 자유민주주의이다.[121]

자유민주주의는 한편으로는 사적 소유의 원칙을 지켜나가면서, 다른 한편으로는 정치적 동참권을 부여받은 근로자 계급을 중심으로 하는 폭넓은 인민대중의 동의를 통해 부르주아 계급이 권력을 유지해 나가기 위해 고안한 정치체제와 이데올로기를 일컫는다. 한 마디로 말해 경제적 불평등과 정치적 평등의 혼성물이라 할 수 있다.

이 자유민주주의는 1880년대부터 급격히 몰아치기 시작한 이른바 제국주의의 자유주의로부터 출발했으며, 널리 말하는 민주적 자유주의(democratic Liberalism)와 맞물린다. 자유주의와 민주주의 또는 자유와 평등 사이에는 언제나 긴장과 갈등이 자리 잡았다. 민주주의는 원래부터 평등과 직결되어 있기 때문에 자유를 위협한다든가, 자유주의는 자유와 굳건히 손잡고 있기 때문에 불평등을 불가피한 것으로 여긴다며 논쟁을 벌였다. 민주주의를 평등과 동일시하는 토크빌(Alexis de Tocqueville)이 전자에 속하며, 마르크스주의자나 비마르크스주의적 좌파(사회민주주의자 등)는 후자에 속한다.

---

[121] 박호성, 평등론, 창작과 비평사, 1994, 91쪽

Hans Kelsen은 무엇보다도 민주주의의 이념을 규정짓는 것은 자유의 가치라고 강조했다. 평등의 이념은 나름대로 그 몫을 가지고 있긴 하지만 전적으로 부정적이고 형식적이고 부차적인 의미에서 그러하다고 정의했다.[122] 자유민주주의는 자유주의와 민주주의의 물리적 결합이다. 이는 민주주의를 흡수한 자유주의이기 때문에 구미와 취향에 어울리는 민주주의적 요소만이 간택의 대상이 되었다. 자유민주주의는 국민적 지배의 측면보다는 권력의 제한과 통제 문제에 더 많은 관심을 기울이고 있다. 우리가 진정으로 민주주의를 원한다면 가능한 한 인민의 직접적 지배를 확대해 나가는 시도를 해야 한다.

보다 더 구체적으로 살펴보면 1789년 7월 14일부터 1794년 7월 28일에 걸쳐 일어난 프랑스 시민혁명과 대혁명은 봉건사회와 봉건국가를 역사에서 사라지게 하면서 근대 시민사회가 자리 잡았다. 구체제가 점유하고 있던 특권(privilege)을 파기하고, 시민의 자유를 확보하려는 투쟁을 격렬하게 하면서도 한편으로는 민주주의자와 사회주의자들이 주장하는 평등에 대응하지 않으면 안 되었다. 자유의 원칙이 확립되려고 할 때부터 평등에 대한 요구가 프랑스에서는 확연하게 나타났다.

프랑스대혁명으로 자유, 평등, 박애를 의미하는 삼색 깃발은 절대주의 왕정에 조종을 울렸고, 공화정의 새로운 시대를 열었다. 이 시기에 특이한 점은 사회민주주의(social democracy)가 배태되었다는 점이다.[123] 사유재산제도를 폐지한 것이 아니고 상속권을 제한하고, 재산이 없는 사람에게 국유재산을 팔거나 반혁명주의자로부터 몰수한 재산을 나눠 주었다. 프랑스는 1799년 11월 9일 나폴레옹의 쿠데타, 1830년 6월 학생, 노동자, 프티부르주아(소시민) 중심의 혁명, 1848년 2월 혁명, 1851년 12월

---

122 박호성, 앞의 책, 94쪽
123 이종은, 앞의 책, 17쪽

2일 루이 나폴레옹의 쿠데타, 1870년 9월 4일 혁명 등을 거치면서 자유민주주의와 사회민주주의의 큰 조류를 형성하게 되었다.[124]

이에 비해 영국은 부르주아와 귀족이 어느 정도 타협하면서 자유의 원칙도 확립해 나갔다. 자유가 확립된 이후 정치권의 평등, 즉 보통선거를 적당한 시기에 채택했다. 영국은 초기 자유주의에서부터 오늘날의 복지국가를 표방하는 자유민주주의 국가로 그런대로 평탄하게 발전했다. 부르주아의 기반이 단단하지 않았던 독일에서는 지주와 자유주의자 사이에 대결다운 대결을 해 보지도 않았다. 게다가 독일의 사회주의자들은 국가를 통해 경제적 평등을 이룩하려다 보니 자유주의자와 연합할 필요가 있었다. 이 같은 과정을 통해 사회민주주의가 싹을 틔운 것이다.

3. 민주주의의 모델과 헌법정신

우리가 한 나라를 민주주의 국가라고 할 때 이것이 정치이념과 헌법정신 그리고 정치체제와 관련해서 구체적으로 어떠한 국가를 의미하는지를 살펴봐야 한다. 민주주의 국가란 정치이념적으로 민주주의 이념을 지향하는 국가를 의미하고, 헌법의 기본정신에 따라 민주주의적 기본질서를 그 근본으로 하는 국가를 말한다. 정치체제와 관련해 민주주의 이념을 실현시키기 위한 특별한 제도적 장치를 마련해 주는 민주주의적 체제를 갖고 있는 나라라는 뜻이다.[125]

정치체제에 따른 국가와 사회관계를 살펴보자. 정당의 다당제 여부를 비롯해 사회, 경제 분야의 자율성과 국가 통제성 등을 기준으로 자유민주주의, 사회민주주의, 권위주의, 공산사회주의 4개 체제로 구분할 수 있을

---

124 이종은, 앞의 책, 13-32쪽
125 전득주, 자유민주주의와 사회주의 비교, 행림출판, 1991, 16쪽

것이다.[126]

자유민주주의 체제는 경제, 사회, 문화와 교육적 권리 추구에 있어서 상당히 자유롭고 자발적이다. 미국을 포함한 서구의 자유민주주의 국가들이 여기에 속한다. 권위주의 국가들은 국가가 지배적 세력이며, 경제와 재산권과 관련해 특정 사회세력이나 교회와 같은 특정 결사체에게는 상당한 자율성이 보장되어 있다. 자유민주주의 국가에서 널리 실현되고 있는 정치적 자유나 개인적 권리는 보장되어 있지 않고, 다당제는 존재하지 않고 있더라도 매우 제한적이다. 공산사회주의에서는 경제를 포함한 모든 사회세력들이 국가 또는 단일정당과 같은 정치적 결사체의 완전한 통제와 지시 아래 놓여진 경우이다.

사회민주주의는 지구상에 매우 적은 나라가 갖고 있는 정치체제이다. 경제와 같은 일부 사회세력이 국가 통제를 받지만 정치적 의견 차이와 다당제를 포함한 결사체, 교육, 경합을 벌이는 이데올로기 등 다른 사회세력이 자유민주주의 체제에서와 같이 자율성과 자발성을 갖고 있다. 프랑스, 독일, 오스트리아, 스웨덴 등이 여기에 속한다.

정치체제의 이와 같은 분류는 민주주의 제도를 이해하는 데 준거의 틀(frame of reference)로서 기능하게 될 것이다. 단순히 민주주의라고 표기해야 되는가에 대한 시사점을 찾을 수 있을 것이기 때문이다.

---

126 전득주, 앞의 책, 30쪽

제4장

민주주의 표기설

1. 역사교과서 학술토론회

2011년 10월 7일 서울 덕성여대에서 열린 '초 · 중 · 고 역사교과서의 현대사 서술과 민주주의' 학술토론회를 중심으로 논쟁의 구체적 내용을 정리해 보겠다. 먼저 헌법상 자유민주적 기본질서를 포괄적으로 민주주의라고 해야 한다는 입장이다. 토론 참여 학자들은 10차례 제정 · 개정된 헌법 전문 어디에도 자유민주주의 용어가 사용된 적이 없다고 주장했다. 이들은 헌법의 자유민주적 기본질서는 '자유롭고 민주적'이란 뜻으로 해석하고, 이를 자유민주주의로 한정할 경우 민주주의의 풍부한 의미를 축소하게 된다고 지적했다.

이인재 연세대 원주캠퍼스 역사문화학과 교수는 "헌법을 살펴본 결과 유신헌법부터 자유민주적 기본질서라는 표현이 쓰였지만 이를 자유민주주의로 해석하는 것은 원사료에 충실해야 하는 역사학적 판단으로는 적절하지 못하다"고 말했다. 또 자유민주적 기본질서라는 표현도 지나치게 축소해석해서는 안 된다고 했다. 그 근거로 국가보안법 제7조 1항의 찬양 고무죄를 다룬 1990년 헌법재판소 판단을 들었다. 당시 헌재는 결정문에서 "제6공화국 헌법이 지향하는 통일은 평화적 통일"이기 때문에 "자유민주적 기본질서에 입각한 통일을 위하여 때로는 북한을 정치적 실체로 인정함도 불가피하게 된다"고 밝혔다.[127] 이에 비춰 자유민주적 기본질서의 의미를 반공주의적 자유민주주의로 해석해서는 안 된다는 것이다.

지수걸 공주대 역사교육과 교수는 "자유민주주의를 제안한 한국현대사학회의 주장을 보면 그들의 의도는 자유민주주의라는 용어 자체를 넣는 것보다는 자유민주주의 체제 수호를 강조하자는 것 같다"고 분석했다. 지 교수는 "그러나 이승만·박정희 정권이 수호한 것은 민주주의가 아닌 반공 군사독재였다"며 "한국의 자유민주주의는 반북·멸공을 위해 민주주의를 유보하자는 사이비 민주주의였을 뿐 민주주의로 간주되었던 적이 없다"고 말했다. 1960년 개헌 당시 정헌주 개정안 기초위원장은 민주적 기본질서에 대해 "자유롭고 민주적인 정치적 사회적 질서를 말하는 것이지, 경제적 질서까지 말하는 것은 아니다"라고 밝혔다.[128] 한국현대사학회 권희영 회장은 "자유민주주의는 쉽게 얘기하자면 공산주의적 민주주의가 아닌 개인의 자유와 인권을 존중하는 민주주의, 민주적 절차와 '시장경제'를 존중하는 민주주의"라고 설명했다.

그러나 자유민주적 기본질서가 자유민주주의의 핵심적 내용이라고 볼 때 이 같은 견해는 논리적으로 비판의 소지가 있다. 자유민주적 기본질서를 원사료라고 하지만 자유민주적 기본질서를 뛰어넘는 다른 민주주의를 채택하는 것은 아니기 때문이다. 이승만·박정희 정권이 독재를 했기 때문에 자유민주주의를 부정하자는 것은 대한민국을 건립한 이상적 국

---

127 헌재 1990. 4. 2, 89헌가113, 판례집 제2권, 49
물론 여기의 통일은 대한민국의 존립과 안전을 부정하는 것은 아니고 또 자유민주적 기본질서에 위해를 주는 것도 아니며 오히려 그에 바탕을 둔 통일인 것이다. 그러나 제6공화국 헌법이 지향하는 통일은 평화적 통일이기 때문에 마치 냉전시대처럼 빙탄불상용의 적대관계에서 접촉·대화를 무조건 피하는 것으로 일관할 수는 없는 것이고 자유민주적 기본질서에 입각한 통일을 위하여 때로는 북한을 정치적 실체로 인정함도 불가피하게 된다. 북한집단과 접촉·대화 및 타협하는 과정에서 자유민주적 기본질서에 위해를 주지 않는 범위내에서 때로는 그들의 주장을 일부 수용하여야 할 경우도 나타날 수 있다.
128 한겨레, 헌법이 자유민주주의 밝히고 있다고?, 2011. 10. 7

가철학과 현실적 적용상 부작용, 이론과 실제적 한계 사이의 차이를 구분하지 못하는 것 같다. 즉 한때 국가적 정치적 상황 속에서 헌법적 규범가치가 지켜지지 않았다고 해서 이를 원천적으로 부정하는 것은 오류에 빠질 우려가 있다. 1990년 헌법재판소 판단 또한 대화와 통일정책의 실체적 대상으로서 북한을 인정하는 한편, 자유민주적 기본질서 안에서의 평화통일 정책을 강조하는 것이지 반공주의적 자유민주주의로 해석해서는 안 된다는 것을 의미하는 것은 아니다. 여기서 굳이 반공주의적 자유민주주의로 확대해석할 필요가 없을 것이다. 헌법재판소 판단의 취지를 정확히 이해할 필요가 있다.

2. '자유민주주의 개정' 헌법 위반설

자유민주주의 논쟁을 유감이라며 민주주의로 교육하자는 입장도 있다.[129] '자유민주주의 논쟁' 은 불필요할 뿐 아니라 한국 민주주의 발전에 도움이 안 된다는 주장이다. 대한민국의 정체에 대해서는 헌법 제1조 1항이 '민주공화국' 이라고 명시해 민주주의와 공화주의라고 분명하게 규정하고 있으며, 2항은 '대한민국의 주권은 국민에게 있고, 모든 권력은 국민으로부터 나온다' 고 명시함으로써 '국민주권' 의 원칙을 분명히 하고 있다. '우리 미합중국의 인민들은' 으로 시작하는 미국 헌법이 주권의 소재지를 명시한 것처럼 우리 헌법도 주권의 소재지(국민주권)와 정체(민주공화국)를 분명히 명시하고 있다.

따라서 정부가 할 일은 헌법에 명시된 정체와 주권 소재지를 제대로 학생들에게 교육하는 것이지, '민주주의' 를 '자유민주주의' 로 협애하게 개정하는 것은 아니라고 한다. 더구나 '자유민주주의' 로 고쳐야 한다는

---

129 임혁백, 자유민주주의 논쟁 유감, 동아일보, 2011. 11. 15

헌법적 근거로 내세운 헌법 '전문'과 '제4조'에 나오는 '자유민주적 기본질서'는 당시 정권이 유신체제의 독재성을 은폐하기 위해 유신헌법에 처음으로 삽입한 것 아닌가라고 적시했다.

또 자유민주주의 논쟁이 유감인 것은 첫째, 헌법이 대한민국의 정체와 주권의 소재지를 분명히 명시하고 있음에도 교과서에 우리 정체를 민주공화국이 아닌 자유민주주의로 개정하는 것은 헌법을 위반하는 것이기 때문이라는 것이다. 둘째, 정부가 교과서를 고쳐 현 정부의 비자유주의적인 정치를 호도하려 한다는 의심을 하지 않을 수 없기 때문이라고 한다.

'국경 없는 기자회'는 2009년 한국의 언론자유 순위를 2008년보다 22위 강등된 파푸아뉴기니 수준의 69위로 발표했고, 2011년 5월 초 프리덤하우스는 1990년 이래 처음으로 한국을 언론자유국에서 '부분적으로 자유로운' 국가로 강등시켜 1990년 언론자유국이 된 자랑스러운 대한민국이 현 '자유주의' 정부 하에서 제3세계 수준의 비자유주의적 국가로 추락했다고 지적했다. 자유민주주의의 원리와 실제가 일치해야만 '질 높은 자유민주주의' 국가가 될 수 있다. 그것은 교과서를 고친다고 되는 것이 아니고 정부가 적극적으로 국민의 자유를 보호하고 증진시키기 위해 노력할 때에만 실현될 수 있다고 결론을 내렸다.

그러나 역사적으로 민주주의의 형태가 각기 다르게 나타나고 있다는 점에서 헌법상 민주공화국 질서 속에서 민주주의의 실체를 확실하게 규명해야 한다. 자유민주주의로 협애하게 개정한다고 하나 이 같은 주장은 그 본질에 대한 연구가 절실한 부분을 놓치는 게 아닌가 싶다. 즉 민주공화국의 구체적 표현으로서 자유민주적 기본질서를 강조하고 있는 부분에 대한 심각한 고민이 결여된 게 아닌가라는 비판이 있을 수 있다. 또한 앞서 본 바와 같이 한때 우리 정치 현실과 헌법 이상이 맞지 않기 때문에 자유민주주의는 허울이라고 비판하는 것은 지향해야 할 이상을 추구하는 대한민국의 염원과는 괴리감이 있다.

3. 불확정성의 혼돈과 위험

앞서 민주주의의 연혁과 모델에서 살펴본 바와 같이 민주주의는 시대에 따라 다르게 정의되고 있다. 기본적으로 우리가 살피는 것처럼 자유민주주의, 사회민주주의, 인민민주주의로 대별하고 있다. 민주주의는 또 고대 민주주의, 보호적 민주주의, 발전적 민주주의, 균형적 민주주의, 참여적 민주주의로 분류되고 있다.[130] 자유민주주의와 비자유주의적 민주주의로 나누고, 비자유주의적 민주주의를 계급민주주의와 인민민주주의로 구분하기도 한다.[131]

인민이 의사결정과정에 참여할 수 있는 영역에 따라 정치적 민주주의(political democracy), 참여적 민주주의(participatory democracy), 사회적 민주주의(social democracy)로 나눈다.[132] 정치적 민주주의는 자유민주주의와 등치시킨다고 하면서 인민이 직접 의사결정에 참여할 수 있는 영역을 공직 선출과 국민투표, 주민투표 등 정치과정에 한정시킨다. 참여적 민주주의는 이에 더해 국민발안과 국민투표 등 직접 민주주의적 요소를 더하고, 시민사회 영역에서 기업체를 포함한 다양한 조직이나 민주적 운영을 위한 제도를 포함시킨다. 이로써 인민이 의사결정에 참여할 수 있는 영역이 전 사회적으로 확대된다. 사회적 민주주의는 이 두 가지에 덧붙여 인민의 실질적인 참여를 보장하기 위해 보편적 복지제도 등 사회경제적 평등을 보장할 수 있는 제도를 포함한다.

사회적 민주주의 논자들은 단순히 법 앞의 평등 또는 기회균등(equal opportunity)이라는 형식적이고 절차적인 평등만으로는 사회경제적 평등은 고사하고 정치적 평등마저 보장할 수 없다고 강조한다. 미국과 대부분

---

130 전득주, 앞의 책, 51-64쪽
131 이종은, 앞의 책, 133-238쪽
132 민주화운동기념사업회 연구소, 민주주의 강의 3 제도, 민주화운동기념사업회, 2009, 65-66쪽

의 신생 민주주의 국가들은 정치민주주의를 근간으로 하면서 참여민주주의 요소를 보완하는 방식을 채택하고 있으나, 스웨덴을 비롯한 유럽 국가들은 사회민주주의를 근간으로 하고 있다. 이처럼 민주주의의 구체적 내용에 있어서 큰 차이를 드러내고 있다.

우리는 국가운영의 기본원리로서 민주주의에 대한 명확한 원칙을 세우지 않을 경우 나타날 혼돈을 경계하지 않으면 안 된다. 민주주의로 포괄적으로 표현하게 되면 어떻게 될 것인가? 건국의 아버지들이 분명코 이성적 인류 보편의 이념으로서 자유민주주의에 따라 헌법을 제정한 데 대해 정면으로 배치되는 것은 아닐까? 건국정신을 이어받아 훗날 헌법에 자유민주적 기본질서를 강조한 것은 이 같은 오류를 스스로 경계하자는 것에 다름 아니다.

작금의 세계사 조류를 보면 자유민주주의도 상호 보완적인 입장에서 수정자본주의를 바탕으로 사회국가원리를 적극적으로 원용하면서 체제를 유지 발전시켜 나가고 있다. 따라서 지금처럼 예민하게 민주주의 논쟁이 펼쳐질 때는 더욱 더 근본으로 돌아가는 자세가 필요하다.

제5장

자유민주주의 존치설

1. 국사편찬위원회 입장

흔히 우리 민주주의를 자유민주주의라고 한다. 명문 헌법으로 보면 그
것은 틀림없다.[133] 1948년 제헌헌법이든 1987년 현행 헌법이든 근본에
있어서 변함이 없다. 이처럼 자유민주주의를 주장하는 학자들은 우리나
라의 정체가 자유민주주의라고 하는 데 이의를 제기할 사람은 없다.[134]
이 같은 해석이 옳지 않다면 지금 당장 현행 헌법의 자유민주적 기본질서
라는 말을 고쳐야 한다.

이태진 국사편찬위원장은 "역사교육과정개발정책연구위원회가 제출
한 시안에 대해 '민주주의를 자유민주주의로 바꿔야 한다'는 이견이 들
어와 교과부장관이 우리에게 의견을 물었다. 우리는 다시 현대사 전공자
들의 의견을 취합한 끝에 내 책임하에 최종적으로 '자유'가 들어가는 것
이 좋다는 의견을 보냈다"고 한다. 그는 헌법 전문의 "자유민주적 기본질
서란 표현이 곧 자유민주주의로 볼 수 있는 것이라고 판단했다"고 설명
했다. "사전적 의미로 자유민주주의는 의회민주주의라고도 하며, 대의정

---

133   배찬복 · 안정수, 앞의 책, 4쪽
134   조선일보, 국체가 자유민주주의… 교과서 용어로 정당, 2011. 10. 18

치의 가장 일반적 형태로서 자유롭고 공정한 선거와 복수정당정치를 필수요건으로 한다"고 덧붙였다.

헌법 전문의 자유민주적 기본질서는 유신헌법부터 들어갔기 때문에 독재정권이 네오콘, 신보수주의자 성향을 발휘해 쓴 표현이라는 비판도 있다. 이에 대해서는 국민적 목표이자 여망의 실체인 자유민주주의를 내세웠다고 보는 것이 타당하다. 이것은 1980년 헌법과 1987년 직선제 개헌헌법에도 그대로 이어져 지금에 이르고 있다.

자유민주주의란 말이 냉전시대 반소·반공 진영의 이데올로기 노릇을 했다는 반론에 대해서도 "남북 대치 상황에서 북한의 '인민민주주의'와는 다른 자유민주주의에 대한 수호의식이 대한민국에 존재했다는 것은 분명한 역사적 사실"이라고 말했다. 비판적 시각에 대해서도 1970~80년대에 학교를 다닌 세대가 당시를 풍미했던 민중민주주의 개념이 사라지는 것에 대해 반발심을 가졌을 것이고, 지식인들의 반정부 정서라는 정치적 상황과도 무관하지 않을 것이다. 그러나 학문적 열정 때문에 연구와 교육을 냉정하게 구분하지 못하거나, 정권이 바뀌면서 또 역사교과서를 개정하려 한다면 역사학계는 국민으로부터 신뢰를 잃게 될 것이다. 어느 한편에서 역사를 보지 말고 미래의 주역들에게 우리가 걸어온 길을 바르게 전하는 교육이 되어야 할 것이다.

2. 자유민주주의 이론

자유민주주의는 자유주의와 민주주의의 물리적 결합이다.[135] 자유주의는 몸통이요, 민주주의는 다리이다. 자유와 사유재산의 성역을 침해하지 않는 민주주의만이 자유주의의 하위 동맹자가 될 수 있다. 민주주의는 곧

---

[135] 박호성, 앞의 책, 393쪽

자유민주주의의 목적이 아니라 수단에 지나지 않는다. 민주주의는 결국 자본가 계급과 그 주변 동맹세력에 의해 장악되어 있다. 그리하여 민주주의에 대한 자유주의의 승리의 표현인 대의제도를 통해서만 작동될 수 있다.

자유민주주의가 지배하고 있는 곳에서는 대체로 자본가 계급이 자신들의 이해관계를 보호하기 위한 강제적 규범적 사회통제 수단을 거의 독점하고 있다. 그리하여 계급적 불평등이 나타날 수밖에 없다. 자유경쟁과 기회균등이란 자유민주주의 구호 가장자리에는 언제나 빈부격차와 사회적 불평등이 공생하고 있다. 이를 해소하기 위한 국가의 개입은 곧 개인의 자유를 지킨다는 명분 아래 저지되고 만다. 이 같은 서구의 자유민주주의에 대한 비판은 우리 경우에도 타당하다. 또한 모순을 줄이기 위한 노력을 해 왔다는 점에서 경구로 삼을 만하다.

자유민주주의 모형은 Joseph A. Schumpeter의《자본주의, 사회주의 그리고 민주주의》에서 다원적 엘리트 모형으로 처음 체계적으로 나타났다.[136] 그에 따르면 민주주의는 단지 정부를 선택하고 권위를 부여하는 하나의 장치일 뿐, 하나의 사회도 아니요 일련의 윤리적 목적도 아니며, 이 장치는 두 개 또는 그 이상의 정당에 소속된 자기 선택적 엘리트 집단 간에 다음 선거까지의 통치권을 부여하는 투표권을 얻기 위한 경쟁으로 이루어진다는 것이다. 민주주의란 단지 시장 메커니즘일 뿐이며, 투표자는 소비자요 정치가는 기업인이라는 것이다. 즉 민주주의의 목적은 있는 그대로의 국민의 요구를 나타나내는 것이지, 그 요구가 이럴 것이라고 생각하는 것 혹은 이렇게 되기를 바라는 것에 기여하는 것은 아니다.

정치적 인간은 경제적 인간과 마찬가지로 본질적으로 소비자이며 점유자라는 가정이다. 시장적 메커니즘을 통해 다양한 정치적 욕구를 충족시킬 수 있고, 또는 상반되는 일이 가장 적은 일련의 결정을 산출할 제도

---

136 Joseph A. Schumpeter, Capitalism, Socialism and Democracy, Routledge, 2010

적 장치가 필요하다. 정치적 재화를 제공하는 기업가적 정당제도가 이러한 목적을 수행하기 위한 최선 또는 유일한 장치로 등장하고 이렇게 해서 수요와 공급을 균형시키는 안정된 정부를 선출하게 된다.

자유민주주의를 순수한 수단으로만 보는 것은 잘못이다. 왜냐하면 많은 경우 수단은 목적과 분리할 수 없기 때문이다. 따라서 자유민주주의 정치제도도 그 목적성과 수단성을 당연히 동시에 검토해야 한다. 자유민주주의가 가장 중시하는 것은 인권 보호이며, 이와 함께 인간의 존엄성 등 인격의 발달, 자유와 평등, 자유경제체제의 유지와 다수결, 복수정당제, 대의제도의 기능 등이다.

한국의 자유민주주의는 서구 자유민주주의의 근본이념을 한국의 여건과 실정에 맞게 자율적이고 창조적으로 적용시키고 계속 발전시키려는 하나의 이념체계라고 하겠다. 그리고 서구 자유민주주의의 기본이념을 세계적 보편적 원칙으로 인정하고, 이들과 우리의 특수성을 변증법적으로 조화 실천시키려는 이념체계이다. 우리는 한국의 자유민주주의 이념을 정립하는 데 한국적 특수성에 대한 자아의식의 확립, 즉 민족의식 없이 세계적 보편성이라는 민주주의의 이념을 직수입하는 것은 거부해야 한다.[137]

우리나라는 자유민주주의를 표방하고 있고, 우리와 친밀한 관계를 맺고 있는 서방 국가들의 정치형태가 자유민주주의이기 때문에 자유민주주의야말로 유일한 민주주의라고 인식하는 경향이 강하다.[138] 또 프란시스 후쿠야마가 《역사의 종언》(1992)에서 자유민주주의야말로 가장 발전된 인류 최후의 이데올로기라고 선언한 사실도 그런 믿음을 강화시키는 데 일조했다. 현대 자유민주주의는 개인의 자유에 대한 지속적인 지지를 보내되, 초기 자유주의와는 달리 민주적인 평등성의 원리를 강조해 가능한 한 개인 간의 평등한 자유를 보장하려고 노력하고 있다. 이 때문에 사회정의를 실

---

137 전득주, 앞의 책, 152쪽
138 김비환, 데모크라토피아를 향하여, (주)교보문고, 2008, 95쪽

현하기 위한 국가의 적극적인 개입을 수용하고 있다. 그러나 이것은 모든 개인들이 가능한 한 동등한 자유를 누릴 수 있는 조건을 창출하기 위한 개입이지, 개인의 자유를 억누르기 위한 부정적 의미의 개입이 아니다.

3. 헌법학계 다수설

헌법이 전체주의와 대립되는 정치체제로 자유민주주의를 채택하고 있는 것에 대해 헌법학계에서는 큰 이견이 없다. 사상·표현의 자유 등 자유주의와 삼권분립, 법치주의, 다당제와 선거제도 등 민주주의 제도가 결합된 정치체제로서 구 공산권이나 북한의 1당독재식 인민민주주의 내지 파시즘 체제와 대립된다는 것이다. 뉴라이트 학자들이 "민주주의만 사용할 경우 북한식 인민민주주의로 해석될 여지가 있다"고 주장하는 것도 이런 맥락에서다.[139] 헌법 학설상으로는 자유민주주의 채택설이 다수설이다.[140]

자유민주주의는 헌법 전문과 제4조, 제8조 제4항을 근거로 하는 현행 헌법의 기본원리이다.[141] 헌법재판소는 "자유민주적 기본질서(에 위해를 준다)라 함은 모든 폭력적 지배와 자의적 지배, 즉 반국가단체의 1인독재 내지 1당독재를 배제하고 다수의 의사에 의한 국민의 자치·자유·평등의 기본원칙에 바탕한 법치국가적 통치질서(의 유지를 어렵게 만드는 것)이고, 이를 보다 구체적으로 말하면 기본적 인권의 존중, 권력분립, 의회제도, 복수정당제도, 선거제도, 사유재산제와 시장경제를 골간으로 하는 경제질서 및 사법권의 독립 등 우리의 내부체제를 파괴·변혁시키려는 것으로 풀이할 수 있을 것이다"라고 판시함으로써 자유민주적 기본질서

139 한국일보, 헌법 골간은 자유—사회민주주의… 양 날개가 민주주의로 포괄, 2011. 9. 21
140 김남식 편저, 헌법강의, 유스티니아누스, 2002, 177쪽
141 권영성, 헌법학원론, 법문사, 2010, 137쪽

에 대한 독일연방헌법법원의 견해를 거의 그대로 수용하고 있다.[142] 특히 헌법 제8조 제4항 등 민주주의 또는 민주적 기본질서에 관한 일련의 헌법조항은 대한민국의 정치적 기본질서가 민주적 기본질서임을 강조한 것이다.[143]

민주적 기본질서는 헌법적 질서의 하나로 자유민주주의와 사회민주주의를 비롯한 모든 민주주의를 그 내용으로 포괄하는 공통분모적 상위개념으로 본다. 사회민주주의는 자유민주주의를 부정하거나 배격하는 것이 아니라 자유민주주의를 전제로 하면서 사회정의와 국민복지 실현을 위해 자유체계에 적절한 제한을 가하는 민주주의라고 할 수 있다. 아무튼 사회민주주의는 자유민주주의를 전제로 해 실질적인 평등을 지향하는 민주주의의 한 유형이다. 민주적 기본질서는 자유민주적 기본질서와 사회민주적 기본질서를 포괄하는 상위개념이기는 하나, 우리 헌법이 보다 역점을 두고 있는 쪽은 자유민주적 기본질서이다.

우리 헌법은 국민주권의 이념을 실현하기 위해 자유민주주의 원리를 채택하고, 여러 가지를 통해서 이를 구체화하고 있다.[144] 민주적 기본질서라고 하든 자유민주적 기본질서라고 하든 법문의 표현에 지나치게 집착하는 것은 바람직하지 않다.[145] 자유민주적 기본질서이건 민주적 기본질서이건 간에 우리 헌법이 지향하는 기본원리는 자유민주주의라는 점을 염두에 두어야 하고, 그 속에는 현대적인 사회복지국가원리가 당연히 내포되어야 한다. 사회민주주의 내용으로 주장되거나 추구되던 사항들은 이제 자유민주주의의 내용이 되었으며, 더 이상 사회민주주의와 자유민주주의를 이념적으로 구별할 실익이 없으며,[146] 우리 헌법의 여러 곳에서 혼용

142 헌재 1990. 4. 2, 89 헌가 113, 판례집 2권, 49, 64
143 권영성, 앞의 책, 157쪽
144 허영, 한국헌법론, 박영사, 2011, 148쪽
145 성낙인, 앞의 책, 127쪽
146 홍성방, 헌법학, 현암사, 2006, 93쪽

되고 있는 민주적 기본질서와 자유민주적 기본질서는 같은 것으로 해석되어야 한다.

'자유민주주의' 옹호론자들은 헌법 전문이나 제4조의 자유민주적 기본질서와 제8조의 민주적 기본질서는 표현상의 차이에도 민주주의의 보다 구체화된 모습으로서의 자유민주주의를 의미하는 것이며, 따라서 우리 헌법이 지향하는 자유민주주의를 반대하는 것은 대한민국의 국가적 정통성과 정체성을 부정하는 것이라고 주장한다.[147] 이에 반해 반대론자들은 자유민주주의라는 개념은 헌법의 뼈대인 민주주의를 협소하게 해석할 우려가 있고 사회적 기본권을 강조하는 시대적 흐름에도 역행한다는 논거를 제시하고 있다.

하지만 자유민주주의가 권위주의적 반공주의가 아니라는 것을 모르는 사람이 없는 지금 상황에서도 자유민주주의를 반대하는 것은 논리적이지도 않고 설득력도 없다. 민주주의는 매우 넓은 개념으로 다의적 해석이 가능하다. 자유민주주의, 사회민주주의, 인민민주주의 등 다양한 의미로 인식 또는 사용될 수 있다. 인민민주주의는 20세기 말 베를린 장벽의 붕괴로 종말을 고했지만 북한은 여전히 인민민주주의를 표방하고 있다. 이러한 상황에서 새로운 이데올로기를 창설하자는 것도 아니고 이미 우리가 추구하는 헌법적 가치로서의 민주주의란 자유민주주의라는 사실을 보다 분명히 하자는 것을 두고 정치적 음모인 양 호도해서는 안 된다.

자유민주적 기본질서란 다원성을 존중하는 민주주의 사회에서도 나치즘이나 전체주의와 같이 허용될 수 없는 것은 막아야 한다는 의미를 담고 있다. 우리 헌법이 지향하는 자유민주주의는 이른바 사회민주주의까지를 포괄하지만 그 민주주의가 인민민주주의까지 포섭하지는 않는다는 것이 헌법학계의 일반적 시각이다. 사회민주주의는 연원을 달리하기 때

---

[147] 김민호, '자유민주주의' 여야 하는 이유, 세계일보, 2011. 9. 27

문에 일의적으로 우리 자유민주주의가 사회민주주의까지 포괄하는 것으로 보는 것은 위험하다. 대한민국은 사회적 다원성을 존중하는 정치질서로서 민주주의를 지향하지만, 그 민주는 인민민주주의를 포괄하는 민주가 아니라 인민민주주의를 배척하는 자유민주라는 것이다.

우리 국민의 평균 교육수준이 낮고 반공을 해야 하는 입장에서 이를 명백히 구분하기 위해 인민민주주의는 공산주의로, 자유민주주의는 민주주의로 사용해 왔다.[148] 오늘날은 이것이 오히려 혼란을 주고, 또 좌파 입장에서는 전략상 고의로 혼동해서 사용하고 있다. 자유민주주의와 인민민주주의는 분배, 계약, 자연권, 저항권 문제 등을 두고 정반대 논리와 사회적 구조를 지니는 현실적 정치체제이다.

오늘날 한국에서 자유민주주의에 대한 강조는 무엇을 의미하는 것일까? "과거에 권위주의를 뒷받침했던 자유민주주의가 오늘날에는 복지 · 형평 · 포용 · 균등 등을 반대하고 시장만능주의를 추종하는 논리로 쓰이고 있다"는 부정적 시각이 여전히 존재한다.[149] 래리 다이아몬드도 언론과의 인터뷰에서 "자유민주주의의 가장 중요한 과제는 '경제민주화'"라고 했다.

---

148 배찬복 · 안정수, 앞의 책, 133쪽
149 한겨레, 한국의 자유민주주의는 변질된 개념, 유신헌법의 독재정권 정당화서 비롯, 2011. 8. 24

제6장

사회민주주의 옹호설

1. 사회민주주의 주장의 혼재성

역사교과서 집필 논쟁으로 사학계를 비롯해 소위 진보진영, 정치권 등에서 우리 헌법이 사회민주주의를 수용하는 것처럼 주장하고 있다. 먼저 교육과학기술부가 역사교육과정에 '민주주의' 대신 '자유민주주의'를 쓰기로 한 데 항의해 '역사교육과정개발추진위원'에서 사퇴한 오수창 서울대 국사학과 교수는 교과서에 '자유민주주의'를 써야 한다는 헌법학자 등 많은 이들이 자유민주주의는 사회민주주의를 포함하는 것임을 명확히 했다고 말했다.[150] 여당 원내대표는 "사회민주주의를 자유민주주의의 한 계파로 파악하는 것이 헌법 논리"라고 했다고 인용했다. 더 나아가 "자유민주주의가 진정 위와 같은 내용을 지니는 것이라면 그것을 역사교육의 의제로 채택할 수 있다고 생각한다. 다만 그 전에 자유민주주의론자들이 수행하여야 할 선결과제가 있다"고 제안했다.

첫째, 이론적 문제를 해결해야 한다. 자유민주주의론자들은 인민민주주의가 민주주의에 포함되기 때문에 자유민주주의의 개념을 채택해야

---

150 한겨레, '자유민주주의론'의 선결과제, 2011. 9. 26

한다고 한다. 논의의 지평을 넓히는 것은 좋지만 학문적 논의뿐 아니라 교육현장에서 인민민주주의를 민주주의로 가르쳐도 되는지 합의된 내용을 제시해야 한다. 방향을 달리하여 북한의 인민민주주의가 '가짜로' 민주주의를 표방하기 때문에 대한민국은 자유민주주의라고 구분해 불러야 한다고 하는 경우에도 문제는 심각하다. 한 나라의 체제 이념을 '가짜'와 구분하는 차원에서 설정해서야 나라의 '품격'을 유지할 수 없다고 한다. 이 구차한 상황을 극복할 방안을 제시해야 한다.

그 다음 실천이 뒤따라야 한다. 여전히 사회민주주의를 부정하는 다른 자유민주주의론자들에게 후자는 전자를 포괄한다는 사실을 설득해야 한다. 특히 자유민주주의를 내세워 시장과 경쟁 만능주의를 역설하고 헌법의 사회민주주의적 요소를 배격하는 이들에게 헌법정신을 일깨워 주고 평등과 복지의 중요성을 설득해야 한다. 자유민주주의를 내걸고 남북대결을 조장하는 이들에게 바로 자유민주주의의 이름으로 북한이 평화통일의 대상임을 주지시켜야 한다. 북한과의 평화통일은 헌법의 명령이다.

'자유민주주의'가 공리공담에서 벗어나 현실적 진정성을 지니게 될 때 비로소 그것이 한국 현대사의 사실에 부합하는지 논의할 수 있다. 지금은 한국사의 사실을 가르치고 역사적 사고력을 길러주는 틀로서 '민주주의'에 흔들림이 있을 수 없다. 이에 대해서는 인민민주주의의 실체적 내용을 떠나 민주주의의 한 형태로 분류되는 것은 앞서 살펴본 바와 같다. 또 북한의 인민민주주의를 '가짜로' 표방한다든지 나라의 '품격'을 거론하는 것은 논리의 비약이라는 비판이 제기될 수 있다. 자유민주주의가 사회민주주의를 포괄한다는 주장 또한 양자의 연혁과 우리 헌법정신을 고려한다면 해답이 스스로 나올 것이다.

민주주의 용어 사용을 주장하면서 사회민주주의를 강조하는 듯한 입장도 있다.[151] 요는 사회주의(공산주의가 아닌)의 목표를 의회주의의 방식으로(자유민주적 기본질서에 따라) 추구하려는 것이 광의의 사회민주주의

이므로 정당이나 정치사상가에 따라 구체적인 정책이 다양할 수밖에 없다. 우리나라에서 한때 사회민주주의와 민주사회주의라는 말이 혼용되었으나 요즘은 민주사회주의란 용어를 잘 안 쓴다. 이와 같이 볼 때 사회민주주의가 자유민주주의에 포함된다는 일부의 주장은 아주 틀린 것은 아니고 그 조류의 한 가닥을 확실히 잡고 있다 하겠다. 그러나 한 가닥일 뿐, 모두를 포괄하는 것은 아니다. 사회민주주의와 자유민주주의는 겹치지 않는 부분, 또는 흐름이 더 많다.

'자유민주적 기본질서'와 '자유민주주의'의 관계를 보자. 박명림 교수의 설명[152]에서 잘 밝혀져 있듯이 '자유민주적 기본질서'는 유신헌법 때 등장한 것으로 그 전에는 제헌헌법 이래 '민주주의의 제 제도'라 했다. 1949년 독일기본법에는 'freiheitliche demokratische Grundordnung (자유로운 민주적 기본질서)'라고 되어 있는데 그것을 우리가 도입한 것으로 보인다.[153] 그리고 법제처의 영어 번역은 'the liberal democratic basic order'가 아니고 'the free and democratic basic order'로 되어 있다. 여기서 알 수 있듯이 '자유민주적 기본질서'를 '자유민주주의'로 해석하는 것은 아전인수격의 비약이라 할 수 있다.

그러한 개념의 유래 문제를 떠나서도 과오가 있다. '자유민주적 기본질서'는 민주주의 질서, 민주정치 게임의 규칙을 말하는 것이지 그 질서 안에서 실현되는 정책 방향을 이야기하는 것이 아니다. 민주주의란 정치제도의 그릇을 만들어 놓은 것이지 거기에 담길 내용물을 정하는 것은 아니다. '자유민주적 기본질서'를 '자유민주주의'로 해석하는 것은 차원이 다른 것으로 건너뛰는 과오이다. 법적 제도적인 것과 정치적 사상적인 것은 궁극에는 합류하는 것이지만, 전자는 법적 제도적인 것이고, 후자는

---

151 남재희, '민주주의냐, 자유민주주의냐' 단상, 2011. 10. 4
152 한겨레, 한국의 자유민주주의는 변질된 개념, 유신헌법의 독재정권 정당화서 비롯, 2011. 8. 24

정치적 사상적인 것이다. '자유민주적 기본질서'는 자유, 선거(자유·평등·보편·비밀)에 의한 의회와 행정부의 구성, 삼권분립, 법치주의, 자유시장경제, 사유재산보호 같은 것이다. 여기서 자유민주주의를 따르느냐, 사회민주주의를 따르느냐는 사상이나 정책의 차이에 따라 방향이 달라진다. 특히 시장경제와 사유재산문제는 재벌문제, 세금문제 등과 관련하여 차이가 많이 난다. 우리 현행 헌법은 특히 제119조 제2항의 '경제민주화' 조항이 '사회적 시장경제'의 원리를 따르고 있다. 제헌헌법에는

153 Grosses Deutsche Japanisches Wörterbuch 778쪽, Shogakukan 소화 60. 1. 18 freiheitliche demokratische Grundordnung에서 freiheitliche는 자유를 구하는, 자유로운, 자유주의적인 것으로 해석되고 있다. 용례를 더 살펴보면 freiheitliche Ideen 자유주의 제이념, eine freiheitliche Verfassung 자유주의적 헌법 등을 들 수 있다. 물론 독일에서도 liberal 개념도 자유로운, 자유를 사랑하는, 자유주의의, 진보적인의 뜻이 존재한다. 1359쪽 굳이 이 해석처럼 자유로운에 국한할 것이 아니라 독일기본법 전체 질서 관점에서 해석해야 할 것이다. 즉 자유주의적인 민주적 기본질서로 보는 게 더 타당하지 않을까 생각한다. 법제처의 영역에 집착하는 것은 본말전도의 우려가 있다고 할 수 있다. 영어 free는 독일어 freiheitliche와 달리 일반적으로 인신의 자유적 측면(Not imprisoned or enslaved)에서 사용되고 있다. 법제처 번역은 liberal로 바꿀 필요가 있겠다.
독일기본법(Grundgesetz für die Bundesrepublik Deutschland)상 freiheitliche demokratische Grundordnung이 표현된 것은 대한민국 헌법처럼 전문이 아니라 기본권 보장과 정당 관련 조항이다. 제 10조 통신의 프라이버시는 자유민주적 기본질서, 연방 또는 주의 존재나 안전을 보호할 경우에 제한할 수 있도록 하고 있다. 제11조 거주이전의 자유는 연방 또는 주의 존재나 자유민주적 기본질서에 대한 급박한 위협을 방지하기 위해 제한될 수 있다고 규정한다. 제18조에서도 자유민주적 기본질서를 지키기 위해 표현의 자유, 출판의 자유, 교육의 자유, 집회의 자유, 통신의 프라이버시, 재산권, 망명의 자유의 기본권을 유보할 수 있도록 하고 있다. 특히 제 21조는 정당이 그 목적이나 지지자의 행태로 자유민주적 기본질서를 해하거나 폐지하려고 하거나 독일연방공화국의 존재를 위협하는 경우 반헌법적으로 규정한다. 연방헌법재판소는 반헌법 문제에 대해 판결해야 한다고 하고 있다. 독일기본법의 자유민주적 기본질서에 대한 태도는 연방이나 주의 존망과 같은 수준 즉 국가의 체제, 정체성과 같은 비중으로 다루고 있다고 보아야 할 것이다.
정당의 반헌법성 판단의 기준으로 자유민주적 기본질서를 명확히 한 것도 이를 입증하는 것이라 하겠다. Leibholz교수는 민주적 기본질서와 자유민주적 기본질서를 구별한다(김철수, 헌법학개론, 박영사, 2007, 박영사, 194쪽 재인용). 소위 민주적 기본질서 중에서도 서구적 자유민주주의의 개념과 결부된 것만이 자유민주적 기본질서라고 하고 있다. 이러한 견해는 의회평의회에서의 헌법초안 심의에서도 명백히 했다.
우리 헌법이 일반조항이 아니라 전문에서 이를 계수한 것은 자유민주주의를 보다 더 굳게 지키고자 하는 뜻을 밝힌 것이라고 생각한다. 즉 자유민주적 기본질서의 강화를 통해 자유민주주의를 꽃 피우려고 한 의지를 천명한 것에 다름 아니다. 이 같은 관점에서 본다면 헌법 제8조 제4항의 민주적 기본질서를 자유민주적 기본질서로 통일할 필요가 있다고 하겠다.

'이익균점' 조항 등 임시정부 때부터 내려온 삼균주의적이기도 한 사상적 흐름을 담고 있다.

우리 국가의 정체성을 '자유민주주의'로 교과서에서 분명히 밝혀야 한다는 측은 특히 북한의 '인민민주주의'와 확연히 구분해 혼동을 없애자는 것이다. 일상생활에서 간혹 그런 경우도 없지 않다는 것을 인정한다. 그러나 '인민민주주의' 운운이 공산독재라는 점은 정치의식이 있는 사람은 모두 알고 있다. 북한의 사기적인 어법이 두려워 국제적으로 보편화된 '민주주의'란 훌륭한 개념을 뒤로 미룰 일이 아니다.[154]

일부에서는 '자유민주주의'로 바꾸자는 주장이 결국 자유시장주의나 신자유주의로 연장, 확대되어 종당에는, 예를 들어 헌법 개정 시에 제119조 제2항 등 대기업 측이 그동안 계속 삭제나 개정을 주장해 온 헌법·법률 조문을 개폐하는 걸로 연결되지 않겠느냐고 우려하고 있다. 분명 그런 우려가 있다고 본다.[155] 적지 않은 학자들이 그런 이론을 펴왔다. 그동안의 민주화 노력으로 확보한, 아주 만족할 수는 없으나 그런대로 어지간한, 우리의 사상 영역을 왜 굳이 좁혀서 옹색하게 만들려는지 납득할 수 없다는 것이다.

보수진영 일각은 헌법의 '경제민주화' 조항 등이 자유민주주의 이념에 맞지 않는다며 삭제를 주장한다. 한국경제연구원, 헌법포럼, 경기개발연구원이 2007년 공동 주최한 '자유민주주의와 시장경제 확립을 위한 헌법 개정 방향' 토론회에서 보수학자들이 제시한 헌법 개정 시안에는 사회민주주의적 요소가 모두 삭제되었다. '자유민주주의가 평등주의에

---

154 독일은 국가정체를 구체적으로 표명하고 있다. 독일기본법은 제20조에서 독일연방공화국은 민주적이고 사회적 연방국이다고 규정한다(Die Bundesrepublik Deutschland ist ein demokratischer und sozialer Bundesstaat.).
북한은 헌법 서문에서 "조선민주주의인민공화국은 위대한 수령 김일성 동지의 사상과 령도를 구현한 주체의 사회주의 조국이다"고 밝히고 제1조에서 "조선민주주의인민공화국은 전체 조선인민의 리익을 대표하는 자주적인 사회주의 국가이다"고 규정한다.
155 경향신문, 8·15 헌법의 발견, 제헌헌법과 건국정신, 2011. 8. 12

함몰되지 않아야 한다', '반시장적 요소이다'라는 이유에서다. 여기서 자유민주주의는 시장자유주의에 가까운 뜻인데, 이는 최근 대기업 규제 논란에서도 전경련이나 보수단체들의 반박논리로 어김없이 등장했다. 1987년 개헌 당시 경제민주화 조항을 넣은 김종인 전 청와대 수석은 "이 조항을 삭제하자는 주장은 경제 현실도 이론도 모르는 뚱딴지 같은 소리"라며 "민주주의의 참뜻도 모른다"고 일축했다.

정계에서는 한나라당 황우여 원내대표가 "차제에 자유민주적 기본질서 가치에 대한 교육과 정치사회 전반의 재점검이 필요하다"고 지적했다. 황 원내대표는 "혹자는 사회민주주의를 배제하는 것 아니냐고 우려하지만 자유민주주의에는 수많은 사회적 가치를 보호하는 조항이 내포되어 있으므로 사회민주주의는 자유민주주의의 한 계파로 파악되는 것"이라고 덧붙였다.[156]

이 같은 주장은 사회민주주의의 평등성 등을 옹호하는 것으로 보인다. 그러나 역사와 전통이 다른 것을 자유민주주의에 혼입시키면서 혼란을 초래할 우려가 있다는 점에서 주의 깊게 살펴봐야 한다. 우리 헌법은 사회민주주의가 아닌 사회국가원리에 입각해 자유와 평등, 자유권과 생존권 등을 조화롭게 보호하며 자유민주주의의 발전을 도모하고 있다.

2. 사회민주주의 이론

사회주의 사상의 형성은 미국 독립혁명과 프랑스혁명 이래의 서양사상의 흐름과 연결되어 있다. 역사적으로 더 소급해 간다면 Platon과 Thomas More에서의 집산주의(collectivism) 사상으로부터 연유한다.[157] Platon은 이상국가란 사회주의적이어야 한다고 주장했다. 지배계급은

---

156 연합뉴스, 홍준표 '자유민주주의 반발은 헌법부정 처사', 2011. 9. 22
157 이용필, 민주주의와 사회주의, 도서출판 인간사랑, 1990, 109쪽

재산을 소유하지 않고 모든 것을 공동으로 소유하게 될 이상을 실현해야 한다는 것이다. 근대적 사회주의 사상은 산업혁명에 의해서 야기된 자본주의 경제체제의 모순으로부터 싹트기 시작했다. 프랑스에서는 1848년 혁명이 일어나기 직전 정치적 민주주의와 사회적 개혁의 동시 추진을 위해 노력하는 당파가 사회주의적 민주주의(sozialistisch demokratisch) 당파라고 스스로 칭했다.[158] 이들은 혁명적 민주주의를 합법적 민주주의로 바꿔 놓음으로써 개량적 사회주의의 물줄기를 새롭게 터놓았다. 여기서 사회민주주의의 큰 흐름이 발원하기 시작했다.

이에 대립하는 당파가 자유주의적 좌파로서 부르주아적 공화주의자 집단이다. 이들은 사유재산의 원칙을 고수하면서 선거권의 확대를 지향했다. 여기서 최초로 부르주아 자유주의적 민주주의와 가난한 인민대중의 민주주의 사이에 결별이 시작되었다. 1848년 혁명 이래 전통적 의미의 사회적 민주주의는 노동자, 농민 그리고 프티부르주아지, 즉 인민(people, peuple, Volk)이라 불리는 사회집단의 세습귀족과 화폐귀족에 대한 저항 이념이다. 이러한 인민의 정치적 권리 쟁취와 사회적 지위 향상을 목표로 하는 민주주의적 노력이 1840년대 프랑스에서는 사회적 민주주의 (Democratie sociale)로 이해되었다.

사회민주주의는 본질적으로 독일적 개념이다. 독일에서도 1848년 8월 23일에서 9월 3일까지 Stephan Born이 32개 노동자협회 대표자회의를 베를린에서 소집했다. 여기서 전독일노동자우애라는 전문직 숙련노동자 중심의 독자적인 정치적 협회를 결성했다. 이 단체는 독자 조직을 통해 정치적 도덕적 역량을 강화하고, 민주적 국가체제 안에서 사회적 개혁을 관철시켜 나감으로써 궁극적으로 노동자 계급의 해방을 실현시키려 했다.

같은 해 Stephan Born, Wilhelm Weitling, 마르크스의 추종자 등이

---

158 이용필, 앞의 책, 193쪽

대표자로 모인 민주주의자 총회(Demokratischer Kongress)는 단지 민주적 사회적(demokratisch-sozial) 공화국 안에서만 사회문제의 해결은 가능하다는 강령을 채택했다. 1860년대에 본격화하기 시작한 독일의 사회민주주의적 노동운동은 이 강령을 기본노선으로 수용했다. 우리는 여기에 이미 사회적 개혁과 민주적 공화국 건설이라는 사회민주주의의 기본성향이 짙게 스며들어 있음을 알 수 있다. 여러 변화를 거쳐 1891년 독일 사회민주당(Sozialdemokratische Pratei Deutschlands, SPD)이 등장해 지금까지 존속하는 것도 결코 우연한 일은 아니다.

사회민주주의는 일단 프랑스에서 정치적 민주주의와 사회적 개혁을 촉구하는 프티부르주아적 민주주의 좌파의 저항이념으로 닻을 올렸다. 이것은 독일로 건너가 인민자치를 위한 보통선거권 쟁취와 노동자 계급의 사회적 해방을 목표로 하는 개량적 정치운동의 이데올로기로 자리 잡았다.

베른슈타인은 민주주의는 사회주의의 수단이자 동시에 최종 목표라고 했다. 그에 따르면 사회주의는 자유주의의 역사적 정신적 정통 계승자이다. 사회주의는 곧 자유주의가 이룩해 놓은 바람직한 가치들을 이어받아 그것을 새로운 시대에 걸맞게 승화시켜야 할 역사적 사명을 지니고 있다. 사회주의와 민주주의의 일체성 강조, 자유주의적 유산의 적극 수용, 사회 각 분야의 민주화와 사회구성원 간의 인간적 연대 촉구, 의회주의와 개량주의의 고수 등이 사회민주주의의 주춧돌로 기능하고 있다.

사회민주주의가 추구하는 국가는 한 마디로 사회적 국가(Sozialstaat)이다. 사회적 국가는 더 많은 자유와 더 많은 사회적 정의를 확보하기 위해 사적 영역에 대한 개입도 주저하지 않는다. 특히 노동자들의 사회적 지위 향상을 위해 여러 경제적 단위에서의 공동결정권의 증진을 도모한다. 국가는 자본주의의 점진적 변형, 곧 사회민주주의적 개혁을 위한 결정적 도구이며 사회적 기본권, 노동할 권리, 교육받을 권리, 충분한 의료혜택을 받을 권리, 사회보장을 받을 권리, 완전고용의 실현, 공정한 소득분배, 시민권의 확대 등을 위해 노력한다. 사회민주주의는 자본주의와 공산주의를 다 함께 공략함으로써 제3의 길을 걷고 있다.

사회민주주의는 자유주의적 기회균등의 차원을 넘어 조건의 평등의 실현을 실질적인 목표로 삼고 있다.[159] 그것은 자유주의적 업적주의의 자유경쟁이 망가뜨려 놓은 인간적 가치를 새롭게 복원해 내고, 개인과 집단의 생존권 보장과 인간적 존엄성 회복에 필요한 사회적 조건들을 만들어 내기 위해 노력한다. 사회민주주의적 평등의 실현은 근본적으로 자본주의적 방안에 호소할 수밖에 없는 원천적인 한계를 지니고 있다. 사회민주주의는 전통적으로 권력의 쟁취, 평등의 확보, 경제적 능률의 증진이라는 서로 부딪치는 세 과제의 조화를 이루어 내지 않으면 안 되는 딜레마를 안고 있다. 이 딜레마가 실은 사회민주주의의 위기의 근원이다. 복지국가체제, 산업민주주의, 경제민주주의는 이러한 위기로부터의 탈출수단이자 동시에 그 위기의 생성요인이기도 하다.

3. 헌법학계 소수설

우리 헌법이 경제영역에선 부의 재분배를 위한 국가 개입을 인정하는 사회민주주의적 요소를 함께 담고 있어 자유민주주의만 강조할 경우 헌법정신을 왜곡시킨다는 지적이다.[160] 헌법 전문의 '자유민주적 기본질서를 더욱 공고히 하여' 규정과 제4조 평화통일 규정을 들어 헌법이 자유민주주의에 입각하고 있음을 강조한다.[161] 그러나 제8조 4항 정당해산 규정의 민주적 기본질서는 자유민주주의와 사회민주주의 등을 내포하는 상위개념이며 그 공통개념이다.[162] 이 같이 자유민주적 기본질서와 민주

---

159 박호성, 앞의 책, 398쪽
160 한국일보, 헌법 골간은 자유−사회민주주의… 양 날개가 민주주의로 포괄, 2011. 9. 21
161 김철수, 헌법학개론 박영사, 2007, 138쪽
162 김철수, 앞의 책, 195쪽

적 기본질서를 구분하는 것은 현행 헌법이 자유민주적 기본질서를 지향하는 헌법임을 강조하는 것이다. 따라서 자유민주적 기본질서는 지향해야 할 이념이며, 현실은 자유민주적 기본질서만이라고는 할 수 없을 것이다. 민주적 기본질서의 내용은 국민주권주의를 비롯해 국민의 국정참여, 다수의 지배, 시민의 정치적 평등, 자유여론 형성, 공직 취임의 평등과 자유 등이며, 자유민주적 기본질서의 내용은 권력분립, 기본권 보장, 의회입법, 사법과 행정의 합법성 등이다.

헌법 제119조 제2항 경제민주화 조항을 비롯해 제23조 재산권, 제32조 노동권 등이 사회민주주의적 요소로 꼽힌다. 자유민주주의는 전체주의와 대립하는 개념이지 사회민주주의와 충돌하는 것은 아니다(정종섭). 우리 헌법은 정치 영역의 자유민주주의와 경제 영역의 사회민주주의가 상호 보완하는 체제로, 이를 포괄하는 민주주의를 이념으로 한다(임지봉). 역사적으로 자유와 평등을 동시에 추구했던 민주주의 이념에 따라 헌법이 인권으로서의 자유를 보장하는 동시에 경제적 불평등을 보완하기 위해 재산권 제한, 시장경제의 규제, 부의 재분배 등의 국가 개입을 인정한 것이다.

요컨대 서구적 민주정치에서 법치주의가 민주적 기본질서의 필수요소로 간주되고 있다. 그러나 자유민주적 기본질서 하의 법치주의는 형식적 법치주의에 입각하고 있을 뿐이다. 사회민주적 기본질서의 내용은 상기 민주정치 요소에 사회적 정의, 복지와 평화주의를 가미한 것이다. 사회민주적 기본질서는 자유주의를 배격하는 것이 아니고 사회적 정의의 실현, 사회복지의 실현을 위해 자유에 어느 정도 제한을 인정하는 것이다. 그러나 이 같은 견해는 특히 사회민주주의의 연혁과 발전과정과 상당히 동떨어진 것이다. 자칫 사회민주주의 개념을 대강의 골격에서 찾고, 혼동을 불러일으킬 소지를 남겨준다는 비판을 면키 어렵다. 또한 자유민주주의가 사회국가적 요소를 확대해 나가는 과정을 볼 때 더욱 그렇다.

제7장

자유민주주의 강화 발전

1. 헌법재판소의 자유민주주의 지지

우리 헌법 하에서 자유민주주의 논쟁을 법적으로 최종 정리해 줄 기관은 헌법재판소이다. 헌법재판소는 우리의 민주주의를 명백하게 자유민주주의라고 천명하고 있다. 중요한 판례를 살펴보자.

헌법재판소는 헌법 전문의 '자유민주적 기본질서'와 제4조 '자유민주적 기본질서' 규정을 들어 자유민주주의의 실현을 헌법의 지향이념으로 삼고 있다. 즉 국가권력의 간섭을 배제하고, 개인의 자유와 창의를 존중하면서 다양성을 포용하는 자유주의와 국가권력이 국민에게 귀속되고, 국민에 의한 지배가 이루어지는 것을 내용적 특징으로 하는 민주주의가 결합된 개념인 자유민주주의를 헌법질서의 최고 기본가치로 파악하고, 이러한 헌법질서의 근간을 이루는 기본적 가치를 기본질서로 선언한 것이다.[163]

헌법 전문의 "모든 영역에 있어서 각인의 기회를 균등히 하고… 안으로는 국민생활의 균등한 향상을 기하고"라고 천명하고, 제23조 2항과

---

[163] 헌재 1990. 4. 2 선고, 89 헌가 113, 판례집 제2권, 49
       헌재 1994. 4. 28 선고, 89 헌마 221, 판례집 제6권 1집, 239, 250-260

사회적 기본권 관련 조항, 제119조 제2항 이하의 경제질서 조항에서 이른바 사회국가원리를 동시에 구현하려고 했다.[164] 그러나 이러한 사회국가원리는 자유민주적 기본질서의 범위 내에서 이루어져야 하고, 국민 개인의 자유와 창의를 보완하는 범위 내에서 이루어지는 내재적 한계를 지니고 있다.

헌법재판소도 우리 헌법은 자유민주적 기본질서와 시장경제질서를 기본으로 하면서 위 질서들에 수반되는 모순을 제거하기 위해 사회국가원리를 수용해 실질적인 자유와 평등을 아울러 달성하려는 근본이념을 가지고 있다고 판시한 것은 이러한 맥락에서 이루어진 것이다. 특히 사유재산과 시장경제를 골간으로 한 경제질서를 자유민주적 기본질서로 보는 것도 경제민주화의 중요한 지침이 될 것이다.

2. 자유민주주의 강화

근대 이후의 역사는 평등 없는 자유, 자유주의에서 출발해 한편으로는 자유 없는 평등, 국가사회주의의 실험적 거역을 거치면서, 다른 한편으로는 자유 속에서의 평등, 자유민주주의와 사회민주주의 단계로 향해 왔다.[165] 자유민주주의는 원칙적으로 법 앞의 평등과 기회균등을 허용할 수 있는 평등 범주로 이해하면서 경제적 불평등을 당연시하는 경향이다. 반면에 국가사회주의는 경제적 평등의 원칙을 고수하지만 개인적 자유를 심각하게 훼손하는 결과의 평등으로 추락한 형국이다.

사회민주주의는 일반적으로 정치적 자유의 토대 위에서 조건의 평등을 겨냥하고 있다. 자유민주주의와는 달리 국가의 개입과 생산수단의

---

164 헌재 1998. 5. 28 선고, 96 헌가 4, 판례집 제10권 1집, 522 이하(533-534)
    헌재 1996. 4. 25 선고, 92 헌바 47, 판례집 제8권 1집, 370 이하(380)
165 박호성, 앞의 책, 403쪽

공유화 등이 빈곤 퇴치, 사회적 기회의 폭넓은 보장을 가능케 함으로써 오히려 개인의 자유와 전체 공동체의 이해를 더욱 공고히 할 수 있다고 확신한다. 다시 말해 평등의 확보를 통해 자유가 증진될 수 있다고 확신한다. 그러나 자본과 노동, 성장과 분배, 방임과 계획, 시장과 국가, 자유와 평등 같은 상호 충돌적 요소들의 조화를 추구하고자 하기 때문에 사회민주주의는 그만큼 더 많은 난관과 장애를 마주하고 있다.

사회적 의미에서 사회적 상태로서의 민주주의, 즉 사회적 민주주의라는 개념은 토크빌까지 거슬러 올라간다. 1848년 미국을 방문한 그는 미국의 사회적 전제, 특히 신분과 양식, 관습의 평등을 보고 놀랐다고 한다.[166] 그것은 사회 전체에 스며든 민주주의 정신을 표현하는 것이다. 토크빌은 민주주의를 귀족주의에 대칭시키고, 1848년까지 민주주의를 정치적 형태로보다는 사회의 상태로 이해한 것이다.

토크빌 이후 민주주의를 삶의 핵심적 양식으로 그리고 사회의 일반적 상태와 모습으로 가장 잘 이해한 학자는 브라이스이다. 그는 미국의 민주주의는 어떤 요소가 가치를 구성하더라도 사람들이 상호 부여하는 동등한 가치에 기초하고, 또 그 자체가 그것을 구현하는 평등한 정신인 감정의 평등에 의해 성격지워지는 것으로 이해했다.[167] 따라서 사회적 민주주의라 함은 그 사회의 정신이 구성원들 자신을 상호 사회적으로 평등하게 여기는 것을 요구하는 사회를 지칭한다.

만약에 프랑스 대혁명과 1830년의 혁명, 1848년의 혁명 그리고 러시아 혁명과 인민민주주의 혁명이 일어나지 않았거나 더 늦게 일어났다면 사람들은 압제와 다른 사람으로부터의 쓸데없는 억압으로 더 많은 고통을 당했을지도 모른다.[168] 혁명이 사람들을 보다 자유롭고 평등하게 해

---

166 G. 사르토리, 민주주의 이론의 재조명 I , 도서출판 인간사랑, 1999, 이행 역, 30쪽
167 G. 사르토리, 앞의 책, 31쪽
168 이종은, 앞의 책, 32쪽

행복한 삶을 누리게 한 공을 부인하기는 어렵다. 서구가 자유와 평등을 얻기 위해 투쟁한 역사를 음미함으로써 값비싼 대가를 지불하지 않고도 행복한 생활을 영위할 수 있는 방법을 우리는 터득해야 한다. 불필요한 역사의 전철을 답습하지 않을 지혜를 가진다면 인간이 인간다운 덕성 (virtue)과 존엄성(dignity)을 가지면서 생활할 수 있는 방법을 이성의 힘으로 강구할 수 있을 것이다.

3. 한국형 자유민주주의

우리가 서구식 자유민주주의를 수정 보완 없이 그대로 추구해야 하는가 하는 문제는 한국 민주주의의 미래에 관련된 가장 근본적인 문제이다. 서구의 자유민주주의는 민주적 질서 속에서 삶을 영위하는 인간의 자기이해를 반영할 뿐 아니라 그러한 인간의 도덕적 능력을 발현할 수 있는 최적의 정치제도로 정당화되어 왔다. 유교문화 전통을 지닌 우리 한국인들의 도덕적 특성에 가장 잘 부합할 수 있는가 하는 의문이 제기된다.[169]

여기서 혈연과 지역 등 부분 공동체와 국가 공동체 사이에 균형을 잡는 것이 과제로 대두되고 있다. 미국의 자유민주주의가 자유민주주의의 보편적 가치에다가 미국의 특수성을 가미한 미국형 자유민주주의(The American Form of Liberal Democracy)라고 하면, 한국의 경우 자유민주주의의 보편성에다가 한국의 역사, 전통, 문화, 경제, 안보적 특수성을 가미한 한국형 자유민주주의(The Korean Form of Liberal Democracy)가 있어야 한다.[170]

상황이 많이 개선되기는 했지만 아직도 정치적 후진국인 우리나라도

169　김비환, 앞의 책, 293쪽
170　배찬복 · 안정수, 앞의 책, 234쪽

자유민주주의이다.**171** 만약 보통선거와 대의제 의회제도가 곧바로 자유민주주의를 뜻하는 것이라면 과거 우리나라의 자유당 독재는 물론 6공화국도 모두 자유민주주의임에 틀림없다. 불행하게도 한국의 부르주아지는 군부독재의 속성과 같이 권위주의적, 노동억압적, 반공적, 보수적, 가부장적 성격을 강하게 띤다. 이것이 왜 한국에서는 부르주아 민주주의가 자유민주주의일 수가 없는 이유이다. 자유민주주의적 제도와 원칙과 실제의 구체적 경험과의 완전한 유리 문제이다.

그렇다면 서구 사회에서 자유민주주의는 실현된 것인가? 그 대답은 '아니다' 이다. 왜냐하면 민주주의의 발전은 자유민주주의에 있어서 자유주의적 요소, 즉 부르주아 민주주의 성격의 변화를 초래할 수밖에 없기 때문이다. 그것은 필연적으로 민주주의의 주체인 민중이 중심이 되는 민주주의 발전이라는 질적 변화를 초래하지 않을 수 없기 때문이다.

부르주아 민주주의는 실현되었는가라고 질문할 때 우리는 서구의 부르주아 자본주의 사회에서 부르주아 민주주의가 실현되지 않았다고 대답할 수는 없다. 문제는 자유민주주의가 진정한 또는 민중 중심적 형태로 실현되지 않았다는 사실에 있다. 이 말은 시민권과 정치권의 확대가 초기 노동자 대중의 계급투쟁, 즉 민주화 투쟁의 핵심 내용이었고, 그것이 자유민주주의의 구성요소였다는 뜻이다.

따라서 자유민주주의의 발전은 시민적 정치적 권리가 획득되는 1차 단계의 발전에서 사회경제적 권리를 요구하고, 그것이 획득되는 단계로 진전되는 제2의 이행이 일어나지 않으면 안 된다는 뜻이다. 노동자 계급이 체제를 능동적으로 변혁시키지 못한다면 그에 통합되는 대가로 민주주의 복지제도, 복지국가가 실현될 수밖에 없었던 조건이다.

즉 민중적 내용을 갖는 자유민주주의의 발전을 말한다. 자유민주주의

---

171 최장집, 한국민주주의의 이론, (주)도서출판 한길사, 1993, 118쪽

는 보다 나은 이념이나 체제로서 당장 대체될 어떤 것이라기보다는 그것에 민중적 내용을 담아 발전시키고 실현해 나아가야 할 체제로서 이해된다. 우리가 상정하는 자유민주주의는 초기 부르주아 자유민주주의 체제와 같은 것은 아니다. 그것은 자유와 권리의 이념의 확대를 통해 노동자계급을 포함한 다수 민중이 실제로 이를 향유할 수 있는 그러한 체제를 말하는 것이다.[172]

자유민주주의에 대한 주요 비판 가운데 하나는 이 같은 참여의 문제이며, 정치과정에서 시민의 참여의 깊이와 폭이 불만족스럽다는 것이다.[173] 이를 극복하기 위해서는 정당이 분출하는 주권자인 국민의 참여를 확대해 나가는 한편 자유로운 언론을 통해 국민의 정치적 의사가 형성되어야 한다.

시민의 선거참여에 기초하는 자유민주주의의 이론과 현실 사이에는 심각한 괴리가 있다. 선거참여의 쇠퇴와 정치적 무관심의 팽배 그리고 정부와 대의민주제도에 대한 신뢰의 위기가 지속되고 있다.[174]

한국의 자유민주주의는 아직도 국가의 독립과 건설, 발전 도상에 처해 있을 뿐 아니라 민족분단의 시련에 허덕이고 있는 나라의 민주주의라고 할 수 있다.[175] 한국의 자유민주주의는 이념과 제도에 의해 존립하는 체제이다. 이 점에서 소위 위대한 지도자의 능력에 의존하는 체제인 유신헌법 내지 한국적 민주주의와 전혀 다른 차원이다. 이에 따라 한국의 자유민주주의를 민족주의적 요소와 민주주의적 요소, 민복주의적 요소를 내포하는 것으로 분석하는 견해도 의미가 있다.

민족주의는 대내적으로 민족공동체 구성원 모두가 정치사상적으로 자주적이어야 한다. 대외적으로 민족자결과 호혜평등의 원칙 하에 외국과

---

172 최장집, 앞의 책, 151쪽
173 배찬복 · 안정수, 앞의 책, 119쪽
174 주성수 · 정상호, 민주주의 대 민주주의, 도서출판 아르케, 2006, 26쪽
175 전득주, 앞의 책, 152쪽

동반자적 협력관계를 유지 발전시켜 나가야 한다. 이를 바탕으로 민족통일을 실현하자는 방안이다. 민족국가야말로 오늘날 이상적 정치조직체인 동시에 문화창조와 경제복지의 원천이라는 견해를 계속 지지해야 한다. 최근에는 국제결혼의 증가에 따라 민족국가론에 대해서 비판적 견해들이 잇따르고 있다.[176] 그러나 홍익인간의 이념을 비롯해 우리 민족의 이동경로, 역사적 개방성 등을 고려하면 민족공동체는 정태적 개념이 아니라 동태적 개념이라고 해야 할 것이다.

8·15해방 이후의 혼란과 잇따른 독재정치로 자유민주주의를 지향하는 국민의 정치이념과 체제에 대한 확신과 자부심을 약화시켰다. 자유민주주의를 실현시키기 위한 사회경제적 여건 충족과 정치문화의 형성이 필요하다. 민복주의는 나도 행복하게 살고 남도 행복하게 살게 해 주는 경제민주주의이다.

민복주의의 실현을 위해서는 사회에 대한 자의식을 바탕으로 그 사회에 사는 모든 사람들이 나도 살고 남도 살게 해 주는 인간에 동의한다는 것을 의미한다. 이를 위해서는 사회복지 이념이 실질적으로 구현되도록 해야 한다.

사회복지 이념은 모든 개인의 잠재적 능력이 최대한으로 개발되고 실현될 수 있도록 기회균등을 통한 사회정의, 경제민주화의 실현을 뜻한다. 공산주의의 몰락에서 보듯이 그래도 지구촌에 인간이 살 수 있는 사회를 만들기 위해서는 자유민주주의가 가장 바람직한 이념이요 제도라는 것을 새삼 느끼게 된다. 한국의 민주화를 완성하기 위해서는 국가이념인 자유민주주의의 실현에 대해 여야 합의 내지 국민적 합의가 이루어져야 한다.

플라톤은 민주주의의 과잉상태는 혁명을 불러일으킬 수 있다고 경고했다.[177] 모든 정부 형태는 정부의 기본원칙이 지나칠 때 소멸되는 경향

---

176 이성미, 다문화코드, 생각의 나무, 2010, 256쪽

이 있다. 귀족정부는 권력이 부여된 집단을 지나치게 제한함으로써 파멸한다. 과두정부는 눈앞의 부를 두고 이전투구할 때 파멸한다. 민주주의는 민주주의가 지나칠 때 파멸한다. 아주 사소한 이유와 변덕으로부터 혁명이 일어난다.

---

177 Will Durant, The Story of Philosophy, Washington Square Press, 1961, p 20
Every form of government tends to perish by excess of its basic principle. Aristocracy ruins itself by limiting too narrowly the circle within which power is confined; oligarchy ruins itself by the incautious scramble for the immediate wealth. In either case the end is revolution. Even democracy ruins itself by excess of democracy. When revolution comes it may seem to arise from little causes and whims.

제5부

경제민주화의 헌법적 기초

헌법도 정치민주화에서 경제민주화로 질적 변환을 이루어 내야 하는 과제를 안고 있다. 헌법상 경제질서 규정은 완결된 구상이라고 볼 수 없으며, 필연적으로 입법적 및 행정적 결정을 통해 구체화된다. 이 과정에서 헌법은 적극적인 형성기준으로 혹은 소극적인 통제기준으로 기능하게 된다.

제1장

헌법적 논의의 출발

세계 각국은 헌법에서 고유한 경제원리에 따라 경제적 기본질서를 채택하고 있다. 18, 19세기는 개인주의, 자유주의가 팽배했던 시대이다. 정치 영역의 자유와 더불어 개인의 경제활동과 관련해 자유방임주의가 지배하던 시대로서 경제적 생활영역에서도 근대사법의 3대 원칙인 소유권 절대의 원칙, 계약자유의 원칙, 과실책임의 원칙이 강조되었다. 경제에 관한 헌법규정도 재산권의 불가침에 관한 조항뿐이었다. 자유권으로서의 재산권은 보장하면서 생존권적인 기본권은 대두되지 않았다.

헌법 차원에서 볼 때 경제질서는 사적인 영역으로서 자유시장에 맡겨져 있다. 자유주의 헌법의 원형이라 할 수 있는 미국연방헌법에서도 경제 관련 조항은 국가에 의한 계약의 침해금지(기존에 체결된 계약 효과의 부정금지),[178] 개인의 재산에 관한 적법절차에 의한 보장,[179] 정당한 보상에 의한 재산권 수용[180] 등의 조항을 두고 있을 뿐이다. 이 헌법은 따라서 자유방임적 경제질서 또는 자유시장 경제질서를 원리로 하고 있다. 사적 생산수단을 기반으로 한 개인의 창의와 자율의 보장은 천부적 자유의 하나로 간주

---

178 미국연방헌법, Article Ⅰ, Sec 10, 〔1〕
179 미국연방헌법 수정헌법 제5조
180 Id.

되고, 이는 자유주의 정신에 따라 최대한 보장되는 것으로 생각되었다.

서구사회에서 자본주의의 등장으로 인해 국가와 시민사회는 나뉘게 된다. 궁극적으로 자본주의는 경제적 생산체제로서 뿐만 아니라 그 자체가 하나의 효율적 체제이다. 자본주의의 구조적 기반에 많은 변화를 겪은 현대 자본주의는 국가와 시민사회의 재결합 양상이 뚜렷하다. 즉 정치로서의 국가와 경제로서의 시민사회라는 두 영역의 접근과 결합으로 나타난다. 자유민주주의적 정치질서의 경제질서상 발현은 자본주의로 나타난다. 공산주의적 시각에서의 자유민주주의적 정치질서는 바로 자본주의적 경제질서의 상층구조를 의미하고, 자본주의에 대한 부정은 민주주의에 대한 부정으로 이어진다.[181]

순수한 경제적 의미에로만 국한시킬 때 자본주의는 시장경제의 구조와 사유재산에 입각한 자유경쟁, 자유시장, 개인적 기업을 요소로 하는 경제질서로 규정지을 수 있다.[182] 즉 선택의 자유를 통한 개인의 욕망 충족, 사유재산의 소유 인정, 각자의 능력과 노력의 결과가 자신에게 귀속될 수 있는 개인적 유인(incentive), 기업의 합리적 의사결정과 투자를 유인하는 이익 동기, 각자가 동등한 위치에서 독립적으로 행하는 경쟁을 갖춘 경제구조라고 한다.

자본주의 경제의 가장 큰 추진력은 기업으로부터 나온다. 전통적으로 자본주의 경제는 시장구조(market structure)로 표현된다. 이는 자유주의(liberalism)와 개인주의(individualism)의 양 축 위에 있어 왔다. 19세기 자본주의 단계에서는 기업의 자유가 중심과제였다. 이때 국가란 작은 정부(small government) 내지 최소 정부(minimum government) 또는 싼 정부(cheap government)로 성격이 규정되었다.[183]

---

181 한태연, 헌법학-근대헌법의 일반이론, 법문사, 1983, 1023쪽
182 곽수일, 기업기능의 대전환-양적 자본주의에서 질적 자본주의로, 사상과 정책, Vol. 1. No 1, 경향신문사, 1984, 44-46쪽

그러나 19세기 말에서 20세기 초에 걸쳐 자본주의 체제가 여러 가지 문제를 유발하여 자본가와 노동자, 유산계급과 무산계급 간의 심각한 대립으로 사회가 극도로 불안해졌다.[184] 자본주의의 심화 발전에 따라 공황과 실업, 독점, 빈부격차 등이 나타나고 국제적으로는 시장 쟁탈을 위한 제국주의 전쟁이 불가피하여 1차 세계대전이 일어나고 세계 평화를 위협하게 되었다.

각국은 이에 따라 경제에 대한 국가적 중립성을 청산하고 사회 내재적 모순을 해결하기 위해 적극적인 방안을 모색하지 않을 수 없었다. 그 방안의 하나는 자본주의적 경제질서를 대신할 새로운 경제질서를 도입하기 위해 기존 질서를 전면적으로 배제하는 사회혁명이었다. 옛 소련을 비롯한 공산주의 국가에서 도입한 사회주의적 계획경제질서가 바로 그것이다. 또 기존 질서를 유지하면서 그것을 의회주의적 방식에 따라 점진적으로 개혁하려는 사회개량 방법이다. 바이마르공화국을 비롯한 자본주의 국가에서의 사회적 시장경제질서(soziale Marktwirtschaftsordnung)이다. 정치적 자유민주주의는 자유시장경제로 발현되고, 이와 대비해 공산주의는 중앙통제의 계획경제로 나타났다. 달리 표현하면 자유민주주의적 정치질서의 경제질서상의 발현은 자본주의로 나타났다.

바이마르헌법은 1차 세계대전 패배에 따른 경제부흥이라는 국가적 과제, 면면히 이어온 사회국가적 전통 등을 반영하는 사회적 시장경제를 채택했다. 이는 영국과 미국, 프랑스와 달리 후발 산업국가로서의 독일의 지진성, 국가주도의 경제운용, 가부장적 전통 등이 독일 특유의 신화주의와 결합되어 국가적 개입을 순응적으로 받아들였다. 이 같은 점에서 우리의 경우와 다르다.[185] 일제 침략과 한국전쟁 등으로 산업화에 뒤진 우리는

183 권영설, 헌법이론과 헌법담론, 900쪽
184 김철수, 헌법학개론, 294쪽
185 권영설, 앞의 책, 890쪽

자본축적 형성적·시장기능 형성적 목표에서 국가가 개입을 했던 것이다.

자본주의에 획기적 변화를 초래한 케인즈적 혼합경제의 여러 기법들도 자본주의의 핵심 골격을 부정하는 것은 아니다. 국가의 역할 증대는 크게 괄목할 만한 것이다. 혼합경제의 등장은 '기업의 사회화'와 '투자의 사회화'를 수반한다. 이처럼 '기업의 사회화'를 경제제도의 한 축으로 삼은 것은 기업 중심의 자유시장 경제구조에 대한 두드러진 변혁을 뜻한다. 그것이 혼합경제든 독일식 사회적 시장경제든 여기서는 국가적 간섭이 정당화되고 사회적 정의 실현과 사회적 약자의 보호를 위한 국가적 의무가 강조되는 경제질서이다.

우리나라도 헌법 제9장에 경제질서를 규정하고 있으며, 전문과 기본권 조항에서도 이를 지탱해 주고 있다. 우리 헌법의 경제질서를 논구함으로써 경제민주화에 관한 논쟁을 깊이 있게 이해할 수 있을 것이다. 우리 헌법은 여러 나라의 장점을 계수한 것으로서 경제질서 또한 일의적으로 정의할 수 없는 게 현실이다. 우리 헌정사의 굴곡만큼이나 경제질서도 많은 변천을 겪어 왔다. 공화국 건국 이후 독재와 산업화, 민주화 등을 거치며 오늘날 경제질서를 형성하기에 이르렀다.

그동안 우리가 이룬 괄목할 만한 경제적 성과는 주로 국가의 집중적인 개입 또는 관여에 의해 이루어졌다. 계획과 목표에의 집착에 따른 지나친 성과주의와 능률 위주의 경제운용은 과도한 국가 개입을 초래해 시장기능 제한적 경제규제라는 역기능이 심화되고 그에 따른 문제가 부각되기에 이르렀다.[186]

1984년 9월 전국경제인연합회가 '정부 역할과 민간주도 경제운용에 관한 심포지엄'을 개최하면서부터 '민간주도경제' 내지 '경제자율화' 문제가 본격 제기된 것으로 보인다. 특히 1987년의 정치적 경제적 변화와

---

[186] 권영설, 경제에 대한 헌법의 가치정향, 법학논문집 제9집, 중앙대학교 법학연구소, 1984. 33-34쪽

1988년의 정부 교체 이후 그 흐름은 더욱 가속화되었고 '경제민주화' 로 그 폭을 넓히고 있다. '경제민주화' 의 의미도 이런 측면에서 민간주도경제, 경제의 자율화, 분배의 공정화, 시장기능의 회복 등을 가리킨다.[187] 종합적 내지 체계적 관점에서 이 같은 입장들은 상호보완적 관계에 있다. 우리가 지향해야 할 경제민주화 또한 시장기능의 회복을 통해 경제활동의 자율화와 분배의 공정화를 동시에 실현할 수 있는 것이어야 한다.

현행 1987년 헌법은 6·29민주항쟁을 거쳐 직선 대통령제를 쟁취한 데 역사적 의미가 있다. 물론 현행 헌법에 경제민주화 조항을 둔 것도 나름의 성과라고 하겠다. 경제민주화가 등장하게 된 가장 큰 이유는 글로벌화된 산업과 경제구조의 변화에서 찾을 수 있다.[188] 부유층에 대한 우대정책이 경제활동을 활성화시키고, 국민 전체에 이익을 가져온다고 하는 분수효과는 이미 한계를 드러냈다. 이에 따라 20여 년이 지난 시점에서는 양극화의 심화, 노동·자본 간의 갈등, 지속가능한 성장과 복지의 균형 등이 시대적 과제로 대두되었다.

이런 관점에서 헌법도 정치민주화에서 경제민주화로 질적 변환을 이루어 내야 하는 과제를 안고 있다. 헌법상 경제질서 규정은 완결된 구상이라고 볼 수 없으며, 필연적으로 입법적 및 행정적 결정을 통해 구체화된다. 이 과정에서 헌법은 적극적인 형성기준으로 혹은 소극적인 통제기준으로 기능하게 된다.[189]

---

187 권영설, 헌법이론과 헌법담론, 882쪽
188 김민배, 경제민주화와 국가의 역할, 법연, 2012. 11 vol. 35, 21쪽
189 지성우, 앞의 논문

제2장

헌법과 경제질서

경제질서는 국가 성격에 따라 분류할 수 있다. 국가를 시민민주국가, 사회주의국가, 사회국가로 분류하고, 그에 대응한 경제질서를 각각 자본주의적 자유시장 경제질서, 사회주의적 계획경제질서, 사회적 시장경제질서(혼합경제질서)로 분류하기도 한다.[190] 헌법 차원에서 볼 때 경제질서는 근대 자본주의적 자유시장 경제질서에서 출발해 사회주의적 경제질서로 대체되거나 수정자본주의적 경제질서인 사회적 시장경제질서로 발전해 왔다.

1. 자본주의적 자유시장 경제질서

시민민주국가의 경제질서는 개인의 경제적 자유를 최대한 보장해 줄 수 있는 자본주의적 자유시장 경제질서(liberale Marktwirtschaftsordnung)를 기반으로 하고 있다.[191] 시장경제의 원리는 자유기업 제도 아래에서 Adam Smith처럼 가격기구의 자동조절기능에 의해 자원의 분배가 자동

---

190 권영성, 헌법학원론, 160쪽,
H.C. Nipperdey, Die Soziale Marktwirtscaft in der Verfassung der Bundesrepublik, 1954, S, 70ff. 재인용

191 헌재 1989. 12. 22〔88 헌가 13〕, 판례집 1권, 357〔376〕쪽
자유민주주의국가에서 시장경제원리를 중시하는 것은 그것이 개인의 자유와 창의를 보장하고 재화를 효율적으로 배분하는 데 가장 적합한 원리로 보기 때문이다.

적으로 이루어지는 것이며, 이 시장경제원리가 자본주의경제를 지배하는 기본원리이다. 자본주의적 시장경제질서의 근간은 사유재산제와 직업선택의 자유, 이윤추구의 원리, 시장경제와 자율적 가격기구, 노동의 상품화 등이다.

이 같은 자본주의경제는 고도로 발전하면서 여러 가지 부작용을 낳고 있다. 첫째, 자유로운 경제활동이 무제한 허용된 결과 기업들이 대형화, 독점화하면서 시장을 지배하게 되고, 근로자들은 노동조합을 결성해 이에 대항하게 되었다. 둘째, 가격기구는 인위적으로 조작되어 본래 기능이 마비되고, 자원도 합리적으로 배분되지 않게 되었다. 셋째, 부익부 빈익빈 현상으로 소득불균형이 심화되고, 이런 과정이 반복되면서 사회적 계급대립이 격화되었다. 자본주의의 결함과 모순에 대해 일부 국가는 자본주의 경제질서를 전면 폐기하고 새로운 유형의 사회주의적 계획경제질서를 창안했다. 또 일부 국가는 자본주의적 경제질서의 장점을 유지하면서 그 단점을 수정해 나가는 사회적 시장경제질서를 채택하고 있다.

2. 사회주의적 계획경제질서

자본주의적 자유시장 경제질서를 전면적으로 부정하며 양극을 이루는 사회주의적 계획경제질서(sozialistsche Planwirtschaft)는 옛 소련과 중국, 북한 등 공산주의 국가가 채택했다. 사회주의적 계획경제질서는 이른바 인간에 의한 인간의 경제적 착취의 배제와 전체 인민의 복리와 수요의 충족을 그 이념으로 표방했다. 특징으로는 생산수단의 사회화, 사유재산제 부인, 직업선택의 부자유, 이윤추구의 불인정, 전면적 계획경제, 공동생산 공동분배 등을 들 수 있다.

사회주의적 계획경제질서도 이상사회의 건설이라는 본래 취지와는 달리 모순이 극대화되어 결국 붕괴되거나 수정을 거치지 않을 수 없었다.

인간 활동의 근원적 동기인 이익추구 동기를 묵살하면서 일하지 않는 풍조가 만연하고 결국 소련이 붕괴되기에 이르렀다. 일부 사회주의적 계획경제질서를 수정해서 수정사회주의적 경제질서를 채택했다. 그러나 이마저 무너져 러시아와 독립국가연합체, 옛 소련의 위성국가들과 중국은 순수한 사회주의적 계획경제질서를 사실상 포기하고 시장경제체제로 과감하게 전환하고 있다. 중국은 1993년 헌법 제15조에서 '국가는 사회주의 시장경제를 실행한다'고 규정하고 있다. 여기서 사회주의 시장경제는 사회주의 조건 하의 또는 사회주의 제도 하의 시장경제를 의미한다.[192]

3. 사회적 시장경제질서

(1) 바이마르헌법의 경제질서

'사회적 시장경제'는 19세기에서 1920년대 말까지 독일 경제학의 주류를 이루어 온 역사학파에 반대해 제2차 세계대전 이후 독일의 자유주의자들이 중앙통제경제 모델을 비판하고 이를 극복하기 위하여 프라이부르크학파의 신자유주의 내지 질서자유주의(Ordo Liberalismus)에 기반을 두고 있다.[193] 그러나 '사회적'이란 말과 '시장경제'라는 말의 상충된 개념에서 연대와 경쟁의 상호 긴장된 관계가 내재되어 있으며, 이에 따라 사회적 요소를 강조하느냐 아니면 시장경제적 요소를 강조하느냐에 따라 사회적 시장경제의 성격이 달라질 수 있는 만큼 그 개념과 내용은 명확하게 파악되기 힘들다.[194]

프라이부르크학파의 대표적 학자인 Walter Eucken은 개인적 자유의 원칙, 체계적 경제의 원칙, 적극적 국가의 원칙이라는 세 가지 원칙을 가

---

192 권영성, 헌법학원론, 162쪽

193 권건보, 경제민주화와 복지, 차기정부의 공법적 과제, 한국공법학회·한국행정법학회·한국국가법학회 2012년 공동학술대회, 2012. 10, 10쪽

194 김문현, '현국헌법상 국가와 시장', 공법연구 제41집 제1호, 한국공법학회, 2012, 63쪽.

진 이론적 경제모델을 제시했다. 그리고 경쟁원리의 우위를 강조하여 모든 계획경제에 반대하고, 생산·소비·직업선택 등에 대해서는 시장경제에 있어서의 자유경쟁을 완전히 보장하지만, 시장형태 등을 포함한 사회적 질서의 형성·유지에 대해서는 국가가 경제·사회 정책을 통해 책임을 져야 한다고 주장했다.[195]

고전적 자유시장 경제질서는 1차 세계대전을 계기로 청산되었다. 사회적 시장경제질서를 헌법 차원에서 최초로 도입한 것은 1919년의 바이마르공화국 헌법이다. 이와 동일한 경향은 2차 세계대전 이후 독일기본법, 이탈리아헌법, 터키헌법 등이다. 바이마르헌법은 제2편 제5장의 '경제생활'에서 공공복리를 위해 경제적 자유를 제한할 수 있다는 원칙과 자유권적 기본권 외에 경제적 약자의 인간다운 생활을 보장하기 위해 생존권적 기본권을 선언하는 '경제조항'을 두었다. 이후 헌법에 경제조항을 두는 것은 20세기 헌법의 특징이다.

바이마르헌법의 경제질서는 제2편 기본권의 제5장 '경제생활'에서 자세하게 규정하고 있다.[196] 바이마르헌법은 혼합경제제도를 채택하고 있다. 전통적인 자유경제적 체제를 유지하면서 사회적이고 국가적인 경제정책을 수행하려는 것이다. 바이마르헌법은 제151조, 제152조, 제153조, 제158조 등에서 기본적으로 개인의 경제적 자유권, 상공업의 자유, 소유권의 자유, 계약의 자유, 정신적 노동의 보장과 발명가와 저작자의 권리를 보장하고 또 중산계급의 보존을 규정하고 있다. 이 같은 자유경제의 보장은 사회적 유보와 법률의 유보에 의해 상대화되었다. 제151조 제1항에서 경제생활의 질서는 인간다운 생활을 보장하게 하는 것을 목적으로 하는 정의의 원칙에 적합해야 한다고 규정했다. 공공복리의 보다 큰 요청을 보호하기 위해 국가가 강제적으로 개입할 수 있다. 또 제153조 제3항

---

195 정종섭, 헌법학원론, 박영사, 2012, 229쪽
196 김철수, 헌법학개론, 295쪽

에서 소유권은 의무를 지며, 소유권 행사는 동시에 공공복리에 적합해야 한다고 규정했다. 제155조와 제156조에서 토지개혁이나 사기업의 사회화, 공공경제의 원칙과 노동자의 단결권을 인정하고, 노동조합의 권리를 보장함으로써 사회적인 국가경제, 공공경제에의 길을 열어놓고 있다.

특히 국가경제평의회(Reichswirtschaftsrat)를 둔 것이 특징이다. 평의회는 모든 중요한 직업집단의 경제적 사회적 지위에 상응하는 대표로 구성된다. 사회정책과 경제정책에 관한 법률안으로서 기본적 결정을 내리는 경우에는 의견을 제출할 수 있다. 또 이러한 법률안을 스스로 건의할 권한을 가지고 있다. 바이마르헌법은 독일의 사회민주주의 경험과 사상을 반영한 것으로 당연한 선택이라고 할 수 있다.[197] 프랑스, 영국, 미국 등과는 다른 독일적 개념의 헌법이다.

독일 튀빙엔 대학의 Wolfgang Nörr 교수는 바이마르헌법이 정치경제학상 정치적인 의미를 담고 있는 국민경제적 사상이 사경제 및 개인경제적 관념을 뛰어넘는 상위개념이라는 점을 분명히 하고 있다.[198] 독일은 경제정책과 경제헌법에 관해 자유주의에 기초한 경제의 길로 접어들고, 또 한편으로는 조직화된 경제, 즉 사회적 시장경제에 동정심을 나타내고 있다. 이 같은 경제헌법 규정은 타협에 의해 이루어진 것이지만 현실적으로 많은 모순을 초래하고, 통일적인 경제질서를 형성하지는 못했다는 비판을 받고 있다.

(2) 개념

사회적 시장경제질서(soziale Marktwirtscahaftsordnung)는 사회국가의 경제질서로서 사유재산제 보장과 자유경쟁을 기본원리로 하는 시장경제질서를 근간으로 하며 사회복지, 사회정의, 경제민주화 등을 실현하기 위해

---

197 제4부 참고
198 Wolfgang Nörr, Über das Konzept der Wirtscaftsverfassung
이준섭 역, 고려대학교 법학연구소 법학논집, 제32집, 1996, 163쪽

부분적으로 사회주의적 계획경제(통제경제)를 가미한 경제질서를 말한다.[199] 경제재의 생산과 분배가 원칙적으로 자유경쟁 아래서 행해지지만, 사회적 정의를 실현하고 건강한 사회질서와 사회적 약자의 보호를 위한 한도에서 경제에 대한 국가의 통제가 정당한 권리일 뿐 아니라 국가의 의무로 되어 있는 경제헌법 체제이다.[200] 사회적 시장경제에 있어서 시장경제적 자유의 원칙과 사회적 정의의 요청은 완전히 결부되어 있으며, 이는 결코 통제경제적 의미에서의 사회적 간섭(soziale Intervention)은 아니다.

자본주의 경제질서도 아니고 사회주의 경제질서도 아닌 '제3의 질서'로서 사회적 시장경제질서는 법치주의를 토대로 경제적 자유와 정치적 안정 그리고 사회적 공평성이 동시에 보장되는 경제질서이다. 사회적 시장경제는 경제적 자유주의와 사회주의 간의 제3의 길로서 새로운 방식의 총합이라 불리며, 사회주의적 시대정신의 표현 또는 시장에서의 자유 원리를 사회적 조정의 원리와 결합시키려는 원리라고 할 수 있다.[201]

1967년 이후에는 사민당 정권의 "가능한 한 경쟁, 필요한 한 계획"이라는 정책적 기조를 내용으로 하는 소위 '계몽된 사회적 시장경제'가 채택되었다. 이는 프라이부르크학파의 이론에서 많이 이탈하고, 케인즈의 이론에 기초한 총량적 조직정책을 채택함으로써 그 내용이 많이 변질되었다.[202] 그 뒤에도 경제정책은 계속 변화되었으나 1990년 동서독 통일조약에서도 통일 독일의 경제질서가 사회적 시장경제질서임을 밝힌 바 있다.[203]

---

199 권영성, 헌법학원론, 163쪽

200 김철수, 헌법학개론, 295쪽 재인용, Nipperdey는 사회적 시장경제의 요소로 4가지를 들고 있다. ⅰ)시장경제 원칙, 자유경쟁의 원칙과 경제의 자율성, ⅱ)국가의 경제 개입에 대한 한계설정, ⅲ)경제적 자유권에 대한 한계설정과 국가의 경제 개입에의 의무규정, ⅳ)가격통제 허용과 사회정책 수행(Nipperdey, Grundrechte Ⅳ/2, S. 86-91)

201 R. Blum, Marktwirtschaft, soziale, Handwoerterbuch der Wirtschaftswissenschaft, 1980, S. 154. 김문현, 사회·경제질서와 재산권, 법원사, 2001, 96쪽 재인용

202 김문현, '헌법상 가능한 사회복지국가 모델에 관한 일 고찰', 공법연구 제20집, 1991, 31쪽 이하.

203 김성수, "동서독 통일과 경제·재정질서", 허영 편저, 독일 통일의 법적 조명, 1994, 217쪽

헌법 차원에서 자유시장 경제질서가 사회적 시장경제질서로 이행하게 된 것은 근대사회의 구조변화와 함께 자본주의의 모순과 폐해로 인한 입헌주의에 대한 위협을 극복할 필요가 있었기 때문이다. 시민 민주국가에서 그 체제 위협을 극복하기 위해 다음과 같은 헌법정책을 폈다. 첫째, 헌법의 수혜자 범위를 시민계급만이 아니라 노동자계급으로까지 확대해 혁명에 의한 헌법 파괴를 미연에 방지하고, 헌법의 사회적 타당성을 좀 더 확대하는 것이다. 둘째, 국민의 생존과 공동체의 유지를 위해 개개인의 이기적 행위를 적절히 규제하자는 것이다. '재산이 없는 한 자유가 없다'라는 관념에 의해 모든 개인에게 생존을 보장해 줌으로써 실질적인 자유와 평등을 누릴 수 있도록 사회정의를 실현하자는 것 등이다.

(3) 사회적 시장경제질서의 특징

사회적 시장경제질서의 내용적 특징은 사유재산제 보장과 자유경쟁을 원칙으로 하는 시장경제질서의 유지 그리고 사회정의, 즉 경제민주화의 지향이다.

첫째, 사유재산제는 경제적 자유의 기초일 뿐 아니라 직업의 자유와 함께 자본주의적 경제질서의 기본이다. 국가에 의한 경제의 독점은 자유의 절멸을 의미하므로 사유재산제야말로 경제적 자유와 더불어 민주국가에서는 불가결의 경제원칙이다.

둘째, 자본주의적 경제는 시장경제를 기본으로 한다. 시장경제는 화폐를 수단으로 가격이 형성되고, 자유경쟁에 의해 생산과 고용, 분배가 결정되는 경제구조이다. 시장경제는 소비와 취업 선택이 가능하며, 생산에 있어 자유경쟁에 의한 가격 평준화와 비용 절감 등 경제적 이점이 있다.

셋째, 경제 영역에서의 사회정의, 즉 경제민주화는 사회적 시장경제질서를 위한 가치기준을 의미한다. 공정거래, 독과점의 배제, 재화의 공정한 배분, 사회적 수요에 상응하는 생산, 저소득층의 이익을 위한 국가의 적극적인 분배정책, 경제적 불평등 요인 제거 등을 그 내용으로 한다. 이 내용은 사회정책적 조세제도 실시, 사회보장제 강화, 적정임금제와 최저임금제 도입, 완전고용 실시, 생산재의 부분적 유상 국유화 등에 의해 실현된다.

사회적 시장경제헌법은 자유와 평등, 소유권의 자유, 계약의 자유, 직업의 자유, 기업의 자유, 자유경쟁과 자유노동계약, 집회의 자유에 근거하고 있다. 더 나아가 사회적 악습과 불공평, 사회적 부정의, 긴급상태, 사회적 위기와 분규를 예방하고 배제하기 위해 필요한 경우에는 그러한 자유영역에 대한 국가의 개입이 허용될 뿐 아니라 오히려 요구되는 것이다. 따라서 정책으로 본다면 사회정책이 경제정책에 우선하는 것이라고 할 수 있다. Eucken은 사회정책이야말로 경제제도정책이라고 했다.[204] 인간노동의 생산력 증강을 위한 노동시장제도, 사회제도, 가족제도, 경제제도의 합리화 등 사회정책의 테두리 안에서 통화정책의 우월, 계약자유의 제한, 책임원칙의 수정, 시장의 개방 등 경제정책을 행해야 한다고 역설했다.

(4) 사회적 시장경제질서의 한계
사회적 시장경제질서도 의회제 민주주의의 원리, 법치국가의 원리, 균형 있는 경제발전의 원리 등 민주국가적 헌법원리에 위반되어서는 안 된다. 사회국가에서의 경제질서도 시민국가의 경제질서와 마찬가지로 인간의 존엄과 개인의 자유와 양립되지 아니하는 내용은 허용되지 않는다. 따라서 사유재산제와 시장경제원리를 전면적으로 부정하는 전체주의적 사회주의적 계획경제질서까지 허용하지는 않는다. 이런 의미에서 사회국가에서 사회주의적 계획경제원리를 도입하는 데에는 일정한 한계가 있다고 할 것이다.

---

204 Eucken, Wirtschaftspolitik, 김철수, 헌법학개론 56쪽 재인용

제3장

사회국가의 원리

우리 헌법상 경제질서는 복지국가 또는 사회국가의 원리에 근거를 두고 있다.[205] 복지국가와 사회국가의 개념은 내용상 유사하여 혼용되기도 한다. 양자를 합성한 사회복지국가 또는 사회복지주의라는 용어가 쓰이기도 한다. 복지국가 또는 사회국가는 사회경제적 약자를 보호하고, 국민의 복지를 증진하기 위해 사회보장제도를 시행하며, 완전고용정책을 비롯해 여러 경제정책을 적극적으로 추진하는 국가를 말한다. 다만 복지국가와 사회국가의 개념은 역사적 형성과정과 실현방법 등이 다르다.

1. 복지국가설

오늘날 일반적으로 사용하는 복지국가(welfare state, Wohlfahrtsstaat)라는 용어는 영국을 중심으로 형성된 개념이다. 2차 세계대전 중 영국에서 나치스 독일의 권력국가 또는 전쟁국가(warfare state)와 대비해 국민복지를 보장하는 국가라는 의미로 복지국가라는 용어를 사용했다. 전쟁 중 국민들의 희생에 대한 보답으로 약속된 것이 복지국가의 확립이었다.

---

205 양건, 앞의 책, 169쪽

복지국가의 핵심적 내용은 사회보장제도이다. 사회보장이라는 용어가 공식적으로 처음 사용된 것은 1935년 미국의 사회보장법이다. 이 법률은 실업보험, 노인연금 등을 내용으로 한다. 현대 복지국가의 토대로서 이보다 더 주목을 받은 것은 1942년 영국에서 발표된 비버리지 보고서(Beveridge Report)이다. 이 보고서는 영국 정부 요청에 따라 비버리지 경이 작성한 것으로 모든 국민에게 최저생활을 보장하는 포괄적인 사회보장계획을 담고 있었다.

영국과 더불어 복지국가의 모델이 된 것은 스웨덴이다. 스웨덴은 1932년 이래 사회민주당의 장기집권 하에서 영국과 유사한 사회보장제도를 시행했다. 이 두 나라는 사회보장제도를 내용으로 하는 현대 복지국가의 대표적 모델이다. 복지국가 역시 각 나라마다 다양하게 나타나고 있기 때문에 일률적으로 말하는 것은 곤란하다.[206] 가령 스칸디나비아 국가들처럼 사회주의적 복지국가만 존재하는 것은 아니고, 시장기능을 기본적으로 인정하고 가장 취약계층에 대해서 복지를 제공하는 자유주의적 복지국가(미국, 영국 등)도 있으며, 실업이나 사고, 질병, 노령 등의 상황에서 조합원들의 고용이나 소득유지를 보장하는 조합주의적 복지국가(프랑스, 이탈리아, 오스트리아, 벨기에 등)도 존재한다.[207]

2. 사회국가설

독일에서는 1919년 바이마르헌법에서 사회권을 규정한 이래 사회국가(Sozialstaat) 원리는 1949년 독일 기본법의 기본원리로 자리잡았다. 사회국가는 사회적 경제적 약자와 소외계층, 특히 산업사회가 성립하면서 대량으로 발생한 무산근로대중의 생존을 보호하고, 정의로운 사회·경제질

---

206 권건보, 앞의 논문, 5쪽
207 정종섭, 헌법학원론, 박영사, 2012, 235-236쪽

서를 확립하려는 국가로 정의할 수 있다. 그것은 결국 정치적 자유민주주의에서 경제·사회적 민주주의를 구현하려는 의지의 표현이다.

사회국가원칙으로부터 경제민주화가 나오는 것은 아니며, 이전의 상황은 그 반대이다. 경제민주화 프로그램은 바이마르시대로부터 유래한다.[208] 1960년대가 끝난 이후 경제민주화가 다시 논의되고 있다. 국가 경제정책 조직의 민주화, 민주적인 기업체제, 공동관리경제적 질서(gemeinwirtschaftliche Ordnung),[209] 거대기업의 감사회에서의 평등한 공동결정 등 표제어로부터 유래하는 구체적 요청은 그러나 경제민주화 그 자체는 아니다. 우리는 그로부터 단지 개별적인 요구에 대해 자세를 취하고 시험할 수 있다. 그 정도까지 독일기본법은 실현을 허용하고 있다.

신자유주의 경제체제와 비슷하게 경제민주화의 이상은 우선 국가와 경제체제의 명목상의 필요한 동질성으로 규정된다. 즉 정치적 민주주의가 일차적으로 완성되면서 경제도 또한 민주화가 되었다. 그에 의해 두 개의 전혀 다른 생활영역과 또 두 개의 전혀 다른 질서원칙이 서로 간단하게 같아져서, 지지자들은 경제민주화의 이상을 살펴보고 있다. 예를 들면 국가 경제정책 조직의 민주화는 국가에게 정치민주화에 대해 본질적 경쟁을 실현하며, 집단대표로부터 공동 설정을 한다. 그러나 좀 더 책임있는 조직에 넘기는 것은 아니다. 이것이 독일기본법과 일치하는지 여부는 매우 의문스럽다.

프랑스의 경우 1789년 인권선언 제1조에서 "인간은 권리로서 자유롭고 평등하게 태어나며 생존한다. 사회적 차별은 공동이익에 기초한 경우

---

208 Fritz Rittner, Wirtschaftsrecht, C. F. Müller Juristischer Verlag, 1987, S. 38

209 민경식, 서독기본법에 있어서의 사회화에 관한 연구, 서울대학교 박사학위논문, 1987, 217-221쪽, 공동관리경제는 모든 생활이 공동으로 영위되고, 재산이 공동으로 소유·관리되는 가정이나 수도원에서의 공동의 경제로 이해된다. 혈연을 중심으로 결합한 원초적 공동체로서의 가정이나 신앙공동체로서의 수도원은 공동의 의식에 기초하고 있다. 오늘날 공동관리경제는 사경제적·시장적 경제질서 내부에서의 공익과 공적 과업에 봉사하기 위한 공기업(öffentliche Unternehmen) 등으로 성립하는 일정한 경제부문을 가리킨다.

에 한하여 행해질 수 있다"라고 규정하고 있다. 제6조에서는 법 앞의 평등을 규정하고 있다. 1946년 제4공화국 헌법에서 프랑스는 "민주적 사회적 공화국"임을 명시하고, 전문에서 사회적 기본권에 관한 규정을 명시하고 있다.

'민주적'이라는 표현은 이미 1848년 제2공화국 헌법에서도 명시된 바 있다. '사회적'이라는 표현은 20세기 헌법에서 비로소 도입된 것이다. 여기서 "민주적 사회적 공화국"은 곧 사회민주주의 원리를 채택하고 있음을 의미한다. 사회민주주의란 정치적 영역에서의 민주주의뿐만 아니라 경제·사회적 영역에서도 민주주의를 구현하려는 의지의 표현으로 이해할 수 있다. 그것은 특히 질병 등으로 고통받는 사회의 소외계층에 대해 국가가 직접 배려하는 원리이다.

사회국가란 용어는 독일을 중심으로 형성된 개념이다. 바이마르헌법 시대의 헌법학자 H. Heller는 '시민적 법치국가'를 비판하면서 '사회적 법치국가'라는 용어를 처음 사용했다. 1930년 그는 시민적 자유주의적 법치국가가 사회적 법치국가로 계속 발전하는 경우에만 독재를 막을 수 있다는 내용의 논문을 발표하면서 사회적 법치국가라는 용어를 사용했다. 그러나 사회국가의 구체적 내용에 대한 설명이 없었기 때문에 사회국가원리는 미개척의 헌법문제로 남은 채 바이마르공화국의 종말을 보게 되었다.

2차 세계대전 이후 서독 기본법은 바이마르헌법과 달리 '사회국가'라는 간단한 규정만을 두었다. 사회국가원리를 명시적으로 채택하고 있는 독일에서도 사회국가는 법적으로 분명하게 정의하는 것이 거의 불가능하다고 보면서,[210] 사회국가를 다양한 전통과 요청과 결합할 여지를 내포한 불확정적 개념으로 파악하고 있다. 이에 따라 사회국가원리에 대해서

---

[210] K. Stern, Das Staatsrecht der Bundesrepublik Deutschland, Bd. I, 2. Aufl., 1984, S. 891.

는 E. Forsthoff의 형식적 법치국가적 해석론, W. Abendroth의 사회주의적 해석론, K. Hesse를 중심으로 하는 자유주의적 해석론 등 다양한 해석 모델들이 제시되고 있다.[211]

사회국가를 헌법에 수용하는 형태는 네 가지로 나뉜다.[212] 제1유형은 개별적인 사회적 기본권을 두지 아니하고 사회국가 조항만을 규정하는 양식을 택하는 경우이다. 현 독일기본법이 제1유형에 속한다. 바이마르헌법에 규정된 사회적 기본권이 공동화되고 기본권이 가지는 헌법상 본래의 가치를 떨어뜨린 데 대한 반성이다. 독일기본법은 사회적 기본권의 실정화를 포기하는 대신 제20조 제1항에서 '독일연방공화국은 민주적 사회적 연방국가이다' 라고 해 사회국가원리를 선언하기에 이른다.[213]

제2유형은 명시적인 사회국가 조항을 두지 아니하고 사회적 기본권 등의 사회국가적 목표를 개별적으로 헌법에 규정하고 있는 경우이다. 독일 바이마르헌법이나 현행 우리 헌법은 여기에 속한다.[214] 제3유형은 사회국가 조항과 함께 구체적인 실현 방법을 규정하고 있는 형태이다. 제4유형은 특유의 법문화적 전통에 따라 사회국가원리에 관한 아무런 헌법 규정도 두고 있지 아니한 경우이다. 방법론 차원에서 볼 때 사회화 추진 수단을 독일기본법에서처럼 일원화하는 것이 보다 현실적이고 또 헌법해석상

---

211 홍성방, '사회국가해석모델에 대한 비판적 검토', 안암법학 창간호, 1993, 154쪽
212 정회철, 기본강의 헌법, 법문사, 2011, 146쪽
213 Artikel 20 (1) Die Bundesrepublik Deutschland ist ein demokratischer und sozialer Bundesstaat.
214 헌재 2002. 12. 18. 2002헌마52, 판례집 제14권 2집, 904
우리 헌법은 사회국가원리를 명문으로 규정하고 있지는 않지만, 헌법의 전문, 사회적 기본권의 보장(헌법 제31조 내지 제36조), 경제 영역에서 적극적으로 계획하고 유도하고 재분배하여야 할 국가의 의무를 규정하는 경제에 관한 조항(헌법 제119조 제2항 이하) 등과 같이 사회국가원리의 구체화된 여러 표현을 통하여 사회국가원리를 수용하였다. 사회국가란 한마디로 사회정의의 이념을 헌법에 수용한 국가, 사회현상에 대하여 방관적인 국가가 아니라 경제·사회·문화의 모든 영역에서 정의로운 사회질서의 형성을 위하여 사회현상에 관여하고 간섭하고 분배하고 조정하는 국가이며, 궁극적으로는 국민 각자가 실제로 자유를 행사할 수 있는 실질적 조건을 마련해 줄 의무가 있는 국가이다.

법리적 무리도 피할 수 있는 장점이 있다.

그러나 국가적 차원에서 정책적 무관심 내지 태만과 제도의 불비로 말미암아 사회국가원리의 구현이 기대수준을 밑돌게 될 때 이에 대한 구제수단이 없는 문제점이 있다. 사회적 기본권의 구체적 권리성을 인정하는 방향으로 이러한 문제점을 해결할 수 있을 것이다.

사회국가의 기본적 내용은 모든 사람에게 인간다운 생활을 보장하고, 사회정의를 실현하기 위해 사회·경제 정책을 통해 적극적으로 경제적 사회적 영역에 관여하는 국가를 가리킨다. 사회국가 조항의 법적 성격에 대해 직접적인 법적 효력을 갖는 것으로 보고 있다.

첫째, 사회국가는 국가의 목표를 규정한 국가목표 규정이다. 둘째, 사회국가의 실현방법은 입법자에게 위임하고, 광범한 입법 형성의 자유가 인정된다. 사회국가의 원리는 '보충성의 원리'에 입각하고 있다. 즉 인간다운 생활 보장과 사회정의 실현을 위해 일차적으로 개인과 사회의 자율적 노력이 우선해야 한다. 개인과 사회의 자주적이고 자조적인 노력이 가능하지 않을 때 부차적으로 국가가 관여한다. 또 사회국가원리는 법치국가원리에 의해 제한받는다. 사회국가는 국가의 적극적인 계획, 지도, 급부, 재분배 등을 요청하지만 동시에 국가활동의 법률합치성의 요청, 즉 법치국가원리에 부합해야 한다.

사회국가원리의 법적 성격을 부인하는 규범 부정설에 따르면 사회국가원리가 헌법에 명시적으로 규정되어 있다고 할지라도 그 규정은 내용 없는 백지개념에 지나지 않으며, 법적으로 아무런 의미가 없는 하나의 정치적 선언에 지나지 않는다. 이에 대해 규범성 긍정설은 사회국가원리가 정의로운 사회질서를 마련하도록 권한과 의무를 부여하는 직접적인 효력을 가진 헌법 지침적 수권적 성격을 갖는다. 즉 사회국가 조항은 적어도 사회국가를 실현시키려는 헌법제정권자의 명백한 의지를 표명하고 있기 때문이다.

실질적인 자유와 평등은 사회국가원리를 통해 실현된다. 이것은 사회 국가가 내포하는 가장 핵심적 내용이다. 사회국가원리가 탄생하게 된 역사적 사회적 내력으로 보아도 명백하다.[215] 자유와 평등과 사유재산권 보장을 쟁취한 19세기의 시민사회가 시장의 자율적 기능을 강조한 Adam Smith의 경제이론 등에 힘입어 자율적으로 발전하는 과정에서 심 각한 사회적 불평등이 초래되었고, 그 결과 자유와 평등이 많은 사람에게 하나의 명목적 허구적인 것이 되고 말았다.

그러나 사회의 자율적인 조정기능은 사회생활의 모든 분야에서 나타 나는 이 같은 심각한 실질적인 불평등을 해소시킬 능력이 없었기 때문에 사회 내의 갈등과 대립이 더욱 심화될 수 밖에 없었고, 그것은 결국 사회 평화와 사회안정을 위태롭게 하는 지경에까지 이르렀다. 자유사회를 유 지하고 보장해야 하는 국가의 기능상 사회에 대한 국가의 간섭이 불가피 하게 되었고, 그래서 탄생하게 된 것이 바로 사회적 기본권이며, 사회국 가원리이다.

3. 사회국가원리의 내용

(1) 사회적 정의

헌법 제119조 제2항과 생존권 조항 등에 열거된 것과 같이 국가는 재 정적 능력을 고려해 국민의 생활능력을 강화시켜 주고 적절한 생활수준 을 유지할 의무, 즉 사회적 정의(social justice)를 실현해야 한다. 즉 국가 는 도움이 필요한 자와 경제적 약자들에게 인간다운 최소한의 생활을 보 장할 의무를 진다.

---

[215] 허영, 한국헌법론, 161쪽

(2) 사회적 안전

사회적 안전이란 실업, 질병, 노령 등과 같은 위기나 긴급상황으로부터 개인을 사전 예방적으로 또는 사후 구제적으로 보호하기 위해 필요한 제도들을 마련하고 유치하는 것을 말한다. 이러한 사회적 안전(social security)은 특히 의료, 실업과 연금보험 등과 같은 광범위한 사회적 급부 체계를 통해 보장된다. 우리 헌법재판소는 자동차사고에서 과실책임의 원칙을 수정해 위험책임의 원리를 도입한 것은 사회국가원리에 근거한 것이라고 판시하고 있다.[216]

〈자동차 운행으로 말미암아 다른 사람을 사망하게 하거나 부상하게 한 때에 자동차 운행자에게 무과실 책임을 지우는 자동차손해배상보장법 규정이 우리 헌법 제119조 제1항의 자유시장 경제질서에 위배되는지 여부〉

자동차사고의 경우에는 일반 불법행위와는 달리 가해자의 책임문제보다는 피해자에게 어떤 방식으로 공평·타당한 보상을 할 것인가가 법률적으로 중요한 과제이다. 우리 민법은 헌법 제119조 제1항의 자유시장 경제질서에서 파생된 과실책임의 원칙을 일반 불법행위에 관한 기본원리로 삼고 있다. 그런데 현대산업사회에서는 고속교통수단, 광업 및 원자력 산업 등의 위험원(危險源)이 발달하고 산업재해 및 환경오염으로 인한 피해가 증가함에 따라, 헌법이념의 하나인 사회국가원리의 실현을 위하여 과실책임의 원리를 수정하여 위험원을 지배하는 자로 하여금 그 위험이 현실화된 경우의 손해를 부담하게 하는 위험책임의 원리가 필요하게 되었다. 따라서 위험책임의 원리에 기하여 무과실책임을 지운 것만으로 헌법 제119조 제1항의 자유시장 경제질서에 위반된다고 할 수 없다.

---

216 헌재 1998. 05. 28, 96헌가4, 판례집 제10권 1집 , 522

(3) 사회적 평등

평등의 원리는 도식적 또는 절대적 평등이 아니라 사회국가원리와 관련되는 한 사회적 평등(social equality)을 의미한다. 사회국가는 이 같은 실질적 평등의 실현을 요구한다. 즉 사회적 경제적 약자의 보호를 위해서 평등의 원칙이 재해석될 필요가 있다. 또 해당 당사자의 능력에 따라 사회적 급부와 사회적 부담을 차등화해야 한다. 따라서 사회국가원리는 불평등한 취급을 객관적으로 정당화할 수 있다.[217, 218]

《주택건설촉진법상의 주택조합의 조합원 자격을 무주택자로 한정하고 있는 주택건설촉진법 제3조 제9호가 유주택자를 무주택자와 합리적 근거 없이 차별해 이들의 평등권을 침해하는지 여부》

주택건설촉진법 제3조 제9호가 주택조합(지역조합과 직장조합)의 조합원 자격을 무주택자로 한정하고 있는 것은 주택이 없어 고통받는 국민을 없이 하기 위한 것으로서 국민의 주거확보에 관한 정책시행을 위한 정당한 고려 하에서 이루어진 것이다. 따라서 주택건설촉진법 제3조 제9호가 지역조합과 직장조합의 조합원 자격에서 유주택자를 배제하였다고 해서 그것이 인간의 존엄성 존중이라는 헌법이념에 반하는 것도 아니고, 우선 무주택자를 해소하겠다는 주택건설촉진법의 목적 달성을 위하여 적정한 수단이기도 하므로 이는 합리적 근거 있는 차별인 것이어서 헌법의 평등이념에 반하지 아니하고 오히려 그에 합치된 것이다.

《경제적 사회적 약자에 대한 의료보험의 혜택제공》

직장 가입자에 비하여 지역 가입자에는 노인, 실업자, 퇴직자 등 소득이 없거나 저소득의 주민이 다수 포함되어 있고, 이러한 저소득층 지역

---

217 헌재 1994. 02. 24, 92헌바43, 판례집 제6권 1집 , 72
218 헌재 2000. 06. 29, 99헌마289, 판례집 제12권 1집, 913

가입자에 대하여 국가가 국고지원을 통하여 보험료를 보조하는 것은, 경제적 사회적 약자에게도 의료보험 혜택을 제공해야 할 사회국가적 의무를 이행하기 위한 것이다. 사회보험의 목적이 모든 국민에게 최소한의 인간다운 생활을 보장하고자 하는 데 있으므로 사회보험은 국가의 사회국가적 의무를 이행하기 위한 주요 수단이다. 따라서 국가가 저소득층 지역가입자를 대상으로 소득수준에 따라 보험료를 차등 지원하는 것은 사회국가원리에 의하여 정당화되는 것이다.

(4) 사회적 자유

집이나 재산이 없는 사람에게 주거의 자유, 재산권의 보장 등과 같은 자유는 아무런 소용이 없다. 이들에게는 자유를 실현할 수 있는 여건, 즉 자유의 조건의 마련이 우선적으로 중요하다. 다시 말해 이들에게는 자유의 조건이 되는 사회적 기본권의 보장이 우선되어야 한다. 사회국가는 실질적 자유, 사회적 자유의 보장을 요구한다. 우리 헌법재판소가 재산권을 자유 보장의 물질적 바탕이라고 판시하는 것도 이와 같다고 할 것이다.[219]

〈재산권의 자유보장적 기능〉

현실적으로 재산권은 기본권의 주체로서의 국민이 각자의 인간다운 생활을 자기 책임 하에 자주적으로 형성하는 데 필요한 경제적 조건을 보장해 주는 기능을 한다. 그러므로 재산권의 보장은 곧 국민 개개인의 자유실현의 물질적 바탕을 의미한다고 할 수 있고, 따라서 자유와 재산권은 상호보완관계이자 불가분의 관계에 있다고 하겠다. 재산권의 이러한 자유보장적 기능은 재산권을 어느 정도로 제한할 수 있는가 하는 사회적 의무성의 정도를 결정하는 중요한 기준이 된다.

---

219 헌재 1998. 12. 24, 89헌마214, 판례집 제10권 2집, 927

4. 사회국가원리의 한계

(1) 법치국가원리에 의한 한계

사회국가원리의 실현 차원에서 국가가 국민의 기본적 생활수요를 충족시켜 주기 위해 적극적으로 경제에 개입하는 경우에도 원칙적으로 법치국가의 절차를 무시해서는 안 된다. 사회정의를 구현하기 위한 사회국가원리는 국가생활에서의 구체적 구현 과정에서 적법절차 내지 법치국가적 한계에 부딪칠 수 있다. 사회정의의 이름 아래 적법절차를 무시할수는 없기 때문이다. 사회국가원리의 구현에 필요한 범위 내에서 전통적법치국가원리에서 주창되어 온 자유와 평등의 이념은 일정한 변화를 수용할 수밖에 없을 것이다. 그것은 곧 실질적 법치국가의 이념으로 국가생활에서 구현된다.

(2) 권력분립원리상 한계

사회국가 실현을 위한 처분적 법률을 제정하거나 행정입법이 증대하는 것이 불가피하더라도 극단적 개별적·구체적 처분이나 재판을 내용으로 하는 처분적 법률이나 위임입법의 한계를 일탈한 행정입법은 권력분립의 원칙에 반한다.

최저임금제나 일정한 노동조건을 입법화하는 것은 결국 노동자와 사용자 간에 실질적인 평등을 실현하기 위한 불가피한 국가활동으로 간주되게 된 것이다. 전세권자를 보호하기 위한 입법조처도 마찬가지다. 이같은 국가활동은 자유주의 관점에서 신성불가침한 것으로 간주된 계약의 자유와 개인의 자율적 활동기능을 상당히 제약하게 된다. 그러나 사회대다수 구성원들에게 그들 스스로의 힘만으로 관철시킬 수 없는 실질적인 '자유'와 '평등'의 실현을 적극적으로 뒷받침해 줌으로써 사회평화와 안정을 꾀한다는 점에서 그 기능이 정당화된다.

(3) 사회보장제도적 한계

각종 사회보장제도는 성격상 세대를 초월하는 장기적인 지속을 전제로 할 뿐 아니라 이를 쉽사리 취소하거나 번복할 수가 없는 일종의 '돌이킬 수 없는 국가정책'이라는 점이 특징이다. 또 일단 국민이 부담금이나 보험료 등을 납부하고 취득한 연금기대권, 실업보조금 청구권 등 공법상의 기대권 내지 청구권 등은 재산권적 보호를 받는 것을 특징으로 하기 때문에 국가가 사회국가 실현 수단으로서 사회보장제도를 마련하는 경우에는 처음부터 신중한 검토와 연구를 거듭한 후에 단계적으로 서서히 실시해 나가야 한다.

(4) 기본권 제한상의 한계

사회국가원리를 구현하기 위해 국민의 자유와 권리, 즉 자유권적 기본권에 일정한 제한이 가해지는 것은 불가피하다. 그러나 그 자유와 권리의 본질적 내용을 침해할 수는 없다.

(5) 보충성의 원리에 의한 한계

사회국가원리에서의 국가적 규제와 개입은 개인의 자율과 창의에 바탕을 두고 있다. 즉 개인의 자율과 창의를 존중하는 가운데 사회정의의 이름으로 보충적으로 국가적 규제와 개입을 통해 사회국가를 구현하고자 하는 것이다. 보충성의 원리는 "개인이 스스로의 주도 하에 그리고 스스로의 힘으로 할 수 있는 일을 개인에게서 박탈해 공동체의 활동으로 삼아서는 안 된다"는 것을 의미한다. 즉 국가는 사회의 자율적인 기능이 전혀 존재하지 않거나 아니면 충분한 기능을 담당하고 있지 못할 경우에 국가가 직접 나서서 기능을 발휘해야 한다는 것이다.

사회국가에서 보충성의 원리는 경제적 사회적 문제 해결은 1차적으로 개인 차원에서 이루어지도록 하고, 개인 차원에서의 해결이 불가능한 경우에 국가가 개입해야 한다는 것이다. 보충성의 원리를 무시하면 국민 개개인의 자활의지의 소멸과 약화를 초래하게 될 것이며, 이는 국가의 위기로 이어질 수 있기 때문이다. 또 보충성의 원리는 복지정책으로 인한 도덕적 해이를 피하기 위한 수단으로 사용되기도 한다. 즉 도움을 필요로 하는 사람이 자활이나 가까운 가족의 도움으로 자생력을 기르기보다는 국가의 사회부조제도에 쉽게 기대는 현상이 강해지는 것을 피하고, 이에 더해 사회부조가 필요하지 않은 사람이 복지혜택을 받는 복지급여의 비효율을 보충성의 원리를 통해 피할 수 있게 된다. 따라서 공산주의 배급국가나 국민의 생활을 사회보장제도에 의존하게 하는 복지국가는 사회국가의 한계를 넘어선 것이다. 그런데 보충성의 원리를 적용함에 있어서 경계해야 할 것은 이 원리가 국가나 지방자치단체의 사회복지의무를 약화시키는 근거로 사용되어서는 안 된다는 것이다.[220]

(6) 경제영역에서의 보충성 원리

사회국가의 규제와 개입은 근본적으로 자유시장 경제질서 그 자체를 부정하려는 규제와 개입일 수는 없다. 그것은 국가적 규제와 개입의 극단적 모델인 공산주의적 계획경제질서로 나아갈 수 없다는 것이다. 서유럽의 자유민주주의 국가에서 중도좌파(사회당)가 표방하는 경제체제도 기본적으로 자유시장 경제질서의 틀을 벗어나지 않는 한도 내에서 사회정의의 이념을 구현하려는 것이다. 여기에 수정자본주의적 경제질서, 사회적 시장경제질서, 혼합경제질서라는 체제 내에서의 다양성이 자리잡게 된다.

자유민주주의 국가에서는 각 개인의 인격을 존중하고 그 자유와 창의를 최대한으로 존중해 주는 것을 이상으로 하고 있는 만큼 기본권 주체의

---

220 헌재 1989. 12. 22, 88헌가13, 판례집 제1권, 357

활동은 일차적으로 그들의 자결권과 자율성에 입각하여 보장되어야 하고, 국가는 예외적으로 꼭 필요한 경우에 이를 보충하는 정도로만 개입할 수 있고, 이러한 헌법상의 보충의 원리가 국민의 경제생활 영역에도 적용됨은 물론이다.

국민기초생활보장법은 생활불능 상태에 있거나 생계유지가 곤란한 국민에게 국가가 최저생활에 필요한 급여를 제공하는 법률이다. 그런데 국민기초생활보장법 제3조 제1항에 "이 법에 의한 급여는 수급자가 자신의 생활의 유지, 향상을 위해 그 소득, 재산, 근로능력 등을 활용해 최대한 노력하는 것을 전제로 이를 보충, 발전시키는 것을 기본원칙으로 한다"며 보충성 원리를 구체화했다.

(7) 재정경제력에 의한 한계

사회국가원리를 실현하기 위해서는 국가의 재정과 경제적인 뒷받침이 있어야 한다. 사회국가의 실현에 소요되는 방대한 사회정책적 투자를 위한 재원 확보는 국가의 재정능력과 경제력에 의존할 수밖에 없다. 국가의 부담능력에는 일정한 한계가 있다. 그것은 곧 사회적 기본권의 구체적 권리로서의 한계문제와 직결된다. 국가의 재정능력은 그 나라의 경제성장에 의해서 좌우되기 마련이고, 한 나라의 경제성장률이 크면 클수록 사회국가 실현에 필요한 재원 확보가 용이하다. 여기에서 사회국가 실현을 위한 재원 확보의 전제가 되지만 한편으로 사회국가 실현을 마냥 뒤로 미룬 채 경제성장에만 몰두한다면 오히려 사회적 빈부의 격차, 사회적 대립의 심화 등을 가져와 경제성장에 악영향으로 작용할 수밖에 없다. 또 사회국가 실현만을 강조한 채 경제성장을 둔화시키는 국가의 경제 간섭 역시 장기적으로 사회국가 실현에 장애가 된다.

사회국가원리는 이처럼 자본주의의 모순을 사회정의 이념에 입각해 사회개량을 통해 해결하려는 원리이다.[221] 소극국가 내지 야경국가 차원에 머무는 것이 아니라 국가가 적극적으로 정책을 개발하고 개인의 생활 영역에 개입하는 국가적 원리이다. 개인의 생활에 대한 국가적 책임은 물론이고 개인의 사회에 대한 책임까지도 강조한다.

(8) 사회개량원리의 한계

사회국가원리는 자본주의의 모순을 사회정의 이념에 입각해 사회개량을 통해 해결하려는 원리이지 혁명에 의한 사회주의 국가실현을 의미하는 것은 아니기 때문에 사회국가원리의 실현은 단계적 점진적 사회개량적 방법에 의해야 한다.

5. 소결

여기서 짚고넘어가야 할 논제 가운데 하나는 복지국가와 사회국가의 구별에도 불구하고 복지국가와 사회국가의 원리를 혼용하는 것이다. 두 원리는 이념, 목표, 내용 등이 유사하기 때문에 이들을 동일한 개념 범주에 포함시키거나 사회복지국가라는 합성어로 사용해도 무방하다는 견해가 있다. 결론적으로 "국민의 일상생활이 하나에서 열까지 철저히 국가 사회보장제도에 의해서 규율되는 것을 내용으로 한다"는 비판은 지나치다고 한다.[222]

사회국가원리와 복지국가원리를 굳이 구별할 필요는 없다는 견해도 있다. 헌법재판소도 사회국가,[223] 사회복지국가,[224] 복지국가,[225] 민주복

221 정회철, 앞의 책, 145쪽
222 성낙인, 헌법학, 법문사, 2012, 263쪽
223 헌재 1998. 5. 28. 96헌가4등, 자동차손해배상보장법 제3조 단서 제2호 위헌제청(합헌); 헌재 2002. 12. 18. 2002헌마52, 저상버스도입의무 불이행 위헌확인(각하)
224 헌재 1993. 3. 11. 92헌바33등, 노동조합법 제12조의 2 등에 대한 헌법소원(합헌)
225 헌재 1995. 11. 30. 94헌가2, 공공용지의 취득 및 손실보상에 관한 특례법 제4조 위헌제청(위헌)

지국가²²⁶라는 표현을 동시에 사용하고 있음을 그 근거로 든다. 헌법재판소는 누진세나 증여세 등을 통한 소득재분배와 국가재정의 정책적 기능 등을 헌법적으로 정당화하는 논거로 복지국가원리라는 용어를 주로 사용한다. 이에 비해 사회국가원리는 주로 사회보장 및 사회복지와 경제입법을 심판 대상으로 하는 경우에 사용하고 있다.²²⁷

오늘날의 복지국가(welfare state)를 개인의 자조적 노력을 전제로 국가의 후견적 역할이 강조되는 모델로 파악하는 한 사회국가든 복지국가든 그 표현에 지나치게 얽매일 필요는 없다.²²⁸ 그리고 각자 강조하고자 하는 측면을 수용할 수 있다면 두 용어를 합성하여 '사회복지국가'라는 말로 헌법적 원리를 설명하는 것도 무방하다.²²⁹ 실제로 국내에서는 복지국가를 사회국가와 거의 동일한 의미로 사용하는 학자가 적지 않다.²³⁰

이에 따르면 사회복지국가의 원리는 1789년 프랑스혁명의 구호였으며, 현행 프랑스헌법에 국시로 명시된 자유 · 평등 · 박애 중에서 평등과 박애정신의 현대적 구현이기도 하다. 사회복지국가의 원리는 20세기에 이르러서야 본격적으로 헌법의 원리로 대두된다. 1919년 바이마르헌법은 사회복지국가의 원리를 수용했다. 그것은 전통적인 자유국가 이념과 체제를 유지하는 가운데 새로운 사회복지국가원리를 현대적으로 수용한 것이다. 따라서 사회복지국가원리는 근대 입헌주의 헌법원리인 기본권 보장, 대의제, 권력분립, 법치주의의 원리를 수용하는 가운데 이를 보다 실질적으로 국가사회에서 구현하기 위한 원리이다.²³¹

사회복지국가는 '사회정의의 이념을 헌법에 수용한 국가', 사회현상에

---

226 헌재 1989. 12. 22. 88헌가13, 국토이용관리법 제21조의 제1항. 제31조의 2의 위헌심판(합헌)
227 이덕연, 헌법주석서 II, 법제처, 2010, 367쪽
228 이준일, 헌법과 사회복지법제, 세창출판사, 2010, 22-23쪽
   국가의 개입 정도를 가지고 양자를 구분하는 것이 무의미하다고 보는 견해
229 권영성, 헌법학원론, 139쪽, 각주 1번; 성낙인, 헌법학, 263쪽; 이준일, 앞의 책, 23쪽.
230 대표적으로 김철수, 헌법학신론, 217쪽
231 성낙인, 앞의 책, 261쪽

대해 방관적인 국가가 아니라 경제·사회·문화의 모든 영역에서 정의로운 사회질서의 형성을 위해 사회현상에 관여하고 간섭하고 분배하고 조정하는 국가이다. 궁극적으로 국민 각자가 실제로 자유를 행사할 수 있는 실질적 조건을 마련해 줄 의무가 있는 국가이다.

오늘날 사회복지국가의 원리는 18, 19세기적인 정치적 민주주의가 갖는 한계를 극복하기 위해 경제·사회영역에서의 민주주의를 구현함으로써 국가공동체 상호간의 연대를 확보하려는 것이다. 산업사회의 진전에 따라 근대 시민사회에서의 국가에 대한 자유의 명제가 이제 유산계급과 무산계급의 갈등으로 드러난 바 있다. 이에 국가의 역할과 기능을 소극적인 치안유지에 한정하려는 자유주의적인 사유재산 절대의 법리는 심각한 도전을 받고 있다. 이에 따라 근대 시민사회가 형성한 자유주의적인 사상적 기초에서 그 갈등과 모순을 극복하기 위한 사회복지국가 이론이 태동하게 된 것이다.

사회복지국가에서 국가의 적극적인 개입은 자유주의사상에 기초한 자본주의의 모순과 병폐를 국가와 사회의 개혁을 통해 보정하려는 것이다. 이는 국가공동체의 통합과 직결되는 문제이기도 하다. 전통적인 자유와 평등의 원리에 입각해 그간 소홀히 취급될 수밖에 없었던 박애의 원리를 현대 헌법에서 구현한 것이 바로 사회적(생존권적) 기본권이다. 실질적인 자유와 평등의 원리가 제대로 작동할 수 있는 범위 내에서 자유와 평등에 일정한 제한이 뒤따르게 된다. 따라서 근대 입헌주의 헌법에서 평등보다는 자유 우선의 사상이 지배했다면 이제 사회복지국가에서는 극단적인 공산주의적 평등논리를 배척하면서도 실질적 평등을 구현하기 위한 범위 내에서 자유에 대한 제한을 가하게 되었다. 여기에 사회복지국가에서의 자유와 평등의 갈등과 긴장관계가 형성된다. 현대 헌법에서는 자유와 평등의 실질적 보장을 통해 사회복지국가의 원리를 구현하고 있다.

경제에 대한 국가적 개입은 극단적인 국가의 개입을 통한 공산주의적 계획경제가 아니라 시장경제원리에 입각한 사유재산제를 보장하는 가운데 사회정의의 실현을 위한 한정된 국가적 개입을 의미한다. 오늘날 자유주의적 자본주의 체제를 유지해 온 국가에서 순수한 의미의 자본주의 체제를 유지하고 있는 국가는 존재하지 않는다. 다만 수정자본주의적 경제질서는 그 국가의 규제와 조정의 정도에 따라 다양성을 가진다. 사회복지국가에서의 경제질서는 일반적으로 사회적 시장경제질서를 채택하고 있다. 헌법상 사회복지국가원리는 단순한 정치적 이념적 지표에 그치는 것이 아니라 규범적 성격을 가지는 것으로 보아야 한다. 헌법의 기본원리인 사회복지국가의 원리는 헌법 개정 권력을 기속하고, 법령 해석의 기준이 되며, 재판규범으로서의 성격을 가진다.

　자유와 평등을 실현하기 위한 삼면경으로 민주주의원리와 법치국가원리, 사회국가원리가 꼽힌다. 민주주의는 국가의 통치활동에 참여할 수 있는 정치적인 자유와 평등을 그 내용으로 한다. 법치국가는 국가의 조직과 기능을 통한 자유와 평등의 실현을 꾀하고 있다. 또 사회국가는 국민 각자가 자율적으로 일상생활을 꾸려나갈 수 있도록 사회적인 생활환경을 조성하는 것을 그 내용으로 한다. 민주주의가 자유와 평등의 통치형태적 실현수단이며, 법치국가가 자유와 평등의 국가기능적 실현수단이라면, 사회국가는 자유와 평등이 국민 스스로의 자율적인 생활설계에 의해서 실현될 수 있도록 생활여건을 조성해 주는 이른바 사회구조의 골격적인 테두리를 말한다. 스스로의 생활질서를 스스로의 책임 아래 결정할 수 있는 것이야말로 모든 자유의 핵심을 뜻하기 때문에 '자유의 조건'을 뜻하는 사회국가는 결코 복지국가와는 같은 개념일 수 없다.[232]

　결국 복지국가는 개인의 안전과 복지를 국가가 전적으로 책임지는 데 반해 사회국가는 개인의 생활을 스스로 설계하고 형성하도록 해 스스로

232　허영, 한국헌법론, 163쪽

책임지는 자유의 범위를 확대한다는 점에서 차이가 있다. 법치국가가 국가와 시민사회 간의 대립에서 성립되고, 법치국가의 개념이 시민혁명의 산물인 것처럼 사회국가는 국가와 산업사회 간의 대립에서 성립되고 사회국가의 개념은 산업혁명의 산물인 것이다.[233] 사회국가와 복지국가의 이 같은 본질적인 차이는 사회국가를 실현하기 위해서 노력하는 모든 정치인들에게 사회국가 실현의 방법적인 한계를 제시해 주고 있다. 경제질서의 이념으로서 사회복지주의를 드는 견해도 있다.[234]

그러나 논리의 전개과정에서 복지국가사상의 유래를 설명하면서 사회정책입법을 가미함으로써 용어의 정확한 정의에서 벗어난다고 하겠다. 이 같은 태도는 복지국가와 사회국가, 사회민주주의의 발생 연원을 명확히 하지 않은 데서 비롯되는 것으로 사료된다. 우리는 공법 철학과 이론의 발생 연원을 정확하게 이해함으로써 입법과 집행, 해석에 있어서 오류를 범해서는 안 될 것이다.

233 계희열, 헌법학(상), 박영사, 2007, 379쪽
234 김기영, 앞의 책, 209쪽

제4장

한국 헌법과 경제적 기본질서

1. 한국경제헌법의 구조

(1) 경제민주화의 연혁

우리 헌법사상 경제민주주의, 경제민주화는 헌법 제정 전후 과정에서부터 논의의 시원을 찾아야 할 것이다. 이런 점에서 한국 근대 헌법의 시원을 어디서 찾을 것인지는 의견이 다양하다.[235] 원시 헌법 문서로 언급되는 것은 갑신정변의 〈혁신정강 14조〉(1884), 동학농민혁명의 〈폐정개혁안 12조〉(1894), 갑오개혁의 〈홍범 14조〉(1895), 만민공동회의의 〈헌의 6조〉(1898), 대한제국의 〈대한국국제〉(1899) 등이다.

독립신문은 〈홍범 14조〉가 서양 각국의 법률 권리와 거의 유사한 것으로 보았다. 유진오 박사도 우리나라 최초의 근대적 성격을 띠는 헌법이라는 점에서 〈홍범 14조〉를 한국 근대 헌법의 시원으로 보았다.[236] 그러나 서희경 교수는 〈헌의 6조〉를 한국 근대 헌법의 시원으로 본다. 〈홍범 14조〉가 위로부터의 개혁안인 반면, 〈헌의 6조〉는 광범위한 대중적 논의와 정치운동을 거쳐 제시된 협의사항이라는 점을 논거로 들고 있다. 대체로 원시

---

235 서희경, 대한민국 헌법의 탄생, 창비, 2012, 19쪽
236 유진오, 신고 헌법해의, 일조각, 1953, 10-12쪽

헌법 문서들은 군주제에서 민주공화제로의 이행 과정을 담고 있다. 아직 경제질서, 경제체제 문제까지는 논의가 이루어지지 않고 있다.

만민공동회의의 군민공치제는 1907년 고종황제 퇴위사건으로 퇴색되었다. 1919년 3·1운동으로 군주제가 부정되고 민주공화제의 길이 열렸다. 3·1운동은 수천년간 지속되어 온 신분제 폐지를 주장하고, 만인평등에 기초한 민주제를 지향했기 때문이다. 이 운동의 정치이념은 대한민국 임시정부에서 구체화되었다. 임시정부는 3·1운동의 정치이념을 민주공화주의로 해석하고 이를 국가의 기본원칙으로 선언했다. 또 이 이념에 따라 헌법을 만들었다. 이를 통해 1945년 해방 이후 한국 정치사회에 등장한 다수의 헌법안에 민주공화제, 국민주권, 권력분립이라는 근대 입헌주의의 핵심원리가 자연스럽게 담기게 된 것이다. 임시정부 헌법은 한국 근현대 헌법의 어머니, 즉 원형헌법(protoconstitution)으로 볼 수 있다.[237] 〈대한민국 임시헌장〉(1944. 4. 22)과 〈대한민국헌법〉(1948. 7. 12)은 체계 면에서 거의 동일하다.

한국 근대 헌법은 경제질서, 경제체제를 어떻게 구상하는가? 모든 한국 헌법에서 사유재산권과 사적 경영이 보장된다는 점에서 자유주의 경제의 기본원칙은 확고하다. 그러나 한국 헌법에는 균평·균등이념이 강하게 스며 있다. 이 이념은 독립운동 세력의 민주주의에 대한 철학의 분열을 극복하려는 과정에서 한층 체계화되었고, 사회주의와의 대결 속에서 성장했다. 민족국가 건설 후 계급혁명의 발발로 인한 민족적 분열을 방지하기 위해 공산주의자들의 계급적 요구를 균등이념으로 광범위하게 포섭하고자 했던 것이다. 이를 위해 보통선거제를 통한 국민의 균등한 정치참여와 국유·국영의 경제정책을 통해 국민의 균등생활과 민족 전체의 발전, 국가의 건립 보위를 우선적으로 실현하고자 했다. 이에 따라

---

[237] 서희경, 앞의 책, 22쪽

한국 헌법에서는 국가와 민족 전체의 질서유지와 공공복리를 위해 개인의 기본권은 제한되었다.

1945년 해방 이후 각 정치세력들은 각자의 헌법안을 작성했다. 좌파 집결체인 민주주의 민족전선(이하 민전)은 〈조선민주공화국 임시약법 시안〉(1946. 1)을 만들었다. 우파는 신익희 선생이 일제 강점기 고등문관 출신의 법률전문가들로 행정연구위원회를 조직해 〈한국헌법〉(1946. 3)을 작성했다. 이 헌법안은 1948년 5월 31일 〈유진오 헌법 초안〉과 종합되어 〈유진오-행정연구위원회 공동안〉으로 다시 만들어졌다. 이 공동안은 6월 2일 구성된 제헌국회 헌법기초위원회에 제출됨으로써 건국헌법 탄생에 직접 기여했다. 미군정이 승인한 남조선 대한국민 대표 민주의원(이하 민주의원)은 〈대한민국 임시헌법〉(1946. 3)을 만들었다. 이것은 임정의 〈대한민국 임시헌장〉(1944)을 거의 계승한 것이며, 이후 남조선 과도 입법의원에 제출된 〈조선민주 임시약헌〉으로 발전 수정되었다.

해방 정국에서 각 정파는 경제의 기본원칙에 대해 각기 다른 입장을 취하고 있다.[238] 좌파 민전 안은 국유화와 공유화를 우선 강조하면서도 사적 소유권을 인정했다. 산업조직 면에서 국유·국영의 범위를 확대하고, 사유·사영의 범위를 축소하고자 했다. 국유·국영을 촉진하는 과도적 형태로 협동조합 경영을 구상했다.

중도파의 민주의원 안은 기본권 조항에서 균등권을 우선 강조하고 자유권을 구체화했다. 정치·경제·교육의 균등원칙을 기초로 한 균평·균등사회 건설을 지향했다. 적산몰수, 주요산업·광산·산림 등의 국유·국영, 농민의 경작 능력에 의존하는 대지주 토지와 몰수 토지에 대한 재분배 정책을 실현하고자 했다.

우파 헌법안 〈한국헌법〉은 사유재산과 영업의 자유를 원칙으로 했다.

---

238 서희경, 앞의 책, 26-27

토지분배와 국영 대외무역을 채택하고 있다. 경제의 기본원칙으로 국민 각 개인의 균등생활의 확보, 민족 전체의 발전과 국가보위를 들고 있다. 개인의 경제상 자유는 이 기본원칙 안에서만 보장된다. 이 원칙은 임시정부 헌법과 1948년 〈대한민국 헌법〉과도 거의 동일하다. 그러나 〈한국헌법〉은 앞선 모든 헌법안이 채택하고 있는 균평·균등이념을 매우 조심스럽게 다루고 있다. 노동 상황의 보호와 개선에 세심한 배려를 하는 반면에 토지국유화, 적산몰수, 주요산업의 국유화는 언급하고 있지 않다. 이러한 경제원칙은 국가의 통제와 관리가 요청되는 특정산업 외에 운영 여하에 따라 국가의 통제가 축소되고 사유·사영이 확대될 수 있도록 하기 위함이었다고 한다.

헌법 제정에 이르기까지 근현대사 논쟁을 살펴보면 3·1운동 직후 1920년 6월 25일 창간된 〈개벽〉에서 경제상 민주주의라는 용어가 처음 사용되었다.[239]

노동문제가 우리 조선에 들어오기는 근일(近日)이엇다. 원래 노동문제라 함을 일언으로 폐하면 무자산계급이 자산계급에 행하야 경제적 평균을 엇고저 하는 운동이엇다. 이것은 처음에 단(但)히 순수노동자를 표준한 애련구제의 책으로부터 생한 것이엇으나 이 문제가 중복 또 중복하는 간에 노동 사조는 점차 경제적 '데모크라시' 주의로 변하야 노자(勞資)의 충돌이 자에서 일어낫다. 제3계급의 경제적 권리가 정치상 민본주의로 나타남에 대하야 편히 제4계급의 '데모크라시'가 경제상 민주주의로 나타나게 되엇다. 이 문제를 해결코저 하면 노동을 중심으로 하고 개인 급(及) 사회의 가치 권력을 인정하야 써 노자의 조화 우(又)는 평등 해결을 구코저 함이 금일 노동문제의 중심이엇다. 조선에 이른바 노자의 조화라 함은 대

239 개벽 제2호, 사설 : 세계 삼대 문제의 파급과 조선인의 각오 여하, 1920. 7. 25

지주와 소작인의 문제가 피(彼) 공업국에 대한 자본주와 고용인의 문제와 가티 되엇슴으로 그를 해결함에는 지주와 소작인 간의 각오와 또 그 양 계급의 활동으로 피차 그를 조화 해결함이 가장 득책(得策)일 것이다.

이와 같이 제3계급의 정치이념은 정치상 민본주의이며, 제4계급의 정치이념은 경제상 민주주의라고 했다. 조선의 노동문제는 지주와 소작인 간의 문제인데, 양 계급의 문제해결은 노동을 중심으로 하고 개인과 사회의 가치권력을 인정해 노동과 자본의 조화 또는 평등해결을 추구한다는 것이다. 3·1운동이 조선의 봉건적 양반계급(위정척사파), 농민계급(동학파), 상공계급(개화파)으로 분화된 계급적 적대를 제3계급의 정치이념인 민주공화주의에 의해 통합했다고 한다면 〈개벽〉은 이 통합을 제3계급과 제4계급이라는 새로운 계급적 적대 개념에 의해 해체하고 노동을 중심으로 해결책을 제시하고 있다. 이에 따라 '데모크라시'의 개념도 전환된 것이다.

(2) 조소앙의 삼균주의

이 과정에서 조소앙 선생은 삼균주의를 통해 민족적 관점에서 경제민주화 등의 문제 해결을 추구하고자 했다.[240] 삼균주의는 1920년대 사회주의의 대두와 더불어 나타난 독립운동 세력의 민주주의에 대한 비전의 분열을 극복하려는 과정에서 한층 체계화되었다. 조소앙 선생은 1919년 2월 〈대한독립선언서〉를 발표하면서 독립 후 입국의 이념으로 동권동부(同權同富)로 일체동포에 시(施)해 남녀빈부를 제(齊)하며, 등현등수(等賢等壽)로 지우노유(智愚老幼)에 균(均)해 사해인류를 탁(度)함을 제시했다. 즉 권력, 재산, 교육의 평등을 주장했다. 인류의 모든 싸움은 단 하나의

---

240 서희경, 앞의 책, 82-115쪽
홍선희, 조소앙의 삼균주의 연구, 한길사, 1982

원인, 즉 불균(不均)에서 나온다고 본 것이다. 이 때문에 정치·경제·교육상의 권리를 균등하게 해 균권(均權), 균부(均富), 균지(均智)를 실현하고자 했다. 이 같은 균등이념을 좌도 우도 아닌 제3의 민주주의, 즉 신민주주의로 명명했다. 더 나아가 이를 통해 정치적 민주화, 경제적 민주화, 교육적 민주화를 실현해 나갈 것을 주창했다.

대한민국 임시정부의 모든 헌법과 〈건국강령〉은 건국과 민족통합의 핵심적 이념으로 균등을 추구했다. 삼균주의는 조소앙 선생이 〈대한독립선언서〉와 〈대한민국 임시정부 헌장〉(1919. 4)을 기초할 때 피력한 후 임정의 여러 헌법에 반영되어 체계화, 종합화했다. 1931년 4월 임정이 발표한 대외선언에서 건국원칙으로 채택되었다. 1941년 11월에 임시정부의 헌정구상을 종합해 발표된 임시정부 〈건국강령〉은 정치(보통선거제), 경제(토지국유제, 대생산기관의 국영화), 교육(공교육)에서 균등한 제도를 모색하고 있다.

〈한국독립당 당의해석〉에 따르면 이러한 정치·경제·교육의 균등을 기초로 한 신민주국가를 뉴데모크라시의 국가라고 칭하고, 이를 기반으로 국가를 건설하겠다는 비전을 제시하고 있다. 이는 바로 자본주의 국가도 아니고 공산주의 국가도 아닌 새로운 제3의 사회적 민주주의 국가를 구상한 것이다.[241] 또 1944년 4월 임정의 마지막 헌법인 제5차 〈대한민국 임시헌장〉의 이념적 토대가 되었다. 1948년 〈대한민국 헌법〉의 핵심적 이념 가운데 하나가 균등이다. 그런데 1945년 8월 해방 이후 한독당의 정강과 당책은 오른쪽으로 이동하게 된다.

조소앙의 삼균주의는 이승만의 일민주의로 계승되어 제헌헌법에 반영되었다. 이승만은 대한민국이 단군을 시조로 하는 '단일민족국가'임을 강조

---

[241] 아름출판사 1995(제10권), 266, 271-274쪽 : 미군정 고문 Charles Perglar와 Arthur C. Bunce는 이러한 경제원칙을 국가사회주의(state socialism)로 규정했다.
제4부 참고: 그러나 엄밀한 의미에서의 사회민주주의와는 근원과 배경이 다르다고 할 것이다.

하고 정치적 경제적 사회적 문화적 권리와 책임이 기본적으로 만민에 균등하다고 피력했다. 이를 바탕으로 이승만의 일민주의가 1948년 10월 9일 대한국민당 발기총회에서 상당히 구체적으로 드러났다. 일민주의를 당시로 해서 단일민족국가로서 완전 자주독립을 신장할 것을 천명했다.[242] 정강으로 "…우리는 계급과 지역과 성별을 초월하여 민족완전통일로 자주독립의 국권 신장을 기함. …우리는 정치·경제·교육 등 각 방면에 있어 국민 균등의 복리증진을 기함" 등을 제시했다. 이 정강은 우익 또는 극우이데올로기가 삼균주의에서 일민주의로 바뀌는 과정임을 반영하고 있다.

(3) 한국경제헌법의 변천

1945년 해방 이후 우리나라는 농지개혁을 비롯해 귀속재산불하, 미곡정책과 원조경제 등의 국가적 과제를 안고 있었다. 특히 초인플레이션(hyperinflation) 등은 통제경제로의 반동적 회귀를 초래하고, 이것이 제헌헌법에 규범화되었다. 이 같은 경제질서는 독일적인 사회적 시장경제질서로는 설명될 수 없는 것이다. 한국은 미군정의 결과 자본주의적 경제질서일 수밖에 없다. 특히 식민지 경제 하에 노출된 경제적 불평등에 대한 시정의 목소리가 커지고 있었다. 이에 따라 우리 경제질서에 대한 성격 규명은 경제민주화 명제에 비춰 재조명되어야 한다.

1948년 제헌헌법은 독일 바이마르헌법의 영향을 받아 사유재산제를 보장하면서도 상당한 정도로 경제에 대해 규제할 수 있는 규정을 두고 있었다. 우리 헌법은 제헌헌법에서 바이마르헌법의 예에 따라 경제에 관한 독립된 장을 설치한 이래 이를 계속 유지하고 있다. 이처럼 경제에 관한 독립된 장을 규정한 것은 국민의 정치적 자유와 권리의 확보에 못지않게 국민의 경제적 자유와 평등의 실현을 기하고자 하는 국가적 의지의 표현

---

242 서중석, 이승만의 정치이데올로기, 역사비평사, 2005, 22쪽

이다. 이는 곧 정치헌법과는 별개의 경제헌법이 아니라 국가의 최고법인 헌법에 정치적 결단뿐만 아니라 경제적 결단을 동시에 내포하는 경제헌법을 의미한다.

헌법을 제정하는 데 있어서 정치질서는 자유민주주의를 채택하고 있다. 경제에 관해서는 자유민주주의 체제에서는 이례적으로 국가적 통제를 규정하고 있다. 건국 당시 탈식민지 국가로서 한국이 안고 있었던 문제, 그리고 이를 극복하기 위해 국가주의적 사회적 경제적 과제의 해결이 요청되었기 때문이다. 제헌헌법은 자유경제의 바탕 위에 부분적 국영경제를 가미한 결과 강력한 통제경제를 헌법화한 것이다. 국가에 의한 경제형성이라는 특수성으로부터 혼성적 구조를 갖게 되었다. 제헌헌법의 통제경제체제에서 점차 시장경제적 요소를 강화해 왔지만 기본틀은 변함이 없었다.[243]

당시에는 국민경제적 기반도 취약했다. 해방공간 당시에 동아일보 보도에 의하면 국민의 3분의 2가 자본주의보다는 사회주의를 선호했다는 여론조사 결과가 이를 더욱 뒷받침한다. '경제민주화' 또는 '산업경제민주화' 또는 '산업민주화' 라는 개념은 1948년 제헌국회 때부터 등장했다. 당시 의원들의 발언록에서는 '근로대중의 이익을 보호해야 한다' 는 뜻에서 이 용어가 일부 사용된 바 있다.[244]

제헌헌법은 기초자인 유진오 박사가 술회했듯이 대한민국 임시정부의 건국강령과 임시헌장 내용에 크게 의존했던 것 같다.[245] 사회주의적 경제성격을 지닌 조소앙의 삼균주의적 경제관과 바이마르적 경제질서의 편의적 조립과 배합의 결과 경제헌법의 기본정향은 처음부터 문제를 안고 출발한 셈이다. 이 같은 혼동된 정향의 문제는 그 뒤 9차의 개정을 통해

243　성낙인 '경제민주화' 라는 경고음, 동아일보, 2012. 8. 3
244　지성우, 앞의 논문, 118쪽
245　권영설, 헌법이론과 헌법담론, 법문사, 908쪽

서도 정리되지 못하고 독일적 함축의 사회적 시장경제의 헌법화로 풀이하고 있다. 제헌헌법에서는 "사회정의의 실현과 균형 있는 국민경제의 발전"을 경제질서의 기본으로 하고, "각인의 경제상의 자유는 이 한계 내에서 보장된다(제84조)"고 규정했다. 사회정의의 실현을 위한 경제질서를 원칙으로 하고, 개인의 경제적 자유를 부차적 원리로 규정한 것이다.[246] 그러나 1962년의 제3공화국 헌법 이래로 개인의 경제상 자유를 원칙으로 하고, 사회정의 실현을 부차적 원리로 규정하고 있다.

김철수 교수는 우리의 경제질서가 "국가가 경제 전체를 그의 수중에 장악하여 완연히 국가사회주의국가를 이룬 것 같은 감이 불무하였다"[247]라는 유진오 박사의 말을 인용하면서 같은 쪽 각주 21에서 "제헌헌법하의 경제조항은 경제헌법면에서 볼 때는 부분적 국영경제를 기반으로 하는 강력한 통제경제체제를 취하고 있었다. 광범한 국유화·사회화 규정하에 공공복리를 위한 국가의 강력한 간섭주의가 그 특징이었다고 하겠다"고 적고 있다.[248] 또 건국헌법의 기초자인 유진오 박사는 〈대한민국헌법 제안이유설명〉에서 "이 헌법의 기본정신은 정치적 민주주의와 경제적 사회적 민주주의와의 조화를 꾀하려는 데 있다", "제6장 경제편에 규정된 몇 개의 조문은 대체로 자유경제에 대한 국가적 통제의 원칙을 표시한 것"이라고 했다.[249]

통제경제가 원칙이고 자유시장경제가 예외인 듯한 인상마저 주고 있는데,[250] 과도한 경제독점을 억제하고 균형 있는 국민경제를 확립하기 위한 경제질서를 규정한 것이다. 우리나라의 경제발전 과정이 선진 자본주

---

246 양건, 헌법강의 I, 법문사, 2007, 169쪽

247 유진오, 신고 헌법해의, 일조각, 1957, 254쪽

248 김철수, 경제헌법에 관한 소고, 공법의 제문제-해암 문홍주 박사 화갑기념논문집, 1978, 436쪽 이하(455쪽)

249 김철수, 헌법과 현대법학의 제문제-현민 유진오박사 고희기념논문집, 1975, 447 455쪽

250 권영성, 헌법학원론, 165쪽

의 국가의 그것과 다르고, 시장경제의 무경험과 빈곤의 평준화가 문제인 것이다. 국민생활의 향상과 부의 균등한 분배가 경제질서의 기본목표가 되지 않을 수 없다. 그러나 지나친 통제경제의 실시는 기업가의 창의적인 기업의욕을 감퇴시켰을 뿐 아니라 외자도입마저 어렵게 해 경제발전을 오히려 저해하게 되었다.

제헌헌법은 자유민주주의적 정치질서와 강력한 통제경제질서 상호간에 부조화와 괴리현상을 빚었다.[251] 정치질서와 경제질서가 평형관계를 이루어야 할 뿐 아니라 양자는 서로 만능열쇠(Master Key)로서 기능을 해야 바람직하다. 또한 규범과 현실 사이의 괴리이다. 제헌헌법상의 경제질서를 경제적 자유와 경제적 평등 사이의 조화를 위한 노력의 산물로서, 그리고 자본주의적 병폐의 배제와 경제적 약자의 보호를 위한 사회민주주의적 경제로 풀이했다.[252] 그러나 여기서 거론된 병폐는 자본주의의 성숙 과정에서 수반된 것이 아니다. 경제적 불평등도 반봉건적 사회구조와 식민지 경제에서 비롯되었다. 즉 서구적 경험과는 다른 것이다. 규범적 표현은 같아도 경제헌법의 현실은 다르다고 하겠다. 우리 헌법은 기본적으로 시장경제질서를 표방한다. 그러나 제헌헌법에서는 경제적 자유보다 경제적 평등이 중시되었다. 그 뒤 여러 차례 개정을 통해 경제적 자유에로 초점이 옮겨 가게 되었다.

이에 따라 1954년 제2차 개헌을 통해 경제질서를 자본주의적 자유시장경제체제로 전환했다. 헌법 제84조 경제질서의 원칙 규정은 변경이 없었다. 그러나 제85조 천연자원에 대한 국유화의 원칙을 개정해 법률이 정하는 바에 의해 특허를 할 수 있도록 하고, 제87조 중요한 공공성을 가진 기업의 원칙적인 사영을 인정했다. 나아가 제88조를 개정해 사영기업의 원칙적인 국·공유화를 금지하고 또 경영통제관리를 부인했다.

---

251 권영설, 헌법이론과 헌법담론, 894쪽
252 김철수, 헌법개정의 회고와 전망, 대학출판사, 1986, 127쪽

1962년 헌법에서는 실질적 법치국가의 실현과 사회국가 건설을 위해 경제에 대한 국가적 규제와 조정이 가능하도록 했다. 근로자의 이익분배 균점권을 삭제하고, 농지개혁을 부정하고 있다.

경제에 대한 국가적 간섭은 1972년 헌법에 의해 그 범위가 좀더 확대되었다. 경제제일주의 또는 관주도형 경제로 불린 유신헌법의 경제질서는 정부가 직접 경제에 개입해 지원, 보호, 육성 일변도의 경제시책을 실시하는 등 모든 경제적 변수를 정부가 조정하는 것을 특징으로 한다.[253] 우리 헌법은 '국가의 경제에 관한 규제와 조정'이라는 근거를 통해 국가적 통제를 유지하고 있다. 제5차 개정헌법인 제3공화국 헌법 제111조 제1항은 "대한민국의 경제질서는 개인의 경제상의 자유와 창의를 존중함을 기본으로 한다"라고 했다. 제2항에서는 "국가는 모든 국민에게 생활의 기본적 수요를 충족시키는 사회정의의 실현과 균형 있는 국민경제의 발전을 위하여 필요한 범위 안에서 경제에 관한 규제와 조정을 한다"라고 규정했다. 이 조항은 9차 개정 전까지 그대로 유지되었다.

1980년 헌법에서는 그동안의 경제성장에 수반된 부정적 요소들을 제거하고 경제질서를 새로운 시대의 경제적 상황에 적응시키려고 했다. 70년대 들어 대기업과 독과점 업체의 폐단이 심화되고, 급속한 공업화로 환경파괴 문제가 제기되었기 때문이다. 특히 고도성장에 가려진 국민복지에 대한 요구가 늘어나게 되고, 경제규모가 커진 데 따른 정부 지원의 축소로 민간주도형 경제체제로의 전환이 불가피하게 되었다. 1980년 헌법은 이런 점들을 고려해 독과점의 규제와 조정, 중소기업의 보호와 육성, 소비자보호운동의 보장, 농어민 자조조직의 정치적 중립성 보장, 농지 임대차와 위탁경영의 허용 등 새로운 내용의 경제질서로 폭넓게 수정을 가했다.

---

253 조기준, 한국자본주의 발전사, 대왕사, 1991
이에 대한 비판으로 자본주의는 정치적 민주화와 경제적 자유화 위에서 이루어져야 하며, 그것이 국민적 기반 위에 확대되어야 한다고 주장한다.

(4) 현행 경제헌법

1987년 헌법에 처음으로 경제민주화 조항이 삽입되었다고 하지만 1980년 헌법에도 비슷한 조항이 있었다. 같은 해 제정된 '독점규제 및 공정거래에 관한 법률'도 그 조항에 근거했다. 1987년의 변화는 경제민주화란 단어가 새로 들어간 정도이다. 그러나 경제민주화 조항을 명시적으로 넣은 김종인 위원장은 헌법개정안 최종안을 만들어 당시 전두환 대통령을 설득하고 재가를 받았다고 한다.[254] 장래에 기업을 다스릴 근거 조항을 두어야 한다는 게 설득 요지였다.

여러 증언에 따르면, 1987년의 헌법 조항은 김종인 위원장의 독창적 작품이라기보다는 야당의 초안에 원래 들어 있던 것이라고 한다. 당시 민정·신민·국민당 등 3당 대표들은 국회연설에서 정치민주화 못지않게 경제적 민주화의 해결을 제창, 경제계의 큰 관심을 불러일으켰다.[255] 제헌헌법 이후 우리 헌법의 경제조항은 개헌과정에서 여러 차례 변화를 겪지만 '사회정의의 실현' 등을 위해 경제의 자유를 '규제와 조정'할 수 있다는 취지는 사라지지 않았다. 1987년 개헌과정에서 제헌헌법의 '사회정의'가 '경제민주화'로 바뀐 것뿐이다.[256]

그런데 1987년 이후 정치민주화와 더불어 한편으로 노조조직이 활성화되고 임금이 상승하는 등 경제민주화도 진전되었다. 하지만 다른 한편으로는 독재적 정치권력의 통제로부터 벗어난 대기업의 독재체제가 강화되고, 근로자들 사이의 불평등도 두드러졌다. 정치민주화 속에서 아이러니하게도 경제민주화의 새로운 과제, 즉 경제적 독재와 불평등을 시정해야 할 필요성이 제기된 것이다.

1987년의 제9차 개헌에서도 경제조항에 대한 부분적 수정이 불가피했

---

254 김종인, 지금 왜 경제민주화인가, 동화출판사, 2012, 45쪽
255 매일경제, 재계 관심 끈 경제의 민주화, 1986. 6. 10
256 신동아, 대선 화두 '경제민주화' 대해부, 2012. 9, 119쪽

다. '6·29 민주화선언'으로 정치민주화와 함께 경제민주화에 대한 요구도 불길처럼 거세게 일었다. 전국적인 규모로 노사분규가 발생했으며, 노사분규는 심각한 사회문제로 대두되었다. 자주적인 노동조합 활동 보장과 근로조건 개선, 생계비에 상응하는 적정임금 지불, 근로자 경영참가를 통한 경제민주화 실현 등을 핵심 쟁점으로 했다. 이에 따라 1990년대 이후의 경제시책은 경제의 민주화, 국민생활의 안정과 지속적인 경제발전의 추진, 부의 편재를 시정하기 위한 소득의 적정배분, 자원의 효율적인 활용, 경제성장 혜택의 균등한 배분 등에 역점을 두지 않을 수 없었다. 경제영역에서 사회정의의 실현과 경제민주화를 위해 재산권에 대한 규제와 조정을 재확인하고, 경제과정에 대한 국가적 통제와 계획을 확대했다. 경제질서에 대한 공법적 규제를 강화하기에 이른 것이다.

우리 헌법은 제9장을 '경제'라고 규정하고, 경제질서에 관해 헌법 차원에서 기본원칙을 밝히고 있다. 이를 경제헌법주의라고 한다.[257] 이 같은 태도는 국가의 확고한 경제적 방향을 최고법 차원에서 선언함으로써 규범적 의미가 한정되고 명확해진다. 그뿐만 아니라 경제분야에서의 국가의 정치적 역량을 결집하고 국민의 총화를 이루어낼 수 있다. 그러나 규범적 한정으로 인해 오히려 필요한 입법에 있어 입법재량의 여지가 축소될 수 있다. 또 경성헌법의 성격으로 인해 경제에 대한 유연한 대처가 어려워지는 단점이 있을 수 있다. 경제질서를 규정하는 헌법규정들은 단순한 방침문구가 아니라 경제정책상으로 요구되는 목표를 헌법에 규정함으로써 헌법규정들은 국가경제적 명령을 본래의 전통적인 구도에서 분리해서 헌법적인 의미를 부여해 주는 규범적 성격을 갖는다고 보는 것이 타당하다.[258] 또한 국가목표 규정이자 국가수권 규정이며, 국가행위의 목적과 근거를 제공하거나 법익 형량에 반영되며, 사법적 통제를 받는다.

257 김기영, 헌법강의, 박영사, 2002, 209쪽
258 최갑선, 경제 관련 헌법규정들에 대한 고찰, 헌법논집, 제9집, 1998, 732쪽

《한국의 진보를 비판한다》라는 책에서는 한국이 바람직한 선진사회로 발전하려면 '진보↔보수'의 대립 축에선 진보 쪽으로 어느 정도 옮겨 가고, '개혁↔수구'의 대립 축에선 수구를 물리치고 개혁으로 나아가야 한다고 강조한다.[259] '진보↔보수'란 경제활동을 조절하는 시장과 국가의 상대적 양에 관한 구분이고, '개혁↔수구'란 시장과 국가의 질의 문제이다. 복지가 국가의 상대적 비중을 키우는 진보를 의미한다면, 경제민주화는 시장과 국가의 질을 향상시키는 개혁에 해당하는 셈이다.

시장과 국가의 질을 높이려면 대기업 총수의 황제경영과 대기업의 국민경제 독재를 바로잡아야 한다. 나라 통치를 대기업이 함부로 주물러서도 곤란하다.[260] 황제 총수의 부패·무능이나 대기업의 중소기업 억압 및 국정농단이 공정한 시장질서의 수립을 가로막기 때문이다. 따라서 경제민주화에는 당연히 대기업의 개혁이 들어가야 한다. 아울러 경제민주화엔 노동시장 개혁도 빠뜨려선 안 된다. 거대기업 정규직과 비정규직 및 중소기업 근로자 사이의 부당한 차별을 해소하는 것이 바로 여기에 포함된다. 영세 자영업자 문제 해결도 노동시장 개혁과 무관하지 않다. 지식인이든 정치인이든 이런 '경제민주화' 낱말 뜻부터 명확히 했으면 좋겠다.

2. 현행 헌법의 사회적 시장경제질서

(1) 사회적 시장경제의 기본원칙

우리나라 경제헌법은 경제적 평등과 경제적 자유의 조화점을 어떻게 발견할 것인가에 따라 많은 변천이 있었다. 앞서 본 바와 같이 제헌헌법은 사회적 정의, 경제민주화의 요청이 국민의 경제적 자유에 우선하는 경향이다. 현행 헌법은 경제적 자유가 사회적 정의의 요청에 우선하는 것으

---

[259] 김기원, 한국의 진보를 비판한다, 2012, 창비
[260] 김종인, 앞의 책, 49쪽

로 보여질지도 모른다.[261] 그러나 본질적으로는 사회적 시장경제의 원칙을 선언하고 있다고 보아야 할 것이다.[262] 따라서 국가는 경제민주화를 위해 경제에 관한 규제와 조정을 할 수 있다. 이 점에 있어서 우리나라 헌법의 원리가 사회정의주의에 입각한다고까지 말할 수 있다.

우리 헌법은 정의사회의 이념을 바탕으로 하고 있다.[263] 우리 경제질서도 정의사회 이념에 맞도록 개인과 기업의 경제상의 자유와 창의를 존중함을 기본으로 삼으면서도 경제정의의 실현과 경제민주화를 위한 국가의 규제와 조정을 허용하고 있다. 정의로운 사회를 이루기 위해서는 '국가'와 '사회'의 영역을 구별하는 2원론적 구조를 바탕으로 사회의 자율성과 사회의 국가지향적 활동영역(input)을 비교적 폭넓게 인정하면서도 국가의 사회에 대한 간섭과 규제의 가능성(output)도 어느 정도 유보해 두지 않으면 안 된다. 바로 이곳에 정의사회의 이념과 국가와 사회의 2원론과의 연관성이 있다. 이에 따라 헌법은 '사회적 기본권'의 폭넓은 보장을 통한 사회국가원리의 헌법적 수용과 수정자본주의 원리를 채택하고 있다. 경제적인 자유방임주의에 반대하고, 시장과 경제메커니즘의 자율조정기능에 대한 전통적인 믿음을 완화해서 제한적이나마 시장과 경제현상을 국가적인 규제와 조정의 대상으로 삼고 있다.

헌법재판소도 우리는 자유시장 경제질서를 기본으로 하면서 사회국가원리를 수용하고 있는 것으로 하고 있다. 그리하여 실질적인 자유와 평등을 아울러 달성하려는 것을 근본이념으로 하고 있다.[264] 헌법재판소는 "헌법 제119조는 경제영역에서의 국가목표를 명시적으로 언급함으로써 국가가 경제정책을 통해 달성하여야 할 '공익'을 구체화하고, 동시에 헌법 제37조 제2항의 기본권 제한을 위한 법률유보에서의 '공공복리'를

261 김철수, 헌법학개론, 296쪽
262 헌재 1998. 5. 28 선고, 96헌가4, 판례집 제10권 1집 522쪽 이하(533-534)
263 허영, 한국헌법론, 157쪽

구체화하고 있다.[265] 따라서 헌법 제119조 제2항에 규정된 '경제주체 간의 조화를 통한 경제민주화'의 이념도 경제영역에서 정의로운 사회질서를 형성하기 위해 추구할 수 있는 국가목표로서 개인의 기본권을 제한하는 국가행위를 정당화하는 헌법규범이다"라고 한다.[266]

헌법상 경제질서를 '사회적 시장경제질서'로 보는 견해가 다수설이다. 그러나 우리 헌법상 경제조항은 사회적 시장경제질서로서는 수용할 수 없는 계획적 조정적 요소를 포함하고 있다. 이에 따라 우리 헌법상 경제질서를 독일식의 사회적 시장경제질서로 설명하는 것은 부적절하다. 즉 중요한 생산수단인 농지나 토지의 경우에는 특별한 제한을 할 수 있도록 하고 있다(제120조 제2항, 제121조). 국토와 자원의 균형 있는 개발이용(제122조)과 농어촌의 종합개발과 관련해 광범위한 계획(제123조 제1항)을 할 수 있게 하고, 사유재산의 국유 또는 공유(제126조)까지 규정하고 있다. 이는 사회적 시장경제질서로는 수용할 수 없다. 오히려 사회주의적 시장경제질서에 가깝다. 또 이들 규정이 이러한 계획과 조정, 규제를

---

264 헌재 1998. 5. 28 선고, 96 헌가4, 판례집 제10권 1집 522쪽 이하(533-534)
      헌재 2001. 6. 28 선고, 2001 헌마132, 판례집 13권 1집, 1441쪽 이하(1456쪽)
      헌재 2002. 7. 17 선고, 2001 헌마605, 판례집 14권 2집, 84쪽 이하(104쪽)
      헌재 2002. 11. 28 선고, 2001 헌바50, 판례집 14권 2집, 668쪽 이하(677쪽)
      우리 헌법 제119조는 제1항에서 대한민국의 경제질서는 개인과 기업의 경제상의 자유와 창의를 존중함을 기본으로 한다고 규정하여 사유재산제도, 사적 자치의 원칙, 과실책임의 원칙을 기초로 하는 자유시장 경제질서를 기본으로 하고 있음을 선언하면서, 한편 제2항에서는 국가는 균형 있는 국면경제의 성장 및 안정과 적정한 소득의 분배를 유지하고, 시장의 지배와 경제력의 남용을 방지하며, 경제주체 간의 조화를 통한 경제의 민주화를 위하여 경제에 관한 규제와 조정을 할 수 있다고 규정하고, 또한 헌법 제34조 제1항은 모든 국민은 인간다운 생활을 할 권리를 가진다. 제5항은 신체장애자 및 질병·노령 기타의사유로 생활능력이 없는 국민은 법률이 정하는 바에 의하여 국가의 보호를 받는다고 규정하여 사회국가원리를 수용하고 있어, 결국 우리 헌법은 자유시장 경제질서를 기본적으로 하면서 사회국가원리를 수용하여 실질적인 자유와 평등을 아울러 달성하려는 것을 근본이념으로 하고 있다.
265 헌재 1996. 12. 26 선고, 96헌가18, 판례집 제8권 2집, 680쪽 이하(692-693쪽)
266 헌재 2003. 11. 27 선고 2001헌바35, 증권거래법 제191조의7 제3항 등 위헌소원, 판례집 제15권 2집(하), 222쪽 이하(238쪽); 헌재 2004. 10. 28 선고, 99헌바91, 금융산업의 구조개선에 관한 법률, 판례집 제16권 2집(하), 104쪽 이하

국가의 의무로 규정하고 있다고 볼 수는 없기 때문에 국가의 시장 개입의 범위와 정도 문제는 헌법 차원에서 확정된 것은 아니라고 본다. 결국 우리 헌법상의 경제질서는 그때그때의 경제상황이나 사회현실 그리고 국가정책 방향과 관련해 경제정책의 선택을 자유방임주의나 중앙계획경제 또는 시장사회주의가 아닌 이상 혼합경제의 범위 내에서 장래의 정책에 넓게 개방하는 질서를 의미한다.

(2) 현행 헌법상 경제질서의 성격

현행 헌법상 경제질서는 사유재산제를 바탕으로 하고, 경제활동의 자유와 자유경쟁을 존중하는 자본주의적 자유시장경제를 골간으로 하고 있다. 헌법 제23조에서 사소유권을 보장하고 법률이 정한 정당한 보상이 없으면 법률로써도 공공 필요에 의한 재산권의 수용·사용 또는 제한을 할 수 없게 하고 있는 점과 헌법 제119조 제1항이 "대한민국의 경제질서는 개인과 기업의 경제상의 자유와 창의를 존중함을 기본으로" 하고 있다는 점에서 자본주의를 근간으로 하고 있다.[267] 따라서 개인과 기업의 경제상의 자유가 우선이다.[268]

우리 헌법은 자본주의 경제를 근간으로 하되, 국민의 인간다운 생활의

---

267 헌재 1989. 12. 22 선고, 88헌가13, 판례집 제1권 2집, 357쪽 이하(377쪽)
"자유민주주의 국가에서는 각 개인의 인격을 존중하고 그 자유와 창의를 최대한으로 존중해 주는 것을 그 이상으로 하고 있는 만큼 기본권 주체의 활동은 일차적으로 그들의 자결권과 자율성에 입각하여 보장되어야 하고, 국가는 예외적으로 꼭 필요한 경우에 한하여 이를 보충하는 정도로만 개입할 수 있고, 이러한 헌법상의 보충의 원리가 국민의 경제생활 영역에도 적용됨은 물론이므로 사적 자치의 존중이 자유민주주의 국가에서 극히 존중되어야 할 대원칙임은 부인할 수 없다."

268 헌법 제119조 제1항은 우리나라의 경제질서가 개인과 기업의 경제상의 자유, 사유재산제도와 사적 자치에 기초한 자유시장 경제질서를 기본으로 하고 있음을 선언하고 있는 바(헌재 1998. 5. 28 선고, 96헌가4 등, 판례집 10-1, 522, 533-534; 헌재 1998. 8. 27 선고, 96헌가22 등, 헌재판례집 10-2, 339, 355), 계약의 자유는 개인의 경제상의 자유의 일종이기도 하다(헌재 1991. 6. 3 선고, 89헌마204, 판례집 3, 268, 275; 헌재 2006. 3. 30 선고, 2005.헌마349, 판례집 제18권 1집(상), 435쪽).

확보를 위하여 또 균형 있는 국민경제 발전과 적정한 소득 분배와 경제민주화를 위해 '경제에 관한 규제와 조정'을 할 수 있다는 점에서 수정자본주의를 원칙으로 하고 있다. 이에 따라 우리 헌법은 어떤 순수한 경제질서에 관한 근본결단을 내리고 있다고 보기보다 오히려 두 상반된 경제적 이데올로기와 경제적 이익 간의 조화로서의 헌법적 양해에 근거하고 있다고 보아야 한다는 입장이 있다.[269] 그러나 우리 헌법은 자본주의적 시장경제를 기본으로 하면서 복지와 사회정의 원리를 도입한 수정자본주의의 사회적 시장경제질서에 입각하고 있다고 하겠다.[270] 자유시장경제에 수반되는 모순을 제거하고, 사회정의와 경제민주화를 실현하기 위해 국가적 규제와 조정을 광범위하게 인정하고 있다. 그러므로 그것은 전체적으로 볼 때 사회적 시장경제질서, 혼합경제적 수정자본주의적 경제질서의 성격을 띠고 있다고 볼 수 있다.[271]

경제의 성장·안정·분배, 경제력 남용 방지와 경제민주화는 오늘날 한국 경제뿐만 아니라 세계 경제가 안고 있는 당면과제이다. 이 과제를 해결하기 위한 국가적 규제와 조정은 시대적 요구인 경제민주화 의지의 표현이다. 따라서 한국 경제헌법의 기본원칙은 시장경제, 사유재산권 보장, 경제민주화로 볼 수 있다. 사회적 시장경제질서는 경제재의 생산과 분배가 자유경쟁 원칙에 따라 행해지되, 경제에 대한 국가의 통제가 사회정의 실현과 경제적 약자를 보호하기 위해 경제에 대한 국가의 통제를 강조하는 체제이다. 따라서 사회적 시장경제질서는 한국 헌법상 경제질서의

---

269 김철수, 헌법학개론, 298쪽
270 헌재 1993. 7. 29 선고, 89헌마31, 판례집 제5권 2집, 87쪽 이하
"헌법 제119조 제1항은 대한민국의 경제질서는 개인과 기업의 경제상의 자유와 창의를 존중함을 기본으로 한다고 하여 시장경제의 원리에 입각한 경제체제임을 천명"하고 있다.
271 헌재 1989. 12. 22 [88헌가13], 판례집 1권 357쪽 이하
재산권보장에 관한 헌법 제23조, 경제질서에 관한 헌법 제119조의 각 규정에서 볼 때 우리 헌법의 경제체제는 사유재산제를 바탕으로 하면서 법치주의에 입각한 재산권의 사회성, 공공성을 강조하는 사회적 시장경제체제임을 알 수 있다.

기본명제로서 시장경제, 사유재산권 보장, 국가적 규제와 조정 등의 개념을 포괄하는 종합적 상위 개념이다.

헌법재판소도 한국 헌법상 경제질서는 사회적 시장경제질서임을 분명히 하고 있다.[272] "우리나라 헌법상의 경제질서는 사유재산제를 바탕으로 하고 자유경쟁을 존중하는 자유시장 경제질서를 기본으로 하면서도 이에 수반되는 갖가지 모순을 제거하고 사회복지와 사회정의를 실현하기 위하여 국가적 규제와 조정을 용인하는 사회적 시장경제질서로서의 성격을 띠고 있다. 복수조합의 설립을 금지한 구 축산업협동조합법(1994. 12. 22. 법률 제4821호로 개정되기 전의 것) 제99조 제2항은 입법 목적을 달성하기 위하여 결사의 자유 등 기본권의 본질적 내용을 해하는 수단을 선택함으로써 입법 재량의 한계를 일탈하였으므로 헌법에 위반된다."

그러나 이것은 독일 자유주의자가 말하는 사회적 시장경제와 완전히 일치하는 것은 아니다. 수정자본주의 원리와 사회적 시장경제질서는 엄격한 의미에서 동의어는 아니다. 왜냐하면 수정자본주의는 자본주의와 마찬가지로 사회주의 내지 공산주의와 대립되는 개념이고, 사회적 시장경제질서는 시장경제와 마찬가지로 계획경제 내지 통제경제와 대립되는 개념이기 때문이다. 그러나 자본주의는 자유시장경제를 근간으로 하고 사회주의 내지 공산주의는 계획경제 내지 통제경제를 근간으로 한다는 이유 때문에 자본주의 원리와 자유시장 경제질서가 같은 뜻으로 사용되는 것과 마찬가지로 수정자본주의 원리도 사회적 시장경제질서와 혼용되는 경우가 많다. 그러나 엄밀히 한다면 수정자본주의 원리를 구체화한 경제질서가 바로 사회적 시장경제질서이기 때문에 원리(Prinzip)와 질서(Ordnung)는 구별하는 것이 옳다.

---

272 헌재 1996. 4. 25. 92헌바47, 축산업협동조합법 제99조 제2항 위헌소원(위헌)

(3) 사회적 시장경제질서의 내용

① 사유재산제의 보장

헌법은 제23조 제1항에서 재산권을 보장하고, 제22조 제2항에서는 지적재산권까지 보장하고 있다. 헌법은 전통적인 사유재산제를 기반으로 하는 경제질서를 채택하고 있다. 사유재산제도는 자본주의 경제의 근간을 이루는 것으로서, 생산수단의 국유화를 주장하는 공산주의 경제에 대립하는 가장 중요한 특징이다.[273] 이에는 생산수단의 사적 소유를 포함하며, 자본가에 대한 이윤의 귀속이 인정된다. 이에 따라 재산의 사용·수익·처분의 자유가 보장되고 상속과 증여가 인정된다.

우리 헌법은 1919년 바이마르헌법의 규정을 본받아 제23조 제1항 후단에서 재산권의 "내용과 한계는 법률로 정한다"라고 하고, 동조 제2항에서는 "재산권의 행사는 공공복리에 적합하도록 하여야 한다"라고 해 법치국가 원리에 입각한 재산권의 사회적 유보, 사회적 기속성을 규정하고 있다. 헌법은 또 제122조에서 국토의 이용·개발, 토지소유권의 공공성, 제120조 제1항에서 자연자원의 부분적 사회화, 제126에서 기업의 국유화와 공유화 등을 규정해 사유재산제의 원칙에 제한을 가하고 있다. 토지공개념이 도입되었으나 1998년 이래 부동산 경기 회복을 위해 후퇴하는 경향이 있다.

우리 헌법의 사유재산권 보장은 프랑스 인권선언이 규정한 것처럼 소유권의 신성불가침성을 인정한 것이라고는 할 수 없으며, 사회적 정의의

---

[273] 1976년 독일공동결정법에 대한 연방헌법재판소의 결정을 보면 경제적 기본권은 "법률에 의한 제한이 가능하며… 지분권자나 회사의 권리·자유는 인격적 성격이 희박한데 대하여 그 사회적 성격·기능은 크므로 입법자의 권한은 광범한 것일 수 있다고 하고, 종업원에 의한 기업운영의 정당성의 보완, 기업내에서 활동하는 모든 사람의 협동과 통합이라는 목적을 위하여 공동결정법은 필요한 것이며 소유권이나 결사의 자유, 직업의 자유와 같은 권리·자유의 핵심 영역을 침해하는 것은 아니며, 또 공동결정법에 의하여 회사 등의 협동능력이 상실되는 것은 아니기 때문에, 공동결정법에 의한 제한은 비례원칙에도 적합하다"고 보고 있다(BVerfGE 50, 290(1979)).

요청에 따른 재산권의 사회화·상대화의 경향을 따르고 있다. 재산권은 국가 법률에 의해 창조된 것이다. 법률은 변경될 수 있는 것이기 때문에 절대적 재산권은 존재하지 않는다. 재산권은 그 권리에 상응하는 의무를 부담한다. 소유권은 개인적 목적을 위해서가 아니라 공통된 사회목적을 달성하기 위해 법률로써 인정된 것이다.[274] 사유재산제도의 보장은 타인과 더불어 살아가야 하는 공동체 생활과의 조화와 균형을 흐트러뜨리지 않는 범위 내에서의 보장이다.[275, 276]

사유재산제는 인간의 존엄과 행복 추구의 기본적 요건 중의 하나일 뿐만 아니라 재산이 없는 한 진정한 자유가 없다는 전제에 따라 사회적 시장경제주의의 기본전제의 하나가 된다. 국가 또는 협동단체에 의한 생산수단의 독점은 인간의 자유에 대한 과도한 제한으로서 사유재산제의 보장이야말로 직업선택의 자유 등 경제적 자유와 더불어 자유민주국가에서는 경제원칙의 본질적 부분을 이룬다고 할 수 있다.[277]

헌법재판소는 헌법에 규정된 사유재산제도를 보장하고 있으나 그 한계를 인정하고 있다. "경제질서는 '사유재산의 자유로운 이용·수익과 그 처분 및 상속을 보장해 주는 것이 원칙'"이라고 했다.[278] 헌법 제23조 제1항 전문은 "모든 국민의 재산권은 보장된다"라고 규정하고, 제119조 제1항은 "대한민국의 경제질서는 개인과 기업의 경제상의 자유와 창의

---

274 Walter Lippmann, The Public Philosophy, 이극찬 역, 민주주의의 몰락과 재건, 대한기독교서회, 1974, 149쪽
275 헌재 1989. 12. 22 선고, 88헌가13, 판례집 제1권 357쪽
276 헌재 2001. 1. 18 선고, 2000 헌바7, 판례집 제13권 1집 100쪽
　　입법자가 이자를 제한할 것이냐 여부에 대하여 결정하는 것은 "입법자의 자유재량에 속하는 것이라 할 것이고 입법자가 입법 당시의 여러 가지 경제적 사회적 여건을 고려하여 선택한 것이 입법재량권을 남용하였다거나 입법형성권의 한계를 일탈하여 명백히 불공정 또는 불합리하게 자의적으로 입법형성권을 행사한 것이라고 볼 수 없다."
277 헌재결 1989. 12. 22, 88헌가13, 판례집 제1권, 357(373)쪽
　　사유재산제도의 전면적 부정, 재산권의 무상몰수, 소급입법에 의한 재산권 박탈 등이 재산권에 대한 본질적인 침해가 된다는 데에는 이론의 여지가 없다.
278 헌재 1997. 8. 21 선고, 94헌바19 등 병합, 판례집 제9권 2집, 243쪽 이하(257-258쪽)

를 존중함을 기본으로 한다"고 규정함으로써 우리 헌법이 사유재산제도와 경제활동에 관한 사적 자치의 원칙을 기초로 하는 자본주의 시장경제질서를 기본으로 하고 있음을 선언하고 있다. 이는 국민 개개인에게 자유스러운 경제활동을 통하여 생활의 기본적 수요를 스스로 충족시킬 수 있도록 하고 사유재산의 자유로운 이용과 수익, 그 처분 및 상속을 보장해주는 것이 인간의 자유와 창의를 보장하는 지름길이고 궁극에는 인간의 존엄과 가치를 증대시키는 최선의 방법이라는 이상을 배경으로 하고 있는 것이다. 그러나 그 한계도 인정하고 있다.[279]

② 자유시장경제의 채택

헌법은 전문에서 "모든 영역에 있어서 각인의 기회를 균등히 하고, 능력을 최고도로 발휘하게 하며"라고 하고, 제119조 제1항에서는 "대한민국의 경제질서는 개인과 기업의 경제상의 자유와 창의를 존중함을 기본으로 한다"라고 했다.[280] 제15조에서는 직업선택의 자유를 규정함으로써 현행 헌법의 경제질서가 원칙적으로 자유경쟁에 입각한 시장경제질서를 근간으로 하고 있음을 명백히 했다.[281] 제119조 제1항의 경제상의 자유에는 계약의 자유,[282] 경쟁의 자유, 기업의 자유, 광고의 자유, 소비의 자유 등이 포함된다.

헌법은 그러나 제32조에서 적정임금의 보장과 최저임금제 실시, 근로조

---

279 헌재 1994. 2. 24 선고, 97헌마87 등 병합, 판례집, 제10권 2집, 978쪽 이하(995쪽)
280 헌재 1993.7.29, 89헌마31, 판례집 제5권 2집, 87
헌법 제119조 제1항(제5공화국 헌법 제120조 제1항)은 대한민국의 경제질서는 개인과 기업의 경제상의 자유와 창의를 존중함을 기본으로 한다고 하여 시장경제의 원리에 입각한 경제체제임을 천명하였는데, 이는 기업의 생성·발전·소멸은 어디까지나 기업의 자율에 맡긴다는 기업자유의 표현이며 국가의 공권력은 특단의 사정이 없는 한 이에 대한 불개입을 원칙으로 한다는 뜻이다. 나아가 헌법 제126조(제5공화국 헌법 제127조)는 국방상 또는 국민경제상 긴절한 필요로 인하여 법률이 정하는 경우를 제외하고는 사영기업을 국유 또는 공유로 이전하거나 그 경영을 통제 또는 관리할 수 없다고 규정하여 사영기업의 경영권에 대한 불간섭의 원칙을 보다 구체적으로 밝히고 있다.

건 기준의 인간 존엄성에의 합치, 여자와 연소자의 근로 특별보호 등을 규정하고 있다. 제33조에서는 근로3권을 보장하고 있으며, 제35조 제1항에서는 국민의 환경보전 의무를 규정하고 있다. 제119조 제2항에서 경제계획과 경제력 남용 방지, 제125조에서 무역의 규제·조정, 제124조에서 소비자보호운동 보장 등을 규정함으로써 자유시장경제에 대한 수정을 의미하는 예외조항을 두고 있다.

더 나아가 정의사회를 구현하겠다는 이념 때문에 이른바 많은 사회적 기본권(생활권적 기본권)을 규정하고 있는 것이 우리 헌법의 특징 중의 하나이다.[283] 헌법 전문에서 안전과 자유와 행복을 추구하는 국민생활의 상향식 평준화를 이룩해 정의사회를 구현하겠다고 전제하고 구체적으로 행복추구권을 비롯한 사회적 기본권과 국민의 자유와 복리증진을 위한 노력을 대통령의 선서사항으로 했다. 또 개인과 기업의 경제상의 자유와 창의 존중을 우리나라 경제질서의 기본으로 명시하면서 시장지배와 경제력 남용을 방지하는 데 이르기까지 사회적 기본권을 폭넓게 아우르고 있다.

사회적 기본권은 주관적 권리로서의 성격과 객관적 질서로서의 기능

281 헌재 1989. 12. 22, 88헌가13, 판례집 1권, 357〔368〕쪽
　　우리 헌법은 사유재산제도와 경제활동에 대한 사적 자치의 원칙을 기초로 하는 자본주의적 시장경제질서를 기본으로 하고 있음을 선언하고 있다. 이는 국민 개개인에게 자유로운 경제활동을 통하여 생활의 기본적 수요를 스스로 충족시킬 수 있도록 하고 사유재산과 그 처분 및 상속을 보장해 주는 것이 인간의 자유와 창의를 보장하는 지름길이고 궁극에는 인간의 존엄과 가치를 증대시키는 최선의 방법이라는 이상을 배경으로 하고 있는 것이다.

282 헌재 1991. 6. 3, 89헌마204, 판례집 3권, 268〔275-276〕쪽
　　계약의 자유란 계약체결 여부, 계약의 상대방, 계약의 방식과 내용 등을 당사자의 자유로운 의사로 결정하는 자유를 말한다.
　　헌재 1995. 5. 27, 97헌바 66등9병합
　　계약자유의 원칙 내지 경제상의 자유는 절대적인 것이 아니라 약자보호, 독점방지, 실질적 평등, 경제정의 등의 관점에서 법률상 제한될 수 있음은 말할 것도 없고, 국가의 과세작용과 관련하여서도 적지 않은 제약을 받지 않을 수 없다.

283 허영, 한국헌법론, 158쪽

적인 보완관계를 존중해야 한다. 사회적 기본권의 내용을 뜻하는 '자유'와 '평등'은 어디까지나 '정의'에 바탕을 둔 '자유'와 '평등'이어야 한다. 그래서 '자유 속의 평등'이어야지 '자유 대신에 평등'을 추구하는 것이어서는 안 된다. 바로 이곳에 우리 헌법상 사회국가 실현의 방법적 한계가 있다.

헌법재판소는 "우리 헌법은 사유재산제도와 경제활동에 관한 사적 자치의 원칙을 기초로 하는 자본주의 시장경제질서를 기본으로 하고 있음을 선언하고 있다"[284]라고 해 자본주의 시장경제질서를 기본으로 하고 있음을 인정하고 있다.[285] 헌법재판소는 그 근거를 헌법 제10조와 제119조 제1항에서 찾고 있다. 특히 계약의 자유는 헌법 제10조의 행복추구권에 함축된 일반적 행동자유권으로부터 파생되는 것이다. 그러나 헌법 제119조 제1항의 경제상의 자유의 일종이기도 하다.[286]

헌법재판소는 "우리 헌법에 자유시장 경제질서를 기본으로 하면서 사회국가원리를 수용하여 실질적인 자유와 평등을 아울러 달성하려는 것을 근본이념으로 하고 있음을 밝히고 있다."[287] 헌법이 보호하는 경제상의 자유는 어떠한 경우에도 제한을 받지 않는 자유방임을 의미하는 것이 아니다. 어떤 분야의 경제활동을 사인간의 사적 자치에 완전히 맡길 경우 심각한 사회적 폐해가 예상되는 데도 국가가 아무런 관여를 하지 않는다

---

284 헌재 1989. 12. 22 선고, 88헌가13, 판례집 제1권, 357쪽 이하

285 헌재 1997. 8. 21 선고, 94헌바19 등 병합, 판례집 제9권 2집, 243쪽 이하(257-258쪽)
　　우리 헌법이 사유재산제도와 경제활동에 관한 사적 자치의 원칙을 기초로 하는 자본주의 시장경제질서를 기본으로 하고 있음을 선언하고 있는 것이다. 이는 국민 개개인에게 자유스러운 경제활동을 통하여 생활의 기본적 수요를 스스로 충족시킬 수 있도록 하고 사유재산의 자유로운 이용·수익과 그 처분 및 상속을 보장해 주는 것이 인간의 자유와 창의를 보장하는 지름길이고 궁극에는 인간의 존엄과 가치를 증대시키는 최선의 방법이라는 이상을 배경으로 하고 있는 것이다.

286 헌재 1991. 6. 3 선고, 89헌마204(화재로 인한 재해보상 및 보험가입에 관한 법률 제5조에 대한 헌법소원결정, 판례집 제3권, 268쪽 이하

287 헌재 1998. 5. 28 선고, 96헌가4 등 병합, 판례집 제10권 1집, 522쪽 이하(533-534쪽)

면 오히려 공정한 경제질서가 깨어지고 경제주체 간의 부조화가 일어나게 되어 헌법상의 경제질서가 깨어지고, 헌법상의 경제질서에 반하는 결과가 초래될 것이다.

③ 사회정의와 경제민주화 지향

현행 헌법의 경제질서는 또 사회정의와 경제민주화의 실현을 기본 목표로 하고 있다. 헌법 전문에서 "자유와 권리에 따르는 책임과 의무를 완수하게 하여 안으로는 국민생활의 균등한 향상을 기하고"라고 선언하고 있다. 헌법 제119조 제2항도 "국가는 균형 있는 국민경제의 성장 및 안정과 적정한 소득의 분배를 유지하고, 시장의 지배와 경제력의 남용을 방지하며, 경제주체 간의 조화를 통한 경제의 민주화를 위하여 경제에 관한 규제와 조정을 할 수 있다"라고 해 우리나라 경제질서가 경제민주화를 지향하고 있음을 강조하고 있다.[288] 이는 한편으로 국가적 개입과 경제촉진 등의 방법을 예정하고 있다.[289]

경제영역에서 사회정의의 지향은 사회적 시장경제질서의 기본이념 내지 가치기준이 되기도 한다. 그 구체적 내용으로 경제의 민주화, 공정한 거래와 독과점의 배제, 공정한 소득분배, 사회적 수요에 상응하는 생산, 경제적 불평등 요인의 제거, 적극적 분배정책, 사회보험제도 등을 통한 사

---

288 헌재 1989. 12. 22, 88헌가13, 판례집 1권, 357〔377〕쪽 이하
  헌법 제119조 제2항은 헌법이 자본주의적 생산양식이라든가 시장 메커니즘의 자동조절 기능이라는 골격은 유지하면서 근로대중의 최소한의 인간다운 생활을 보장하기 위하여 소득의 재분배, 투자의 유도·조정, 실업자 구제 내지 완전고용, 광범위한 사회보장을 책임있게 시행하는 국가, 즉 민주복지국가의 이상을 추구하고 있음을 의미하는 것이다.
  헌재 2003. 7. 24, 2001헌바96
  청구인이 주장하는 계약자유의 원칙과 기업의 경제상의 자유는 무제한의 자유가 아니라 헌법 제37조 제2항에 의하여 공공복리를 위해 법률로써 제한이 가능한 것이다.
  헌재 2003. 11. 27, 2001헌바35. 同旨: 헌재 2004. 10. 28〔99헌바91〕
  헌법 제119조 제2항에 규정된 '경제주체 간의 조화를 통한 경제민주화'의 이념은 경제 영역에서 정의로운 사회질서를 형성하기 위하여 추구할 수 있는 국가목표로서 개인의 기본권을 제한하는 국가행위를 정당화하는 헌법규범이다.

회복지의 제고 등을 그 내용으로 한다.[290]

균형 있는 국민경제의 성장 · 안정, 적정한 소득 분배

종래의 성장지상주의에 대한 반성적 성찰로서 경제성장의 혜택을 전 국민이 고르게 누릴 수 있도록 하기 위해 성장 · 안정 · 분배의 조화를 도모하고 있다.

시장 지배와 경제력의 남용 방지

자본주의적 시장경제의 커다란 단점인 독점 또는 과점을 규제 · 조정하지 않고서는 그로 인한 폐단을 막을 수 없다. 독과점의 폐단을 막기 위한 구체적 법률로는 '독점규제 및 공정거래에 관한 법률'이 있다. 헌법 제119조 제2항이 천명하고 있는 독점규제제도는 어느 기업의 시장점유율이 상대적으로 높다는 이유로 자유경쟁을 배제하면서 그 기업의 시장점유율을 인위적으로 낮추는 데 목적이 있는 것이 아니라 자유경쟁을 왜곡시키는 기업결합행위를 규제 내지 제한하고, 시장지배적 지위에 있는 자가 지배력을 남용해 경쟁제한행위를 하는 것을 규제 내지 제한함으로써 실질적인 '자유경쟁'을 보장하는 데 있다.[291, 292]

---

289 헌재 2001. 2. 22 선고 , 99헌마365, 판례집 제13권 1집, 301쪽 이하(315-316쪽)
우리 헌법의 경제질서는 사유재산제를 바탕으로 하고 자유경쟁을 존중하는 자유시장 경제 질서를 기본으로 하면서도 이에 수반되는 갖가지 모순을 제거하고 사회복지 · 사회정의를 실현하기 위하여 국가적 규제와 조정을 용인하는 사회적 시장경제질서로서의 성격을 띠고 있는데, 사회보험방식에 의하여 재원을 조성하여 반대급부로 노후생활을 보장하는 강제저축 프로그램으로서의 국민연금제도는 상호부조의 원리에 입각한 사회연대성에 기초하여 고소득계층에서 저소득층으로, 근로 세대에서 노년 세대로, 현재 세대에서 미래 세대로 국민 간의 소득재분배 기능을 함으로써 오히려 위 사회적 시장경제질서에 부합하는 제도라 할 것이다.
290 김기영, 앞의 책, 213쪽
291 헌재 2003. 7. 24, 2001헌가25, 판례집 제15권 2집 상, 1
292 헌재 1996. 12. 26, 96헌가18, 판례집 제8권 2집, 680

<부당내부거래에 대한 과징금 부과>

공정거래위원회로 하여금 부당내부거래를 한 사업자에 대해 그 매출액의 2% 범위 내에서 과징금을 부과할 수 있도록 한 독점규제 및 공정거래에 관한 법률 제24조의 2가 비례성 원칙에 위반되어 위헌인지 여부

부당지원을 한 사업자의 매출액을 기준으로 하여 2% 범위 내에서 과징금을 책정토록 한 것은, 부당내부거래에 있어 적극적 주도적 역할을 하는 자본력이 강한 대기업에 대하여도 충분한 제재 및 억지의 효과를 발휘하도록 하기 위한 것인데, 현행 공정거래법의 전체 체계에 의하면 부당지원행위가 있다고 하여 일률적으로 매출액의 100분의 2까지 과징금을 부과할 수 있는 것이 아니어서, 실제 부과되는 과징금액은 매출액의 100분의 2를 훨씬 하회하는 수준에 머무르고 있는바, 그렇다면 부당내부거래의 실효성 있는 규제를 위하여 형사처벌의 가능성과 병존하여 과징금 규정을 둔 것 자체나, 지원기업의 매출액을 과징금의 상한기준으로 삼은 것을 두고 비례성 원칙에 반하여 과잉제재를 하는 것이라 할 수 없다.

<자도소주구입명령제도>

국가 목표로서의 '독과점 규제'는 스스로에게 맡겨진 경제는 경제적 자유에 내재하는 경제력 집중적 또는 시장지배적 경향으로 말미암아 반드시 시장의 자유가 제한받게 되므로 국가의 법질서에 의한 경쟁질서의 형성과 확보가 필요하고, 경쟁질서의 유지는 자연적인 사회현상이 아니라 국가의 지속적인 과제라는 인식에 그 바탕을 두고 있다.

독과점 규제는 국가의 경쟁정책에 의하여 실현되고 경쟁정책의 목적은 공정하고 자유로운 경쟁의 촉진에 있다. 독점규제의 목표는 독점규제 및 공정거래에 관한 법률(이하 '독점규제법'이라 한다)이 규제의 목표를 보다 구체화하고 있는바, 독점규제법 제1조는 "사업자의 시장지배적 지위의 남용과 과도한 경제력 집중을 방지하고 부당한 공동행위 및 불공정거래

행위를 규제하여 공정하고 자유로운 경쟁을 촉진함으로써 창의적 기업활동을 조장하고 소비자를 보호함과 아울러 국민경제의 균형 있는 발전을 도모함을 목적으로 하고 있다"고 규정하여 이 법의 입법 목적을 밝히고 있다. 즉 국가의 경쟁정책은 시장지배적 지위의 남용 방지, 기업 결합의 제한, 부당한 공동행위의 제한 등을 통하여 시장경제가 제대로 기능하기 위한 전제조건으로서의 가격과 경쟁의 기능을 유지하고 촉진하려고 하는 것이다. 따라서 독과점 규제 목적이 경쟁의 회복에 있다면 이 목적을 실현하는 수단 또한 자유롭고 공정한 경쟁을 가능하게 하는 방법이어야 한다.

경제민주화

경제민주화라 함은 경제활동에 관한 의사결정권이 한 곳에 집중되지 아니하고 분산됨으로써 경제주체 간에 견제와 균형이 이루어지고, 시장기구가 정상적으로 작동되는 상태를 말한다. 한국에 있어 경제민주화의 주된 내용으로는 민주적인 노조·농민조직·소비자 조직 결성, 실질적인 기업공개와 주식분산, 독과점과 경제력 집중 규제, 금융자율화, 경제계획의 신축성과 유연성 등을 들 수 있다.[293]

〈경제민주화의 헌법적 의미〉

우리 헌법은 헌법 제119조 이하의 경제에 관한 장에서 "균형 있는 국민경제의 성장과 안정, 적정한 소득의 분배, 시장의 지배와 경제력 남용의 방지, 경제주체 간의 조화를 통한 경제의 민주화, 균형 있는 지역경제의 육성, 중소기업의 보호육성, 소비자보호 등"의 경제영역에서의 국가 목표를 명시적으로 언급함으로써 국가가 경제정책을 통하여 달성하여야 할 '공익'을 구체화하고, 동시에 헌법 제37조 제2항의 기본권 제한을 위

---

[293] 헌재 2003. 11. 27, 2001헌바35, 판례집 제15권 2집 하, 222

한 법률유보에서의 '공공복리'를 구체화하고 있다(헌재 1996. 12. 26. 96 헌가18, 판례집 8-2, 680, 692-693). 따라서 헌법 제119조 제2항에 규정된 '경제주체 간의 조화를 통한 경제민주화'의 이념도 경제영역에서 정의로운 사회질서를 형성하기 위하여 추구할 수 있는 국가목표로서 개인의 기본권을 제한하는 국가행위를 정당화하는 헌법규범이다.

경제에 관한 규제와 조정은 순수한 경쟁 경제질서에 대해 국가적 통제를 하게 되는 것을 말하는데 소득의 재분배를 최우선으로 해서는 안 된다.[294] 우리 경제헌법이 사회적 시장경제의 이념 아래 국가적 통제를 하는 것은 독일이나 미국이 시장경제를 원칙으로 하되 국가에 의한 경제 개입과 촉진을 행하고 있는 것과 마찬가지다. 문제는 우리나라가 경제에 관한 규제와 조정 면에서 계획경제를 도입할 수 있는가 하는 점이다. 경제의 민주화와 균형 있는 국민경제 발전을 위하여 자본주의 틀 안에서의 경제계획은 가능하고 바람직한 일이다. 그러나 자본주의의 기본원리를 전혀 무시하는 전면적인 중앙관리경제는 우리 헌법상 인정될 수 없으며, 다만 부분적인 국영경제에 의하여 국가적 통제를 할 수는 있을 것이다.

경제민주화의 지향은 생존권적 기본권의 보장과 특히 밀접한 관련이 있다. 우리 헌법은 제34조에서 인간다운 생활을 할 권리와 국가의 사회보장과 사회복지의 증진에 노력할 의무, 생활능력이 없는 국민의 보호를 규정하고 있다. 이는 사회적 시장경제질서 하에서 경제민주화와 사회정

---

294 헌재 1999. 11. 25 선고, 98헌마55, 판례집 제11권 2집, 593쪽(610쪽) 이하
헌법 제119조 제2항은 국가가 경제적 영역에서 실현하여야 할 목표의 하나로서 '적정한 소득의 분배'를 들고 있지만 이로부터 반드시 소득에 대하여 누진세율에 따른 종합과세를 시행하여야 할 구체적인 헌법적 의무가 조세입법자에게 부과되는 것이라고 할 수 없다. 오히려 입법자는 사회·경제적 정책을 시행함에 있어서 소득의 재분배라는 관점만이 아니라 서로 경쟁하고 충돌하는 여러 목표, 예컨대 '균형 있는 국민경제의 성장 및 안정', '고용의 안정' 등을 함께 고려하여 서로 우선순위를 정할 수도 있다. 그러므로 '적정한 소득의 분배'를 무조건적으로 실현할 것을 요구한다거나 정책적으로 항상 최우선적인 배려를 하도록 요구하는 것은 아니라 할 것이다. 를 규제하여야 할 것이다.

의의 지향의 중요한 내용이다.

헌법재판소는 경제적 자유가 절대적인 것은 아니라고 하면서 사회국가원리에 따른 제약을 인정하고 있다.[295] "헌법이 이미 많은 문제점과 모순을 노정한 자유방임적 시장경제를 지향하지 않고 아울러 전체주의국가의 계획통제경제도 지양하면서 국민 모두가 호혜호영하는 실질적인 사회정의가 보장되는 국가, 환언하면 자본주의적 생산양식이라든가 시장 메커니즘의 자동조절 기능이라는 골격은 유지하면서 근로대중의 최소한의 인간다운 생활을 보장하기 위하여 소득의 재분배, 투자의 유도·조정, 실업자 구제 내지 완전고용, 광범위한 사회보장을 책임있게 시행하는 국가, 즉 민주복지국가의 이상을 추구하고 있음을 의미하는 것이다."

헌법 제119조의 법적 성격

㉮ 학설

헌법 제119조의 법적 성격과 관련해 제1항과 제2항을 분리해 이해할 것인가, 아니면 하나로 이해할 것인가와 관련해 견해가 나뉘고 있다. 다수설은 제119조 제1항은 자유경제의 원칙을 규정한 것으로 본다. 즉 우리나라 경제질서는 개인과 기업의 경제상의 자유를 존중하는 자본주의를 기반으로 해 경제적 활동의 자유를 원칙적으로 보장하는 것이며,[296] 제2항은 그에 대한 예외로서 경제에 관한 규제를 규정한 것으로 이해하고, 헌법 제119조로부터 우리 헌법은 사회적 시장경제질서를 원칙으로 채택하고 있다고 할 수 있다. 이와 같이 헌법 제119조 제1항은 자유시장

---

[295] 헌재 1989. 12. 22 선고, 88헌가13, 판례집 제1권 357쪽 이하
공정하고 자유로운 경쟁을 촉진하여 창의적인 기업활동을 조장하고 소비자를 보호함과 아울러 국민경제의 균형 있는 발전을 도모하기 위해서는 우월적 지위를 이용하여 경쟁사업자나 일반소비자의 이익을 부당하게 침해하는 행위
[296] 헌재 1991. 6. 3. 89헌마204 결정
헌법재판소는 "계약의 자유가 헌법 제10조 행복추구권에 함축된 일반적 행동자유권으로부터 파생되는 것이나 헌법 제119조 제1항의 경제적 자유의 일종이기도 하다"고 한다.

경제의 원칙을, 제2항은 이러한 자유시장경제의 원칙으로 인한 부의 불균형 등 다양한 문제점들을 예방하고 제거하기 위한 국가 개입 가능성을 표현하고 있다.[297]

헌법재판소는 초기에는 특정 경제질서에 대해 언급을 회피하다가, 이후에는 직접적이고 분명하게 우리 헌법은 사회적 시장경제를 채택하고 있다고 밝혔다. 헌법재판소가 사회적 시장경제질서로 판시한 사건은 다음과 같다. "우리 헌법의 경제질서는 사유재산제를 바탕으로 하고 자유경쟁을 존중하는 자유시장 경제질서를 기본으로 하면서도 이에 수반되는 갖가지 모순을 제거하고 사회복지와 사회정의를 실현하기 위하여 국가적 규제와 조정을 용인하는 사회적 시장경제질서로서의 성격을 띠고 있다."[298] 대법원도 우리 헌법은 사회적 시장경제질서를 채택한 것으로 보고 있다.[299]

소수설은 이에 대해 "헌법 제119조는 제1, 2항을 분리하여 제1항에서 '시장경제질서'를, 제2항에서 '사회적'이라는 명제를 도출해 낼 수 있는 것이 아니라, 두 항을 서로 내적 연관관계에서 파악하여 개인의 경제적 자유를 보장하면서 사회정의를 실현하는 경제질서라는 의미의 '경제헌법상의 근본적인 목표설정 규정'으로 해석해야 한다"라고 하면서 "헌법 제119조는(사회적) 시장경제의 헌법적 보장이 아닌, 경제헌법상의 근본적인 목표 설정 규정으로 해석하는 것이 타당하다"고 한다.[300]

---

297 지성우, 앞의 논문, 115쪽
298 헌재 1996. 4. 25. 92헌바47, 판례집 8-1, 370, 380; 1998. 5. 28. 96헌가4등, 판례집 10-1, 522, 533, 534
299 대법원 1992. 10. 23. 92누2387 판결
축산업협동조합법 제99조 제2항의 규정은 같은 구역 내에 조합간의 부당한 경쟁으로 인하여 조합의 건전한 발전을 저해하는 폐해를 방지하기 위한 것으로서 필요하고도 합리적인 제한이라 할 것이므로 위 조항이 경제질서에 관한 이념을 규정한 제119조 제1,2항 및 농민의 자조조직을 헌법 제123조 제5항의 규정에 위반하는 것이라 할 수 없다.
300 한수웅, 한국 공법상의 경제질서, 공법학의 현대적 지평−심천 계희열 박사 화갑기념논문집, 1995, 173쪽 이하(190, 196쪽)

또 헌법 제119조 제1항과 제2항이 함께 가지 않으면 시장경제가 이루어지지 않는다고 한다.[301] 시장경제의 효율을 극대화하되 시장경제가 지속적으로 안정적으로 발전하기 위해서는 제2항이 함께 가지 않으면 안된다는 것이다. 여기서 경제민주화의 뜻은 어느 특정 경제세력이, 즉 대기업이 나라를 지배하지 않도록 하자는 것이다. 시장을 포함해 분배의 문제까지 시장과 기업에 맡기면 안 된다는 것이다. 경제민주화는 경제사회의 균형을 맞추며 어느 한쪽이 전체를 지배하는 상황을 막거나 바꿔야 한다는 의미이며, 제2항은 자본주의를 지키는 안전장치이다.

헌법 제119조 제1항을 원칙으로 보고 제2항을 예외로 보는 것은 시장경제에 대한 자유주의적 이해를 전제한 것이며, 필연적으로 경제영역에서 공익의 역할과 기능을 축소하게 된다는 지적이 있다.[302]

이에 반해 효율성과 자유가 중시되는 시장경제에 있어서도 공익이 부수적인 고려요소가 아니라 중심적 고려요소가 되어야 한다. 따라서 헌법 제119조 제2항은 시장경제의 보장조건으로 국가에게 규제와 조정의 임무를 부여한 것이다. 제2항은 제1항의 전제조건 내지 기반을 규정한 것이지 제1항의 예외에 불과하다고 볼 수 없다는 것이다.

헌법 제119조를 제1항과 제2항으로 분리해 제1항은 원칙, 제2항은 예외를 규정한 것으로 보기보다는 전체로서 경제질서의 기본원칙을 규정한 것으로 이해하는 것이 옳다고 설명하는 견해도 있다.[303] 그러나 경제헌법도 궁극적으로는 인간의 존엄을 실현하기 위해 존재하는 것이므로 이 규정을 경제헌법상의 근본적인 목표설정 규정으로 볼 수는 없다고 본다. 즉 헌법 제119조는 인간의 존엄을 실현하기 위해 경제질서에서 자유와 사회적 정의를 결합시키려 한 규정이라고 해석해야 되며, 결국 그것은 자유주

---

301 김종인, 앞의 책, 40쪽
302 이원우, 경제규제와 공익, 법학(서울대 법학연구소) 제47권 제3호, 93쪽
303 홍성방, 헌법학, 2008, 현암사, 983쪽

의적 시장경제와 사회주의적 계획경제를 변증법적으로 통합시킨 사회적 시장경제체제를 채택하고 있는 규정으로 이해해야 한다.

④ 헌법 제119조 제2항의 의미

헌법 제119조 제2항이 '경제에 관한 규제와 조정을 할 수 있다'는 것은 국가가 순수한 경쟁 경제질서에 대해 통제를 할 수 있다는 것을 의미하기도 한다. 그리고 이는 경제민주화와 균형 있는 국민경제의 발전을 위해서는 자본주의의 틀 안에서 계획경제를 도입할 수도 있고, 부분적인 국영경제에 의한 국가적 통제도 가능하다는 것을 의미한다. 이는 물론 자유경쟁의 결과 초래되는 자기부정적 경향에 대한 교정을 위해, 특히 바로 자유경쟁 그 자체를 실현시키기 위한 국가적 규제와 조정의 근거에 대한 규범화를 뜻하기도 한다. '독점규제 및 공정거래에 관한 법률'과 조세제도도 이 같은 규제와 조정의 반영을 뜻한다.

그러나 우리 헌법은 제119조 제1항에서 "개인과 기업의 경제상의 자유와 창의를 존중함을 기본으로" 하며, 제23조에서 사유재산권을 보장하고 있기 때문에 우리 헌법은 시장경제의 완전한 포기를 허용하지 않고 있다. 따라서 자본주의의 기본원리를 전혀 무시하는 전면적인 중앙관리경제는 우리 헌법상 인정될 수 없는 것으로 보아야 할 것이다. 경제에 대한 규제와 조정도 법치주의 원리가 정하는 절차에 따라야 함은 두말할 여지가 없다 할 것이다.[304]

기업활동의 핵으로 파악해야 할 재산권 보장 내지 사유재산제도 한편에서는 경제적 자유와 창의 배양을 뜻하지만 다른 한편에서는 평등이라는 가치의 추구와 연결될 때 그 긴장관계는 심화되기 마련이다. 사유재산제 그 자체가 필연적으로 사회·경제적 불평등의 근원이 되기 때문이다.

헌법재판소 판례에 의하면 "우리 헌법은 자유시장 경제질서를 기본으로 하면서 사회국가원리를 수용하여 실질적인 자유와 평등을 아울러 달성하려는 것을 근본이념으로 하고 있는 것이다."³⁰⁵ "우리 헌법은 사회국가원리를 명문으로 규정하고 있지는 않지만 사회적 기본권의 보장(헌법 제31조 내지 제36조), 경제 영역에서 적극적으로 계획하고 유도하고 재분배하여야 할 국가의 의무를 규정하는 경제에 관한 조항(헌법 제119조 제2항) 이하) 등과 같이 사회국가원리의 구체화된 여러 표현을 통하여 사회국가원리를 수용했다. 사회국가란 한 마디로 사회정의의 이념을 헌법에 수용한 국가, 사회현상에 대해 방관적인 국가가 아니라 경제·사회·문화의 모든 영역에서 정의로운 사회질서의 형성을 위해 사회현상에 관여하고 간섭하고 분배하고 조정하는 국가이며, 궁극적으로는 국민 각자가 실제로 자유를 행사할 수 있는 그 실질적 조건을 마련해 줄 의무가 있는 국가이다."³⁰⁶

결국 헌법 제119조는 다수설처럼 제1항과 제2항이 원칙과 예외로 보는 것이 타당하다. 헌법 편제상 항을 따로 둘 뿐 아니라 문리적으로도 제1항은 자유경제 원칙을 천명하고, 제2항은 예외적으로 사회정의, 경제민주화를 위해 규제와 조정의 근거를 규정한 것으로 보아야 한다. 전체적으로 시장경제의 작동을 위한 장치라고는 하지만 시장경제의 작동은 제1항에 의해 원칙적으로 가동되고, 제2항에 의해 시장이 실패하거나 보완해야 할

304 헌재 1995. 11. 30. 94헌가2 결정
〈공공용지의 취득 및 손실보상에 관한 특례법 제6조 위헌제청(위헌)〉 헌법상의 복지국가이념을 실천하기 위하여 국가가 공공복리를 위하여 사적 영역에 개입하는 것이 필요하다고 하더라도 자유주의적 시장경제질서를 근간으로 하고 있는 우리 헌법 질서 하에서는 국가는 우선 사적 자치 영역에서 그러한 공공복리의 목적수행이 가능하도록 조장하고, 그것이 여의치 않을 때에만 실천적 법치주의에 따른 목적과 비례성 범위 내에서 개입하는 것이 타당하다.
헌재 2003. 2. 27. 2002헌바4 결정
〈유사수신행위의 규제에 관한 법률 제3조 등 위헌소원(합헌)〉 헌법이 보호하는 경제상의 자유란 어떠한 경우에도 제한을 받지 않는 자유방임을 의미하는 것이 아니다. 어떤 분야의 경제활동을 사인간의 사적 자치에 완전히 맡길 경우 심각한 사회적 폐해가 예상되는 데도 국가가 아무런 관여를 하지 않는다면 오히려 공정한 경쟁질서가 깨어지고 경제주체 간의 부조화가 일어나게 되어 헌법상의 경제질서에 반하는 결과가 초래될 것이다.

305 헌재 1998. 5. 28. 96헌가4 등 판례집 10-1, 522, 534쪽
306 헌재 2002. 12. 18. 2002헌마52, 판례집 14-2, 904, 909쪽

필요가 있을 때 규제와 조정되는 것이다. 시장경제가 보이지 않는 손에 의해 완전하게 가동된다면 굳이 국가가 개입하고, 경제민주화를 거론할 필요가 없는 것이다. 시장경제 그 자체가 이미 민주화를 이룩하는 것이다.

경제민주화의 과제

경제민주화는 주로 구호로 사용되던 용어이다. 경제민주화가 헌법에서는 '규제와 조정'의 근거로서 규정되어 있다. 그러나 대체로 그 함의는 국가에 의한 탈규제(deregulation) 내지 간섭의 배제로 조건이 주어진다. 경제민주화가 요청되는 배경으로서 국가의 경제간섭도는 그 위상이 어떠할까를 점검해 볼 필요가 있다.[307]

첫째, 정부가 재정자금이나 은행의 대출자금의 제한을 통해서 원하는 대로 자원분배를 해 왔다. 둘째, 자본집약적 산업일수록 공기업의 비중이 매우 크다. 셋째, 기업활동에 대한 규제는 지나치면서도 한편 기업결합 활동, 즉 독과점에 대한 구제는 극히 제한적이었다. 넷째, 정부 육성산업에 참여하는 특정기업에는 금융, 조세 등의 특혜가 심했다. 다섯째, 조세정책에 있어서 기업의 명목세율은 낮지 않으나 각종 조세감면 혜택의 결과 실효세율은 낮으며 특히 대기업의 경우가 중소기업보다 오히려 낮다.

국가의 시장 개입은 직접적 강제적 개별적으로 이루어진다. 특히 국회의 대정부 제정통제는 기준도 없이 거의 백지위임에 가까울 만큼 미약하다. 이 같은 문제 인식에서 경제민주화에 대한 요청은 그 어느 때보다 고조되고 있다.

오늘날 경제민주화에의 요구는 그동안 비경쟁적 질서 속에서 야기된 경제구조의 취약성을 극복하기 위한 것이다. 즉 자본주의적 경제질서의 제1차적 원리라고 한 '경쟁의 원리'를 회복시키고 강화시킨다는 목표를

---

307 권영설, 헌법이론과 헌법담론, 897쪽

위한 것이다. 정부가 경쟁을 제한하고 있는 경제관계 법률을 전면적으로 재정비하겠다는 정책 방향도 이 같은 맥락에서 이해할 수 있다. 이것들은 경제발전 전략에 있어서 효율 중심이 낳은 경제이념의 전도현상을 반영하기도 한다. 그러나 시장기능 형성을 위해 출발된 국가적 개입이 경제력 집중을 포함한 시장 역기능을 바로 잡기 위해 또 다른 규제와 조정을 통해야만 시장기능의 정당화를 달성해야 한다는 역설적 상황에 부딪쳐 있는 것이다.

(4) 사회적 시장경제질서설에 대한 비판

통일적인 내용을 가지는 것은 아니지만 우리 헌법상의 경제질서가 사회적 시장경제질서라고 하는 다수설에 대해 비판적인 입장이 있다. 종래 학설의 일반적 경향은 헌법 제119조에서 규정한 경제질서의 기본원리를 흔히 '사회적 시장경제'라고 불러왔다. 헌법재판소 판례도 우리 헌법의 경제질서를 사회적 시장경제로 부르고 있다. 그러나 이 용어는 독일에서의 사회적 시장경제(soziale Marktwirtschaft)라는 용어를 그대로 차용한 것으로 우리 헌법의 경제질서를 독일 특유의 경제질서와 동일시하는 우려가 있기 때문에 적절하지 않다.[308] 더 보편적인 용어로서 복지국가 지향의 수정자본주의적 경제질서라고 부르는 것이 적절하다.

사회적 시장경제는 독일의 특수한 역사적 경제적 성격을 가지는 것이라는 설도 같은 입장이다.[309] 그 전제로서 자본주의의 성숙이 먼저 존재해야 하는데 자생적 자본주의의 경험이 없는 우리의 경우 국가의 개입은 자본축적의 형성을 위해 그리고 시장의 기능을 형성하기 위해 필요한 것이므로 독일의 사회적 경제질서로서 우리 헌법의 경제질서를 설명할 수는 없다.

---

308 양건, 앞의 책 172쪽
309 권영설, 국가와 경제-경제질서의 헌법적 기초, 공법연구 제16집, 1988, 10쪽

사회적 시장경제질서는 자유를 최우선 가치로 보고, 경제를 경제질서와 경제과정으로 구분해 경제질서에 대한 간섭만을 인정하는 질서를 의미한다. 경제과정에 대한 직접·간접적인 조정방식은 배제된다는 점에서 우리 헌법의 경제질서를 사회적 시장경제라고 하기는 곤란하다.[310] 헌법상의 복지국가 지향적 규정과 복지국가의 경제질서의 여러 특징, 특히 완전고용의 실현, 최저생활 보장, 사회보험제도의 시행, 경제계획, 경제조직의 공간체계, 사회간접자본 축적과 경제 목적의 물량위주 정책 등의 현상이 나타나고 있거나 그러한 현상의 실현을 지향하고 있다는 점에서 우리 헌법상의 경제질서는 복지국가 경제질서와 가장 유사한 경제질서라고 할 수 있다.

또 다른 학설은 우리 헌법의 경제질서를 사회적 시장경제로 단언할 수 없으며, 입법자가 시대 상황에 따라서 순수한 자유시장경제와 완전한 중앙계획경제 사이에 존재하는 다양한 혼합경제질서를 결정할 수 있다고 한다.[311] 여기에 우리 헌법상 경제조항은 사회적 시장경제질서로 수용할 수 없는 계획적 조정적 요소를 포함하고 있으므로 우리 헌법의 경제질서를 사회적 시장경제질서로 설명하는 것은 적절하지 못하다.[312] 우리 경제의 헌법적 기본질서는 혼합경제체제 또는 자유주의적 혼합경제체제로 보는 것이 보다 더 정확한 표현이다.

헌법 제119조 제2항과 관련해 여러 가지 다양한 이유로 삭제하여야 한다는 주장이 있다.[313] 헌법 제119조는 논리적 문제에도 불구하고 '규범적 의미'와 아울러 경제와 사회정책 입법에 있어 공공복리의 중요한 예시를 제시하는 의미, 시장의 내재적 한계, 시장의 사회적 한계, 복지국가

---

310 정순훈, 우리 헌법상 경제질서와 경제규제의 한계, 공법연구 제16집, 1988, 173쪽
311 김문현, 현행 헌법상의 경제질서의 성격, 고시계 1997. 9, 91쪽
312 김형성, 독일과 한국에 있어서의 사회적 시장경제, 법철학연구 제3권 제1호, 한국법철학회, 2000, 208쪽
     헌법과 경제질서의 개혁, 고시계 1998. 2, 91-94쪽

의 규범적 기초로서의 의미 등 다양한 '상징적 의미'를 가지는 것으로 보아야 한다.[314] 그러나 이를 일의적으로 복지국가로서 보기에는 앞서 살핀 바와 같이 무리가 있으며, 오히려 사회국가로서 전체 틀에서 봐야 하지 않을까 하는 생각이다. 또한 독일적 법전통과 체계를 공법 이론에 무조건적으로 받아들이는 태도도 되돌아봐야 한다.

3. 경제질서에 관한 그 밖의 원칙과 경제정책

헌법은 경제질서와 관련해 다양한 경제원칙과 경제정책들을 규정하고 있다. 제121조는 경자유전의 원칙, 제123조 제2항은 지역경제의 육성, 제3항은 중소기업의 보호·육성, 제123조는 농어민의 이익 보호, 제127조 제1항은 과학기술의 혁신과 정보·인력의 개발, 제2항은 국가표준제도의 확립, 제3항은 과학기술 혁신과 정보·인력개발을 위한 자문기구의 설치를 규정하고 있다.

---

313 가령 먼저 헌법 제119조는 자본주의 경제 현실에 부합하지 않기 때문이라는 이유로 폐지를 주장하는 견해로는 김정호(2004), '헌법 경제조항과 사회적 기본권에 관한 법경제학적 분석', 헌법학연구 제10권 제1호, 113쪽 이하 참조. 또한 경제질서에 관한 규정들은 그 자체를 규율 대상으로 하여야 하는데, 제119조 제2항은 사회정책적 배려를 위한 규정이기 때문에 삭제되어야 한다는 견해는 김성수(2005), '경제질서와 재산권 보장에 관한 헌재결정의 평가와 전망', 공법연구 제33집 제4호, 143쪽 이하 및 173쪽 참조. 또한 헌법 제37조 제2항이 이미 헌법 제119조 제2항과 동일한 기능을 수행하고 있기 때문에 별도로 헌법 제119조 제2항을 존치시킬 필요가 없다는 견해로는 이덕연(2005), '한국 헌법의 경제적 좌표─시장(기업)규제의 범위와 한계', 21쪽 이하 등을 참조. 지성우 앞의 논문 115쪽 재인용

314 같은 견해로 전광석(2010). '헌법 제119조', 헌법주석서 IV, 법제처, 489-490쪽 지성우 앞의 논문 115쪽 재인용

제5장
위헌심사와 국가의 경제 개입

1. 위헌심사와 헌법 제119조 제1항

재산권 제한에 관한 위헌심사에서 헌법재판소는 재산권 침해만이 아니라 헌법 제119조 제1항에서 규정한 자유시장 경제질서 위반 여부와 문제를 아울러 심판하는 예가 있다. 예컨대 신문고시조항[315]의 위헌 여부를 심판함에 있어서 재산권 제한에 관한 헌법 제37조 제2항 위반 여부와 함께 헌법 제119조 제1항 위반 여부를 판단하고 있다.[316] 또 연금보험료의 강제징수에 관한 국민연금법 규정이 재산권 보장 또는 행복추구권을 침해하는지 여부와 함께 헌법상의 시장경제질서에 위반되는지 여부를 판단하고 있다.[317] 헌법 제119조 제1항은 경제적 자유권 보장을 확인한 것이므로 재산권, 직업선택의 자유 등 경제적 자유권의 침해 여부의 판단과 별도 제119조 제1항 위반 여부를 판단할 필요는 없다고 본다.

---

[315] 신문판매업자가 독자에게 1년 동안 제공하는 무가지와 경품류를 합한 가액이 같은 기간에 당해 독자로부터 받는 유료신문대금의 20%를 초과하는 경우 동 무가지와 경품류의 제공행위가 '독점규제 및 공정거래에 관한 법률' 소정의 불공정거래행위에 해당한다는 규정.

[316] 헌재 2002. 7. 18, 2001헌마605

[317] 헌재 2001. 2. 22, 99헌마365

2. 국가의 경제 개입 근거로서 헌법 제119조 제2항

헌법 제119조 제2항은 국가의 경제 개입의 근거를 규정하는 것이다. 과거 제5공화국 헌법 제120조 제2항에서 "국가는 모든 국민에게 생활의 기본적 수요를 충족시키는 사회정의의 실현과 균형 있는 국민경제의 발전을 위하여 필요한 범위 안에서 경제에 관한 규제와 조정을 한다"고 규정했던 것을 더 구체화한 것이다.

(1) 경제민주화의 법적 의미

경제에 관한 규제와 조정의 근거 가운데 특히 해석상 문제가 있는 것은 '경제민주화'의 의미이다. 제1설에 의하면 법적인 의미를 갖지 않는다고 본다. 제2설은 경제영역에서의 사회정의 실현이라는 정도의 의미로 본다. 제3설에 의하면 이른바 경제민주주의, 즉 근로자의 공동결정권의 근거가 된다고 본다. 헌법재판소 판례 가운데 제2설에 입각한 것이 있다.[318]

"우리 헌법은 헌법 제119조 이하의 경제에 관한 장에서 균형 있는 국민경제의 성장과 안정, 적정한 소득 분배, 시장의 지배와 경제력 남용 방지, 경제주체 간의 조화를 통한 경제민주화, 균형 있는 지역경제의 육성, 중소기업의 보호육성, 소비자 보호 등의 경제영역에서의 국가목표를 명시적으로 언급함으로써 국가가 경제정책을 통하여 달성해야 할 '공익'을 구체화하고, 동시에 헌법 제37조 제2항의 기본권 제한을 위한 법률유보에서의 '공공복리'를 구체화하고 있다.(헌재 1996. 12. 26. 96헌가18, 판례집 8-2, 680, 692-693) 따라서 헌법 제119조 제2항에 규정된 '경제주체 간의 조화를 통한 경제민주화'의 이념도 경제영역에서 정의로운 사회질서를 형성하기 위하여 추구할 수 있는 국가목표로서 개인의 기본권을

---

[318] 헌재 2004. 10. 28, 99헌바91, 판례집 16-2, 104, 128-129

제한하는 국가행위를 정당화하는 헌법규범이다."

여기서는 '경제주체 간의 조화를 통한 경제민주화'는 경제영역에서의 의사결정권의 집중을 완화한다는 의미로 본다. 제2설과 판례의 입장은 국가의 경제 개입의 근거로 경제민주화를 별도로 규정한 데 대해 특별한 의미를 부여하지 않는 것이며, 적절하지 않다. 반면 제3설에 따라 근로자의 공동결정권을 법률로 정할 수 있는 근거로 해석한다면 보충의 원리에 위반한다고 볼 것이다. 다만 근로자의 공동결정권에 이르지 않는 정도에서 의사결정권 집중을 완화하는 제도는 허용될 수 있다. 이 견해는 제2설과 제3설의 중간적 해석이라고 할 수 있다. 헌법조항에서 근로자와 사용자만을 한정하지 않고 포괄적으로 '경제주체'라고 규정하고 있으므로 근로자, 사용자 관계만이 아니라 사업자, 소비자 관계 등 경제영역 전반에서의 의사결정권 집중완화의 뜻으로 해석하는 것이 적절하다.

(2) 경제정책적 개입 근거

국가의 경제 개입은 우선 경제정책적 요구에 기초한 시장에의 개입과 규제, 계획을 들 수 있다.[319] 이에는 시장에서의 경쟁 조건을 실현하기 위한 규제·개입이 인정된다. 이는 헌법 제119조 제2항이 시장의 지배와 경제력의 남용을 방지하며 경제주체 간의 조화를 통한 경제의 민주화를 위해 규제·조정을 할 수 있도록 한 점에서 그 근거를 발견할 수 있다. 또 시장의 원리가 적용될 수 없는 영역, 예컨대 녹지나 도로 등 사회간접자본의 조달을 위해 또는 외부 불경제를 초래하는 것을 막기 위해 국토이용계획 등을 수립하는 경우로서 헌법 제120조 제2항과 제122조에서 그 근거를 찾을 수 있다. 국민경제의 성장과 안정을 위해 예컨대 경제불황의 극복을 위한 유효수요의 창출, 산업구조의 조정과 유도, 물가안정, 무역

---

319   정회철, 앞의 책, 159-160쪽

수지개선 등을 위한 국가의 규제, 조정, 유도를 할 수 있다. 이는 헌법 제119조 제2항, 제123조, 제125조 등에 그 근거를 두고 있다.

(3) 사회정책적 개입 근거

국가의 또 다른 개입과 규제, 조정으로는 사회정책적 요구에 의한 것을 들 수 있다. 즉 사회국가원리에 따른 사회적 정의의 실현, 사회적 약자의 보호를 위한 노사관계에의 개입이나 사회보장의 실현, 소비자 보호, 농어민 보호, 환경보호 등을 위한 국가의 개입과 규제가 인정된다. 이는 헌법 전문과 제23조 제2항, 제34조 제1항을 비롯한 생존권적 기본권의 보장 등 사회국가에 관한 규정과 제124조 등에서 그 근거를 찾을 수 있다.

3. 경제영역에 대한 국가적 개입의 한계

헌법 제119조 제1항과 제2항의 관계는 일차적 원리와 부차적 원리의 관계 또는 원칙과 예외의 관계라고 할 수 있다. 즉 제1항에 따라 경제적 자유 보장을 전제로 하면서 경제적 자유에 부수되는 문제점을 보완하는 보충적 원리가 제2항의 규정이다. 즉 우리 헌법의 경제질서는 자유주의를 기본으로 하되 고전적인 자유방임주의가 아니라 사회정의 등을 위한 국가 개입을 보충적으로 인정한다는 것이다.

헌법재판소가 보충의 원리와 토지거래허가제에 관해 판시한 사례는 다음과 같다.

우리 헌법 제23조 제1항, 제119조 제1항에서 추구하고 있는 경제질서는 개인과 기업의 경제상의 자유와 창의를 최대한도로 존중·보장하는 자본주의에 바탕을 둔 시장경제질서이므로 국가적인 규제와 통제를 가하는 것도 보충의 원칙에 입각하여 어디까지나 자본주의 내지 시장경제질서의 기초라고 할 수 있는 사유재산제도와 아울러 경제행위에 대한 사적 자치의 원칙이 존중되는 범위내에서만 허용될 뿐이라 할 것인데, 토지거래허가제는 위 기본원칙, 특히 그 중에서도 사적자치(私的自治)의 원칙에 대한 중대한 침해이므로 위헌이라는 견해에 대하여 살펴본다.

통제는 자승법칙(自乘法則)에 의하여 더 많은 통제를 요구하며 관료주의, 획일주의, 형식주의에 치우쳐 비능률, 낭비, 빈곤, 무기력, 몰인정을 배태한다는 사실을 전체주의국가의 통제경제실태에서 우리는 보고 있는 것이다. 그런데 자유민주주의국가에서는 각 개인의 인격을 존중하고 그 자유와 창의를 최대한으로 존중해 주는 것을 그 이상으로 하고 있는 만큼 기본권 주체의 활동은 일차적으로 그들의 자결권과 자율성에 입각하여 보장되어야 하고 국가는 예외적으로 꼭 필요한 경우에 한하여 이를 보충하는 정도로만 개입할 수 있다. 이러한 헌법상의 보충의 원리가 국민의 경제생활 영역에도 적용됨은 물론이므로 사적자치의 존중이 자유민주주의국가에서 극히 존중되어야 할 대원칙임은 부인할 수 없다.

그러나 그것은 어디까지나 타개인이나 사회공동체와 조화와 균형을 유지하면서 공존공영하는데 있어서 그것이 유익하거나 적어도 유해하지 않는 범위 내에서 용인된다는 것이지 무조건 무제한으로 존중된다는 뜻은 아닌 것이다. 외형상 유무해관계가 확연히 식별되지 않는 행위라 할지라도 개인의 자의(恣意)에 맡겨 두면 결과적으로 타인에게 해를 끼칠 우려가 있는 행위도 사적자치의 원칙이 제한받는 분야라고 할 것인데 하물며 토지투기와 같이 외견상 사회공동체에 유해한 경우 사적자치가 인정될 수 없음은 췌언을 요치 않는다.

그래서 헌법은 제119조 제2항에서 "국가는 균형 있는 국민경제의 성장 및 안정과 적정한 소득의 분배를 유지하고, 시장의 지배와 경제력의 남용을 방지하며, 경제주체 간의 조화를 통한 경제의 민주화를 위하여 경제에 관한 규제와 조정을 할 수 있다"라고 명시하고 있는데 이는 헌법이 이미 많은 문제점과 모순을 노정한 자유방임적 시장경제를 지향(指向)하지 않고 아울러 전체주의국가의 계획통제경제도 지양(止揚)하면서 국민 모두가 호혜공영(互惠共榮)하는 실질적인 사회정의가 보장되는 국가, 환언하면 자본주의적 생산양식이라든가 시장메커니즘의 자동조절기능이라는 골격은 유지하면서 근로대중의 최소한의 인간다운 생활을 보장하기 위하여 소득의 재분배, 투자의 유도·조정, 실업자 구제 내지 완전고용, 광범한 사회보장을 책임있게 시행하는 국가, 즉 민주복지국가(民主福祉國家)의 이상을 추구하고 있음을 의미하는 것이다.

그런데 국민의 건전한 양식과 양심에 따른 자율적 규제로 토지투기가 억제되기 어렵다는 것은 수많은 토지투기의 사례와 지가폭등의 현실이 이를 잘 보여 주고 있는 것이며, 그에 대한 정부의 규제는 불가피한 것이라고 아니할 수 없는 것이다. 그렇다면 토지거래허가제는 헌법이 정하고 있는 경제질서와도 아무런 충돌이 없다고 할 것이므로 이를 사적자치의 원칙이나 헌법상의 보충의 원리에 위배된다고 할 수 없을 것이다.[320]

위 판례는 제119조 제2항에 근거한 경제규제가 보충의 원리에 따라야 한다고 말하고 있다. 위 결정을 비롯해 헌법재판소의 실제 결정에서 보충의 원리가 충실히 적용되고 있는지에 대해서는 논란의 여지가 있다. 제119조 제1항과 제2항의 관계는 대등한 위치에서의 조화적 관계가 아니라 원칙과 예외적 보충의 관계로 보아야 한다.

현대 민주국가에서 사회국가적 경제원리의 도입에는 한계가 있다. 우리 헌법의 경우에도 국가가 경제에 대한 규제와 조정을 함에 있어서는 화폐경제, 자유경쟁, 계약의 자유 등 자유시장 경제질서의 근간을 이루는 사적자치의 기본을 유지해야 한다.[321] 경제에 관한 규제와 조정은 법치국

---

320 헌재 1989. 12. 22, 88헌가13, 판례집 1, 357, 375-377

가적 원리에 따라 행해져야 한다.[322] 개인의 재산권을 침해할 경우에는 사회적 이익과 조화를 이룰 수 있도록 필요한 한도 내에서 해야 하고, 그 본질적 내용을 침해하지 않아야 하며[323] 또 그에 대한 보상을 전제로 해야 한다. 정치적 이유에 의한 몰수나 담세능력을 무시한 조세의 부과 등은 허용되지 아니한다. 그리고 자본주의 테두리 안에서 규제와 조정을 행하는 경제계획은 무방하지만 전면적인 국가관리경제를 의미하는 사회주의적 계획경제 내지 전면적 사회화는 허용되지 아니한다.

경제민주화, 사회정의를 실현하는 원리로서 사회국가원리도 이념적 한계와 실질적 한계가 있다. 사회국가가 '자유'와 '평등'을 그 내용으로 하는 만큼 사회국가를 실현하기 위한 입법수단은 사회국가의 내용인 '자유'와 '평등'을 지나치게 제한하지 않는 범위 내에서 선택해야 한다. 따라서 사회국가 실현의 방법적 한계는 어디까지나 사회국가원리의 '체계적합성'의 문제이다.

사회국가는 우선 국민 각자가 국가에 의존함이 없이 자기 생활을 설계하고, 자기 책임 아래 생활감각에 맞는 생활을 누릴 수 있도록 이를 뒷받침해 주고 또 장려하는 방향으로 실현되어야 한다. 이 때문에 자기 책임 아래 질병과 실업, 사고, 폐질, 노령 등의 위험을 감당할 수 있는 고소득

---

321 헌재 1989. 12. 22, 88헌가13
    현행 헌법이 제23조 제1항, 제119조 제1항에서 추구하고 있는 경제질서는 개인과 기업의 경제상의 자유와 창의를 최대한으로 존중·보장하는 자본주의에 바탕을 둔 시장경제질서이므로, 국가적인 규제와 통제를 가하는 것도 보충의 원칙에 입각하여 어디까지나 자본주의 내지 시장경제질서의 기초라고 할 수 있는 사유재산제도와 아울러 경제행위에 대한 사적 자치의 원칙이 존중되는 범위 내에서만 허용될 뿐이라고 할 것이다.
    이석연, 기업활동에 대한 국가개입의 헌법적 근거와 한계, 판례연구 제12집, 1999, 66쪽
322 헌재 1989. 12. 22, 88헌가13, 판례집 1권, 357[373]쪽
    입법부라고 할지라도 수권의 범위를 넘어 자의적인 입법을 할 수 없으며, 사유재산권의 본질적인 내용을 침해하는 입법을 할 수 없음은 물론이다.
323 헌재 1989. 12. 22, 88헌가13, 판례집 1권, 357[373]쪽
    사유재산제도의 전면적인 부정, 재산권의 무상몰수, 소급입법에 의한 재산권 박탈 등이 재산권에 대한 본질적인 침해가 된다는 데에는 이론의 여지가 없다.

층 내지 부유층까지 저소득층이나 영세민과 구별하지 않고 일률적으로 국민보험 규제 대상으로 삼는 사회보장제도는 분명히 사회국가 실현의 이념적 한계를 일탈한 것이라고 보아야 할 것이다.[324] 헌법재판소는 이와 다른 입장을 갖고 있다. 헌법재판소는 "가입강제에 의한 국민연금제도는 사회보험제도의 일종으로서 국민 간의 소득 재분배 기능을 하는 것이므로 행복추구권의 과잉제한이 아니며 사회적 시장경제질서에 부합하는 제도이다"라고 결정한 바 있다.[325]

생활수준의 하향식 조정을 의미하는 그와 같은 사회보장제도는 생활수준의 상향식 조정을 지표로 하는 현대산업국가의 사회국가적 헌법질서와는 거리가 멀다. 모든 국민의 생활수준을 평준화하고 생활관계의 변화에 따른 위험부담을 일원화시키려는 따위의 그릇된 평등권의 해석은 이미 공산주의를 표방하는 나라에서도 포기한 지 오래이다. 그와 같은 '평준화'와 '일원화'의 과열현상은 '자유'와 '평등'의 관계를 잘못 이해한 데서 나오는 결과이다. '평등'은 언제나 '자유'를 전제로 할 때에만 그 의미가 있다는 사실을 망각한 것이라고 볼 수 있다.

사회국가는 재원 확보뿐만 아니라 국민의 재산권 보호의 관점에서도 일정한 방법적 한계를 존중하는 선에서 실현되어야 한다. 사회국가 실현은 궁극적으로 국가의 경제력과 불가분의 함수관계가 있다. 경제성장률이 높으면 높을수록 사회국가 실현에 필요한 재원 확보가 용이하게 될 것이다. 이 같은 관점에서 '물가안정', '경제성장', '무역수지의 균형', '완전고용'으로 요약되는 이른바 4대 경제목표의 조화로운 달성이야말로 사회국가 실현의 대전제가 된다고 볼 수 있다. 즉 경제성장에 악영향을 미칠 수 있는 조세제도나 경제정책은 사회국가 실현의 장애적 요인이 되기 때문에 이것이 바로 사회국가 실현의 경제정책적 한계가 된다고 말할 수 있다.

324 허영, 한국헌법론, 164쪽
325 헌재결 2001. 2. 29, 99헌마365

국가의 재정수입을 늘리는 것만을 중요시한 나머지 국민 각자의 담세능력을 고려하지 않는 조세제도라든지, 기업인의 자발적인 투자의욕을 경감시키게 하는 기업경영에 대한 국가의 지나친 간섭들은 결국 경제성장을 둔화시키는 결과를 초래하기 때문에 사회국가 실현에 역행하는 경제정책이라고 할 것이다. 기업인의 활발한 투자에 의해서만 완전고용의 전제가 되는 일자리가 마련되고, 남보다 더 노력해서 얻은 귀중한 소득이 불합리한 조세제도에 의해 부당하게 잠식되지 않는 곳에서만 국민 한 사람 한 사람이 일한 보람을 느끼고, 이를 통해서 경제성장의 기초가 되는 생산능력이 제고될 수 있기 때문이다.

이를테면 사회국가를 빙자하는 누진세율의 조정이라든지 사기업에 대한 국가의 간섭은 바로 여기에 방법적 한계가 있다. 따라서 국민의 근로 내지 생산의욕을 북돋아 줄 수 있는 조세제도나 합리적인 경제정책을 입안하는 일이야말로 경제성장을 촉진시킬 뿐 아니라 사회투자에 필요한 재원의 확보를 보장해 주고, 사회국가의 실현에 필요한 사회정책적 투자를 가능하게 해 주는 가장 효과적인 방법이다.

사회국가 실현의 제도적 재산권적 한계를 고려해야 한다. 사회국가는 국민의 실질적인 자유와 평등을 실현하기 위한 사회구조의 골격적 테두리를 형성하는 것을 그 본질로 하기 때문에 헌법상의 사회국가원리를 근거로 해서 구체적인 생활보장 수단을 국가에 요구하는 것은 허용되지 않는다. 이 같은 관점에서 볼 때 사회국가원리를 근거로 한 국민의 대국가적인 청구권을 부인하던 독일연방헌법재판소가 1972년부터 사회국가원리를 근거로 국민에게 일정한 청구권을 인정하려는 태도를 보이고 있는 점은 눈길을 끌고 있다.[326] 독일연방헌법재판소는 판례를 통해 사회국가원리, 직업선택의 자유, 평등권 등을 이론적 기초로 해 이른바 '참여권'으로 불리는 새로운 주관적 공권을 인정하고 있는 것이다.

국가가 고등교육기관을 사실상 독점하고 있는 이상 국민에게 국립대학에의 참여 기회가 보장되지 않으면 안 되고, 이러한 참여권은 사회국가원리, 직업선택의 자유, 평등권 등에 근거한다. 그러나 이 참여권이 국가로부터 일정한 재정적 물질적 시설적 급부나 혜택을 요구할 수 있는 권리를 뜻하는 것이라면, 그것은 사회국가 실현의 제1차적 책임을 지고 있는 입법기관의 재량권 내지 형성권에 속하는 문제를 법정으로 끌어들이게 되는 위험성이 있다. 또 사회국가의 내용이나 사회국가 실현의 방법적 한계라는 점에서도 문제가 있다.

헌법상 국가적 경제규제에는 한계가 있다. 헌법은 경제정의와 경제민주화를 실현하기 위해 수정자본주의 원리에 입각한 사회적 시장경제질서를 마련하면서 국가의 시장, 경제 간섭을 허용하고 있다. 그러나 국가의 시장, 경제 간섭은 어디까지나 최소한에 그치는 예외적인 것이어야 한다. 바로 이곳에 우리 경제질서가 계획경제 내지 통제경제로 변질될 수 없는 헌법적 한계가 있다. 헌법재판소가 공권력에 의한 국제그룹 해체(1985. 2)의 위헌성을 확인하면서 경영권 불간섭의 원칙을 강조한 것은 국가적 경제규제의 헌법적 한계를 분명히 밝힌 중요한 판례이다.[327]

따라서 헌법상의 경제조항을 해석하고 적용하는 데 있어서 사유재산권을 비롯해 경제생활을 보호하기 위한 여러 기본권이 중요한 지침이 되

---

326 독일 판례 Vgl. BVerfGE 33, 303(330ff); 43, 291(313ff.)
즉 국가에 의한 고등교육기관의 사실상의 독점현상(사립대학의 부재현상) 때문에 직업선택의 자유처럼 국민에게 보장된 일정한 헌법상의 기본권이 국가시설(국립대학)에의 참여기회가 보장되지 않는 한 그 실효성을 기대할 수 없는 경우에 국민은 사회국가원리, 직업선택의 자유, 평등권 등을 근거로 국가에 의해서 설립, 운영되는 고등교육기관(직업교육기관)에 균등하게 참여할 기회를 요구할 수 있는 주관적 공권을 가진다는 것이다.

327 헌재결 1993. 7. 29. 89헌마31, 판례집 5-2, 87(115쪽 이하)
우리 헌법은 시장경제원리에 입각한 자유주의 경제체제를 천명하면서 기업의 생성·발전·소멸은 기업의 자율에 맡기고, 특별히 법률이 정하는 예외적인 경우 외에는 사영기업의 국·공유화나 그 경영에 대한 통제·관리를 허용하지 않는다. 따라서 기업활동의 자유에 대한 공권력의 개입은 반드시 법치국가적 절차에 따라야 한다. 대통령이 요건을 충족하는 긴급재정·경제명령을 발하는 것 이외에 공권력이 직접 사영기업을 처분·정리하는 것은 헌법의 경제질서 규정과 조화될 수 없다.

어야 한다.[328] 국가의 경제질서는 국민의 경제생활을 위해서 마련된 것이고, 경제질서의 주요 목표인 경제성장, 물가안정, 무역수지균형, 완전고용 등은 국민의 창의적인 경제활동 내지 경제적인 생활감각에 의해서만 달성될 수 있기 때문이다. 합리적인 경제정책이 곧 효과적인 사회복지정책이라는 논리가 여기에서 나온다.

경제에 대한 국가의 개입·간섭, 특히 사기업 경영에 대한 국가의 관리·통제는 무제한 허용되는 것이 아니라 다음과 같은 일정한 한계가 있다. 헌법 제126조의 규정에 따라 국방상 또는 국민경제상 긴절한 필요로 인해 법률이 정한 경우를 제외하고는 사영기업을 국유 또는 공유로 이전하거나 그 경영을 통제 또는 관리할 수 없다. 긴절한 필요성이 인정되더라도 보충성의 원리에 입각해 국가의 경제질서에의 개입은 시장경제의 원리에 의해 해결이 어려울 때 한해 인정된다.

헌법 제119조 제1항은 대한민국의 경제질서는 개인과 기업의 경제상의 자유와 창의를 존중함을 기본으로 한다고 규정하고 있다. 국가가 경제에 대한 규제와 조정을 함에 있어서는 자유시장 경제질서의 근간을 이루는 사적자치의 기본을 유지해야 한다. 경제에 관한 규제와 조정은 법치국가적 원리에 따라 행해져야 하고, 개인의 재산권을 침해할 경우에는 필요한 한도 내에서 해야 하며 그 본질적 내용을 침해하지 않아야 한다.

독과점 기업에 대한 규제처럼 헌법이 명문으로 그 규제를 밝히고 있는 경우도 있지만 그렇지 않은 경우에는 규제의 헌법적 근거를 어디서 찾을 것인가가 문제될 수 있다. 먼저 기업규제 목적에 따라 국가안전보장, 질서유지, 공공복리를 위한 기업활동의 규제로 나눠 볼 수 있다.[329] 무기 제

---

328 헌재결 1999. 7. 22. 98헌가3
우리 헌재는 금융기관의 임직원이 법정이율보다 많은 이자를 주고 고액예금자, 사채업자 등을 유치한 경우 예금자도 함께 처벌하게 한 특경법에 대해 사적 자치권의 과잉제한이 아니라고 합헌 결정했다.
329 권영설, 헌법이론과 헌법담론, 912쪽

조와 판매에 대한 제한은 국가안전보장상의 제한이며, 위생업소 설치 시 거리제한은 질서유지를 위한 제한이다. 또 여자와 소년 노동자의 보호를 위한 노동입법들은 공공복리의 목적에 따른 것이다.

기업활동의 자유와 권리를 제한하는 것은 국가안전보장, 질서유지, 공공복리의 한계 내에서 이루어져야 한다. 또 제한의 대상이 되는 자유와 권리의 본질적 내용을 침해해서는 안 된다. 또 경제정책적인 입법 재량이 문제가 된다. 이때 실천목표가 무엇이든 사유재산의 제도적 보장에 의해 제약될 것이다. 더 나아가 이를 포함하는 우리 헌법의 경제이념에 비춰 판단되어야 한다는 점이다.

제6장

헌법 경제이념의 재조명

　헌정사상 경제민주화 논의의 출발은 민간주도 경제 내지 경제자율화의 요청에서 비롯되었다. 1984년 9월 전국경제인연합회가 '정부 역할과 민간주도 경제운용에 관한 심포지엄'을 개최한 것이 계기가 되었다. 특히 1987년의 정치 사회적 변화는 이 같은 흐름을 가속화시키고, 그 구호적 명제도 경제민주화로 폭을 넓히는 것 같다. 아울러 경제민주화의 내용적 실체와 그 방향을 검증하기 위한 노력이 서울이코노미스트클럽(회장 변형윤)에 의해 이루어진 바 있다.[330] 그 결과에 따르면 기업에 대한 정부의 간섭 배제가 경제민주화의 가장 주된 쟁점(48.3%)으로 부각되었다.

　결국 이는 경제발전의 전략선택에 있어 지나친 효율 중심이 낳은 경제이념의 전도현상을 반영하기도 하지만 시장기능 형성을 위해 출발된 국가적 개입이 경제력 집중을 포함한 시장 역기능을 바로잡기 위해 또 다른 개입을 통한 시장기능의 정상화를 달성해야 한다는 실로 아이러니컬한 상황에 부딪쳐 있는 것이다.[331] 이처럼 시장기능 형성적이건 제한적이건 간에 규제가 낳은 경제적 폐해를 또 다른 규제로 대응하는 것이 반드시 효율적인가는 어려운 과제라 하지 않을 수 없다. 국가와 기업 간의 이 같은

330　서울이코노미스트클럽, 경제민주화에 관한 경제계 의견조사, 중앙일보, 1987. 10. 5
331　권영설, 헌법이론과 헌법담론, 914쪽

관계와 역할의 재정립은 바야흐로 이 시점에 우리가 당면한 시급하고도 중요한 과제이며, 이를 위해서 헌법의 경제이념에 대한 재조명 또한 이루어져야 할 것이다.

최근 경제민주화 논의가 등장하게 된 데에는 정치가 경제에 개입하면서 경제적 자유를 고양하지도 못했다는 문제점에서 기인한다.[332] 1990년대 후반 이후 10년 주기로 금융위기와 재정위기를 거치면서 특정 경제문제, 특히 대기업과 부의 불균형 시정문제에 대해서는 지나치게 관대했거나 무능했기 때문이라는 견해가 다수이다.

현재의 경제민주화 논의는 근본적으로 최근 20여 년 동안 정치적 측면에서는 일방적으로 국가에 의해 강요되던 이데올로기와 공익의 필요성에 대해 반론을 제기하면서 국민의 기본권을 확대해 왔고, 어느 정도 기대치에 도달했다는 것을 전제로 경제적 측면에서의 실질적 자유를 주장하는 과정이다.

1987년 제9차 헌법개정 시에 헌법 제119조 제2항의 경제에 대한 규제와 조정의 가능성을 규정했을 때에는 현재와 같은 경제의 전반적인 민주화 요구라든가 대기업의 해체나 약화 등을 목표로 하여 규정한 것은 아니다. 당시의 목표가 경제 전반의 민주화나 복지국가가 아니라고 판단하는 이유는 당시만 해도 본인이 중산층이라고 생각하는 국민들이 증가하고 있었고 실질적으로 중산층이 확대되고 있었다는 점과, 당시까지만 해도 복지국가보다는 아직 성장국가를 지향하고 있었기 때문에 전체적인 복지를 확대해야 한다는 의견이 지금보다 훨씬 약했다는 점을 근거로 한다.

결국 헌법상 경제민주화는 앞서 살펴본 바와 같이 자유민주적 기본질서와 자본주의를 바탕으로 한 자유시장 경제질서에 사회적 시장경제질서를

---

332 기업활동에 있어서 자유와 규제의 헌법이념, 법학논문집 제12집, 중앙대학교 법학연구소, 1987, 43쪽
  지성우, 앞의 논문, 120쪽

가미한 것으로 본다. 사회적이라는 뜻은 혼합경제적, 수정자본주의적 의미로 보는 것이 더 타당하다. 미국식 자본주의 경제질서가 우리 헌법의 기본질서이며, 독일적 개념인 사회민주주의 토양과 다르기 때문이다. 아울러 국가원리로서 사회국가원리가 더 타당한 것으로 본다. 복지국가와 사회국가의 기반이 전혀 다르기 때문이다. 헌법 제119조 제1항과 제2항은 다수설에 따라 원칙과 예외로 보며 발전된 이론, 즉 이설들을 종합적으로 검토하는 게 구체적 타당성을 견지할 것이다. 또 제2항의 여러 사안들은 경제민주화와 관련된 예시적 규정으로 본다. 경제민주화는 닫혀 있는 개념이 아니라 자본주의 발전에 맞춰 유동적으로 진화하는 개념이다.

경제민주주의 등 정치적 영역 외의 민주주의를 부정하는 입장도 있다.[333] 허영 교수는 민주주의의 실질적 요소로서 자유·평등·정의를 꼽고 있다. 민주주의가 추구하는 자유의 내용은 우선 '정치적인 자유'를 뜻한다. 정치적인 자유는 인간을 인격의 주체로 인정해서 사적 생활영역을 국가적 간섭으로부터 독립시킴으로써 인간의 개성 신장을 최대한으로 보장할 때만 기대할 수 있다. 이에 따라 개성 신장의 전제가 되는 '의지의 자유(Willensfreiheit)'가 집단주의(Kollektivismus)적 요청에 의해서 제한 내지 배제되고 삶의 의미가 국가에 의해서 획일적으로 정해지는 전체주의적 정치체제에 대한 반동으로서의 통치형태가 바로 민주주의를 의미한다.

민주주의는 또 '정치적 평등'을 추구하는 통치형태이다. 외모나 지능의 차이에도 불구하고 모든 인간이 신 앞에 평등한 것처럼 국민 누구나 국가 내에서 동등한 권리와 의무의 주체가 된다. 합리적인 사유가 없는 한 입법·행정·사법 등 국가활동의 모든 분야에서 차별대우를 받지 않도록 제도적으로 보장되는 통치형태이다. 특히 출생지, 혈통, 인종, 언어, 성별,

---

333 허영, 헌법이론과 헌법, 225-239쪽

신앙 등이 어떤 경우에도 차별대우의 근거가 될 수 없는 것은 당연하다. 그러나 민주주의의 실질적 요소로서의 '평등'은 그것이 어디까지나 '정치적 평등'을 그 내용으로 한다. 이 때문에 흔히 사회국가적 원리의 내용으로 간주되는 이른바 '물질적인 생활조건의 평등'과는 다르다는 점을 주의할 필요가 있다.

따라서 '민주주의'를 내세워 소득의 평준화를 주장하거나 교육의 기회평등을 부르짖고, 나아가서 경영구조 내에서의 '자본'과 '노동력'의 등가치적인 경영참여를 꾀하는 것 등은 민주주의적 가치내용으로서의 '평등'을 잘못 이해한 것이다. 바로 이곳에 사회적 민주주의(soziale Demokratie), 경제적 민주주의(wirtschaftliche Demokratie), 학문적 민주주의(wissenschaftliche Demokratie) 등 국가적 정치영역을 떠나서 사회생활의 각 분야를 민주화(Demokratisierung)시키는 데 있어서의 민주주의 이론의 한계가 있다.

민주주의 내용으로 간주되는 '자유'와 '평등'은 다시 '정의'의 이념과 결합될 때 그 진가를 나타낼 수 있다. '정의'의 이념을 떠난 '자유'와 '평등'은 흔히 '자유의 횡포' 또는 '실질적인 불평등'을 초래할 가능성이 크기 때문이다. 이처럼 민주주의가 '정의'에 입각한 '자유'와 '평등'을 그 실질적인 요소로 한다는 점에서 민주주의는 실질적인 법치국가(materieller Rechtsstaat)적 원리와도 일정한 상관관계가 있다. 민주주의가 정치적인 제도에 그치지 않고 동시에 법적인 제도로 간주되는 이유도 그 때문이다. 인간의 인간에 대한 통치형태로서의 민주주의 내에서의 명령·복종관계가 자의적인 것이 아니고 합리적이고 합법적인 성질을 띠게 되는 것도 민주주의가 실질적인 법치국가적 원리인 '정의'를 그 내용으로 하고 있기 때문이다.

민주주의는 국가의 통치형태에 관한 헌법적 개념임에도 불구하고 민주주의를 일종의 생활형식으로 이해한 나머지 사회생활의 다른 분야에까지 민주주의 원리를 적용하려는 경향이 1960년대 후반부터 점점 뚜렷해지고 있다.[334] "Democracy begins at home" 또는 민주화(Demokratisierung)라는 캠페인으로 상징되는 이 같은 움직임은 경제생활을 비롯해 문화, 학문, 종교, 학원, 가정생활에 이르기까지 무서운 세력을 갖고 번져나가고 있다. '민주화'의 이름으로 주장되는 이 같은 요구의 핵심은 모든 생활관계를 민주주의의 형식원리, 주로 다수결 원칙에 따라 형성하려는 것으로서 생활관계의 형성과정에 이해관계인의 적극적 참여(Partizipation)와 발언권(Mitsprachrecht) 내지는 공동결정권(Mitbestimmungsrecht)을 쟁취하려는 것이다.

기업의 경영구조 내에서 노동력을 제공할 뿐인 피고용자가 자본을 출자하는 고용주와 동등한 공동결정권(paritätisches Mitbestimmungsrecht)을 요구하고 나서는 이른바 경제민주주의(Wirtschaftsdemokratie) 내지는 경영민주주의(Betriebsdemokratie)를 비롯해서 모든 학사행정에 피교육자인 학생이 교육자인 교수와 대등한 입장에 서서 참여할 것을 주장하고 나서는 이른바 대학민주주의(Universitätsdemokratie)에 이르기까지 '민주화'의 양상은 다양한 형태를 띠고 있다.

'경제민주화'를 일반적인 민주주의 원리를 경제영역으로 확대한 것으로 이해하는 입장은 국가와 시장의 구분을 전제로 하고 있는 헌법 및 헌법상의 경제질서와 아울러 우리 헌법의 구조와 조화되기 어려운 해석이다.[335] 만일 경제민주화를 내세워 경제에 일반적인 민주주의 이론을 대입하는 경우 시장의 민주화는 당사자인 개인의 기본권을 정치화할 가능성이 내포되어 있을 수 있다. 정치민주주의가 안정을 위해 경제민주화를 보충적으로 필요로 한다는 의미에서의 경제민주화, 즉 '민주적 국가형성의

---

334 민주주의를 '생활형식'으로 이해하는 대표적 학자는 A. Schüle와 L. Roos라고 볼 수 있다. Vgl. A. Schüle(FN 53); L. Roos, Demokratie als Lebensform, 1969 허영, 앞의 책 238쪽 재인용
335 지성우, 앞의 논문, 134쪽

이상적인 경제적 전제조건'을 창설한다는 의미에서의 경제민주화와 '헌법적 문제'로서의 경제민주화는 상호 간에 엄격히 구분되어야 한다는 것이다. 사회·경제영역을 민주적 구조로 전환하는 것은 금지되지도 않았지만, 결코 헌법적으로 요청되지도 않은 것이다. 이것은 당대의 필요에 의해 경제정책을 선택해 적정한 규제를 할 수 있다는 의미라고 보아야 한다. 이러한 측면에서 경제적 지배관계도(정치적 지배관계처럼) 민주적 구조로 전환해야 한다는 것은 실제로는 합리적인 경제정책을 시행하라는 사회·경제적 요청에 불과하며 헌법적인 요청은 아니라고 새겨야 한다.

민주주의는 어디까지나 국가의 정치생활을 적용영역으로 하는 국가의 통치형태를 뜻하기 때문에 비정치적인 생활영역에 이를 확대, 적용하려는 데는 엄격한 한계가 있다는 점을 주의해야 한다. 정치적 의사형성 방법인 다수결의 원칙이 그대로 모든 사회생활 분야에 적용될 수는 없기 때문이다.

본래 비정치적인 사회생활은 민주주의와는 또 다른 생활원리에 의해 규제되고 있다는 사실을 도외시해서는 안 된다. 예컨대 경영구조 내에서는 경영 합리화를 통한 이윤의 증대라는 관점이 경영방침의 중요한 결정요인이다. 이 때문에 국가적 정치과정에서 발생한 민주주의 원리를 비정치적인 사회생활 영역에 그대로 적용하려는 이른바 '민주화'의 물결은 크게 경계해야 할 일이다. '국가'와 '사회'의 이원론은 민주주의 원리를 적용하는 데도 존중되어야 한다. 대부분의 헌법학자가 '민주화'의 움직임에 대해 회의적이고 비판적인 입장을 견지하고 있는 것도 결코 우연한 일은 아닐 것이다.[336]

---

336   K. Stern(FN 1), S. 471ff.; W. Schmitt Glaesar(FN 2)
        허영, 앞의 책, 239쪽 재인용

제6부

경제민주화에 관한 행정법적 대응

경제에 대한 정부의 개입이 필요한 경우에도 가능한 한 시장경제질서를 적게 제한하는 개입수단을 사용해야 한다. 권력적이고 직접적인 개입보다는 비권력적이고 간접적인 개입이 우선적으로 검토되어야 한다. 또 공법적 개입보다는 시장경제질서와 조화될 수 있는 사법적 개입이 우선적으로 검토되어야 한다.

ECONOMIC DEMOCRACY

제1장

경제행정의 개념과 기본원칙

 헌법학상 경제민주화 이론이 활발하게 논의되는 데 따라 행정법학 분야에서도 논의의 열기가 더해 가고 있다. 경제행정법은 체계를 갖춰 가면서 헌법상의 자유민주주의와 자본주의, 사회적 시장경제질서, 사회국가원리 등을 기초로 경제활동과 경제행정조직에 대한 법적 규제와 경제조장을 위한 법적 규율을 주된 내용으로 하고 있다. 특히 대형마트 등의 규제와 금산분리 정책 등과 관련해서 행정법학의 천착이 점진적으로 이루어지고 있다.

 헌법상의 경제조항과 재산권 보장, 영업의 자유 또는 직업선택의 자유에 관한 규정들이 상호 관련적으로 해석되어야 한다. 경제행정에 있어서 경제민주화는 입법에서부터 정부의 집행, 지방자치단체의 집행에 이르기까지 숱한 과제를 안고 있다. 경제행정의 한 단계 더 높은 도약으로 경제민주화를 앞당기는 방안을 공법학계가 찾아야 할 것이다.

1. 경제행정의 개념

(1) 경제행정의 민주성

 경제민주화가 본격적으로 논의되기 이전에도 행정분야에서 경제자율화, 규제 완화 등을 중심으로 경제민주화 법률이 이미 시행되고 있었다.

경제민주화는 새로운 개념도 아니며, 부정의 대상도 아니다. 분배의 정의 실현, 공정한 거래질서 확립, 노동권 보장 등의 쟁점이 쏟아지면서 경제민주화가 행정법 분야에서도 관심이 집중되고 있다. 여기서 경제행정은 '행정주체가 공공복리, 사회정의, 경제민주화의 증진을 위해 그 경제정책을 실현할 목적으로 경제의 자율적 순환에 적극적으로 개입해 경제질서를 일정한 방향으로 유도·형성·조장하며, 그 방향에 위배되는 경제활동을 규제·조정하는 행정작용'을 말한다.[337]

경제질서를 자본주의 경제질서에 방치한다면 독점적 대기업은 경제적 약자를 고의적으로 지배하고, 경제적 약자의 권리를 침해하게 된다. 이럴 경우 국민경제의 순환이 원활하게 이루어지지 못하고, 결국 자본주의의 경제질서가 마비된다. 이에 대비해야 할 경제행정은 종합성과 계획성, 촉진과 유도적 기능, 다양한 수단 그리고 행정청의 폭넓은 재량이 인정되는 특성을 갖고 있다.[338]

① 공공복리의 증진, 경제민주화

경제행정은 경제의 조장과 규제를 조화함으로써 공공복리와 경제민주화의 증진을 꾀하려는 행정작용이다. 경제행정은 경제성장을 위하여 경제발전을 일정한 방향으로 유도한다. 한편으로 경제활동의 무질서를 제거하기 위해 규제행정을 행한다. 또 한편 적극적으로 국민의 경제질서를 일정한 방향으로 조장함으로써 균형 있는 발전을 기하려는 행정작용이다.

규제의 직접적인 목적은 '사회 공공의 복리 증진과 경제민주화'이므로 질서행정 및 급부행정과 함께 사회목적 작용에 속한다. 이에 따라 국가의 존립에 필요한 재력의 획득·관리에 관한 재정작용 및 국가적 존립을

---

[337] H. D. Jarass, Wirtschaftsverwaltungsrecht mit Wirtschaftsverfassungsrecht, §1, RN26; R. Stober, Allgemeines Wirtschaftsverfassungsrecht, S. 18
홍정선, 행정법원론(하), 박영사, 2011, 696쪽 재인용
[338] 정하중, 행정법개론, 법문사, 2011, 1405쪽

보장하기 위한 병력의 유지·관리에 관한 군정작용과 같은 이른바 국가목적 작용과 다르다. 질서행정은 때로는 경제생활을 규율대상으로 하는 예가 있다. 그러나 그것은 개인의 사회·경제활동의 자유를 전제로 그 자유로운 활동으로부터 생길 수 있는 공공의 안녕질서에 대한 위해를 예방하거나 제거하려는 소극적인 목적을 위한 작용인 점에서 사회·경제질서를 적극적으로 형성·조성·규제함을 목적으로 하는 규제행정과 다르다.

규제는 적극적으로 공공의 복리를 증진시키려는 목적으로 행해지는 작용이라는 점에서는 급부작용과 같다. 그러나 급부작용은 공공복리의 증진을 위해 행정주체가 직접 일정한 재화나 역무를 급부하는 것을 내용으로 한다. 이에 비해 규제작용은 경제질서나 생활환경 등 인간의 생활여건의 건전한 발전을 도모하기 위해 사인의 사회·경제활동을 일정한 방향으로 규제하는 작용이라는 점에서 서로 다르다.

기업의 자유, 경쟁의 자유를 전제로 하는 경제에 대한 국가적 개입으로서 경제행정은 궁극적으로는 인간의 생활과 공공의 복리, 경제민주화를 향상시킬 것을 목적으로 한다. 경제행정은 직접 특정 사회적 약자에 대한 급부활동만으로 이루어지는 것은 아닐지라도 기본적으로는 경제적 약자의 보호를 통한 경제민주화, 경제적 분야에서의 생존배려(Daseinvorsorge) 활동이라는 성격을 강하게 띤다. 이에 따라 경제행정법은 사회국가 원칙에 의거한 생존배려를 위한 법이다. 경제행정법은 독점규제법, 소비자보호법의 경우처럼 경제질서의 확립, 공정거래를 통한 집단 간 경제적 이해관계를 조정하기 위한 법으로서의 특성도 지니고 있다.

② 공정·자유경쟁 질서 실현

앞서 경제학적 접근을 통한 경제민주화 개념 형성에서 살핀 바와 같이 시장경제가 완전히 자동적으로 작동되면 경제민주화는 실현되는 것이다. 경제행정은 공정하고 자유로운 경쟁질서를 유지하기 위한 경제정책 실현을 목적으로 한다. 과거 독점금지법을 중심으로 한 이른바 경제기본법의 체계를 뛰어넘어 '자유경쟁질서의 확보' 이외에 '경제질서를 규제·조정'하는 모든 행정작용을 말한다. 먼저 기간산업 육성, 수출산업 진흥, 불황산업 규제 등 특정산업부문의 보호·조성을 목적으로 한다. 둘째, 부족물자 공급 확보, 과잉생산 조정, 수입 억제 등 긴급사태의 예방·회피에 공헌한다. 셋째, 생산활동 내지는 거래행위 그 자체를 규제대상으로 하는 것도 있고 물가, 물자, 자금 등 물적 요소에 착안한 것도 있다. 넷째, 물가 안정, 완전고용의 실현, 경기변동의 조정 등 경제 과정 전체의 이익에 공헌하는 것 등의 규제도 있다.

이와 같이 경제규제행정은 서로 유기적인 관계를 유지함으로써 '전체로서 국민 경제질서를 형성'하는 것을 목적으로 한다. 이 때문에 어느 한 분야의 경제활동의 규제는 동시에 '다른 분야의 경제활동에 영향'을 미치기 마련이다. 경제개발5개년계획, 수출산업진흥계획, 외국환수급계획, 석탄자원장기개발계획 등이 그것이다.

경제성장, 물가안정, 완전고용, 국제수지균형 등과 같은 거시경제적 목적을 달성하고자 할 경우처럼 경제행정은 단순히 경제질서에 대한 심판자로서가 아니라 적극적인 향도자, 형성자, 조종자로서의 역할을 맡아 경제를 일정한 방향으로 이끌고 나가야 하는 입장에 설 때가 많다. 가령 간섭주의, 특히 경제성장이 지상의 목표일 경우 이러한 경제 향도적 성격은 경제정책, 경제행정법의 특징적인 것이다.

③ 경제민주화 정책의 유도·형성

경제행정은 경제민주화 정책을 일정한 방향으로 유도·형성하는 행정작용이다. 경제규제법은 행정작용에 대한 '억제적 기능'을 담당한다. 이에 대해 오늘날의 사회적 시장경제체제 아래에서 국가는 스스로 경제의 형성자이자 지도자이다. 이에 따라 경제규제법도 경제규제작용의 근거를 정하는 데 그치지 않고 '경제정책의 방향을 제시' 하는 의의를 가진다. 경제규제작용에 대해 국민의 자유와 재산에 관계되는 작용은 물론 그것과 관계없는 작용에 대해서도 법률에서 그 근거 · 절차 · 내용 등을 정하고 있는 경우가 많다. 이는 경제규제행정이 이룩해야 할 목표와 기준을 제시하고 행정의 책임을 명확히 함으로써 자의 · 불공정한 운영을 막으려는 입법정책적 고려이다.

이 같은 점에서 경제행정은 경제성장, 물가안정, 국제수지균형, 완전고용 등의 목적을 이루기 위해 다양한 경제요인과 그 상호작용을 종합적으로 고려해야 한다.[339] 그 목적 자체도 구체적 단기적이라기보다는 계획적 장기적으로 달성될 경우가 적지 않다. 경제행정은 미래예측적 계획적 형성적인 내용을 가지며, 이 같은 특성에 따라 경제행정법은 가용자원의 효율적 합리적 이용과 이해관계의 합리적 조정을 위한 장기적 종합적 계획을 수립하고 시행해야 한다.

④ 경제민주화 활동 규제 · 조정

경제행정은 헌법 제119조 제2항에 근거해 경제민주화를 위해 경제활동을 규제 · 조정한다. 경제규제는 권력적 수단과 비권력적 수단을 동원한다. 국민의 권리 · 자유를 규제하는 권력적 수단이 그 중심이 된다. 행정지도와 행정계획과 같은 비권력적 수단도 단독으로 또는 권력적 수단을 보완해 동원되고 있다. 경제민주화 등을 위해 행정주체가 스스로 또는 특수법인을 설립해 거래주체로서 경제순환과정에 들어가 경제운영을 지배하는 경우도 있다.

경제규제 처분은 그 대상의 복잡다기성, 전문기술성, 유동성에 적응할 수 있도록 행정청의 재량에 맡겨 주무관청이 구상하는 경제질서를 자유

---

339 홍준형, 행정법, 법문사, 2011, 1512쪽

롭게 형성해 가도록 하는 경우가 있다. 규제 처분이 비록 침해적 처분이라 할지라도 공익 확보와 관련해 엄격한 법적 기속을 받지 않도록 한다. 이 처분은 주요 물품들의 최고가격 지정(물가안정에 관한 법률 제2조), 수출입 제한 등의 공고(대외무역법 제14조 제5항) 등을 들 수 있다.

허가·인가·특허 등 개별적 처분에 대한 근거법령의 규정들도 재량규정으로 된 경우가 많다. 요건을 전혀 정하지 아니한 것, 단지 지침규정만을 정한 것, 공공복리의 증진을 위해 필요한 경우와 같은 불확정 개념에 의해 요건을 정한 것 등 내용이 추상적이어서 구체적인 조치를 행정청의 전문적 판단 여지에 맡기는 경우가 많다. 처분에 있어서도 결정·선택의 자유를 인정하는 경우가 많다. 경제행정법이 경제규제에 관한 구체적이고 명확한 규정을 두는 대신 행정재량이나 불확정 개념에 의해야 할 여지도 그만큼 커지지 않을 수 없다. 이러한 현상이 경제규제 작용의 적법성 확보와 권리구제를 곤란하게 만들고 있다. 경제행정법이 폭넓은 재량을 인정한다 해도 비례원칙, 평등원칙과 같은 일반원리에 의한 제약, 기타 법령상의 한계가 있음은 물론이다.

경제규제행정상의 조치는 그것이 침해적 성질의 처분이라 할지라도 경찰작용과 같이 엄격한 법적 기속을 받지 않고, 그 대상의 복잡다기성과 전문기술성, 유동성에 적응할 수 있도록 행정청의 대폭적인 재량에 맡겨 주무관청이 구상하는 경제질서를 형성하여 가도록 한 경우가 많다.

경찰법규 또는 경찰하명에 위반한 사인의 법률행위는 일반적으로 유효한 데 대해 경제규제법규 또는 경제규제하명에 위반한 사인의 법률행위는 원칙적으로 무효로 된다는 것이 통설·판례의 입장이다. 경제규제의 효과는 법질서의 형성 그 자체에까지 침투해, 그 실효성의 확보가 처벌이나 행정상 강제집행과 함께 법률행위의 효과의 부인에 의하여 담보되는 점에서 특색을 가진다. 그러나 모든 경우에 무효로 되는 것은 아니다. 예컨대 종전의 판례는 외국환관리법(현행 외국환거래법)의 제한 규정을 효력법규로 보아 이에 위반한 행위를 무효로 보았으나, 그 뒤 동 제한규정을 단속법규로 보아 이에 위반한 행위도 무효로 되지 않는다.[340]

어떤 법규가 효력법규인지 단속법규인지는, 한편으로는 당해 법규에 의해 달성하려고 하는 공익실현의 요청을 고려하고 다른 한편으로 거래 안전 및 당사자간의 신의 · 공평을 고려하여 개별적으로 판단하여야 할 것으로 본다.

(2) 경제행정법의 법원(法源)

선진국가와 같은 진정한 의미의 자유주의경제를 경험할 겨를이 없었던 우리나라는 자유와 평등을 동시에 갈구하는 국민의 여망에 부응해 건국 초부터 시장기능과 함께 생산수단의 국유화와 시장경제에의 강력한 국가 개입을 허용하고 있었다.[341] 1960년대에 들어오면서 산업의 근대화를 위해 정부 주도로 산업조장행정을 추진했다. 따라서 우리나라 경제는 시장의 자율조정기능에 의해 운영되기보다는 강력한 국가의 개입에 의해 운영되고 있었다. 이러한 국가 개입의 장기화는 경제주체가 규제에 안주하게 되고, 산업구조를 왜곡시키며 경제의 비효율을 초래하게 된다. 우리 경제는 한편에 있어서 산업육성을 위한 국가의 관여를 필요로 하면서 다른 한편으로 경제의 효율을 높이고 대외경쟁력을 강화하기 위해 규제완화를 통한 시장기능을 회복하고 공기업의 민영화를 진행해야 하는 과제를 안게 된 것이다.[342]

우리나라는 경제발전을 뒤늦게 서둘렀기 때문에 구미 선진 여러 나라와 같은 진정한 의미의 조장 · 규제 사이클을 회전시키는 자유주의경제를 경험하지 못한 채 선진 여러 나라를 따라잡기 위해 처음부터 산업조장행

---

340 대판 72 다 2161, 1975. 4. 22.
341 김철용, 행정법 II, 박영사, 2010, 661쪽
342 조연홍, 한국행정법론(하), 형설출판사, 2005, 937쪽

정을 추진했으며, 한편으로는 경제 무질서를 제거하기 위해 규제행정을 동반시켰다. 우리나라에서는 산업화 과정에서 처음부터 구조선공업진흥법, 구기계공업진흥법, 수산진흥법 등 각종 산업의 장려법 제정에서 볼 수 있었던 바와 같이 제1단계인 산업조장행정을 추진했다.

우리나라에서 산업의 근대화는 당초부터 국가의 경제 관여에 의해 달성되고 있다고 할 수 있다. 그러나 이와 같은 사업의 육성을 중심으로 한 경제 관여는 경제개발을 늦게 시작해 자유경제의 확립을 지향하는 나라에 특유한 과도적 현상으로, 확립된 자유경제질서에서의 국가 개입을 내용으로 하는 현대적인 경제규제와는 그 본질을 달리한다. 그런데 우리의 경우에는 위 제1단계인 산업조장행정의 실시가 아직도 필요하면서도 그 밖의 각 단계의 국가 개입이 동시적으로 필요하다는 데 특징이 있다. 이것이 우리 경제행정의 내용을 더욱 복잡하게 만드는 요인이 되고 있다.[343]

여하튼 경제개발 연대라고 불리는 1970년대, 1980년대에는 수많은 경제규제수단이 새로이 생겨났다. 당시로서는 민간의 역량이 미약해 정부 주도로 경제발전을 도모하는 것이 불가피했으며, 그것이 규제수단의 양산을 가져왔다. 그런데 아직은 산업구조의 국제화 수준에는 미흡한 점이 있기 때문에 국제적 경쟁력을 제고하기 위해 산업조장행정의 실시가 좀 더 필요하면서도 경제활동의 무질서로 인한 손해를 제거하기 위해서는 그 밖의 각 단계의 국가 개입이 동시적으로 필요하다는 데 특징이 있다. 따라서 우리나라의 경우도 조장·규제의 복합적 경제행정이 행해지고 있으나 그것은 조장에서 규제로 이어지는 사이클의 경험 없이 처음부터 조장·규제의 모습으로 경제행정이 행해지고 있음이 외국 자유주의 경제국가의 모습과 다른 점이라 할 것이다. 그것이 우리 경제규제 행정의 법리를 세우는 데 어려움을 주고 있는 것이 현실이다.

---

343 박윤흔, 최신 행정법강의(하), 박영사, 2002, 666쪽

그리하여 우리나라 경제행정은 20세기 후반의 조장·규제의 복합적인 틀을 1960년대부터 유지했다. 다만, 선진국과 같이 조장에서 규제로 이어지는 경험 없이 그 시대의 흐름에 편승한 셈이다. 우리나라는 제3세계 저개발국가들과 마찬가지로 자본축적, 기술발전 등과 같은 경제발전을 위한 기본여건을 갖추지 못한 채 국제화 수준에 맞는 경제성장을 도모하기 위해 국민경제의 기초를 확립하면서 동시에 국가가 경제발전을 선도하여야 하는 이중적 과제를 시급히 해결해야 했다. 그에 따라 경제과정에 대한 국가의 주도적 조장 및 적극적 개입의 필요성을 강조하는 경제정책을 채택했다.

1970년대부터 고도성장 경제정책에 따라 강력한 행정부에 의해 실시된 수차의 경제개발계획 및 이에 기초해 추진된 정부 주도의 경제성장, 발전정책단계에 이르러서는 우리나라 경제행정의 국가간섭주의는 조장·규제가 함께 가고 있었다. 그러나 그것은 성장을 위해 바람직한 방향이 아니었다.

1980년대 들어 경제성장에 좀 더 초점을 맞추면서 정부의 정책은 시장기능의 활성화와 민간부문의 활력 신장에 역점을 두면서 경제에 대한 정부 규제완화의 방향으로 정책전환이 시도되었다. 그러나 이러한 규제완화정책은 획기적 성장정책이 되지 못하고 지엽적 규제완화에 그치고 있었다. 주로 인허가 요건 완화, 인허가제 등록 또는 신고제로의 전환이나 그 부분적 폐지, 과도한 시설기준요건 완화 등 기술적 지엽적인 성과를 거두는 데 그치고 획기적 경제발전으로 이어지지는 못했다. 따라서 경제성장은 만족할 만한 것이 못 되고 그것은 분배의 미흡으로 이어졌다.

1990년대 들어와서는 사정이 달라졌다. 우리도 모든 분야에서 그동안 선진화의 역량을 쌓아 OECD 회원국이 되었으며, WTO 체제라는 국제적인 무한경쟁시대를 맞게 되었다. 또한 우리는 1997년에 IMF 관리체제라는 경제위기를 당해 국가경쟁력을 대폭적으로 강화하지 않으면 안 되었다. 여기에서 정부의 정책은 정부기능을 축소하고 시장기능의 활성화와 민간부분의 활력 신장에 역점을 두게 되고, 경제에 대한 정부의 규제를 대폭적으로 완화하는 방향으로 전환하게 되었다. 민원사무 개선사업, 성장발전을 위한 제도개선사업 등의 이름으로 민원사무 개선 차원에서 추진되어 오던 탈규제사업이, 행정규제기본법이 제정됨으로써 본격적으로 추진되어 수많은 경제규제가 폐지 정비되고 있다.

세계화 경제시대인 1990년대 이후 국제화 경제정책의 요청에 따라 경제성장에 더 박차를 가하기 위해 규제를 더욱 완화하고 있다. 물론 오늘날에도 세계화 경제정책을 성공적으로 발전시키기 위해 경제구조조정 등이 감행되는 등 성장지향형 경제정책시대에 대처하는 일을 계속하고 있으며 복지국가 실현을 위한 분배정책에도 심혈을 기울이고 있다. 규제완화라는 경제의 자유 측면에 욕구가 분출하면서 또 한편으로는 분배의 정의, 경제적 평등에 대한 욕구도 커지고 있다. 양자의 조화를 이루며 지속가능한 성장을 달성하는 게 오늘날 공법학계의 화두로 떠오르게 된 것이다. 헌법학에 이어 행정법학적 견지에서 경제행정법의 법원을 살펴본다.

① 헌법상 경제질서

헌법은 제119조 제1항에서 "대한민국의 경제질서는 개인과 기업의 경제상의 자유와 창의를 존중함을 기본으로 한다"고 규정했다. 이는 재산권 보장과 직업선택의 자유와 같은 고전적 의미에서의 경제적 기본권의 보장을 통해 뒷받침되고 있다. 이 같은 자유주의 시장경제를 바탕으로 한 경제질서의 기본원칙은 제119조 제2항에서 중대한 수정을 겪고 있다.[344] 이는 한국 헌법상의 경제적 기본질서를 사회적 시장경제질서라고 부를 수 있게 하는 요인이 된다. 즉 경제민주주의, 경제민주화를 경제질서의

---

[344] 홍준형, 앞의 책, 1519쪽

기본으로 선언하고 있다.

사유재산제의 보장과 자유시장경제의 채택

헌법은 제23조에서 재산권을, 제22조 제2항에서 무체재산권을 보장함으로써 경제질서의 기본이 사유재산제, 즉 사적 소유의 보장에 있음을 분명히 했다. 아울러 제15조에서 직업선택의 자유를 보장하고, 제119조 제1항에서 자유주의적 시장경제의 헌법적 근거를 명시하고 있다. 제126조에서 국방상 또는 국민경제상 긴절한 필요로 인하여 법률이 정하는 경우를 제외하고는, 사영기업을 국유 또는 공유로 이전하거나 그 경영을 통제 또는 관리할 수 없다고 규정함으로써 사영기업의 경영권에 대한 불간섭의 원칙을 구체화하고 있다.

사유재산제는 단순히 재산권의 법적 보장을 의미하는 것이 아니라 현행 헌법의 전체적 성격을 규정하는 기본적인 가치결단이라고 할 수 있다. 이에 따라 사유재산제는 단순히 역사적 사회적 제도에 대한 보장 수준을 넘는 경제질서의 기본원리로서 보장되고 있다. 혁명을 전제로 하지 않는 한 헌법 개정으로도 생산수단의 사적 전유에 입각한 자본주의체제의 핵심이 침해될 수 없다는 결론이 나온다. 재산권의 보장과 자유경쟁에 입각한 시장경제의 채택은 우리 헌법상 경제적 기본질서의 내용, 즉 자본주의 경제체제의 핵심을 이루는 것이다. 하지만 이러한 경제체제는 헌법상 재산권의 사회적 기속성이 관철되고 있고, 시장경제 또한 자본주의에 대한 사상적 전환에 따라 경제정의, 경제민주화에 입각한 질서형성을 위한 근본적인 제약을 받고 있다는 점에서 상대화되고 완화되고 있다는 점에 주의를 요한다.

사회적 시장경제질서와 경제민주화

우리 헌법은 순수한 어떤 경제질서에 관한 근본결단을 내리고 있다기보다 오히려 상반된 두 가지 경제적 이데올로기와 경제적 이익 간의 조화로서의 헌법적 양해에 근거하고 있다고 보아야 할 것이다. 이 같은 전제 위에서 헌법상 경제질서는 시장경제와 사회정의를 위한 경제민주화를 근간으로 하는 경제질서라는 의미에서 '사회적 시장경제', 즉 사회정의와 경제민주화를 지향하는 시장경제질서이다.

헌법재판소는 당초 재해보상 및 보험가입에 관한 법률 제5조에 대한 헌법소원 결정에서 소수 반대의견으로 우리나라 경제체계가 사회적 시장경제체제라고 밝힌 바 있다.[345] 이후 판례를 통해서도 이를 분명하게 천명했다.[346]

헌법은 제119조 제2항에서 경제적 민주주의 내지 경제민주화를 경제적 기본질서의 내용으로 선언하고 있다. 적정한 소득분배, 자본집중과 경제력 남용 방지 등은 사회경제적 차원에서 실현되어야 할 이념인 사회정의, 경제민주화에 봉사하는 정책적 목표들이다. 이에 따라 이 목표들을 실현해 나가야 할 국가적 책무가 뒤따른다. 그러나 헌법상 경제적 기본질서는 또한 경제정의를 실현하기 위한 국가적 개입의 한계를 설정하는 의미를 갖는다.

경제질서는 어디까지나 사적 자치(Privatauotonomie)에 바탕을 둔 시장경제를 바탕으로 해야 한다. 따라서 중앙집중적 계획경제와 같은 경제의 전면적 사회화는 허용되지 않는다. 경제에 관한 규제와 조정, 또 그로

---

345 헌재 1991. 6. 3, 89헌마204, 판례집 제3권, 268
346 헌재 1996. 4. 25, 92헌바47, 판례집 제8권 1집, 370
우리나라 헌법상의 경제질서는 사유재산제를 바탕으로 하고 자유경쟁을 존중하는 자유시장 경제질서를 기본으로 하면서도 이에 수반되는 갖가지 모순을 제거하고 사회복지와 사회정의를 실현하기 위하여 국가적 규제와 조정을 용인하는 사회적 시장경제질서로서의 성격을 띠고 있다. 즉 절대적 개인주의와 자유주의를 근간으로 하는 자본주의사회에 있어서는 계약자유의 미명 아래 '있는 자, 가진 자'의 착취에 의하여 경제적인 지배종속관계가 성립하고 경쟁이 왜곡되게 되어 결국에는 빈부의 격차가 현격해지고, 사회계층간의 분화와 대립갈등이 첨예화하는 사태에 이르게 됨에 따라 이를 대폭 수정하여 실질적인 자유와 공정을 확보함으로써 인간의 존엄과 가치를 보장하도록 하였다.(헌법재판소 1989. 12. 22. 선고, 88헌가13 결정 참조)

인한 재산권 침해와 같은 경제에 대한 간섭은 어디까지나 법치국가적 조건 하에서 이루어져야 한다는 점 등이 그것이다.

② 법률

개별법적 근거로서 거래의 공정성을 지키기 위해 행정규제기본법, 독점규제 및 공정거래에 관한 법률, 부정경쟁방지 및 영업비밀보호에 관한법률, 하도급거래 공정화에 관한 법률, 물가안정에 관한 법률, 소비자보호법 등이 시행되고 있다. 또 중소기업 등의 보호를 위해서는 중소기업기본법, 중소기업진흥 및 제품구매촉진에 관한 법률, 기업활동 규제완화에 관한 특별조치법 등이 제정되어있다. 금융질서를 확립하기 위해 금융감독기구의 설치등에 관한 법률, 은행법, 한국은행법, 보험업법 등을 규정하고 있다.

대외경제와 관련해서는 대외무역법이, 국민의 공중위생과 보건복지를 위해서 공중위생관리법과 식품위생법 등이 있다. 광업자원 보호와 생업 등을 위해 광업법, 도시가스사업법, 수산업법, 공유수면매립법 등을 갖추고 있다. 사회기반시설 등에 대해서는 민간투자법, 국토기본법, 국토의 계획 및 이용에 관한 법률, 공익사업을 위한 토지 등의 취득 및 평가에 관한 법률, 부동산가격공시 및 감정평가에 관한 법률 등을 들 수 있다. 이와 함께 국가회계 질서를 규제하기 위해서는 국유재산법, 지방재정법, 지방공기업법, 지방자치법, 예산회계법, 정부투자기관관리기본법, 보조금의 예산 및 관리에 관한 법률이 설치되어 있다.

2. 경제행정의 기본원칙

행정법학에서도 헌법 제119조를 경제질서에 관한 기본조항으로 보는 것은 당연하다. 제1항은 자유시장 경제질서가 대한민국 경제질서의 기본임을 천명하고 있다. 제2항은 공공목적, 경제민주화를 위해 국가 개입의 원칙을 규정하고 있다. 양 규정의 관계는 다수설적 해석상 원칙(제1항)과 예외(제2항)의 관계라고 볼 수 있다.[347] 이에 대해 원칙과 예외가 아니라 동조 제2항은 동조 제1항의 시장경제질서를 유지하기 위한 기본전제로서의 성격을 갖는다는 견해가 있다.[348] 역사적으로 볼 때 국가의 경제에 대한 개입은 자유주의 경제체제, 즉 시장경제의 폐해를 시정하기 위해 나온 것이다. 시장경제의 자율성은 경제질서의 기본을 이루는 것으로 보아야 하기 때문이다.[349]

국가의 개입은 자유경쟁의 원리를 보장하고, 사경제 주체인 국민경제 담당능력의 부족을 보충하는 견지에서 그리고 사회정의, 경제민주화의 실현을 위해서만, 즉 사경제를 수정, 보충하기 위해 예외적으로만 개입할 수 있다. 국가 개입의 정도는 기본적으로 시장경제 상황에 따라 좌우된다. 오늘날 우리나라에서 민간경제 규모의 증대와 국민경제 발전에 따라 경제에 대한 정부 규제를 완화해야 한다는 주장이 지배하는 것은 이 같은 맥락에서 이해할 수 있다.

다만 민간경제가 독과점 위주로 형성되어 있는 현재 상황에서 이러한 주장은 설득력을 잃는다. 따라서 정부가 추진하고 있는 중소기업 보호정책은 균형 있는 국민경제 발전과 경제적 약자인 중소기업을 보호해 대기업과의 자유로운 경쟁을 보장하기 위해 필요한 것이며 합헌적인 정책이라고 할 수 있다.

경제에 대한 정부의 개입이 필요한 경우에도 가능한 한 시장경제질서를 적게 제한하는 개입수단을 사용해야 한다. 권력적이고 직접적인 개입보다는 비권력적이고 간접적인 개입이 우선적으로 검토되어야 한다. 또 공법적 개입보다는 시장경제질서와 조화될 수 있는 사법적 개입이 우선

---

[347] 이덕연, 한국헌법의 경제적 좌표, 공법연구(한국공법학회) 제33집 제2호, 12쪽 이하
[348] 이원우, 경제규제와 공약, 법학(서울대학교 법학연구소) 제47권 제3호, 9쪽 이하
[349] 박균성, 행정법론(하), 박영사, 2011, 596쪽

적으로 검토되어야 한다.

(1) 경제활동 자유의 원칙

헌법 제119조 제1항은 우리나라 경제질서가 자유시장 경제질서를 원칙으로 한다고 선언하고 있다. 헌법은 또 사유재산제를 원칙으로 하며, 제23조에서 재산권을 국민의 기본권으로 보장하고, 제15조에서 직업의 자유를 보장한다. 영업의 자유와 재산권은 자유경제질서의 본질적 요소이다. 자유경제질서의 보장 없이는 직업의 자유와 재산권의 보장이 있을 수 없는 것이다.

① 자유시장 경제질서의 원칙

헌법 제119조 제1항은 "대한민국의 경제질서는 개인과 기업의 경제상의 자유와 창의를 존중함을 기본으로 한다"라고 규정함으로써 우리나라 경제질서가 자유로운 시장경제질서를 원칙으로 한다는 것을 선언하고 있다. 따라서 국민의 자유로운 경제활동은 보장되어야 한다. 전면적인 국유화는 현행 헌법 하에서는 절대로 인정되지 않는다. 산업별 국유화 또는 공유화는 헌법상 제한적으로 허용된다고 볼 수 있다. 현행 헌법 제126조는 "국방상 또는 국민경제상 긴절한 필요로 인하여 법률이 정하는 경우를 제외하고는, 사영기업을 국유 또는 공유로 이전하거나 그 경영을 통제 또는 관리할 수 없다"고 규정하고 있다.

② 직업 · 기업의 자유

통설은 헌법 제15조의 직업선택의 자유는 자신이 종사할 직업을 결정할 자유와 결정, 선택한 직업을 수행하거나 영위할 자유를 그 내용으로 하는 것이라고 보면서 영업의 자유는 직업선택의 자유에 포함된다고 본다. 이에 반해 일본의 통설은 영업의 자유는 일본 헌법 제29조의 재산권의 자유로부터 도출되는 재산권 행사의 자유를 의미한다고 본다.[350] 영업의 자유는 기본적으로 직업의 자유의 한 내용을 이루면서도 재산권 행사의 자유로서의 측면도 갖는다고 보는 것이 타당하다.

경제에 대한 국가 개입과 관련해 주로 문제가 되는 것은 영업의 자유이다. 직업의 자유의 하나로서 영업의 자유라는 개업의 자유, 영업의 유지, 폐업의 자유를 말한다. 영업활동은 자본 내지 상품의 생산, 거래, 처분을 수반하는데 이러한 활동도 영업의 자유에 포함된다. 직업 선택의 자유에 자유로운 경쟁 하에 직업을 수행할 자유가 포함되는지에 대해 논란의 여지가 있으나 이를 긍정하는 것이 다수설이다. 따라서 직업의 자유에 독점의 자유는 포함되지 않으며, 오히려 직업의 자유가 독점의 제한 내지 배제의 근거가 된다고 보아야 한다.

일반적인 경제적 활동의 자유의 특별한 한 형태로서 기업에는 계약의 자유 이외에 자기 책임 하에 기업적인 처분행위를 할 수 있는 기업의 자유(Unternehmensfreiheit)가 보장되고 있다.[351] 기업의 자유는 기업의 성공을 목표로 하는 기업가의 여러 수단과 방법, 경영과 투자행위, 시장경제적 경쟁 하에서의 행위와 가격형성과 광고행위에 관련한 기업의 결정을 행정기관에 의한 경제행정법적인 명령·금지와 의무의 부과로부터 하나의 독자적인 기본권으로서 보호하는 것을 말한다.

이 기본권은 그 체계적 지위에 있어서 정형적인 기본권인 직업의 자유 또는 재산권 보장의 특별한 보호영역에 해당되지 않는 한 일반적 행위의 자유(allgemeine Handlungsfreiheit)라는 한층 더 약화된 기본권에 포함되는 것으로 본다. 이는 헌법상으로는 제10조의 행복추구권의 한 내용으로 이해할 수 있다. 기업활동의 자유는 영업의 자유를 넘어서는 폭넓은 개념

---

350 丹宗昭信, 經濟活動の自由と獨占禁止法, 今村成和教授退官記念論文集(公法と經濟法の諸問題) 下, 160-161쪽
351 류지태·박종수, 행정법신론, 박영사, 2011, 1226쪽

이다. 기업활동의 자유와 관련해서는 직업선택의 자유, 거주·이전의 자유, 재산권의 보장(계약의 자유, 자본의 자유) 등이 해당된다.[352]

통상적으로 기업의 영리추구를 위한 경쟁행위는 그것이 직업적으로 관련되는 한, 즉 기업 목적의 추구와 관련되어 규율되고 제한되는 한 현존하는 경제질서의 범위 안에서는 기업이 갖는 기본권인 직업행사의 대상이라고 봐야 하며, 그에 따라 헌법 제15조의 효력이 미친다고 봐야 한다. 재산의 기업적 이용행위는 문제가 되는 국가작용에 의한 규율행위로 인해 기업 목적의 용도로 사용되는 재산적 가치 있는 권리나 영업권의 축소 또는 제약의 효과가 발생하는 한 헌법 제23조의 보호를 향유한다고 봐야 한다. 결국 일반적 행동의 자유로서의 기업의 자유는 예외적으로만 인정되며, 현실적으로 인정되는 영역은 좁다고 봐야 할 것이다.

국가, 공공단체 등 국가권력은 자유로운 경쟁을 제한하는 행위를 할 수 없다. 이와 관련해 공권력이 사적 영업활동을 행하는 것이 동일한 영업을 행하는 국민의 직업의 자유를 침해하는 것이 아닌가 하는 것이 문제된다. 국가는 원칙적으로 순수하게 영리만을 목적으로 하는 경제활동을 수행할 수는 없다. 그리고 국가나 공공단체는 특정한 사기업을 다른 사기업보다 우대해서도 안 된다. 결론적으로 영업의 자유의 내용을 이룬다고 보여지는 자유로운 경쟁의 원칙은 국가나 공공단체의 사적 경제활동에의 불개입의 원칙과 평등한 경쟁의 원칙을 포함한다고 할 수 있다.

자유로운 경쟁의 원칙에도 한계가 있다. 국가 또는 공공단체는 공공의 필요가 있는 경우에는 법률의 근거 하에 사기업을 경영 또는 원조할 수 있다. 공공의 필요는 행정주체 또는 공중의 필요일 수 있다. 행정의 수행에 필요한 물건과 서비스는 시장을 통해 조달할 수도 있지만 이를 시장을 통하지 않고 행정주체 자신이 스스로 생산할 수 있다.

---

[352] 권영설, 기업활동에 있어서 자유와 규제의 헌법이념, 법학논문집 제12집, 중앙대학교 법학연구소, 1987, 39쪽

공중의 일상생활에 필요한 재화, 서비스, 시설을 공급하기 위해 공권력에 의한 경제활동이 용인되는 경우가 있다. 자동차 주차장의 설치와 운영, 주택공급, 극빈자 식당의 운영 등이다. 또 공중목욕탕과 수영장, 병원 등도 공공단체의 개입이 허용된다.

　행정에 의한 공급이 이미 행해지고 있는 경우에는 그 자체로서는 허용되지 않는 행정에 의한 어떤 재화, 서비스, 시설의 공급이 허용되는 경우가 있다. 철도사업자의 호텔 건설 운영 등이 한 예가 될 수 있다. 국가의 영업이 공공의 필요에 의한 것이고, 사기업과 대등한 경영 조건 하에서 행해지는 한 국민의 직업의 자유, 보다 엄격히 말하면 자유로운 경쟁의 원칙을 침해하는 것은 아니라고 보아야 한다. 왜냐하면 자유로운 경쟁의 원칙은 평등한 경쟁의 원칙을 의미한다고 보는 것이 타당하기 때문이다.

　독점시장에 있어서는 독점기업 이외의 다른 기업의 영업의 자유는 실질적으로는 보장되지 못한다. 영업의 자유에 경쟁의 자유가 포함되는지에 관해 견해가 대립하고 있다. 인정하는 경우에도 경쟁의 자유는 국가의 개입으로부터의 자유만인지 독점기업으로부터의 자유도 포함하는지에 관해 논란의 여지가 있다. 오늘날 직업의 자유의 한 내용을 이루는 경쟁의 자유는 독과점으로부터의 자유도 포함하는 것으로 해석하는 것이 타당하다. 따라서 독과점의 규제는 직업의 자유 규제에 포함된다고 보아야 한다.

　직업의 자유는 헌법 제37조에 따라 국가안전보장, 질서유지, 공공복리를 위해 필요한 경우에 법률로써 제한할 수 있다. 영업의 자유에 대한 제한은 사회 공공의 안전과 질서유지의 견지에서 행해지는 소극적 제한과 국가의 재정정책, 경제정책 또는 공공복리 증진의 관점에서 행하는 적극적 정책적 제한이 가능하다. 제한하는 경우 직업의 자유의 본질적 내용을 침해하는 것이어서는 안 되며, 헌법상의 원칙인 비례의 원칙, 평등의 원칙에 위반해서는 안 된다.

③ 재산권의 보장

　재산은 영업활동의 결과이면서 영업의 물적 기초가 되는 것이므로 재산권의 보장은 영업의 자유와 밀접한 관련을 갖고 있다. 자유주의, 자본주의 국가에서는 개인의 재산권과 사유재산제도가 보장되고 있다. 그러나 자본주의 발달에 따른 부의 편재, 계급간 갈등은 자본주의 자체를 위협하게 되어 자본주의 체제를 수호하기 위해서도 공공복리 견지에서 재산권에 대한 제약을 용인하지 않으면 안 되게 되었다. 오늘날의 자유주의 국가는 재산권과 사유재산제도를 보장하면서도 공공의 이익을 위한 재산권의 제약을 인정하고 있다.

　우리나라 헌법은 제23조 제1항에서 재산권과 사유재산제도를 보장함과 아울러 제2항에서 재산권에 내재하는 사회적 제약으로서 재산권 행사의 공공복리성은 규정하고 있다. 제3항은 공공의 필요에 의한 재산권의 수용, 사용, 제한을 규정하고 있다. 오늘날에는 근대국가에서와 같은 재산권의 절대성은 인정될 수 없으며, 재산권은 사회적 상대적 성격을 갖는다. 재산권은 구체적 재산권의 보장과 법제도로서의 사유재산제도를 포함한다.

　사유재산제는 생존에 필요한 물적 수단의 보장에 그치지 않고, 생산수단의 사유를 포함한다. 생산수단의 사유는 자본주의 경제체제의 본질을 이룬다. 헌법 제126조는 사영기업의 국·공유화를 원칙적으로 제한한다. 사영기업의 국·공유화와 경영의 통제나 관리는 예외적으로 인정하고, 국·공유화하는 경우 정당한 보상을 해야 한다.

　재산권은 헌법 제37조 제2항에 따라 국가안전보장, 질서유지, 공공복리를 위해 제한할 수 있다. 헌법 제23조 제3항에 의해 공공의 필요가 있는 경우 재산권에 대한 수용, 사용, 제한이 가능하다. 이때 정당한 보상을 지급해야 한다.

(2) 경제민주화를 위한 규제와 조정의 원칙

① 헌법상 경제조항의 상호관계

헌법 제119조 제2항은 경제에 대한 정부의 개입, 즉 규제와 조정을 규정하고 있는 일반조항이다. 이 조항은 정부 개입의 정당화 사유를 균형 있는 국민경제의 성장과 안정, 적정한 소득의 분배 유지, 시장의 지배와 경제력의 남용 방지, 경제주체 간의 조화를 통한 경제민주화로 열거하고 있다. 이는 예시적인 것으로 보는 게 타당하다.[353] 국가는 일반적으로 사회정의, 경제민주화 등 공공목적을 위해 경제에 개입할 수 있다고 보는 것이 타당하다. 헌법 제120조 이하의 경제조항은 헌법 제119조를 구체화하는 것으로서 헌법 제119조에 대한 특별조항의 성격을 갖는다.[354]

헌법 제119조 이하의 경제조항과 헌법상의 기본권 조항, 특히 경제적 기본권 조항과 기본권의 제한과 한계를 규정하는 헌법 제37조와는 어떠한 관계에 있다고 보아야 할 것인가? 헌법 제119조 이하는 우리나라의 경제질서를 규정하고 있고, 헌법상 경제적 기본권에 관한 규정은 이러한 경제질서 하에서 국민의 기본권을 규정하고 있는 것이다. 즉 양자는 동일한 내용을 다른 측면에서 규정하고 있는 것으로 보아 조화롭게 해석해야 한다. 헌법 제37조 제2항은 기본권에 대한 법률유보 조항으로 보아 모든 기본권의 제한은 헌법 제37조 제2항의 기속을 받는 것으로 보아야 한다.

헌법 제119조 제2항 이하의 경제규제에 관한 조항은 균형 있는 국민경제의 발전, 경제민주화 등을 위해 국가가 사경제에 개입할 수 있는 일반적이고 개별적인 한계를 정하는 헌법적 결단을 표현한 것이다. 이 경제조항은 국가권력의 경제 개입을 허용하면서 다른 한편으로 입법을 포함해 국가권력의 경제에의 개입의 한계를 규정하는 한에서 법적 기속력을 갖는다. 이 경제조항이 헌법 제37조 제2항의 적용을 배제했다거나, 이 경제

---

353 박균성, 앞의 책, 603쪽
354 김영추, 경제법원리, 형설출판사, 1982, 43쪽

조항이 행정권의 경제 개입의 직접적 근거조항이 된다고 보는 것은 타당하지 않다. 경제분야도 법치주의 원칙이 적용되어야 하는 것은 당연하기 때문이다.

이에 대해 헌법 제120조 천연자원의 사회화나 헌법 제126조 사기업의 국·공유화는 기본권의 본질적 내용을 침해하는 규정이라고 보고, 따라서 헌법 제37조 제2항의 적용범위에 들어가지 않는다고 보는 견해가 있다.[355] 이 견해는 자유주의 국가에서도 공공필요를 위해 예외적으로 국가적 독점이 인정될 수 있다는 점을 간과하고 있다. 헌법 제120조에 근거한 천연자원에 관한 특허제는 공공의 필요에 의한 영업의 자유의 제한이다. 헌법 제126조 사기업의 국·공유화는 공공의 필요에 의한 재산권의 수용을 수반하고, 따라서 그에 대한 보상이 행해져야 하는 것이므로(헌법 제23조 제3항) 재산권의 본질적 내용을 침해하는 것이 아니다.

헌법 제37조 제2항과 헌법상 경제조항은 규정 목적이 다르다. 헌법 제37조 제2항은 기본적으로 국가공동체 구성원 상호간의 권리의 조정을 위해 둔 반면 헌법상 경제조항은 국민경제의 발전을 위해 바람직한 경제질서의 형성을 목적으로 하고 있다. 헌법 제37조 제2항의 공공복리는 기본권 제한의 근거가 되는 것이므로 엄격히 해석되어야 한다. 반면에 경제분야에서의 국가의 규제 내지 개입은 기본권의 제한을 수반하는 경우도 있다. 하지만 국민의 기본권과는 직접적 관계가 없는 경우와 국민에게 이익을 부여하는 경우도 있다.

헌법 제119조 이하의 경제조항을 행정부에게 규제·조정의 권한을 부여하는 헌법적 수권규정으로 보고 따라서 국회 입법에 의한 기본권 침해가 이루어지는 경우와는 달리 법률적 근거 없이 행정부의 경제에 대한 직접적 통제가 가능하다고 볼 수 있다.[356] 그러나 헌법상 경제조항은 대부

---

355 김형성, 헌법상의 경제질서와 경제간섭의 한계, 한국공법학회 제28회 학술발표회, 10쪽
356 김형성, 앞의 논문, 11쪽

분 극히 일반적이고 추상적인 규정이므로 행정부의 경제 개입의 직접적인 근거조항이라고 보는 것은 무리이고, 행정권의 경제 개입에는 행정법의 일반이론에 따라야 법률유보의 원칙의 적용을 받는다. 그리고 국민의 기본권을 제한하는 경우에는 헌법 제37조 제2항에도 기속된다. 일반적으로 국민의 권리를 침해하거나 권력적인 행정은 법률의 근거가 있어야 한다.

② 헌법상 경제조항의 법적 성격

헌법상 경제조항이 어떤 법적 성격을 갖는가 하는 것이 문제가 된다. 경제조항은 원칙적으로 법원칙이기는 하지만 규정 내용이 일반적이고 추상적이므로 이것이 국가의 규제·조정이나 국민의 개입청구의 직접적인 근거규정은 될 수 없다. 다만 이 헌법의 경제조항에 위배되는 법률이나 행정적 조치는 헌법 위반이 된다.

우리나라의 경제질서를 사회적 시장경제질서로 보는 게 다수설이며, 헌법재판소의 입장이다. 그러나 사회적 시장경제질서 개념 자체가 불명확한 개념이라고 지적하는 견해가 있다.[357] 즉 최소한 완전한 자유방임주의나 시장경제를 전적으로 부정하는 사회주의 경제질서는 아니라는 점, 시장경제질서를 기본원칙으로 하면서 공공의 목적을 위해 국가가 경제에 개입할 수 있다는 것만은 분명하다. 국가 개입의 정도는 헌법의 테두리 안에서 입법권자와 정부의 정책적 판단에 맡겨져 있다. 효율성이 중시되고 변화하는 경제상황에 신속하고 적절하게 대응해야 하는 경제 문제의 특수성에 비춰도 이 견해가 타당하다고 주장한다.

이런 점들을 비춰 볼 때 경제질서에 관한 헌법상 규정들은 일정한 한계를 정하면서도 국가의 경제에 대한 개입의 정도 내지는 경제질서에 대해

---

357 박균성, 앞의 책, 607쪽

서는 어느 정도 개방적 입장을 취하고 있다.[358] 헌법 제126조에서 예외적으로 국민경제상 긴절한 필요가 있는 경우 국유화를 규정하고 있는 것은 이를 반증한다. 그러나 이 규정이 사회주의 경제체제로의 이행의 가능성을 규정하고 있다고 해석하는 것은 잘못이다. 산업의 국유화는 전 산업의 국유화를 의미하는 것이 아니며, 그에 대한 보상을 해야 하는 한계가 있기 때문이다. 이에 반해 헌법상 경제질서를 사회적 시장경제질서에서 계획적 경제로 보다 나아간 혼합경제체제로 보는 견해도 있다.[359] 이와는 반대로 헌법상 경제질서를 사회적 시장경제질서에서 자유주의 경제질서로 보다 나아간 신자유주의 경제질서로 보는 견해도 있다.[360]

③ 국가의 경제 개입의 목적

국가의 경제 개입에 있어서 중요한 법적 문제는 국가가 경제에 관한 규제와 조정을 할 수 있는 사유가 무엇인가 하는 것이다. 헌법 제119조와 그 이하 경제조항에 그 사유가 규정되어 있다. 즉 균형 있는 국민경제의 성장과 안정, 적정한 소득의 분배 유지, 시장의 지배와 경제력의 남용 방지, 경제주체 간의 조화를 통한 경제의 민주화, 그리고 국토와 자원의 균형 있는 개발과 이용, 경자유전의 원칙, 농업과 어업의 보호육성, 중소기업의 보호육성, 소비자보호, 대외무역의 육성, 과학기술의 발전 등이다. 이는 예시적 열거 규정이다. 일반적으로 사회정의, 경제민주화 등 공공의 목적을 위한 국가의 규제와 조정이 가능하다고 하겠다.

정부의 경제에 대한 개입은 소극적으로 국민의 생명과 안전 등 국민의 기본권을 보호하기 위한 것과 시장의 실패를 보완해 시장의 기능을 회복·유지하기 위한 것, 그리고 적극적으로 산업구조의 조정 등 경제발전

---

358 김성주, 남북한 통일헌법의 경제질서문제, 한국공법학회 제29회 학술발표회, 56쪽
359 김형성, 앞의 논문, 5-9쪽
360 정순훈, 신자유주의와 경제헌법, 한국공법학회 제28회 월례발표회, 12쪽

을 위한 것으로 구분할 수 있다.

문제는 산업구조의 조정 등 경제질서를 적극적으로 형성해 가는 정부의 적극적 개입이 허용될 수 있는가 하는 것이다. 국가의 경제에 대한 지도적 적극적 개입은 자유주의 경제질서에서는 배치되는 것이기 때문이다. 학설 중에는 신자유주의 이론을 지지하면서 국가의 개입은 시장의 실패를 수정하는 소극적 개입만 허용된다는 견해가 있다.[361] 이 같은 견해는 경제학상 이론으로 그 나름대로 타당성이 있지만 실정 헌법상의 국가 개입의 한계 이론이 될 수 없는 것이라고 한다.[362]

헌법은 특정 경제질서를 규정하고 있는 것은 아니며, 경제질서에 관해 일정 한계 내에서 개방적 입장을 취하기 때문이다. 따라서 정치적 결단에 의해 자유주의 시장경제질서의 원칙을 근본적으로 부정하지 않는 한도 내에서 어느 정도 지도적 적극적 개입은 허용된다고 보아야 한다. 구체적으로 경제계획, 국영기업의 경영, 산업구조의 조정, 국가에 의한 수입물량의 결정 등으로 나타난다.

국가의 지도적 적극적 개입은 오늘날 국내외적으로 비판을 받고 있다. 후진경제를 국가주도 하에 발전시킨다는 필요성에 의해 등장된 국가의 경제에 대한 적극적 개입은 우리나라 경제가 발전하고 사기업이 성장하면서 그 설 땅을 잃어가고 있다. 공산주의 계획경제의 실패에서 보았듯이 국가 개입의 비효율성과 시장경제의 우월성이 입증되고 있다. 정부가 경제에 대한 규제를 완화하려는 것도 근본적으로 이 같은 상황 변화에 기인한다. 국제적으로 보더라도 세계 자유무역화의 진전에 따라 자유주의 시장경제질서에 반하는 국가의 경제에 대한 지도적 적극적 개입은 불가능하게 되어 가고 있다.

---

361 정순훈, 앞의 논문
362 박균성, 앞의 책, 608쪽

④ 국가권력의 개입의 한계

사회정의, 경제민주화 등 공공의 목적을 위한 경제 규제와 조정에 한계가 없는 것은 아니다. 기본권 규정, 경제질서 규정을 위시한 헌법규정에 위반해서는 안 된다. 비례원칙, 평등원칙 등 법의 일반원칙을 위반해서는 안 된다. 개인의 경제활동에 관련되는 기본권을 제한하는 것이 허용되는 경우 비례성 원칙에 의해 제한을 받는다.

비례의 원칙은 행정기관의 조치와 수단이 행정의 목적을 달성하는 데 적합해야 한다는 적합성의 원칙, 권리와 자유에 대한 침해가 가장 작은 수단을 선택해야 한다는 최소침해의 원칙, 침해되는 당사자의 사익과 달성하고자 하는 공익 사이에 상당한 균형을 유지해야 한다는 상당성의 원칙을 그 내용으로 한다. 개인의 기본권 제한 행위는 경제정책적 목적이라는 공익을 달성하기에 적합하고 필요해야 한다. 예를 들면 특정행위의 허가요건으로서 당해 행위와 무관한 지식과 능력을 요구하는 규율은 비례성원칙에 위반하는 것이다.[363]

헌법의 원칙으로서 평등원칙은 경제행정법에서는 특히 입법활동에 있어서 의미를 갖게 된다. 특정사안이나 특정 인적 범위를 다른 경우와 자의적으로 차별해 규율하는 경우에 문제가 된다. 자의적인지 여부의 판단은 그 입증이 곤란한 입법활동에 참여한 당사자의 주관적 동기가 기준이 되는 것이 아니라 당해 규율이 그 대상이 되고 있는 사안에 비춰 명백히 객관적으로 부적절한지 여부에 따라 결정하게 한다. 따라서 입법자에 의한 특정 규율이 충분한 중요성을 갖는 공익이라는 실질적 근거에 의해 정당화되는 한 그 자의성은 인정되지 않는다.

법치국가 원리는 모든 경제행정법상 국가작용이 충분히 명확할 것을 요구한다. 일반적으로 모든 국가작용은 내용, 대상, 목적과 범위가 엄밀

---

363 류지태 · 박종수, 행정법신론, 박영사, 2011, 1225쪽

하게 규정되어야 한다. 이와 같은 명확성의 요구는 국가조직의 고려와 시민사상에 이론적 근거가 있다. 전자는 입법자는 집행의 남용을 배제하기 위해 행정행위와 법규명령의 발령을 명확히 하는 것이다. 후자는 행정관청이나 법원에 의한 자의적 적용으로부터 국민을 보호하기 위해 국가작용이 명확하게 규정되는 것을 의미한다.

입법자에게는 경제질서 형성을 위한 상당히 넓은 형성의 여지가 인정되고 있다. 특정법률이 경제정책적 목적을 위하여 유용한지 여부는 입법자의 판단에 일임된다. 그러므로 일정한 경제목적 달성에 전적으로 유용하지 않는 법률만이 법치국가의 원칙을 위반한 것으로 평가될 수 있다. 또 경제질서에 대한 규율행위는 넓은 범위에 있어서의 예측적 평가행위로서의 성질을 갖게 된다. 가령 법률제정이나 이에 근거한 행정작용이 사후평가에 의해 그 행위가 잘못된 예측에 근거했다는 것이 밝혀졌다고 하더라도 바로 위헌이 되는 것이 아니다. 이때 중요한 것은 그 예측이 객관적으로 대상행위에 적합하고, 합리적인 판단에 기초해 결정되었는가 하는 것이다.

그러나 비례원칙, 평등원칙의 적용에 있어서 경제의 특수성에 비춰 헌법재판소 또는 법원에 의한 통제가 어려운 경우가 있을 것이다. 전문적 정책적 판단에 대해 헌법재판소와 법원은 입법재량 또는 행정부의 판단 여지를 인정하는 등 소극적 태도를 취하는 경향이 있다. 비례원칙의 적용에 있어서 규제의 필요성, 목적 달성에의 적합성의 판단이나 특정산업 또는 기업에 대한 자금지원이 평등원칙에 위배되는 것이 아닌가의 판단의 경우에 있어서 이 같은 경향을 볼 수 있다. 그러나 국회 또는 정부의 판단이 명백히 잘못된 경우에는 국회 또는 행정권의 개입의 위헌 또는 위법을 인정하도록 해야 한다.

자유경제질서의 원칙에 비춰 경제에의 법과 공권력의 개입은 다른 분야보다도 최소화되어야 한다. 모든 분야에 있어서 사인의 자율성은 존중되고 법의 개입은 최소화되어야 한다는 것이 법의 일반이론이다. 경제분야에서 경제는 원칙적으로 시장경제질서에 맡겨져야 하고, 경제에 대한 국가의 개입은 필요한 최소한도에 그쳐야 한다는 요청이 특히 강하다. 경제는 본래 사인간의 자유로운 거래에 의해 움직여 온 것으로서 사경제의 자율성은 다른 어느 분야보다도 강하게 보장되어야 한다.

⑤ 국가의 경제 개입에 대한 재판적 통제

경제분야에서의 국가작용이 원칙상 다른 분야에서의 국가작용과는 달리 특별한 재판적 통제의 대상이 되는 것은 아니다. 경제분야에서의 재판적 통제는 다른 분야에서의 통제와 동일한 조건하에서 행해진다. 그러나 경제 개입 분야에 있어서는 일정한 요인에 의해 다른 분야보다는 이 재판적 통제가 사실상 더 어렵고 효과적이지 못한 경우가 많다.[364] 그 주된 원인은 경제상황의 기술성과 복잡성으로 법관에 의한 심리가 어렵다는 점과 그때그때의 경제상황에 적합한 조처를 요구하는 경제분야의 특수성에 비춰 국가기관에 재량권이 부여되는 경우가 많다는 점 등에 있다.

이와 함께 다른 분야보다도 법규정이 미비된 경우가 많고, 경제규제의 유연성의 요청에 따라 법에 의한 규율이 느슨한 경우가 많으며 정책, 계획, 행정지도, 행정사법(行政私法), 고시 등과 같은 아직까지 재판적 통제 장치가 충분히 마련되어 있지 않은 행위형식이 사용되는 경우가 많은 점도 재판적 통제를 어렵게 하고 있다.

(3) 경제행정의 민주화 목표
① 시장의 경쟁정책
앞서 살핀 바와 같이 경제학적으로 보면 시장경제가 보이지 않는 손에 의해 자동 조절되고, 자원이 제대로 분배된다면 응당 경제민주화는 실천되

---

[364] 박균성, 앞의 책, 636쪽

는 것이다. 그러나 경제민주화는 기본적으로 시장의 왜곡에서 그 필요성이 비롯된다. 시장경제 질서를 제대로 작동시키고 조절기능을 보강하기 위해 경쟁정책(Wettbewerbspolitik)을 추진한다. 시장에서 효과적인 경쟁상태를 창출, 유지하고자 하는 경제정책이다. 경쟁법적, 독점금지법적 규율 등을 수단으로 한다. 독점적 또는 과점적 시장지배력의 구축과 남용, 부정경쟁 행위 그리고 카르텔 담합을 통한 경쟁왜곡 또는 경쟁제한 행위들을 방지하는 정책이다. 경쟁정책은 독점규제법상 기업합병 통제 대상인 경제적 사회 정치적 문제들과 관련해 하나의 포괄적인 경제질서정책에 포함된다.

② 경제민주화 성장정책

경제민주화도 성장이 뒷받침되지 않고서는 이룩하기 어렵다. 경제성장 정책(Wachstumspolitik)은 생산성과 효율성, 사회적 생산과 생활수준의 상승을 달성하기 위한 경제정책을 말한다. 경제성장정책의 목표는 말할 것도 없이 경제의 적정한 발전, 특히 기술혁신을 통한 발전에 있다. 경제 정책에 있어 성장정책과 경기정책의 목표를 설정하는 것은 경제목표들 간의 상극관계 또는 길항작용으로 말미암아 극히 복잡하고 곤란한 과정 이다. 이 같은 성장정책의 수립, 실행에 수반되는 복잡성은 상충하는 경 제목표들이 종종 '마의 삼각'[365] 또는 '마의 사각'[366]이라는 말로 표현되 는 데서도 여실히 드러나고 있다.

1993년 초 일간신문과의 대담에서 당시 경제기획원장관인 최각규 부 총리는 성장, 물가, 국제수지라는 '마의 삼각'을 잘 넘었어야 하는데 물가

---

[365] 한겨레신문, 1993. 2. 16.
[366] 독일기본법 제109조 제2항에 따라 제정된 1967년 6월 8일의 '경제의 안정 및 성장촉진을 위한 법률' 제1조 : 연방과 각주는 그 경제 및 재정조처를 취함에 있어서 경제 전체의 균형 에 대한 요청을 존중해야 한다. 이 조처들은 시장경제 질서 안에서 영속적이고 적정한 경제 성장을 기하는 동시에 물가수준의 안정, 높은 고용수준 및 대외경제의 균형을 이루는 데 기 여할 수 있도록 행해져야 한다.

와 국제수지는 개선된 반면에 성장둔화라는 비용을 치러야만 했다고 실토한 데서 연유한다. 또 독일에서는 마의 사각(magisches Viereck), 즉 경제성장, 물가안정, 완전고용, 국제수지 균형의 안정적 달성이 어려운 실태를 반영하면서 이 용어가 유래되었다.

③ 수급조절 경기정책

수급조절의 실패에서 시장의 실패가 초래된다는 데 대한 반성과 예방적 조치로 경기정책(Konjunkturpolitik)을 목표로 한다. 국민경제는 국가의 지출, 기업 투자와 가계 소비 지출로 나타난다. 이 같은 국민경제의 총수요를 가능한 한 균등하게, 초과수요와 공급의 증감, 변동으로부터 영향을 받지 않게끔 유지하기 위한 경제정책을 실시하는 것이다. 경기정책의 목표들을 달성하기 위해 주로 국민경제 전반에 걸친, 또 그 한도 안에서 간접적 향도기능을 지니는 각종 경제정책적 조정수단들을 동원한다. 공공재정정책, 통화정책, 금융정책, 무역정책 수단들이 전면적으로 종합적으로 추진된다.

④ 지속가능한 구조정책

우리 경제의 기초인 자본주의를 지속가능한 체제(sustainable system)로 유지시키는 게 경제행정의 민주화 목표로 부각되고 있다. 이는 구조정책(Strukturpolitik)을 실천하는 데서 가능하다고 본다. 사회적 기술적 하부구조의 개선, 고용기회의 창출, 특수한 국민경제적 중요성을 지닌 기술혁신에 대한 특혜, 그리고 농업분야의 구조전환 등을 달성하기 위한 경제정책을 실행해야 한다.

경제성장정책 역시 낙후되거나 시장경제의 과정에서 성장하지 못한 분야나 경제부문을 지원 또는 발전시킬 것을 목표로 하는 한도에서는 지역별 또는 부문별 구조정책으로서의 성질을 갖는다. 양극화 해소를 위한 이른바 중산층 정책(Mittelstandspolitik)도 이러한 부문별 구조정책의 내용을 이룬다고 할 수 있다. 구조정책의 수단들은 그 정책목표의 달성을 위해 공공기관 자체가 독자적으로 투자활동을 전개하며, 보조금과 세제상의 혜택을 통해 민간투자를 유인, 조성한다는 데 특징이 있다. 구조정책은 노동과 사회정책, 교통정책, 에너지정책, 환경보호정책 등의 목표를 내용으로 한다. 또 공간규제정책과도 밀접한 관련이 있다.

⑤ 사회정의를 위한 범사회정책

자유와 함께 경제민주화의 한 축인 평등을 구현하기 위해 범사회정책(Gesellschaftspoltik)을 추진한다. 이는 사회정책에만 국한되지 않는 사회정의라는 보다 포괄적인 국가목표를 실현하기 위한 정책을 말한다. 범사회정책은 자본주의 경제과정의 사회현실적 기초를 바탕으로 삼되 자본주의 발전 과정에서 발생하는 문제에 적극적으로 대처해 나가는 것이다. 양극화 등 구조적 문제에 대해 개별적 조치들을 취함으로써 소득과 재산관계의 불평등을 감축시켜 나가는 것이다. 특히 사회적 불평등이 민주주의의 원리에 합당한 평등의 실현을 방해하면 장기적 전망에 입각해 대응 계획을 수립한다. 이에 따라 지속적인 사회변화를 추구함으로써 불평등을 감축시키는 게 임무라고 할 수 있다. 정책과제로서는 기업경영상의 공동결정(Mitbestimmung), 공적 부조, 사회보험과 사회복지를 통한 소득재분배 등을 여기에 포함시킬 수 있을 것이다.

3. 경제행정의 법치주의 원칙

(1) 법치행정의 원칙

경제에 대한 국가활동은 사적 집단적 수요의 충족을 최적화하고(배분 기능, allokative Funktion), 성장을 촉진하며(안정화 기능, stabilisierende

Funktion), 나아가 시장소득(Markteinkommen)을 시정하는 것(분배기능, distributive Funktion)을 임무로 한다.[367] 이 같은 국가적 임무수행에 있어 가장 주도적인 역할을 수행하는 것은 적어도 의회주의 하에서는 의회라 할 수 있다. 헌법에 의해 보장된 법치행정의 원칙은 바로 이와 같은 의회의 역할을 뒷받침하는 제도적 원리이다. 그것은 행정이 법, 즉 법의 일반원칙, 헌법과 법률의 규정, 기타 불문규범에 기속된다는 것을 의미하지만 무엇보다도 행정의 법률적합성(Gesetzmäβigkeit der Verwaltung)이 관철될 것을 요구한다. 사회국가원리가 경제행정 영역에서의 국가작용에 정당성의 근거를 부여하지만, 법치국가원리는 사회적 경제질서에 있어서 정의의 요소와 합법성을 판단하는 기준이 된다.[368] 따라서 법치행정의 원리가 경제행정에 대해 갖는 규범적 효과는 무엇보다도 법률의 유보와 법률의 우위를 통해 나타난다.

법적 안정성도 법치국가의 주요 관심사에 속한다. 경제의 기능성, 수익성, 생산과 투자에 대한 준비 등은 경제행정법상 국가작용의 예측가능성에 크게 좌우되기 때문이다. 법적 안정성은 국가작용의 예측가능성을 어느 정도 신뢰할 수 있는가와 깊은 관련을 갖는다. 따라서 신뢰의 표현으로 이해될 수 있는 경제행정법상 국가작용의 예측가능성이라는 개념은 특히 계획보장이나 법률의 소급효 문제와 관련해 중요한 의미를 갖는다.

(2) 법률의 유보

법률의 우위가 경제행정과 경제정책에 대해 갖는 의미는 통치의 기능(Funktion der Regierung)이 실제로 또는 그 원리에 따라 의회의 결정과 입법에 의존해야만 한다는 점에 있다. 경제행정 영역에서도 행정권은

---

367 Reiner Schmidt, Wirtschaftspolitik, Wirtschaftsverwaltungsorganisation, Wirtschaftsförderung, in: Achterberg(hrsg), Besonderes Verwaltungsrecht Bd. Ⅰ. S.22, Rn. 40, 홍준형, 앞의 책, 1524쪽 재인용
368 장태주, 행정법개론, 법문사, 2011, 1387쪽

법률을 통해 표현된 입법권자의 의사에 기속되며, 법률의 내용을 위반할 수 없다. 이런 의미에서 법률의 우위는 소극적 법치행정의 원리라고 할 수 있다. 법률의 유보가 입법권자에게 경제적 형성의 여지를 부여하며, 행정에게 그 활동근거로서 법률을 요구하는 적극적인 원리라면 법률의 우위는 오로지 행정에 대해 그가 수행하는 행정작용의 내용을 법에 기속 시키는 소극적 원리이다.

경제행정에 관해 법률의 우위가 의미하는 것은 경제에 대한 국가적 개 입이 비단 법률뿐만 아니라 법 일반, 즉 법의 일반원칙, 헌법, 법률 기타 불문규범에 의해 설정된 한계를 넘어설 수 없다는 것이다. 이런 뜻에서 그 것은 행정에 대한 내용적 실질적 기속의 원리이다. 따라서 단지 경제적 합 리성이나 경제정책적 고려에 의해 경제행정에 관한 실정법상의 규정에 반 하는 결정을 내리는 것은 허용되지 않는다. 경제행정법상 허가나 하명과 같은 경제행정법적 처분이 관계법규를 위반해 상대방에게 권익의 침해를 초래했을 때에는 법률의 우위의 원칙에 의해 취소되어야 하는 것이다.

① 법률의 유보

입법권자에게는 법치행정의 원칙에 따라 경제행정 영역에서의 모든 규 율과 조치들에 관한 기본적인 결정권이 부여되며, 이를 통해 개인의 권리 와 의무가 창설되거나 또는 그밖의 방식으로 형성된다. 이때 개개인의 합 법적인 자유에 대한 보장은 법치국가적인 법률의 유보(Gesetzesvorbehalt) 를 통해 구현된다.

법률의 유보 원칙은 행정에게 국민의 자유와 재산에 대한 침해의 권한 을 부여하는 근거로서 또는 그 밖에 기본권 침해적인 처분이나 효과의 근 거로서 법률에 의할 것을 요구하며, 법률은 이에 따라 행정부의 활동영역 을 충분히 확정적으로 한정하지 않으면 안 된다. 법치국가 원칙의 구체화 로서 법률의 유보가 경제행정에 미치는 영향은 무엇보다도 각종 경제행정의 활동근거를 제공하고, 활동범위를 한정해 준다는 데서 찾아볼 수 있다.

　법률의 유보는 법률의 우위가 행정법의 전 분야에 대해 적용되는 것과는 달리 그 적용 또는 효력범위에 있어 무제한적인 것은 아니다. K. Stern 이 "법률유보의 효력범위에 관한 한 어떠한 특허처방(Patentrezept)도 존재하지 않는다"고 지적한 것은 타당하다. 법률의 유보에 관해서는 다음 사항이 반드시 고려되어야 한다.

　첫째, 침해유보설이 아니라 침해유보를 논의의 출발점으로 삼아야 한다는 점이다. 침해유보는 법률의 유보가 타당한 최소한의 적용영역이라 할 수 있다. 여기서는 침해유보설이 오늘날 더 이상 타당성을 갖지 못한다는 인식이 전제되어 있다.

　둘째, 급부행정에 관해서는 기본권 관련성이 가장 우선적으로 고려되지 않으면 안 된다. 헌법상의 기본권 규정을 방침규정으로 해석할 어떠한 헌법적 근거도 발견되지 않는다는 헌법해석학적 입장이 여기에 요구된다. 다만 법적 규율이 충분히 진전되지 않았거나 성질상 곤란하다고 판단되는 경우가 있을 수 있다는 것을 전혀 도외시할 수는 없을 것이다. 이러한 의미에서 독일의 연방헌법재판소가 취한 사례별 개별화론은 나름대로의 타당성을 갖는다. 문제는 그 본질성의 기준을 어떻게 구체화시켜 나갈 것인가 하는 데 있다.

　② 규율밀도와 위임입법의 한계

　법률의 유보는 입법권자의 입법형성의 자유와 불가분의 관련을 맺고 있다. 본래 입법권자가 입법권을 행사할 수 있는 범위에 대해서는 헌법이나 국제법에 따른 한계 등을 제외하고는 원칙적으로 아무런 제한이 없다.[369] 입법 비위임 또는 권한위임금지의 원칙이라든지 백지위임의 금지 등과 같이 종래 입법권에게 부과되어 왔던 위임입법의 한계원리는 오늘날과 같이 고도로 복잡 다양화되고 있는 행정환경 하에서는 더 이상 그 엄격성을 유지할 수 없게 되었다.

전문기술적인 사항에 관한, 상황과 연관된 법률하위의 규율을 명령제정권의 위임을 통해 행정부에 맡겨야 한다는 것은 오늘날 입법과정에서 보편적으로 관측될 수 있는 요청이다. 이것은 경제정책의 영역에 있어 그리고 기타의 분야에서 법률적 수권 또는 수권-법률의 형태로 관철되고 있다. 경제행정 영역에서는 그러한 수권이 광범위한 규범적 형성의 여지를 허용하는 일반조항의 형태를 띠는 경우가 많다.

법률이 법규사항을 어느 정도까지 직접 정해야 하고 그 나머지를 위임할 수 있는가 하는 문제는 위임입법의 내용적 한계의 문제로서, 그 형식적 한계원리인 '포괄적 위임입법의 금지' 원칙에 의해서는 해결되지 않는다. 법률의 유보의 적용분야에 관한 본질성 이론이란 바로 그 '의회의 유보'의 영역 또는 기준, 즉 의회가 이행해야 할 입법상의 규율밀도(Regelungsdichte)를 그 규율효과와 관련시켜 도출하려는 시도라고 할 수 있다.

의회유보의 이론에 따르면 의회 스스로가 입법해야 할 사항에 관해 위임입법은 허용되지 않는다. 우리나라의 경우 헌법상 명문으로 '법률로

---

369 헌재 1992. 12. 24, 92헌가8, 판례집 제4권, 853

우리 헌법상의 과잉입법금지의 원칙에 대하여 살펴본다. 국가작용 중 특히 입법작용에 있어서의 과잉입법금지의 원칙이라 함은 국가가 국민의 기본권을 제한하는 내용의 입법활동을 함에 있어서 준수하여야 할 기본원칙 내지 입법활동의 한계를 의미하는 것으로서, 국민의 기본권을 제한하려는 입법의 목적이 헌법 및 법률의 체제상 그 정당성이 인정되어야 하고(목적의 정당성), 그 목적의 달성을 위하여 그 방법이 효과적이고 적절하여야 하며(방법의 적정성), 입법권자가 선택한 기본권 제한 조치가 입법목적 달성을 위하여 설사 적절하다 할지라도 보다 완화된 형태나 방법을 모색함으로써 기본권의 제한은 필요한 최소한도에 그치도록 하여야 하며(피해의 최소성), 그 입법에 의하여 보호하려는 공익과 침해되는 사익을 비교형량할 때 보호되는 공익이 더 커야 한다(법익의 균형성)는 법치국가의 원리에서 당연히 파생되는 헌법상의 기본원리의 하나인 비례의 원칙을 말하는 것이다. 이를 우리 헌법은 제37조 제1항에서 "국민의 자유와 권리는 헌법에 열거되지 아니한 이유로 경시되지 아니한다." 제2항에서 "국민의 모든 자유와 권리는 국가안전보장, 질서유지 또는 공공복리를 위하여 필요한 경우에 한하여 법률로써 제한할 수 있으며, 제한하는 경우에도 자유와 권리의 본질적인 내용을 침해할 수 없다"라고 선언하여 입법권의 한계로서 과잉입법금지의 원칙을 명문으로 인정하고 있다.

써' 정하도록 규정되어 있는 사항, 즉 전속적 법률사항을 법규명령에 위임할 수 없는 것은 비단 의회유보이론에 의하지 않더라도 헌법에 의해 당연한 것이라 할 수 있다. 그러나 이 같이 헌법상 명문의 법률유보가 없더라도 의회유보의 이론은 기본권과 관련된 사항이나 침익적 사항 등과 같이 일정한 사항, 본질적 사항에 관해서는 위임입법이 허용되지 않는다는 결론을 요구한다.

③ 긴급재정·경제명령 : 국회입법원칙의 예외

국회입법의 원칙에 대해 헌법상 인정된 예외로서 경제행정법적 상관성을 갖는 것으로는 긴급재정, 경제명령권을 들 수 있다. 즉 대통령은 내우, 외환, 천재지변 또는 중대한 재정·경제상의 위기에 있어서 국가의 안전보장 또는 공공의 안녕질서를 유지하기 위해 긴급한 조치가 필요하고, 국회의 집회를 기다릴 여유가 없는 때에 한해 최소한으로 필요한 재정·경제상의 처분을 하거나 이에 관해 법률의 효력을 가지는 명령을 발할 수 있다.

④ 법률의 유보와 경제행정

법률의 유보는 경제입법을 통해 경제에 대한 국가적 개입의 영역을 한정하는 동시에 경제에 대한 행정의 개입 자체를 수권하고, 그 조건과 한계를 설정하는 기능을 수행한다. 즉 적극적 법치행정의 원칙이라고 하겠다. 법률의 유보는 이러한 의미에서 입법자로 하여금 그 경제입법권을 통해 경제행정의 기본적 틀을 정하도록 하는 한편, 행정에 대해서는 경제에 대한 개입, 즉 경제행정작용의 정당화 근거를 요구하는 양면적 배분적 원리이다. 이에 따라 입법권자에게는 경제입법의 주체로서 우월적 배타적 지위가 부여되며, 행정권은 일정한 내용의 경제행정작용을 하기 위해서는 법률의 근거가 필요하다는 법적 제약 하에 놓이게 되는 것이다. 그러나 자금조성의 경우 이러한 수권과 영역한정의 기능은 종종 경제행정의 특수성, 가령 법적 규율의 결여, 규율 대상의 역동성, 전문성 등으로 인해 불충분하거나 고작 개괄적으로만 수행되는 경우가 적지 않다.

(3) 경제행정의 한계
① 일반적 한계
경제영역에 대한 경제행정도 헌법적 한계를 지켜야 한다. 따라서 경제 영역에서의 개인적 활동에 대한 국가의 규제는 기본권 보장을 위해 평등 원칙과 비례성의 원칙의 준수 하에서만 가능하게 된다. 물론 경제적 활동 만을 위한 개인이 기본권은 별도로 존재하는 것은 아니며, 통상적인 다른 기본권의 한 내용으로서 포함되는 것이다.

평등의 원칙
헌법원칙으로서의 평등의 원칙은 경제행정법에서는 특히 입법활동에 있어서 의미를 갖게 되며, 특정사안이나 특정 인적 범위를 다른 경우와 자의적으로 차별하여 규율하는 경우에 문제가 된다. 이때에 자의적인 것 인가의 판정은, 그 입증이 곤란한 입법활동에 참여한 당사자의 주관적인 동기가 기준이 되는 것이 아니라, 당해 규율이 그 대상이 되고 있는 사안 에 비추어 명백히 객관적으로 부적절한가 여부에 따라 결정하게 된다. 따 라서 입법자에 의한 특정규율이 충분한 중요성을 갖는 공익이라는 실질 적 근거에 의하여 정당화되는 한, 그 자의성은 인정되지 않는다.[370]

비례의 원칙
경제분야에서 개인의 경제적 자유를 제한하는 모든 조치는 비례의 원

---

[370] 박종국, 행정법Ⅱ, 동방도서, 2002, 534쪽

칙에 따라야 한다. 국가가 경제조치를 통해 추구하는 공익은 그로 인해 제한 받는 개인의 자유와 형량되어야 한다. 국가의 경제조치는 의도하는 목적에 적합해야 하고(적합성의 원칙), 국가의 경제조치는 목적 실현을 위해 필요한 한도 이상으로 행해져서는 안 된다. 즉 개인의 경제적 자유를 가장 적게 제한하는 수단을 택해야 한다(필요성의 원칙, 최소침해의 원칙). 위 두 가지 원칙에 따랐다고 하더라도 행정조치로 인해 제한받는 자유의 정도가 그로 인해 추구되는 공익보다 큰 경우에는 당해 조치를 취해서는 안 된다(상당성의 원칙).

② 개별적 한계

기업의 자유

기업에게는 계약의 자유 이외에 자기 책임 하에 기업적인 처분행위를 할 수 있는 기업의 자유(Unternehmensfreiheit)가 보장되고 있다. 기업의 자유는 기업의 성공을 목표로 하는 기업가의 여러 수단과 방법, 경영과 투자행위, 시장경제적 경쟁 하에서의 행위 및 가격형성과 광고행위에 관련한 기업의 결정을, 행정기관에 의한 경제행정법적인 명령, 금지와 의무의 부과로부터 하나의 독자적인 기본권으로서 보호하는 것을 말한다.[371] 이 기본권은 체계적 지위에 있어서 우리 헌법상 제10조의 행복추구권의 한 내용으로 이해하는 견해와 직업의 자유(헌법 제15조)로서 보장되고 있는 직업선택의 자유의 한 내용으로 이해하는 견해가 있다.

직업의 자유

경제행정과 관련해 헌법 제15조는 직업의 자유의 기본권을 보장하고

---

[371] 류지태(신론), 1031쪽: Badura, Wirtschaftsverwaltungsrecht in : Münch(Hrsg.), Besonderes Verwaltungsrecht, 9. Aufl. 1992, S. 204

있다. 이 기본권은 '직업의 자유' 내지는 '영업의 자유'라고도 한다. 자연인과 법인도 이 기본권의 주체가 된다. 직업의 자유는 직업선택의 자유와 선택한 직업의 행사의 자유를 그 대상으로 한다. 직업의 자유는 특별한 공익목적 달성을 위해 필요한 경우에 한해 법률로써 제한할 수 있다.

직업의 자유의 제한에 관해서는 독일의 연방헌법법원의 판례를 통해 확립된 '3단계 이론'이 있다. 직업의 자유를 불가피하게 제한해야 하는 경우에도 우선 첫 단계로 직업행사의 제한을 통해서 목적을 달성하려고 해야 한다. 예를 들어 영업시간의 제한, 개인택시의 부제 영업제도 등이다. 첫 단계 조치로 목적 달성이 불가능할 때 한해서 두 번째 단계인 주관적 사유를 이유로 적업선택의 자유를 제한하는 것이다. 이는 일정한 능력 내지는 자격을 갖출 것을 전제조건으로 하여 이를 충족하는 사람에게만 일정한 직업을 가질 수 있게 하는 것이다. 직업의 성격상 전문성이나 기술성이 요구되는 까닭에 일정한 시험에 합격한 자만이 특정한 직업을 선택할 수 있게 하는 경우가 이에 해당된다.

마지막 제3단계는 직업선택의 자유를 어떤 객관적인 전제조건과 결부시킴으로써 제한하는 것이다. 사업소 상호간의 거리를 제한하거나 일정 지역의 사업자 수를 제한해 영업허가를 하는 경우가 이에 속한다. 주관적인 전제조건은 기본권 주체가 스스로 충족시킬 수 있는 것인 반면에 객관적인 전제조건은 기본권 주체와는 무관해 그것의 충족에 아무런 영향력을 미칠 수 없는 까닭이다.

이 경우는 기본권 제한의 심각성이 그만큼 크다. 따라서 매우 중대한 공익에 대한 위험이 심각하며, 가능성이 높은 경우에 이를 방어하기 위해서 불가피한 경우에만 그와 같은 기본권의 제한이 허용된다. 결국 이 3단계 이론은 전 단계의 방법으로는 목적 달성이 불가능할 때만 그 다음 단계의 제한방법을 택할 수 있다는 것이므로, 직업의 자유의 제한에 적용될 수 있는 비례의 원칙을 설명하고 있는 셈이다. 여기서 유의해야 할 것은 제한의 단계를 정하는 데 뿐만 아니라 각 단계 내에서도 다시 비례의 원칙이 적용된다는 점이다. 예를 들면 직업행사의 제한 단계에 있어서 영업시간이나 일수를 제한하는 경우에도 비례의 원칙을 지켜야 하고 제한의 정도가 지나쳐서는 안 된다.

재산권 보장

헌법 제23조는 재산권을 기본권으로서 보장하고 있다. 재산권은 개인의 생존유지와 생존형성을 위한 물적 토대에 관한 법적 분배 결정이며 또한 시장경제적인 생산과 분배의 경제질서의 틀 안에서, 재화의 사용과 유통에 관한 사적 자치적 결정을 가능하게 해야 하는 임무도 수행하게 된다. 이 기본권의 대상인 재산은 이미 획득되어 현존하는 모든 재산적 가치있는 것에 대한 권리로써 사법상의 물권, 채권뿐 아니라 획득된 공법적 청구권도 포함된다. 그러나 이 기본권은 새롭게 국가 등으로부터 자금지원 등을 통해 이러한 재산적 권리를 얻게 되는 것을 보장하지는 않는다.

경제행정법에서 현실적으로 중요한 의미를 갖는 재산권 보장의 구체적인 것으로는 행정작용을 통한 위법적인 침해행위로부터 영업을 보호함에 있다. 그러나 재산권 보장의 원칙으로부터는 국가 경제계획의 변함없는 존속에 대한 일반적인 신뢰를 보장하는 개인의 청구권은 인정되지 않는다. 그밖에도 재산권 보장은 공적 목적을 위해 필요한 경우에는 법률로써 제한 수 있고. 이때에 그 행위가 특별한 희생을 의미하는 경우에는 손실보상이 행해져야 한다(헌법 제23조 제3항).

제2장

경제질서규제와 경제민주화

경제민주화를 위한 행정은 먼저 대형유통업체의 골목상권 진입, 독과점, 대기업의 부당내부거래, 납품단가 강제인하 등에서 그 욕구가 분출하고 있다. 독점단계의 자본주의경제 하에서 대기업과 중소기업 그리고 기업과 소비자 간에 경제적 이해관계가 다르며, 경제적 지위에 차이가 생겨 이른바 경제적 종속관계가 발생하게 된 데서 문제가 심각해진다. 따라서 경제적 지배자를 규제하고 경제적 약자를 보호하며 공정하고 자유로운 경쟁질서를 유지하는 것을 목적으로 경제질서규제가 필요하다.

오늘날 경제규제행정은 새로운 패러다임을 구축하려고 노력하고 있다. 보충의 원칙(Subsidiaritätprinzip)이 바로 그것이다. 사경제주체가 먼저 규제의 내용을 터득하고 스스로 행하도록 유도하는 노력이 필요하며, 그것이 안 된 경우에 국가가 보충적으로 개입해 사후적으로 규제의 목적을 위해 행동해야 한다는 것이다.[372] 유통산업발전법, 독점규제 및 공정거래에 관한 법률, 중소기업기본법, 소비자보호법 등을 살펴보겠다.

---

[372] Stober, a.a.O., 1997, S. 87ff.

1. 유통산업발전법

(1) 법 목적과 집행의 괴리

경제민주화 논의를 촉발시킨 법률 가운데 하나가 유통산업발전법이다. 대형유통업체가 골목상권까지 진입, 장악하면서 영세상인들이 큰 타격을 입고 있기 때문이다. 전국 자치단체들은 앞다퉈 대형마트의 영업시간을 제한하고, 의무휴업일을 지정했다. 대형유통업체들은 이에 대해 집행정지가처분 신청을 내고 본안소송을 제기했다. 대형유통업체들은 이 같은 제한에 따라 연간 매출이 8조 1천억 원이 줄어들고, 고용도 2만 명이 감소할 것으로 우려를 표명하고 있다.[373]

이들은 또 대형유통업체에 납품하는 중소기업과 농어민 등이 2차 피해를 겪게 된다고 주장하고 있다. 그러나 중소상인들은 대형마트 입점지역은 매출이 감소하고 폐업이 속출하고 있다며 규제강화를 호소하고 있다. 전국적으로 대형마트는 2009년 기준으로 442개, 매출은 31조 2천억 원, SSM(기업형 슈퍼마켓)은 95,395개에 매출은 22조 4천억 원에 이른다.[374] 전통시장은 207,329개에 매출은 24조 7천억 원이다.

유통산업발전법은 유통산업의 효율적인 진흥과 균형 있는 발전을 꾀하고, 건전한 상거래질서를 세움으로써 소비자를 보호하고 국민경제의 발전에 이바지함을 목적으로 한다.[375] 법 제12조의 2는 대형유통업체에 대해 영업시간 제한을 명하거나 의무휴업일을 지정하여 의무휴업을 명할 수 있도록 하고 있다.[376] 다만, 연간 총매출액 중 '농수산물 유통 및 가격안정에 관한 법률'에 따른 농수산물의 매출액 비중이 55퍼센트 이상인 대

---

373 조선일보, 대형마트 규제강화, 국회 다음 회기로 넘어갈 듯, 2012. 11. 20
374 통계청, 2005-2010년 소매업태 연도별 매출 및 점포수 추이
375 유통산업발전법 제1조
376 전문개정 2013. 1. 23

규모 점포 등으로서 해당 지방자치단체의 조례로 정하는 대규모 점포 등에 대하여는 그러하지 아니하다고 단서 조항을 두고 있다. 개정법은 제2항에서 특별자치시장, 군수, 구청장은 오전 0시부터 오전 10시까지의 범위에서 영업시간을 제한할 수 있도록 하고, 제3항에서 매월 이틀을 의무휴업일로 지정해야 한다. 이 경우 의무휴업일은 공휴일 중에서 지정하되, 이해 당사자와 합의를 거쳐 공휴일이 아닌 날을 의무휴무일로 지정할 수 있다. 제4항은 영업시간 제한 및 의무휴업일 지정에 필요한 사항은 해당 지방자치단체의 조례로 정하도록 했다.

대형유통업체에 대한 규제는 경제민주화와 함께 논의되고 있다. 헌법적 근거로는 제119조 제2항의 '적정한 소득의 분배를 유지'하고, '시장의 지배와 경제력의 남용을 방지'하는 규정과 제23조의 재산권 보장에 관한 조항을 든다.[377] 따라서 법상 영업제한과 의무휴업은 제23조, 제37조 제2항, 제119조 제2항의 틀 안에서 허용될 수 있을 것으로 판단한다. 생존권과 재산권 보호가 충돌할 경우 생존권 보호를 위해 재산권을 제한할 수 있다. 재산권은 사회 공익실현에 아울러 이바지해야 한다. 이 경우에도 재산권에 대한 규제는 필요 최소한에 그쳐야 한다. 대형유통업체 규제는 당해 입법목적 달성을 위해 선택가능한 다양한 효과적 수단들 가운데 당사자의 권리나 자유를 가장 최소한으로 제한하는 수단이 존재하는가의 여부를 심사하는 필요성의 원칙(피해의 최소성)과 제한되는 당사자 법익의 정도와 이러한 제한을 정당화하는 공익적 사정의 관계를 전체적으로 고려해 선택한 수단이 비례적 관계에 있는가 여부를 심사하는 상당성의 원칙(법익의 균형성)이 중요한 기준이 될 것이다.[378]

---

377 김광수, SSM 규제와 공존상생, 한국국가법학회 · 전북대학교 법학연구소 공동학술대회, 2012. 12, 44쪽
378 김지훈, SSM 규제에 관한 입법 연구, 공생발전을 위한 행정법의 대응, 한국행정법학회 · 한국법제연구원 행정법분야 연합학술대회, 2012. 12, 57쪽

(2) 영업제한 법적 분쟁

2013년 1월 23일 법개정 이전에 2012년 9월 6일 현재 전국 시·군·구의 67%인 154개가 영업시간 규제를 시행하고 있다.[379] 집행정지로 인해 규제를 시행하는 시·군·구는 23개로 축소되었다. 현재 영업시간 규제가 적용되는 대형마트는 17개, SSM은 63개이다. 지방자치단체의 조례에 대해 법적 분쟁이 전국 곳곳에서 진행되고 있다. 영업 규제와 관련해 신청한 가처분에 대해 법원마다 다르게 결정하고 있다. 그러나 본안소송에 대해서는 대체로 대형유통업체의 입장을 지지하는 판결을 내리고 있다.

대형유통업체들이 지방자치단체의 영업제한에 대해 제기한 집행정지 가처분에 대해 법원의 입장이 각각 다르게 나오고 있다. 2012년 9월 24일 전주지법 행정부는 롯데쇼핑 등 2개 대형마트가 "영업시간 제한 등의 처분을 취소해 달라"며 남원시장을 상대로 낸 집행정지 신청 사건에서 신청을 받아들였다. 재판부는 결정문에서 "남원시의 처분으로 신청인들에게 생길 회복하기 어려운 손해를 예방해야 할 긴급한 필요가 인정된다"며, "남원시가 신청인들에게 한 영업시간 제한 및 의무휴업일 지정처분의 효력을 본안판결 선고 때까지 정지한다"고 밝혔다. 남원시는 2012년 4월 대형마트와 기업형 슈퍼마켓이 매주 2차례 의무 휴업하도록 하는 내용의 조례안을 공포해 시행 중이다.

그러나 2012년 11월 9일 같은 전주지법 행정부는 대형마트들이 전주시와 익산시 등을 상대로 낸 '대형마트의 영업시간 제한 처분 등에 대한 집행정지 신청'을 기각했다. 재판부는 "영업시간 제한을 한다고 해서 대형마트들이 회복하기 어려운 손해를 보거나, 그런 손해를 예방해야 할 긴급한 필요가 있다고 보기 어렵다"고 이유를 밝혔다.

서울행정법원 행정6부는 2012년 10월 24일 코스트코가 신청한 집행정

379 국회사무처 지식경제위원회, 영업시간제한 관련 지자체별 조례개정 현황, 2012. 9. 1

지 가처분 신청을 받아들인 것은 남원시 결정과 같다. 그러나 2012년 11월 2일 대구지법 행정부는 대형유통업체가 신청한 집행정지 가처분 신청에 대해 기각결정을 내렸다. 재판부마다 서로 다른 입장이어서 통일된 기준이 필요해 보인다.

서울고법 행정1부는 2012년 10월 12일 5개 대형유통업체가 "지방자치단체 조례로 정한 영업시간 제한 등 처분을 취소하라"며 서울 강동구를 상대로 낸 소송의 항소심에서 1심과 같이 원고 승소 판결을 내렸다. 재판부는 "유통산업발전법은 영업시간 제한이나 의무휴업일 지정의 시행 여부, 방법에 대한 재량권을 지방자치단체장에게 부여하고 있다"고 전제하고, "지방의회는 법이 정한 기준에 따라 조례로 영업 제한과 관련한 세부적인 절차와 방법, 기준을 정함으로써 지자체장의 권한 행사를 견제할 수는 있지만 재량권 행사 자체를 차단할 수는 없다"고 밝혔다. 이에 따라 "조례가 위법한 만큼 이를 근거로 하는 구청의 처분 또한 위법하다"고 판단했다.

서울시 강동구 의회는 2012년 3월 6일 관내 대형마트와 SSM의 영업시간을 제한하고 매달 둘째·넷째 주 일요일을 의무휴업일로 지정하는 내용의 조례를 의결했으며, 구청은 같은 달 26일 이를 공포했다. 이후 구청이 관내 4개 대형마트와 16개 기업형 슈퍼마켓에 조례 규정 사항의 준수에 차질이 없도록 해달라는 공문을 보내자 이에 불복한 대형마트 등이 소송을 냈다. 1심 재판부는 2012년 6월 "해당 조례는 지방자치단체장의 판단 재량을 박탈해 위법하다"며 원고 승소 판결했다.

춘천지법 행정부도 2012년 11월 5일 춘천지역 5개 대형마트와 원주지역 4개 대형마트가 춘천시장과 원주시장을 상대로 낸 '영업시간 제한 및 의무휴업일 지정 처분 취소' 소송에서 원고 승소 판결했다. 재판부는 "유통산업발전법상 대규모 점포 등의 영업시간 제한 및 의무휴업일 지정에 필요한 사항은 시장·군수 등 자치단체장이 판단하도록 하고 있다"며 "이에 대한 제한 범위를 최대치로 정하고서 의무적으로 따르라는 내용의 개정 조례는 시장에게 부여된 판단재량권을 박탈하는 위법이 있는 만큼 이를 근거로 한 처분은 무효"라고 판시했다. 서울고법과 같은 취지의 판결이다.

춘천지법 행정부는 또 "영업시간 제한이나 의무휴업 지정은 헌법상 보장된 영업의 자유 등을 제한하는 것으로 당사자에게 의무를 과하거나 권익을 제한하는 처분"이라며 "이 사건 처분 시 사전 통지나 의견청취 절차를 거쳤다고 볼 수도 없다"고 밝혔다.

춘천시와 원주시 등은 2012년 3월 말 대형마트와 SSM의 영업시간 제한(오전 0~8시)과 의무휴업일(둘째, 넷째 주 일요일)을 지정한 조례를 시행했다. 대형마트들은 각 단체장을 상대로 영업시간 제한 취소 청구소송을 제기했다. 2012년 10월 5일 대구시, 2012년 11월 8일 관악구와 마포구, 2012년 11월 8일 창원시와 진주시, 김해시, 밀양시, 합천군을 상대로 한 소송에서도 대형유통업체들이 승소하는 판결이 내려졌다.

대형유통업체 영업제한과 관련한 법원의 본안소송 판결은 조례 제정 과정의 절차상 하자, 청문절차 결여, 헌법상 영업의 자유 침해 등을 사유로 대형유통업체 입장에서 판결을 내린 것이다. 지방자치단체장은 조례에 정한 바에 의해 대규모 점포 등의 의무휴업과 영업시간 제한을 명할 수 있음은 당연하다고 하겠다.

유통산업발전법이 영업시간 제한과 의무휴업 명령권을 지방자치단체장에게 "할 수 있다"는 형식으로 부여하고 있다고 해서 이 규정이 기관위임에 관한 조항이며 따라서 그 결정권은 전적으로 지방자치단체장에게 있다고 하는 판단은 속단이다.[380] 즉 지방자치단체장이 "할 수 있다"는 것은 권한의 소재에 관한 규정이며, 이를 반드시 재량에 관한 사항이라고 할 수는 없는 것이다.

법 12조의 2 제1항과 제4항을 종합적으로 판단하면 지방자치단체는

---

[380] 김광수, 앞의 논문, 41쪽

필요한 경우 대규모 점포 등에 대해 영업시간 제한이나 의무휴업일 지정 등의 조치를 할 수 있을 것으로 설명한다. 즉 지방자치단체장이 규제에 관한 전권을 가지고 있는 것은 아니라고 해석한다. 그러나 법 규정 취지와 지방자치상 조례 제정과 집행의 분리 원칙에 따라 조례로 처분적 규정을 두는 것은 위법 소지가 있다.

(3) 법 개정과 반발

유통산업발전법 개정안은 2013년 1월 23일 여야 합의로 국회를 통과한 유일한 '경제민주화' 법안이다. 개정법은 과거 '매월 1일 이상 2일 이내'인 대형마트와 SSM의 의무휴업일을 '매월 이틀'로 확정하고, '자정~아침 8시'인 영업제한 시간도 '오전 0시부터 오전 10시까지'로 2시간 늘릴 수 있도록 했다. 또 대형마트가 개설 등록을 신청할 때 주변상권영향평가서와 지역협력계획서를 제출하도록 등록 요건을 강화하고,[381] 개설 등록 신청 30일 전에 자치단체장에게 입점 사실을 알리도록 하는 사전입점예고제를 도입하기로 했다.

개정법은 대형유통업계를 비롯해 입점상인의 반발을 사고 있다. 소비자들도 부정적 여론이다. 대형유통업체는 영업시간을 단축해 업체뿐 아니라 납품하는 중소상인과 농어민의 생계가 위협을 받을 것이라며 거세게 반발하고 있다. 농어민들은 매출이 줄어들고 가격인하 압력 등으로 어려움을 겪고 있다며 반대하는 입장이다.[382] 한국체인스토어협회가 미디

---

381 유통산업 발전법 8조, 국회사무처 지식경제위원회, SSM 등 대형소매점 출점규제 해외사례, 2012
    참여연대, 앞의 책, 17쪽
382 김지훈, 앞의 논문, 57쪽
    영업규제 찬성 논거 : 건전한 유통질서 확립, 재래시장과 중소상인 보호, 직원 건강보호, 대형유통업체 주변 주민의 생활환경권 보호, 에너지 절약
    영업규제 반대 논거 : 헌법상 영업의 자유와 평등권 침해, 물가상승과 농어민·중소협력업체 피해, 소비자 불편, 고용사정 악화

어리서치에 의뢰해 2012년 18~20일간 전국 19세 이상 성인 1,000명을 대상으로 전화 여론조사를 한 결과, 월 3회 휴업 등 대형마트 규제를 강화하는 유통법 개정안에 대해 52.2%가 반대했다.

전국경제인연합회는 2012년 11월 22일 "미국은 대형마트 영업규제가 전혀 없고, 일본은 2000년에 폐지했다"고 밝혔다. 중소 소매점 보호를 위해 영업시간을 규제했던 일본은 소비자 불편을 초래하고, 오히려 중소 소매점의 경쟁력을 저하한다는 비판이 일자 폐지했다고 한다. 영국과 프랑스, 독일 등 유럽 일부에서는 근로자를 보호하기 위한 목적으로 대형마트 뿐만 아니라 모든 소매점을 대상으로 휴일 영업시간을 제한하고 있다. 전경련이 지방자치단체 소비자 800명을 대상으로 대형마트 영업규제에 관한 설문조사를 하면서, 재래시장 활성화를 위한 대책을 묻는 질문에 '강제 휴무일을 지정하는 등 규제를 강화해야 한다'는 응답은 3.6%에 그쳤다. 대형마트 강제휴무 방안에 대해 '현 수준을 유지하거나 폐지해야 한다'는 응답은 57.3%, '확대 시행해야 한다'는 33.9%였다.

여야 대선 후보가 모두 골목상권 보호와 경제민주화 공약을 내세운 만큼 2012년 11월 16일 국회 지식경제위원회를 거쳐 대통령선거 뒤 국회 본회의를 통과했다. 개정안이 통과된 만큼 헌법상 재산권과 영업의 자유 등 기본권 보장 그리고 입점상인, 납품업체 보호 등과 조화를 이루는 방안이 제도적으로 보완되어야 할 것이다.

이에 앞서 지식경제부 주최로 2012년 11월 15일 '유통산업발전협의회'에서 대형마트는 2015년까지 인구 30만 명 미만의 중소 도시에서 신규 점포 개설을 자제하기로 했다. SSM은 같은 시기까지 인구 10만 명 미만 도시의 출점을 스스로 억제하기로 방침을 정했다. 대형마트 3사와 SSM 4개 업체는 지방자치단체와 협의해 한 달에 이틀 이내의 의무휴업을 실시하기로 했다.

2. 독점규제 및 공정거래에 관한 법률

(1) 기업(계열)분리명령제 도입

① 대기업 독점의 예방과 해소

기업분리 내지 계열분리 명령제는 과거 미국에서 독점화된 정유회사, 철강회사 등을 분리하여 시장경쟁체제를 확보하는 데 사용되었다. 최근에는 통신사업체인 AT&T의 분리나 마이크로소프트의 인터넷 운영체계 프로그램 사업 분리 등에도 활용되었다. 일본도 2차 세계대전 이후 재벌 해체과정에서 이 제도가 여러 차례 적용되었다. 우리도 공기업인 전력이나 통신 등을 정부의 정책으로 여러 자회사로 분리하거나 민영화한 바 있는데, 이를 민간에 적용하려면 이와 같은 제도가 필요하다.

기업분리·계열분리 명령제는 정부의 행정처분이 아니라 법원의 기업분리 내지 계열분리 명령 재판을 통하여 시행하는 제도이다. 최근 경제민주화 논의과정에서 재벌개혁의 한 방법으로 이러한 기업분리명령제, 계열분리명령제 도입이 논의되었다. 이는 한국의 공정거래 정책이 대기업의 독점이 형성되는 것을 예방하는 차원이 아니라 이미 독과점 구조를 형성한 대기업을 개혁해야 하는 상황에 놓여 있는 사후적인 해결수단이 필요하다는 인식 때문이다. 특히 이미 금융부분까지 진출한 재벌 산업자본으로부터 금융을 분리해 금융이 경제에 미치는 자원배분의 공정성과 효율성을 회복하기 위해서는 이러한 기업분리명령제 내지 계열분리명령제와 같은 제도가 필요하다는 인식이 확산되고 있다. 그러나 앞서 본바 와 같이 기본권 보호와 해외투기자본으로부터 국내 산업 보호의 필요성 등을 주의 깊게 살피며 추진해야 한다.

② 기업(계열)분리명령제 도입

계열(기업)분리명령제는 두 차원에서 접근이 필요하다. 먼저 이 제도를 처음 고안한 미국과 같이 독점 해체, 대기업 해체의 수단으로 도입하는 것이다. 예를 들면 유류, 통신, 전자 등 독과점이 심각하고 자주 담합행위가 발생해 소비자의 후생이 크게 침해되는 대기업에 대해 기업의 분리를 명하거나, 산업재벌이 금융기관까지 지배하는 경우 금융과 산업을 분리하도록 명하거나, 제조업·보험·건설·유통 등 모든 산업에 대한 문어발식 지배의 폐해가 심각할 경우 특정 산업부문을 계열에서 분리하도록 하여 독과점의 폐해를 해소하는 것이다.

이 같은 강력한 대기업 해체 내지 독점 해체 수단은 공정거래위원회의 행정명령만으로는 위헌의 논란이 있다.[383] 미국과 같이 법무부장관이 법원에 대기업 해체 내지 독점 해체 명령을 청구하는 방식이 바람직하다.

범위를 좁혀서, 공정거래법 제7조는 사전적 규제로서 새로운 기업을 설립하거나 다른 기업을 인수해 대기업이 중소기업이 영위하는 시장영역에 진출하여 5% 이상 점유를 하는 경우 주식매각, 영업분리, 임원사임, 영업양도 등을 명할 수 있도록 되어 있다. 그러나 사후적으로 시장점유율이 5%가 넘는 경우에도 이러한 기업분리, 계열분리 명령을 통해 해당 대기업이 중소기업이 영위하던 시장에서 사업을 철수하도록 제도를 개선한다면 대기업 해체 수준의 기업분리·계열분리 판결 청구제보다는 논란이 크지 않을 것으로 보인다. 위 중소기업·중소상인 적합업종 보호에 관한 특별법에서 사업이양 명령의 내용도 이와 같은 입법취지이다.

(2) 중소기업의 공동행위 허용

우리나라의 중소기업협동조합은 901개이고 조합원 업체는 65,558개로 전체 산업조직화율은 2.1%, 이 가운데 제조업의 조직화율은 9.5%에 불과하다. 그러나 일본은 조합수가 47,207개이고 조직화율이 70.5%에

---

383 참여연대, 앞의 책, 11쪽

이른다. 우리나라의 중소기업 조직률이 이렇게 저조한 것은 중소기업이 단체에 가입한다고 해도 실익이 없기 때문이다.[384]

독점규제 및 공정거래에 관한 법률 제19조에 의하면, 사업자나 사업자 단체에 의한 공동행위는 공정한 시장질서 유지를 위해 원칙적으로 금지되나, 중소기업의 경우 경쟁력 강화를 위한 것으로 공정위의 인가를 받은 경우에 허용된다. 그러나 공정거래법 제19조 제2항 규정의 부당한 공동행위의 예외 규정으로 승인을 받기 위한 인가 절차가 까다롭고, 교섭력의 효과를 측정하거나 대기업에게 대항하기 어려운 수준 등을 객관적으로 평가할 수 있는 자료를 작성할 여력이 있는 중소기업이 거의 없는 실정이어서 경제적 약자에 해당하는 중소기업이 이러한 요건을 충족시키는 것은 거의 불가능하다.

경쟁에서 상대적 약자에 해당하는 중소기업은 경쟁력 강화를 위해 공동구매, 공동판매 및 공동연구개발이 필요함에도 불구하고, 공정위의 사전 인가를 얻어야 하는 어려움 때문에 이를 실행하지 못하고 있다. 중소기업의 경쟁력 향상을 꾀하고 공정한 거래질서 확립을 위해서 경쟁에서 약자의 지위에 있는 중소기업이 협동조합이나 사업조합 단위로 공동구매, 공동납품, 공동해외진출, 공동사업 등의 공동행위를 할 수 있도록 허용할 필요가 있다.

일본이나 대만이 경제성장 과정에서 중소기업 강국이 될 수 있었던 것은 중소기업이 사업조합 단위로 공동납품, 공동해외진출, 공동기술개발 등 공동행위가 허용되었기 때문이다.[385] 독일의 하도급거래 관련법도 중소기업의 교섭력을 강화하기 위해 공동행위를 카르텔 적용에서 제외해

---

384 김상조, 대·중소기업 상생과 경제정의 회복을 위한 과제, 재벌의 일감몰아주기 폐해, 어떻게 극복할 것인가 자료집, 2011. 6. 29. 77쪽

385 김남근, '중소상인 보호를 위한 재벌개혁', 중소상인·시민단체 공동 정당초청토론회, 중소상인살리기토론회 자료집, 2012. 2. 27. 24쪽

서 허용하고 있다.

이에 따라 중소기업이 공동납품, 공동구매 등을 하는 경우에 공정거래법의 부당한 공동행위에 해당하지 않는 것으로 법을 개정한다.

(3) 과징금제도 개선

현재 담합을 사전에 억지하기 위한 제도로 과징금이 유일하다. 그러나 과징금은 임의적이고 불명확한 산정기준으로 인해 억지 효과가 크게 떨어지고 있다. 따라서 과징금제도의 문제를 개선하기 위해 현행 징벌적 성격을 갖는 담합사건 과징금을 부당이득 환수의 성격으로 전환하고, 부당이득의 산정에 초점을 맞춘 과징금 산정기준을 도입해 징수된 과징금으로 피해자 기금을 조성하고 피해자 구제에 실질적으로 사용되도록 법안을 정비할 필요가 있다.

3. 가맹사업거래의 공정화에 관한 법률

가맹사업거래의 공정화에 관한 법률은 가맹사업의 공정한 거래질서를 확립하고 가맹본부와 가맹점사업자가 대등한 지위에서 상호보완적으로 균형 있게 발전하도록 함으로써 소비자 복지의 증진과 국민경제의 건전한 발전에 이바지함을 목적으로 한다. 그러나 현실적으로 가맹사업주들뿐 아니라 동네 골목상권이 가맹본부로부터 영업권 위협을 받고 있다. 불공정거래가 심해지고, 갖가지 모순을 안고 있는 실정이다.

(1) 가맹사업거래의 불공정

공정거래위원회는 2012년 4월 제과·제빵업종에 이어 7월 치킨·피자업종, 11월 커피전문점 그리고 12월에 브랜드 편의점의 모범 거리기준을 마련해 시행에 들어갔다. 이 같은 조치는 상기 업종들이 최근 급성장하면서 분쟁이 증가하고 있는 데 따른 것이다. 커피전문점은 최근 2~3년간 급증하면서 상위 브랜드의 경우 기존 가맹점 인근에 신규매장을 중복 출점하면서 영업지역 분쟁이 증가하고 있다. 상위 5개 브랜드의 매장 수는 2009년 748개에서 2011년 2,069개로 2년간 177% 증가했다. 4개 대기업의 편의점 매장은 2008년 말 11,802개에서 2012년 10월 말 23,687개로 2배 이상 늘어났다. 동일·인근 상권에 같은 브랜드 편의점이 중복해서 문을 열면서 가맹본부는 수익을 극대화하고 가맹업주들의 피해는 극심한 상황이다.

(2) 가맹사업 모범 거래기준

공정거래위원회는 가맹사업자들의 영업권과 골목상권을 보호하기 위해 제빵 500m, 피자 1,500m, 치킨 800m, 커피전문점 500m, 그리고 브랜드 편의점은 250m 거리를 두도록 모범 거래기준을 발표했다. 특히 서울지역에서 250m 내 편의점 가맹점 비율은 일부 50% 안팎에 이른다. 공정위는 편의점이 커피전문점이나 빵집 등보다 소비자들의 이용 빈도가 높다는 점 등을 감안해 250m 제한거리를 설정했다. 인근 가맹점의 동의가 있으면 예외가 적용된다. 왕복 8차선 도로 등으로 상권 구분, 대학·병원·공원 등 특수상권 내 출점, 1,000가구 이상 아파트단지 입주, 기존 점포가 브랜드를 변경할 때 등 4가지의 경우이다.

가맹본부는 가맹점 희망자에게 계약 체결 7일 전까지 인근 경쟁점 현황, 월 예상매출액, 산출근거 등이 담긴 '상권분석보고서'를 제공해야 한다. 가맹점 계약 중도 해지 때, 위약금은 계약금의 10% 이내로 제한되고 가맹점은 3개월 전 계약해지의 뜻을 가맹본부에 알려야 한다. 기한 연장은 5년에서 7년 주기로 하며, 비용은 20~40%, 그리고 도급금액을 공개하며, 과도한 감리비 등을 제한하도록 했다.

'경제민주화와 재벌개혁을 위한 국민운동본부'는 브랜드 편의점의 거리기준에 대해 "250m 규정은 '권고' 기준이어서 대기업 가맹본부가 지킬지 도 의문이고 지킨다 해도 같은 브랜드 간에만 적용되는 근본적 한계 때문에 중소 자영업 편의점들의 출혈경쟁과 불공정 거래 상황은 전혀 개선되지 않을 것"이라고 비판했다. 또 "동일회사 여부와 무관하게 편의점 전체에 합리적인 거리 제한을 강행 규정으로 도입해야 하고 판매수수료율 축소 등도 병행해야 한다"고 요구했다.[386]

4. 하도급거래 공정화에 관한 법률

(1) 하도급 불공정 거래

우리나라 중소기업 사업체는 2006년 말 3,022,053개로 총 사업체의 99.9%에 이르고 있고 종업원수는 12,445,088명으로 87.5%를 차지하고 있다. 1997년 외환위기 이후 중소기업의 비중이 급증했다. 당시 대기업의 구조조정 과정에서 조기퇴직당한 근로자들이 영세자영업으로 진출했다. 우리나라 자영업의 취업자 비중은 27.1%로 OECD의 평균 14.4%의 약 2배에 달하고 있다. 2006년도 말 자영업자 숫자는 2,671,928개로 전체 중소기업의 88.4%, 종업원 수는 5,159,639명으로 전체 중소기업의 41.5%이다.[387] 그런데 중소기업에 종사하는 사람들의 월 평균 급여는 2,426,000원으로 대기업의 64.8%, 중소제조업은 2,255,000원으로 대기업의 58.4%에 불과하다. 이러한 급여 차이로 인해 젊은이들이 중소기업 취업을 회피하고 있다.

우리나라 중소기업은 국민경제의 중추적 역할을 담당하고 있고, 사업자수나 고용인원 등 양적인 면에서 압도적인 비중을 차지하고 있으나,

---

386 한겨레신문, 같은 브랜드 편의점, 250m내 출점금지, 2012. 12. 14
387 이의영, 중소기업 어떻게 살릴 것인가? 중소기업의 경제구조와 개혁과제, 제11차 공평사회 포럼, 2011. 4. 11. 1면-3면

앞에서 본 것처럼 그 지위는 과거보다 더 열악해지고 있다. 이러한 양극화 현상은 수요 독점적 구조에서 발생하는 교섭력의 차이와 그에 따라 거래상의 불공정과 잘못된 하도급거래에 기인한 것이다. 이러한 왜곡된 하도급 구조관행은 원자재 가격상승을 납품단가에 반영하지 못해 대기업이 부담해야 할 비용을 중소기업이 부담하고, 납품업체인 중소기업이 창출한 부가가치가 대기업으로 이전되는 효과를 내고 있다. 이는 우리 경제의 성장기반을 약화시키고 고용 없는 성장을 가져오고 있다.

최근 몇 년간 대기업들의 실적 호조가 이어졌음에도 불구하고 대기업과 중소기업의 영업이익률 차이는 좀처럼 줄어들지 않고, 임금격차는 더욱 확대되었다. 절반가량의 중소기업이 모기업에 크게 의존하고 있는 상황에서 중소기업의 경영 및 재무 상황은 상당 부분 모기업과의 거래관계에서 기인한다고 볼 수 있다. 중소기업청에 따르면 중소기업들은 모기업과의 거래관계에서 이른바 '납품단가 후려치기'로 인해 큰 어려움을 겪고 있다. 대기업과 중소기업의 동반성장을 위해서는 이러한 왜곡된 하도급 거래질서를 바로잡는 것이 시급하다.

(2) 납품단가 공정결정제도

대기업이 납품단가를 중소기업에 전가함으로써 발생하는 중소기업들의 절박한 피해 구제 요구를 입법화할 필요성이 있다. 중소기업중앙회가 실시한 '중소제조업의 원자재와 납품단가 반영실태 및 애로요인 조사"에 따르면 "원자재 가격 상승분을 제품 가격에 전혀 반영하지 못하고 있다"고 답한 중소기업이 44.2%에 이르고 있다.[388] 2009년 4월 자율적인 납품단가 조정을 위해 도입한 '납품단가조정협의의무제'는 시행 이후 조정협의가 된 것이 단 1건에 그칠 정도로 유명무실하다. 중소기업들은 이에

---

[388] 중소기업중앙회 보도자료, 납품단가조정협의의무제도 활용도 제고 절실, 2010. 7 .2.

대해 원자재 가격이 일정 수준 이상 오르면 의무적으로 납품단가를 인상하도록 하는 '납품가격 연동제' 도입을 요구하고 있다.

현행처럼 원자재 가격이 급격하게 변동하여 조정이 불가피한 경우에 원사업자에게 조정을 신청하고, 조정이 원만히 이루어지지 않는 경우 다시 하도급분쟁조정협의회에 조정을 신청할 수 있도록 하는 것은 그 절차와 기간 등을 고려했을 때 실효성을 담보하기 어렵다. 무엇보다 최종으로 조정이 이루어지지 않더라도 원사업자에 대한 제재수단도 없다. 따라서 원자재 가격의 급격한 변동으로 인한 수급사업자의 시의적절한 구제를 위해서는 수급사업자에게 민법상의 차임증감청구권과 같은 권리를 신설할 필요가 있다. 민법 제628조는 임대물에 대한 공과부담의 증감, 기타 경제사정의 변동으로 인하여 약정한 차임이 상당하지 아니할 경우에 당사자는 장래에 대한 차임의 증감을 청구할 수 있도록 규정하고 있다.

(3) 하도급거래 구제제도의 실효성 확보 방안
① 손해배상명령제도의 도입

공정거래위원회가 심결에 의해 중소기업인 수급사업자를 보호하는 현행 방법은 원사업자에 대한 시정명령 내지 과징금 부과 방식으로서 수급사업자 보호에 실효성이 거의 없다. 원사업자의 불공정거래행위로 인하여 수급사업자는 구체적 재산적 피해를 입는 경우가 많아 수급사업자가 원사업자로 인해 발생한 재산적 피해를 직접 배상받을 수 있도록 하는 것이 중소기업의 실효적인 보호수단이다. 따라서 피해자인 수급사업자가 간이신속하게 원사업자의 부당행위로 인해 발생한 재산적 피해를 배상받도록 하는 제도를 도입할 필요가 있다. 수급사업자가 부당한 하도급거래로 인해 재산적 피해를 입은 경우 간이신속한 행정적 구제를 허용해야 한다.

② 징벌적 배상제도의 도입

2011년 3월 11일에 개정된 하도급법은 원사업자가 기술자료를 유용해 수급사업자에게 손해가 발생한 경우 발생한 손해의 3배까지 배상할 수 있도록 하고 기술자료의 탈취, 유용에 대한 고의, 과실 책임을 원사업자에게 지우고 있다(법 제35조 신설). 개정법에서 기술 탈취의 경우 3배 배상제도를 도입한 것은 바람직하지만 그 범위를 기술 탈취 등에 한정할 것이 아니라 원사업자가 해의를 가지고 수급사업자에게 재산적 피해를 가한 경우로 확장해야 한다. 미국 Clayton법도 반독점법 위반이 잘 발각되지 않는다는 점 때문에 일반 예방효과를 달성하기 위해 실제 손해액의 3배 배상제도를 채택하고 있다. 이러한 3배 배상제도는 미국 등 선진 각국이 대부분 받아들이고 있어 위헌 논란도 발생하지 않을 것으로 보인다.

③ 전속적 고발권의 폐지

2011년 3월 11일 개정된 공정거래법은 하도급법 위반의 정도가 명백하고 중대한 경우 공정거래위원회가 의무적으로 검찰에 고발하도록 했다. 그러나 '명백하고 중대한'이라는 기준이 불명확하여 고발권은 사문화될 가능성이 크다. 결국 공정위의 전속 고발권을 폐지해야 할 것이다.

공정위에 전속 고발권을 부여한 것은 범죄의 적발과 제재에 있어 전문성을 갖춘 행정기관이 국가의 형벌권을 행사하도록 해 고발권의 오남용을 방지하고 고발권의 공평한 행사를 보장함으로써 피해자 구제가 합리적으로 수행될 것이라는 신뢰가 전제가 된 것이었다.

현실적으로 공정위는 지금까지 2002년에 1건의 고발권을 행사한 것 외에는 그 권한을 행사한 적이 없어 그 신뢰를 상실했다는 지적이다. 국민의 재판받을 권리를 보장하고, 하도급법 피해자와 다른 법 관련 피해자 간의 평등권 침해 소지를 없애는 한편, 하도급거래 질서의 공정성을 제고하기 위해 공정위의 전속 고발권을 폐지할 필요가 있다.

④ 하도급거래 위반업체에 대한 제재

왜곡된 하도급거래 관행을 근절하기 위해서는 하도급법을 위반한 대기업에 보다 강력한 제재수단이 필요하다. 하도급거래 위반행위를 한 원사업자에게 위반행위를 한 날로부터 일정한 기간, 즉 2년 동안 정부조달에 참여할 수 없도록 하는 제재 규정을 도입할 필요가 있다.

(4) 중소기업협동조합 등의 소송 대표성 인정

수급사업자인 중소기업이 원사업자로부터 납품단가 결정 등에 있어 부당한 대우를 받아도 보복이 두려워 현실적으로 법적 대응을 하지 못하고 있는 실정이다. 이에 따라 중소기업협동조합 등이 수급사업자로부터 하도급 분쟁조정 신청권과 소송수행권을 위임받아 신청과 소송을 당사자의 지위에서 제기할 수 있는 임의적 소송담당제도를 도입할 필요성이 있다.

개정법 제16조의 2는 원재료 가격의 급격한 변동에 따른 하도급 대금 조정이 필요한 경우 중소기업협동조합이 조합원에 갈음하여 조정을 신청할 수 있는 제도를 두고 있다. 즉 중소기업협동조합이 직권으로 판단해 조정할 수 있게 규정한 것으로 보인다. 그러나 중소기업협동조합이 조합원에 갈음하여 소송을 수행할 수 있는 경우를 원재료 가격의 급격한 변동에 한정해서는 안 된다. 일반적인 부당 하도급거래가 발생한 경우로 확장할 필요가 있다.

(5) 하도급분쟁조정협의회의 실질적 기능 확보

2011년 3월 11일 하도급법을 개정해 사업자 단체 외에도 공정거래법 제48조의 2에 따른 한국공정거래조정원에 하도급분쟁조정협의회를 추가로 설치할 수 있도록 했다. 그러나 개정 하도급법에 의하면, 원재료 가격의 급격한 변동으로 하도급 대금의 조정이 불가피한 상황에서 수급사업자와 원사업자 사이에 원만한 조정이 이루어지지 않는 경우 하도급 대금 조정을 해야 하는데, 사업자 단체에 설치된 하도급분쟁조정협의회는 그 공정성이 의문시되고 원만한 조정을 기대하기도 어렵고 집행력을 담보하기도 어렵다. 실효성을 확보하기 위해서는 하도급분쟁조정협의회를 한국공정거래조정원으로 일원화하는 것이 타당하다. 그 구성에 있어서도 중소기업의 입장을 대변할 수 있는 위원수를 확보해야 한다.

하도급법에서는 공익을 대표하는 위원, 원사업자를 대표하는 위원과 수급사업자를 대표하는 위원이 각각 같은 수가 되도록 해야 한다고 규정하고 있으나, 경제적으로 열악한 지위에 있는 중소기업의 입장을 제대로 대변하기 위해서는 수급사업자를 대표하는 위원의 수가 공익을 대표하는 위원 및 원사업자를 대표하는 위원을 합한 수와 동수가 되도록 해야 할 것이다.

(6) 하도급 대금 지급방법의 개선

중소기업의 큰 어려움의 하나는 하청공사를 수행하고서도 공사대금을 제때 받지 못하거나 아예 받지 못하는 경우가 많은 점이다. 공사대금을 어음으로 받을 경우 할인을 통해 현금화할 수밖에 없어 실제 마진은 더욱 줄어든다. 하도급법 제13조 제6항, 제7항은 "원사업자가 하도급 대금을 어음으로 지급하는 경우에는 교부한 날부터 어음 만기일까지의 기간에 대한 할인료를, 어음대체결제수단을 이용하여 지급한 경우에는 그 지급일부터 하도급 대금 상환기일까지의 기간에 대한 수수료를 수급사업자에게 지급하여야 한다"고 규정하고 있고, 이를 위반할 경우 법 제30조에서 공사대금의 2배 이하의 벌금을 부과할 수 있는 것으로 규정하고 있으나 이를 지키는 원사업자는 거의 없는 것으로 보인다.

원사업자가 발주자로부터 공사대금을 현금으로 지급받고서도 수급사업자인 중소기업에게는 어음 등으로 지급하는 경우는 원사업자는 하청을 통해 수급사업자가 가져가야 할 정당한 이익을 부당하게 가로채는 것이다. 이는 결국 이중, 삼중의 하청을 통해 부실공사가 이루어지는 원인이 되기도 한다. 원사업자가 공사대금을 발주자로부터 현금으로 결제받은 비율에 상응해 수급사업자에 대한 결제에 있어서도 현금결제비율을 지키도록 해야 한다.

(7) 표준하도급계약서 사용제도의 실효성 제고

하도급거래 공정화에 관한 법률 제3조의 2에 의하면, "공정거래위원회는 이 법의 적용 대상이 되는 사업자 또는 사업자단체에 표준하도급계약서의 작성 및 사용을 권장할 수 있다"고 규정하고 있다. 표준하도급계약서는 하도급 계약단계에서 수급업자인 중소기업이 원사업자인 대기업에게 납품단가 조정을 요청할 경우 납품단가 조정의 요건, 방법 및 기준을 제시해 줌으로써 공정한 하도급 계약이 체결되도록 하기 위한 것이다. 원사업자는 표준하도급계약서를 사용할 경우 공정거래위원회로부터 벌점 감면 등 인센티브를 부여받을 수 있다. 그러나 표준하도급계약서를 작성하여 사용하는 것은 권고사항에 불과해 현재 크게 활성화되지 못하고 있다.[389] 구체적으로 대기업인 원사업자가 표준하도급계약서를 활용하지 않는 경우 이를 강제할 방법이 없는 것이 현실이다.

표준하도급계약서의 활용을 촉진하기 위해서 표준하도급계약서의 사용을 법적으로 의무화하고 사용의무를 위반하는 경우 과징금 또는 벌금, 과태료를 부과하도록 하자는 의견이 있다. 그러나 표준하도급계약서 사용 의무화는 사적자치 원칙에 반한다는 위헌 시비가 있어 표준하도급계약서 활용 촉진의 필요성과 사적자치 원칙이라는 두 가지 요구를 모두 만족시킬 수 있는 대안이 제시되었다. 먼저 원사업자로 하여금 공정위에 6개월 내지 1년 단위로 정기적으로 대통령령이 정하는 바에 따라 하도급

---

[389] 공정거래위원회, 2009년 하도급거래 서면실태조사 결과, 2009. 8. 14.
2000년부터 2009년까지 매년 실시된 하도급 서면실태조사 결과에 따르면 표준하도급계약서 사용비율은 65% 정도로 크게 높지 않다.

거래내역에 대한 보고의무를 부과하도록 한다. 또 표준하도급계약서와 다른 계약서를 사용하는 경우에는 표준하도급계약서와 다르게 정한 주요 내용을 상대방에게 표시하게 하고, 공정위에 이러한 사실을 보고하게 한다. 이 같은 의무를 위반할 경우 과태료를 부과하도록 하는 것이다.

5. 소비자 집단소송법 제정

(1) 담합으로 인한 소비자 피해

담합은 사업자 혹은 기업이 가격, 생산량, 거래조건 등을 부당한 방법으로 함께 결정함으로써 공정한 경쟁을 통해 지켜가야 할 시장경제의 효율성을 해치는 주요 사안이다. 특히 최근 재벌·대기업의 담합은 장애인·택시 사업자가 이용하는 LPG부터 밀가루, 휘발유, 설탕, 보험료, 소주 등 서민생활과 밀접한 품목에까지 확대되고 있다. OECD 자료 등을 참고해 대략 관련 매출액의 15% 정도가 소비자 피해라고 본다면, 소비자의 피해액은 연간 약 11조 원에 이르는 상황이다.[390]

최근 담합행위로 공정거래위원회가 과징금을 부과하거나 불공정거래행위로 판정해 소비자들의 집단적인 소송이 제기된 사건만 보더라도 양대 전자회사의 전자제품가격 담합, 정유업체들의 LPG가격 담합, 은행들의 근저당권설정비용 소비자 전가행위,[391] 보험회사의 변액보험상품 불완전판매, 이동통신사의 통신기기 판매비용의 과다 통신비 반영 등 다양하다. 예전에도 아파트 분양가격 담합소송, 교복가격 담합소송 등 여러 사건이 있었다.

특정 담합사건이 아니더라도 몇 개의 대기업이 주요 생필품 시장을 독과점 지배하는 구조가 되다 보니 다른 OECD 국가에 비하여 통신, 유류, 자동

---

390 참여연대, 앞의 책 22쪽

차 등 많은 상품의 가격이 지나치게 비싸 소비자 피해가 큰 실정이다.

이러한 대기업의 일상화된 담합가격 시스템에 대해 소비자들이 대항하기 위해 현재 소비자기본법에 규정되어 있는 사전적 예방책으로서 소비자단체소송 외에 사후적 구제책으로서 소비자 집단소송법의 제정이 필요하다. 현재 대기업들은 경제검찰인 공정거래위원회의 손이 미치기 어렵다고 판단해 가격담합을 일상화하는 것으로 지적되고 있다. 소비자들이 소비자 주권을 찾기 위해 이에 대처한다면 시장경쟁력을 크게 훼손하고 소비자 피해를 양산하는 담합행위가 근절될 수 있을 것이다.

한편 담합과 관련한 소비자 피해구제에 있어 현행 민사소송제도는 다수의 소액피해자들의 권리 실현에 어려움이 있고, 다수의 중복소송으로 인해 소송불경제가 야기되는 점이 문제이다. 이들 분쟁에서 소비자가 보다 쉽게 피해구제를 받고 소송경제를 도모하기 위해서는 대표당사자에 의한 집단소송제가 도입되어야 한다. 이 제도는 소비자 집단에 한정해 구성원이 다수이고 구성원의 각 청구가 법률상 또는 사실상 주요한 쟁점을 공통으로 하는 사건에 대해 적용한다.

(2) 대표당사자에 대한 법원의 감독

법원은 피해자가 다수이고 구성원의 각 청구가 법률상 또는 사실상 주

---

391 연합뉴스, 법원 '시중은행, 근저당 설정비 반환책임 없다', 2012. 12. 6
서울중앙지법 민사합의 37부는 2012년 12월 6일 은행 대출자 270명이 "근저당권 설정비 4억 3천여만 원을 반환하라"며 국민은행을 상대로 낸 부당이득금 반환청구 소송에서 원고 패소 판결했다. 같은 법원 민사합의 33부도 고객 99명이 중소기업은행 등 금융기관 40여 곳을 상대로 낸 같은 취지의 소송에서 원고 패소 판결했다. 재판부는 우선 "대출거래에서 우월한 지위에 있는 금융기관이 이를 이용해 자신이 부담해야 하는 비용까지 고객이 부담토록 하는 불공정 약관조항으로 볼 여지는 있다"고 지적했다. 재판부는 하지만 "이 약관은 비용을 고객에게 무조건 부담시키는 것이 아니라 선택권을 부여해 교섭토록 하는 내용을 담고 있다"며 "따라서 약관을 통한 고객과 은행의 비용부담 합의는 '개별약정'에 해당되는데, 이 개별약정이 사회질서에 반하거나 불공정한 법률행위라는 입증이 부족하다"고 판시했다. 이번 판결은 2012년 11월 27일 신용협동조합을 상대로 한 같은 취지의 소송에서 인천지법 부천지원이 근저당권 설정비의 반환 책임을 인정한 판결과는 상반되는 것이어서 향후 상급심 판단이 주목된다.

요한 쟁점을 공통으로 하고, 집단소송이 총원의 권리실현이나 이익보호에 적합하고 효율적인 수단이라고 인정할 때 이 법에 의한 집단소송으로 해결할 것을 허가하도록 한다. 사건의 대소, 대표당사자의 자력 등을 감안해 필요한 경우 소송비용의 예납 및 민사소송법 제700조의 담보제공을 유예할 수 있도록 한다. 대표당사자가 소송비용 부담의 재판을 받을 경우에는 유예된 소송비용의 전부 또는 일부의 지급을 면제할 수 있다. 집단소송에 있어서 소의 취하, 소송상의 화해 또는 청구의 포기는 법원의 허가결정을 받지 아니하면 그 효력이 없도록 한다.

(3) Opt-in 방식의 집단소송

소비자 집단소송은 증권관계 집단소송에 비하여 피해자의 범위가 더 광범위하고 피해 유형이 더 다양하며, 기업의 피해배상 범위가 광범위하며 남소의 우려도 있으므로 증권관계 집단소송법처럼 권리배제 신고를 하지 않는 한 관련 피해자 전원에게 판결 효력이 미치는 Opt-out 방식이 아니라, 권리신고를 한 피해자에 대하여만 판결 효력이 미치는 Opt-in 방식으로 판결의 효력이 미치도록 한다.

법원이 집단소송을 허가하는 경우 일간신문 게재 등의 방법으로 피해 집단에게 집단소송 제기 사실을 고지해 개별 피해자들이 권리신고를 할 수 있도록 하고, 확정판결은 권리신고를 한 구성원에 대해서만 효력이 미치도록 한다. 법원은 대표당사자의 신청 또는 직권으로 분배관리인을 선임해야 하고, 분배관리인은 법원의 감독 하에 권리실행으로 취득한 금전의 분배업무를 행한다.

(4) 입증책임의 전환과 증거개시제도

법원은 필요하다고 인정하는 때에는 소송과 관련 있는 문서의 소지자에 대해 문서의 제출을 명하거나 문서의 송부를 촉탁할 수 있고, 문서제

출명령이나 문서송부촉탁을 받은 자는 정당한 이유 없이 그 제출이나 송부를 거부할 수 없다. 법원은 미리 증거조사를 하지 않으면 그 증거를 사용하기 곤란한 사정이 없어도 인적·물적 상태의 확정을 위해 필요하다고 인정되면 대표당사자의 신청에 의해 증거조사를 할 수 있다.

6. 중소기업기본법

(1) 중소기업의 육성

경제민주화 실천 과정에서 중소기업의 보호 육성과 중소기업과 대기업 사이의 정상적인 거래조건을 제도적으로 확보해 주는 것이 가장 큰 과제 가운데 하나이다. 이에 따라 중소기업기본법은 중소기업이 나아가야 할 방향과 중소기업의 육성을 위한 시책의 기본적인 사항을 규정함으로써 창의적이고 자주적인 중소기업의 성장을 조장하고 나아가 산업구조의 고도화와 국민경제의 균형 있는 발전을 목적으로 하고 있다.

중소기업은 국가산업구조의 저변을 구축하고 있으며, 생산과 고용에 크게 기여하고, 사회적 분업과 기업간의 경쟁을 촉진함으로써 자유시장 경제질서를 유지하는 데 크게 기여하고 있다. 다만, 중소기업은 규모가 작으며 수가 많아서 단결하기가 어렵고, 자본이나 정보면에서 대기업보다 불리할 뿐만 아니라 특히 독점단계의 경제체제 하에서는 국가의 특별한 보호 없이는 하나의 경제주체로서 존립하기조차 어렵다는 점을 감안해 그것을 극복하는 것을 목적으로 한다.

(2) 중소기업의 자율적 발전

헌법은 국가는 중소기업을 보호 육성하여야 하고(동 제123조 제3항), 중소기업의 자조조직을 육성하며, 그 자율적 활동과 발전을 보장한다라고 규정하고 있다(동 제123조 제5항). 이 같은 헌법정신을 구체화하기 위해 여러 가지 법률을 제정하고 있다.

중소기업기본법은 정부의 책무(동 제3조), 중소기업자 등의 책무(동 제4조), 창업촉진(동 제5조), 경영합리화 및 기술향상(동 제6조), 판로확보(동 제7조), 중소기업 간의 협력(동 제8조), 기업구조의 전환(동 제9조), 계열화의 촉진(동 제10조), 사업영역의 보호(동 제11조), 공개제도의 확립(동 제12조), 중소기업자의 조직화(동 제13조), 국제화의 촉진(동 제14조), 근로환경의 개선(동 제15조), 소기업 대책(동 제16조), 지방소재 중소기업의 육성(동 제17조), 법제 및 재정조치(동 제18조), 금융 및 세제조치(동 제19조) 등을 내용으로 하고 있다.

기타 중소기업보호관련 법으로는 중소기업의 구조 강화를 통해 경쟁력을 높이고, 중소기업제품의 구매촉진 및 판로확대와 중소기업의 경영기반을 확충하기 위한 중소기업진흥 및 제품구매 촉진에 관한 법률이 있다. 중소기업의 사업 활동 기회를 확보해 줌으로써 그 경영 안정을 도모함과 더불어 기업간의 협력을 증대시켜 분업에 의한 상호이익을 증진하고 산업의 국가경쟁력 향상에 이바지하기 위한 중소기업의 사업영역보호 및 기업간 협력증진에 관한 법률이 있다. 중소기업의 활동을 제약하고 있는 규제를 완화하고, 중소기업의 자유로운 생산활동을 지원하기 위한 중소기업의 구조개선 및 경영안정 지원을 위한 특별조치법 등이 있다.

7. 중소기업 적합업종 보호에 관한 특별법 제정

(1) 특별법 제정 필요성

대기업이 무차별적으로 업종을 늘리면서 중소상인들의 생계를 위협하고 있다. 피자를 비롯해 치킨, 제빵, 고추장, 순대 제조업, MRO(Maintenance, Repair and Operation) 사업,[392] 공구업, 문구업에 이르기까지 업종을 불문하고 업역을 늘려나가고 있다. 대기업 일가에 대해 '일감몰아주기

방식' 내지 '간접증여' 방식으로 중소기업, 중소상인들의 상권에 침투하는 것이다. '간접증여'는 새로운 형태의 증여이다. 대기업이 운영하고 있는 특정 기업의 사업분야와 사업부서를 떼어 주식회사 형태로 신규회사를 설립한 후, 대기업 소유자 일가 관련자가 신규회사의 주식 지분을 소유하고, 대기업이 그 신규회사에게 일감을 몰아주는 형태로 매출을 증가시켜, 신규회사 주식의 시장가치를 증대시키는 형태의 증여를 '간접증여'라고 한다.[393]

고유업종제도가 폐지된 이후인 2007년 5월부터 2011년 4월까지 대기업에 신규 편입된 회사 총 652개 중 서비스업 등 비제조업 회사가 차지하는 비율이 492개로 76%에 이르는 것으로 집계되었다.[394] 대기업 중 생계형 서비스업, 즉 음식, 숙박, 소매 등 단순노동투입 중심의 저부가가치 업종으로 구성되어 있으며 진입 장벽이 낮아 완전경쟁시장 형태를 갖는 서비스업종 부문[395]에 가장 많이 진출한 대기업은 특정기업으로 나타났다. 최근 대기업들은 식자재 유통업[396] 및 카페, 베이커리 사업과의 연장선에서 음식점, 외식 사업에까지 진출을 하고 있다.

2012년 정부는 민간위원회인 동반성장위원회를 통해 중소기업에 적합한 업종 및 품목을 선정해 대기업으로 하여금 진출을 자제하고 이미 진출한 적합업종에서는 사업을 중소기업에 이양하도록 권고함으로써 중소기업을 보호하는 중소기업 적합업종 보호제도를 운영하고 있다.[397] 법적 근거를 따로 마련하지 않고 정부의 지원 아래 사회적 합의기구인 동반성장

---

[392] 기업소모성자재 구매대행 사업
[393] 참여연대, 앞의 책, 9쪽
[394] 김세종, 서비스업 적합업종 관련 공청회, 동반성장위원회·중소기업중앙회, 2012. 5. 23.
[395] 생계형 서비스업종 ① 도매 및 소매업 ② 숙박 및 음식점업 ③ 수리 및 기타 개인서비스업을 3대 생계형 서비스업이라 한다.
[396] CJ그룹은 'CJ프레시웨이', 대상그룹은 '대상베스트코', LG그룹은 '아워홈'이라는 각 상호로 식자재유통업에 진출하고 있으며, 특히 대상베스트코는 '식자재대형마트' 형태의 진출을 시도하고 있다.
[397] 동반성장위원회, 제과점업·음식점업 등 총 16개 중소기업 적합업종 지정권고, 2013. 2. 5

위원회가 대기업과 중소기업 사이에 사회적 합의를 통해 중소기업 적합업종과 품목을 보호한다는 프로세스이다. 언뜻 보면 과거 중소기업 고유업종제도를 부활하는 것으로 보인다.

과거 고유업종제도는 제조업이 중심이었지만, 현재 대기업의 문어발식 확장이 주로 문제되는 영역은 이와 같이 유통업, 운송업, 식자재 납품업 등 주로 서비스업 분야이다. 또 과거 고유업종제도에서는 대기업이 관련 규정을 위반할 경우 형사적 제재가 따랐으나 동반성장위원회의 고유업종제도는 사회적 합의를 바탕으로 하는 권고일 뿐이다.

대기업들이 사회적 여론을 의식해 합의기구에 참여하려는 의지가 매우 소극적이어서 동반성장위원회와 같은 합의방식은 거의 효과를 내지 못하고 있다는 점이 문제이다. 따라서 중소기업 또는 중소상인 적합업종 및 품목 보호제도 역시 행정으로만 하는 상생이나 동반성장 방식이 아니라 제도적으로 대기업의 무분별한 중소기업 적합업종 진출을 규제하고 이미 진출한 경우 그 퇴출을 시행할 제도적 틀을 만드는 방식이어야 한다는 지적이다. 이러한 점에서 중소기업 적합업종보호 특별법을 제정할 필요가 있다.

(2) 중소기업 · 중소상인 적합업종의 지정

중소기업청장은 중소상인이 사업을 영위하는 것이 국민경제의 건전한 발전과 유통산업의 개선을 촉진할 수 있다고 인정되는 사업 분야를 중소상인적합업종심의위원회의 심의를 거쳐 중소상인 적합업종으로 지정 · 고지하도록 한다.

중소기업청장은 또 중소상인을 보호 · 육성하기 위해 5년마다 관계 중앙행정기관의 장과 협의해 중소상인보호 · 육성기본계획을 수립하고 매년 기본계획에 따라 중소상인보호 · 육성시행계획을 수립 · 시행해야 한다.

(3) 중소기업 · 중소상인 적합업종 진출규제

대기업 및 대기업과 실질적 지배관계에 있는 중소기업으로서 지식경제부령으로 정하는 중소기업은 중소기업청장의 승인 없이는 적합업종의 사업을 인수·개시 또는 확장을 할 수 없게 한다. 위반 시에는 형사적 제재가 따르도록 한다.

(4) 중소기업 · 중소상인 적합업종의 사업이양

이미 중소기업 적합업종에 진출한 대기업에 대해서는 중소기업청장이 1차적으로 사업이양권고를 하고,[398] 이를 불이행할 시에는 2차적으로 중소기업청장은 해당 대기업 등에 대해 주식의 처분, 기업의 분할, 임원의 사임, 영업의 양도, 영업 분리 등을 명할 수 있도록 한다. 현재 공정거래법 제7조에는 대기업이 중소기업이 영위하는 시장에 진출해 시장점유율 5% 이상을 차지하는 경우 위와 같은 주식처분 등의 강제명령을 발할 수 있도록 하고 있다.

이와 같은 공정거래법상의 사전 규제방식을 중소기업 · 중소상인 적합업종으로 지정되어있는 업종에 대해서는 시장점유율에 상관없이, 또한 진출 시에만 규제하는 것이 아니라 이미 진출한 경우에도 적용하는 것이다.

---

398 민주통합당. 2012, '헌법 제119조 경제민주화특별위원회 재벌개혁방안'

제3장

경제활동규제와 경제민주화

금융, 공공투자, 생산, 소득, 분배, 소비, 물가 등 사람 개개의 경제활동은 경제민주화와 밀접한 관련이 있다. 특히 산업자본의 금융시장 진입과 지배권 강화가 대기업으로의 경제력 집중의 주요인으로 꼽히고 있다. 이에 대해 금융과 산업자본의 분리를 추진하기 위한 입법활동이 진행중이다. 이 같은 경제활동 규제를 규정하는 법률들은 은행법 등 관련법을 비롯해 증권거래법, 조달사업에 관한 법률, 물가안정에 관한 법률, 광업법 등이 있다.

1. 은행법 등 관련법

(1) 금산 집중 부작용

은행법은 은행의 건전한 운영을 도모하고 자금 중개기능의 효율성을 높이며 예금자를 보호하고 신용질서를 유지함으로써 금융시장의 안정과 국민경제의 발전에 이바지함을 목적으로 한다.[399] 자본주의경제에 있어서 금융은 자유로운 자금시장의 자동적인 조절작용을 통하여 이루어지

---

[399] 은행법 제1조

는 것을 이상으로 한다. 그러나 자동적 조절작용의 한계가 드러남에 따라 국가의 규제가 필요하다.

현실적으로 대기업들이 특히 제2금융권 계열사의 돈을 남용하는 행위가 끊이지 않고 비판을 받는다.[400] 대기업이 제2금융권 계열사를 사금고처럼 여기는 사례는 유수의 생명보험회사들의 계열사 사옥 매입 등에서 볼 수 있다. 또 일부 화재보험회사는 대기업의 주요 자금 지원 창구로서 계열사의 유상증자 참여와 부동산 매입, 대출 등으로 막대한 자금을 지원했다. 이처럼 보험사들이 대기업의 자금줄로서 대규모로 자금을 지원하다 보니 본업에서 수익성 강화를 위해 보험료와 약관대출금리, 가산금리를 올려 고객의 원성을 사고 있다. 일부 보험사는 올해 상반기에 실손의료보험 갱신을 하면서 50% 이상 보험료를 올려 사회적 논란이 되기도 했다.

대기업이 운영하는 제2금융권 계열사가 업계를 과점하는 것도 경제민주화에 역행하는 흐름이다. 생명보험과 손해보험은 각각 2대 회사가, 신용카드는 3대 회사의 시장점유율이 30~50%이다. 대기업 계열 보험사는 강력한 영향력을 바탕으로 각종 수수료와 사업비 등에서 결정권을 쥐고 있어 자금 사정이 넉넉지 못한 중소형사는 더욱 위축될 수밖에 없다. 카드업계도 대기업이 계열사를 동원해 회원 수를 늘리고 지나친 부가서비스를 남발해 시장질서를 어지럽히는 주범으로 지목된다.

제1금융권 은행은 제2금융권과 달리 대기업의 영향력에선 자유로운 편이다. 그러나 국내 금융지주사와 금융 공기업에서 반복되는 낙하산 인사는 고질병으로 남아 있다. 종종 최고경영자, CEO 리스크로 비화하기도 한다. 정치권, 금융당국, 감사원 등의 힘을 업은 인사들이 금융지주사와 금융 공기업의 CEO나 주요 임원 자리를 차지하면서 경영 위험이 커지는 것이다. 이 때문에 금융권 CEO 인선 과정에서 절차의 투명성과

---

[400] 연합뉴스, 금융권 강타 경제민주화는 '양날의 칼', 2012. 8. 20

객관성이 더 커져야 한다는 지적이 끊이지 않는다.

(2) 금산분리 입법 추진

금산분리는 산업자본이 은행·보험·증권 등 금융자본을 갖지 못하도록 한 제도이다. 우리나라는 주로 산업자본이 은행을 소유할 수 없도록 은산분리로 통용되어 왔다. 2012년 대통령선거를 계기로 보험·증권 등 제2금융권까지 확대하는 방안이 논의되었다. 현재 은행법은 산업자본이 은행지분을 9% 이상 갖지 못하게 함으로써 기업의 은행 소유를 제한하고 있다. 새누리당과 민주통합당 모두 금산분리를 추진하고 있다.

새누리당은 계열사의 지분을 갖고 있는 금융사의 의결권 행사 상한을 15%에서 5%로 내리는 방안을 추진한다. 금융사의 대주주로서 자격이 있는지 적격성을 폭넓게 심사해 지부매각 등을 명령하는 방안을 추진한다. 민주통합당도 금융사의 대주주 적격성 심사를 강화하며, 보험·증권을 주력사업으로 하는 지주회사의 비금융계열사 소유를 금지하는 입법을 추진하고 있다.

이밖에 시스템상 중요하거나 부실한 금융기관을 기업집단에서 떼어내도록 정부가 명령하는 계열분리명령제를 도입할 것을 제시했다. 또 금융계열사의 소액주주 이익에 침해되지 않도록 금융계열사가 갖고 있는 다른 기업의 주주총회 등에서 의결권을 행사하는 방안도 제기되었다. 특히 금융산업의 구조개선에 관한 법률 제24조 예외조항을 금융사가 다른 계열사 지분을 5% 이상 새로 갖지 못하도록 한 법을 엄격하게 적용하는 방향으로 정리할 것도 거론되었다.

(3) 금산분리 입법 전망

금융전문가들은 대기업에 아무리 문제가 많다 하더라도 의결권 5% 제한과 계열분리명령제 도입은 헌법상 재산권 등 기본권을 지나치게 제한하는 내용이어서 법제화가 쉽지 않을 것이라고 본다.[401] 만일 의결권 제한이 법제화될 경우, 대기업들이 위헌소송으로 맞설 수밖에 없다는 의견이 지배적이다. 금융당국도 "소유·지배구조가 이미 정착된 상황에서 대기업이 가진 제2금융권 계열사의 지분을 빼앗는 건 제도적으로 어렵다"고 지적했다. 또 론스타 사태처럼 외국 투기자본으로부터 국내 금융시장을 보호하기 위해서도 금산분리 입법에 일정한 한계가 검토될 것이다. 현재 금산분리 규정을 둔 나라는 미국 등 9개 나라이다. 비은행 금융사에 대한 규제를 둔 나라는 거의 없다. 현실적으로 은행지주회사는 대부분 외국인 지분이 50%를 넘어 금산분리가 강화되면 증권 등 다른 금융사들이 외국자본에 넘어갈 개연성이 크다.[402] 대기업의 경제력 집중 해소와 건전한 금융시장의 기능회복과 보호 등을 고려해 입법이 추진될 것으로 보인다.

(4) '론스타 방지법' 입법 보류

2011년 5월 민주당은 금융위원회가 보유한도를 초과한 주식의 처분을 명할 경우 주식의 처분 방법 및 절차는 초과 보유한 주식의 규모, 증권시장의 상황, 다른 주주의 이익보호 등을 고려하도록 명시하는 은행법 개정안을 제출했다.[403] 개정안이 통과되면 2011년 10월 6일 서울고등법원으로부터 외환카드 주가조작 혐의에 대해 유죄를 선고받은 론스타가 외환은행의 대주주 자격을 상실, 외환은행 지분 51% 가운데 10%를 초과하는 41%를 매각해야 하는 상황에서 금융위원회가 '징벌적 강제 매각 명령'을 내릴 수 있도록 법적 근거를 마련해 주게 된다. '징벌적 강제 매각'이란 외환은행 대주주인 론스타에 대해 외환은행 지분을 시장에 공개 매각하도록 해 외환은행 지분을 사고 싶은 개인과 기관 등 누구나 지분 매입

---

401 조선일보, 금산분리 강화되면…위헌소송 가능성, 2012. 11. 5
402 동아일보, 대기업의 금융사 소유 규제, 2012. 12. 18
403 파이낸셜뉴스, 잠자는 '먹튀 방지법' … 웃는 론스타, 2011. 10. 16

에 참여할 수 있도록 하는 것이다.

그러나 금융위원회는 관련법 미비를 이유로 재상고를 포기해 유죄가 확정된 론스타가 2010년 11월 하나금융과 체결한 지분인수 계약에 관여할 수 없다는 입장이다. 이에 따라 2011년 7월 외환은행 주식을 주당 13,390원에 인수하기로 론스타와 재계약한 하나금융은 주식 전량(51.02%)을 4조 4,059억 원에 매입하게 된다. 결국 유죄 판결을 받은 론스타가 막대한 매각 수익을 챙겨 한국을 떠나게 된 것이다. 이런 상황에서 국회는 론스타와 같은 '먹튀'를 규제할 은행법 개정안 처리 논의에 손을 놓고 있다.

'먹튀'의 대명사 론스타가 우리 정부를 대상으로 소송을 제기했다.[404] 미국계 사모펀드 론스타는 금융위원회가 자의적으로 외환은행 매각승인을 지연했고 국세청이 외환은행 매각 이익에 부당하게 과세함으로써 수십억 유로(2조 원)의 손해를 입었다며 투자자국가소송(ISD)을 제기했다.

론스타는 외환은행 지분을 2006년 국민은행에 6조3,346억 원, 2007년 HSBC에 5조9,376억 원에 매각하려 했지만 금융당국의 승인이 늦어지면서 투자금 회수에 실패했다고 주장했다. 2008년 금융위기를 겪은 뒤 2012년 2월에야 하나금융과 매각계약을 체결했기 때문에 결과적으로 손해를 입었다는 것이다. 구체적 손해규모는 향후 재판과정에서 드러나겠지만 2조 원 정도를 주장할 것으로 추정된다. 외환은행 매각의 양도소득세 3,915억 원도 국세청의 부당과세에 따른 것이라며 돌려달라고 했다.

론스타의 소송은 벨기에 소재 페이퍼컴퍼니라는 점을 악용한 측면이 강하고, 우리 정부는 조세회피를 목적으로 한 페이퍼컴퍼니는 투자보장과 이중과세방지협정의 적용대상이 될 수 없다는 법논리를 펴고 있다. 이에 대한 판단은 국제투자분쟁해결센터(ICSID) 중재재판이 하게 된다.

론스타의 버뮤다 법인인 '허드코 파트너스 코리아'는 2005년 서울 역삼

---

[404] 서울신문, 정부 '론스타 ISD제소'에 당당히 대응하라, 2012. 11. 24

세무서가 법인세 16억 원을 부과한 데 불복해 소송을 제기했지만 법원에서 패소하자 헌법소원을 냈다.[405] 허드코 파트너스 코리아는 법인세법이 양도소득의 과세 대상을 규정하면서 과세 요건에 대한 구체적인 내용이 없어 조세법률주의를 규정한 헌법 59조을 위반했다고 주장했다. 허드코 파트너스 코리아가 이의를 제기한 법인세 16억 원은 2004년 서울 역삼동 스타타워(현 강남파이낸스센터) 빌딩을 매각하면서 부과된 것이다.

당시 '론스타펀드Ⅲ(미국)', '론스타펀드Ⅲ(버뮤다)'와 허드코 파트너스 코리아 등으로 구성된 '스타홀딩스'는 2001년 스타타워를 인수했다가 2004년에 팔면서 2,450억 원의 양도 차익을 얻었다. 이에 국세청은 론스타가 조세회피를 위해 스타홀딩스라는 페이퍼컴퍼니를 내세운 것이라며 2005년 론스타펀드에 1,000여억 원의 양도소득세를, 허드코 파트너스 코리아에는 법인세 16억 원을 부과했다. 론스타펀드는 이에 불복해 소송을 제기했고, 올해 초 대법원은 양도소득세와 관련해 론스타의 손을 들어줬다.

하지만 허드코 파트너스 코리아에 대한 법인세 부과는 지난 10월 법원이 정당하다는 결론을 내렸다. 론스타의 헌법소원 제기는 론스타가 펀드 투자자로부터 소송을 당하는 등의 위험을 회피하려는 목적과 함께, 투자자 국가 소송을 제기한 상태에서 한국 사법부를 압박하려는 목적도 있는 것으로 보인다.

2. 자본시장과 금융투자업에 관한 법률

(1) 증권거래질서 민주화
증권거래는 자본주의를 지탱해 주는 중요한 요소이다. 그러나 앞서 살핀 바와 같이 증권거래상 부정부당 거래가 만연하고, 결국 자본시장을 왜곡시

---

405 한겨레신문, 론스타 ISD 이어 헌법소원 제기, 2012. 12. 17

키기도 하고, 소액 투자자를 어렵게 하기도 한다. 자본시장의 건전한 육성과 투자자의 보호가 조화를 이루어야 한다. 자본시장과 금융투자업에 관한 법률은 자본시장에서의 금융혁신과 공정한 경쟁을 촉진하고 투자자를 보호하며 금융투자업을 건전하게 육성함으로써 자본시장의 공정성과 신뢰성 및 효율성을 높여 국민경제 발전에 이바지함을 목적으로 한다(동 제1조).

자본주의경제 하에서는 증권거래도 시장경제의 원리에 맡기는 것이 이상이라고 할 것이나, 증권거래는 국민의 직접투자에 의해 민간자본을 동원함으로써 기업에 대한 생산자금을 공급하는 바, 국민경제의 발전을 꾀하기 위하여 증권거래의 공정, 원활, 투자자의 보호를 위해 그리고 증권거래를 규제 또는 육성해야 한다. 한편 증권사를 투자은행(IB)이나 종합자산회사로 전환하는 혁신이 필요하다는 여론이 일고 있다.[406] 이를 위해서는 자본시장과 금융투자업에 관한 법률 개정이 필요하다.

(2) 증권거래질서 규제

자본시장과 금융투자업에 관한 법률은 종전의 증권거래법, 선물거래법, 간접투자자산 운용업법, 신탁업법, 종합금융회사에 관한 법률 및 한국증권선물거래소법을 포괄한다. 이 법은 이익을 얻을 목적으로 계속적이거나 반복적인 방법으로 행하는 행위로서 투자매매업을 비롯해 투자중개업, 집합투자업, 투자자문업, 투자일임업과 신탁업에 해당하는 업(業)을 금융투자업이라고 규정하고 있다. 또한 금융투자상품은 증권과 파생상품으로 나눈다. 이 법은 제2편 금융투자업에서 대주주와 소수주주권의 자격요건에 대해서 엄격하게 규정하고 있다. 이와 관련해 금산분리 논쟁이 펼쳐지고 있음은 앞서 살핀 바 있다. 특히 투자와 관련해 적합성 원칙과 적정성 원칙 등을 지키고, 설명 의무를 부과하고 있다. 이를 위반할 경우 손

---

406 중앙일보, 자본시장법 개정 또 물건너가, 2012. 11. 17

해배상책임을 저야 한다. 아울러 거짓 내용을 알리거나 불확실한 사항에 대해 단정적 판단을 제공하거나 확실하다고 오인하게 할 소지가 있는 내용을 알리는 행위 등 부당권유를 금지하고 있다.

이 법은 또 제3편에서 증권의 발행과 유통, 제4편에서 내부자거래와 시세조종, 부정거래 등 불공정거래의 규제, 제5편에서 집합투자기구, 제6편에서 금융투자업 관계기관으로 한국금융투자협회, 한국예탁결제원, 증권금융회사, 종합금융회사, 자금중개회사, 단기금융회사, 명의개서 대행회사 등을 규정하고, 제7편에 한국거래소에 대해 규정하고 있다.

3. 조달사업에 관한 법률

(1) 조달사업 질서

자본주의는 발달과정에서 공업은 생산과잉, 공황이라는 내재적 모순을 지니고 있으며, 농업에 있어서는 그 성질상 경기에 대응한 산업조절이 곤란하다. 전시경제, 국방경제, 전후경제에서는 물자의 상대적 절대적 부족이 발생하여 그 규제는 더욱 필요하게 된다. 이에 따라 조달사업에 관한 법률은 조달사업의 효율적 수행을 위해 조달사업의 운영 및 관리에 관해 필요한 사항을 정함을 목적으로 하는 법률이다(동 제1조). 자본주의 경제에서는 물자의 생산과 유통은 수요와 공급의 원리를 통하여 이루어지는 것이 원칙이다. 그러나 실제로는 수급의 불균형이 생기는 경우가 많은데, 그것이 균형상태로의 회복이 불가능하거나 곤란한 때에는 국가에 의한 규제가 필요하다.

(2) 조달사업 규제

조달사업에 관한 법률은 조달사업의 범위(동 제3조), 선물거래(동 제4조), 계약특례(동 제5조), 시설관리의 위탁(동 제7조), 조달절차(동 제8조) 등을 규제하고 있다. 또 물자규제 관련법으로 양곡관리법에 의한 양곡, 농수산물 유통 및 가격안정에 관한 법률에 의한 농수산물, 비료관리법에 의한 비료, 석탄산업법에 의한 석탄, 석유 및 석유대체연료 사업법에 의한 석유, 전기사업법에 의한 전기 등에 대한 규제가 이루어지고 있다.

4. 물가안정에 관한 법률

(1) 물가안정 질서

자본주의 시장경제에 있어서는 물가가 모든 경제생활의 중심을 이루고 있으며, 물가는 수요와 공급의 원리에 의해 자유로이 형성되는 것을 이상으로 한다. 물자의 수급에 불균형이 생겨 수요와 공급의 원리에 의해 물가형성이 어렵게 되는 경우에는 국가가 규제를 통해 물가의 안정을 꾀함으로써 경제질서를 회복하게 되는 것이다. 물가안정에 관한 법률은 물가의 안정을 기함으로써 소비자의 권익을 보호함과 아울러 국민생활과 국민경제의 안정 및 발전에 이바지함을 목적으로 한다(동 제1조).

(2) 물가안정 규제

물가규제에는 직접적 규제와 간접적 규제가 있다. 직접적 규제는 가격형성과 가격감시가 있다. 가격형성은 국가가 직접 가격이나 그 한도를 결정하는 것이고, 가격감시는 토지거래허가제 등과 같이 거래당사자에게 허가를 받게 하는 등 일정한 의무를 부과하여 국가가 적정한 가격을 유도하는 것을 말한다. 간접적 규제는 통화량규제, 물자수급규제, 유통질서 조절, 독점규제법에 의한 규제 등이 있다.

물가안정에 관한 법률은 제2조에서 정부는 국민생활과 국민경제의 안정을 위하여 필요하다고 인정할 때에는 특히 중요한 물품의 가격, 부동산 등의 임대료 또는 용역의 대가에 대하여 최고가액을 지정할 수 있도록 했다. 최고가격은 생산단계, 도매단계, 소매단계 등 거래단계별 및 지역별로 지정할 수 있다. 기획재정부장관은 제2조 제1항에 따라 정부가 지정한 최고가격을 초과하여 거래를 함으로써 부당한 이득을 얻은 자에게는 과징금을 부과한다. 이에 따른 과징금은 실제로 거래한 가격과 임대료 또는 요금에서 최고가격을 뺀 금액으로 한다. 주무부장관은 소비자 보호 또는 공정한 거래를 위하여 필요하다고 인정할 때에는 물품을 생산·판매하거나 물품의 매매를 업(業)으로 하는 자 또는 용역의 제공을 업으로 하는 자에게 대통령령으로 정하는 바에 따라 해당 물품의 가격 또는 용역의 대가를 표시할 것을 명할 수 있다.

정부는 물가가 급격히 오르고 물품 공급이 부족하여 국민생활의 안정을 해치고 국민경제의 원활한 운영을 현저하게 저해할 우려가 있을 때에는 해당 물품의 사업자나 수출입 또는 운송이나 보관을 업으로 하는 자에 대하여 대통령령으로 정하는 바에 따라 5개월 이내의 기간을 정해 긴급수급조정조치를 할 수 있다. 긴급수급조정조치는 생산계획의 수립·실시 및 변경에 관한 지시, 공급 및 출고에 관한 지시, 수출입의 조절에 관한 지시, 운송·보관 또는 양도에 관한 지시를 포함한다.

법은 또 사업자는 폭리를 목적으로 물품을 매점(買占)하거나 판매를 기피하는 행위로서 기획재정부장관이 물가의 안정을 해칠 우려가 있다고 인정해 매점매석 행위로 지정한 행위를 금지하고 있다. 주무부장관은 이에 따라 매점매석 행위를 하고 있는 사업자에 대해서는 그 행위의 시정 또는 중지를 명해야 한다.

5. 광업법

(1) 광업법 질서
자본주의경제에서는 자원의 개발 등은 사인에 의해 행해지는 것이 이상적이다. 그러나 자원에 대한 수요가 급격히 증가함에 따라 자원의 개발 등을 어느 정도 규제할 필요가 생긴다. 특정 자원의 개발에는 사기업의 행태로 하는 것이 채산이 맞지 않는 경우가 많다. 이에 따라 국가·공기업 형태에 의한 개발, 사기업에 대한 보호조성을 통해 자원개발을 촉진할 필요가 있다.

광업법은 광물자원을 합리적으로 개발함으로써 국가산업의 발달을 도모하기 위해 광업에 관한 기본적 제도를 규정함을 목적으로 하는 법이다(동 제1조). 자원규제행정법은 자연자원의 개발 보전 및 이용을 효율적으로 실현하며 국민경제의 향상을 목적으로 한다.

(2) 광업법 규제

헌법은 광물 기타 중요한 지하자원 수산자원 수력과 경제상 이용할 수 있는 자연력은 법률이 정하는 바에 의하여 일정한 기간 그 채취 개발 또는 이용을 특허할 수 있다고 규정하고(동 제120조 제1항) 있다. 또한 국토와 자원은 국가의 보호를 받으며, 국가는 그 균형 있는 개발과 이용을 위해 필요한 계획을 수립한다라고 규정하고 있다(동 제120조 제2항).

광업법은 광업권(동 제2장), 조광권(동 제3장), 국영광법(동 제5장), 광해배상(동 제7장), 감독 및 조성(동 제8장), 이의신청(동 제9장), 벌칙(동 제11장) 등을 내용으로 한다.

자원규제 관련법으로는 수산자원에 관한 것으로 수산업법 등이, 수자원에 관한 것으로 하천법과 댐건설 및 주변지역 자원 등에 관한 법률 등이, 에너지자원에 관한 것으로 에너지이용합리화법과 원자력진흥법, 원자력안전법 등이 토지자원에 관한 것으로 국토기본법, 국토의 계획 및 이용에 관한 법률, 농지법, 산림기본법, 산림보호법, 산림자원의 조성 및 관리에 관한 법률 그리고 해저광물자원에 관한 것으로 해저광물자원개발법 등이 있다.

제4장

대외경제규제와 경제민주화

우리 경제는 한미 FTA를 필두로 개방경제를 강하게 추진하고 있다. 대외 의존도가 높은 경제구조상 대외경제규제가 절실해지고 있다. 앞서 살핀 바와 같이 환율정책 등에서도 민주화론이 주장되고 있다. 대외경제규제 행정법은 대외무역, 외국환관리, 외자도입 등 사람의 대외경제활동에 대한 규제행정을 목적으로 한다.

1. 대외무역법

대외무역규제행정은 대외무역을 진흥하고 공정한 거래질서를 확립해 국제수지의 균형과 통상의 확대를 도모함으로써 국민경제 발전에 이바지하는 데 목적이 있다. 헌법 제125조는 국가는 대외무역을 육성하며, 이를 규제 조정할 수 있다라고 규정하고 있다. 이에 따라 대외무역법이 대외무역에 관한 기본법 내지는 일반법으로서 제정·시행되고 있다. 무역이라 함은 상품을 대상으로 해서 이루어지는 국가간의 거래활동을 말하며, 무역거래행위에 대해서는 그것이 국가간의 상거래라는 점에서 일정한 조정 또는 규제를 필요로 한다.

대외무역법은 대외무역을 진흥하고 공정한 거래질서를 확립해 국제수지의 균형과 통상의 확대를 도모함으로써 국민경제의 발전에 이바지함을 목적으로 하는 법이다(동 제1조). 무역을 규제하는 방법에는 직접적으로 무역 자체를 규제하는 방법과 간접적으로 외환을 통해 규제하는 방법이 있다. 우리나라에서는 양자의 방법을 모두 채용하고 있다. 대외무역법에 의한 규제는 전자에 속하며, 외국환관리법에 의한 규제는 후자에 속한다.

대외무역법은 자유롭고 공정한 무역의 원칙과 제한에 관해 우리나라 무역은 무역에 관한 조약과 국제법규가 정한 바에 따라 자유롭고 공정한 무역을 조장함을 원칙으로 한다. 정부는 법률, 조약, 국제법규에 의한 제한이 있는 경우에는 그 목적을 달성하기 위해 필요한 최소한의 범위 안에서 이를 운영한다(동 제3조). 대외무역법은 대외무역에 관한 제한(동 제5조), 통상의 진흥(동 제2장), 수출입거래(동 제3장), 수입에 의한 산업피해조사 등(동 제4장), 수출입의 질서유지(동 제5장), 수출입관련조합(동 제6장) 등을 내용으로 한다. 이 가운데 무역거래법 제18조 제1항(대외무역법 제20조 제1항)을 효력규정이라고 보는 판례가 있다.[407]

대외무역법에 대한 예외를 규정해, 우선적으로 적용되는 특별법으로는 무역업 허가의 면제를 규정하고 있는 농업협동조합법, 수산업협동조합법, 그 밖의 특별법으로는 마약법, 약사법, 식품위생법, 검역법, 유해

---

[407] 대판73 다721. 1974. 3. 26
원판결의 무역거래에 있어서의 행정상의 통제를 가한 것이지, 일반거래의 사법상의 효력까지 박탈하는 효력규정이라고는 볼 수 없다고 본 무역거래법 제18조 제1항(외화 획득용 원료기재의 사용목적 변경에 주무부장관의 승인을 얻게 한 규정)이 단속규정에 불과하고 효력규정이 아니라고 할 것이냐를 가리어 보건대, 수출을 증진하여 국제수지 균형에 기여함을 목적으로 하고 있는 동 제1조, 원료기재에 관세까지 면세(관세법 제32조)하는 특혜 아래 수입의 우선권을 주고 있는 동 제17조, 수입업자에게 대응수출의무를 지운 동 제19조, 위 장관의 사용변경에 까다로운 조건을 붙인 동 제18조 제2항 등의 명문규정이 있음과 국제경쟁에서 결코 우세에 서지 못한 우리의 무역거래 실정이 국제수지의 불균형을 몰고와 급기야 수출증진을 국책으로 밀게끔 되어 있는 경제현실은 일반사회의 인식을 일깨워서 원료기재의 승인없는 횡류사실에 대한 사회의 윤리적 비난의 정도가 드높아짐으로써 사회인식의 변화가 커진 현실과를 합처 볼 때 무역거래법 제18조 제1항의 규정은 동법의 입법목적을 제대로 달성하기 위하여서는 단속규정을 넘어서 효력규정이라고 해석되어야 할 것이다.

화학물질관리법, 문화재보호법, 영화법, 음반비디오 및 게임물에 관한 법률 및 총포·도검·화약류 등 단속법 등이 있다.

대외무역규제 관련법으로는 세계무역기구협정의 이해에 관한 특별법, 관세법, 외국환거래법, 수출보험법 등이 있다. 또 자유무역지역의 지정 등에 관한 법률, 농업농촌기본법, 중재법, 산업입지 및 개발에 관한 법률, 임시수입부가세법, 수출용 원재료에 대한 관세 등 환급에 관한 특례법 등이 있다.

2. 외국환거래법

국제금본위제도 하에서 외국환거래는 자율관리에 의해 이루어졌으나 오늘날의 관리통화제도 하에서는 외국환거래에 대한 국가의 규제가 필요하다. 다만, 외국환관리행정은 규제를 최소화함으로써 외국환 기타 대외거래가 원활하게 행해질 수 있도록 노력해야 한다.

헌법 제125조는 국가는 대외무역을 육성하며 이를 규제 조정할 수 있다라고 규정하고 있다. 동법 규정을 구현하기 위해 외국환거래법이 제정되어 있다. 외국환거래법은 외국환거래 기타 대외거래의 자유를 보장하고 시장기능을 활성화해 대외거래의 원활화 및 국제수지의 균형과 통화가치의 안정을 도모함으로써 국민경제의 건전한 발전에 이바지함을 목적으로 하는 법이다(동 제1조). 또 안정적인 외국환 수급의 기반조성과 외환시장의 안정에 노력해야 하며, 이를 위한 방지책을 강구해야 한다(동 제4조).

외국환거래법은 환율에 관한 사항(동 제5조), 비상시 외국환거래의 정지, 자본거래의 허가 및 외국환 강제 예치제의 발동(동 제6조), 외국환 업무취급기관 및 외국환 중개업자(동 제2장), 외국환 평가형 기금(동 제3장), 외국환거래 및 대외지급의 허가제와 신고제(동 제4장) 등을 규정했다.

판례는 외국환관리법(외국환거래법)의 제한규정들은 효력규정이 아니고 단속규정이라고 보고 있다.[408] 또 외국환 규제 관련법으로는 대외무역법 외국인투자촉진법 등이 있다.

3. 외국인투자촉진법

현대 경제는 국제화 시대에 걸맞게 발전하지 않으면 파탄을 맞게 되는 바, 그 자본 형성에 있어서 종래의 민족자본, 내국자본만으로는 부족 또는 불가능하기 때문에 외국인 투자가 절실하다. 외국인 투자는 내국인 투자와는 달리 투자 분위기를 제공하지 않으면 순조롭지 않은 것이므로 그 것을 제도적으로 보장하려는 것이다. 헌법 제125조는 국가는 대외무역을 육성하며 이를 규제 조정할 수 있다라고 규정하고 있다. 이에 관해 외국인투자촉진법이 있다.

외국인추자촉진법은 외국인 투자에 대한 지원과 편의제공을 통하여 외국인 투자 유치를 촉진함으로써 국민경제의 건전한 발전에 이바지함을 목적으로 한다(동 제1조)라고 규정하고 있다. 이에 맞춰 외국인투자촉진

---

[408] 대판 72다2161, 1975. 4. 22

내국법인인 피고 회사와 외국법인인 원고 회사 간에, 피고 회사가 원고 회사에 납품하기로 된 스웨터에 대한 미국 내 목적지까지의 운송기간을 단축하기 위하여 당초에 약정한 선박 운송수단을 항공운송수단으로 변경함에 따라 피고 회사는 3,123달러 33센트의 추가 운송 비용을 부담하게 되었다.

외국환관리법은 동법 제1조에서 규정하고 있는 바와 같이 외국환과 그 거래 기타 대외거래를 관리하여 국제수지의 균형, 통화가치 안정과 외화자금의 효율적인 운용을 기하기 위하여 제한규정을 두고 있는 것인데, 동법 제2조에서는 동법에 의한 제한은 동법의 목적을 달성함에 필요한 범위 안에서 운용되어야 하며, 정부는 국제수지의 개선, 통화가치의 안정 등을 도모함으로써 점차 동법에 의한 제한이 완화되도록 한다고 규정하고 있으므로, 외국환관리법에 의한 제한규정들은 원래 자유로이 할 수 있어야 할 대외거래를 국민경제의 발전을 도모하기 위하여 과도적으로 제한하는 규정들로서 단속법규라고 해석함이 타당하고, 따라서 이러한 제한규정들에 저촉되는 행위라 할지라도 그 행위의 사법상의 효력에는 아무런 영향이 없는 것이라 할 것이며, 외국환관리법의 제한규정들이 효력규정이라고 본 종전의 판결은 이 판결로써 폐기한다.

법은 외국인 투자의 보호 및 외국인 투자의 자유화를 천명하고 있다(동 제3, 4조). 외국인 투자촉진법은 외국인의 투자를 보호하고 또한 투자를 촉진함으로써 외국인의 투자의 안전과 원활을 기해 국민경제의 발전에 이바지함을 목적으로 한다(동 제3~4조). 외국인투자촉진법은 외국인 투자의 절차(동 제2장), 외국인투자에 관한 지원(동 제3장), 외국인 투자지역의 지정(동 제4장), 외국인 투자의 사후관리(동 제5장) 등에 관해 규정하고 있다.

이 밖에 외국인투자촉진관련 법률로서 공공차관의 도입 및 관리에 관한 법률을 두고 있다. 이 법은 공공차관의 도입기준과 대외 송금의 보장(동 제1장), 공공차관 도입(동 제2장), 공공차관의 관리(동 제3장) 등을 규정하고 있다.

제7부

경제민주화의 제도화를 위한 입법 방향

골목상권과 중소기업 보호 · 육성을 위해 유통산업발전법, 가맹사업거래의 공정화에 관한 법률, 하도급거래의 공정화에 관한 법률, 중소기업협동조합법, 중소기업 및 소상공인 적합업종 보호 특별법, 국가를 당사자로 하는 계약에 관한 법률, 정부조직법 등이 입법 정비 추진 대상이다.

ECONOMIC DEMOCRACY

2012년에 들어서면서부터 우리 사회의 가장 큰 화두는 경제민주화이다. 제19대 국회의원선거와 제18대 대통령선거 등 중대한 정치일정들이 경제민주화 논쟁을 뜨겁게 했다. 경제민주화 관련 법안들은 정파 간에 어느 정도 일치하는 부분이 있다. 그러나 대기업 규제와 기업 지배구조 개선, 기업인들의 범법행위 처리 등에 대해서는 의견이 엇갈리고 있다.

　여기서는 새누리당과 민주통합당 양당 중심으로 경제민주화 입법 논쟁을 주요 쟁점별로 대칭적으로 살펴보고, 경제민주화를 바라보는 기본적인 시각과 대통령 후보들의 공약, 그동안 추진한 입법과정 등을 종합적으로 짚어 보겠다. 이 문제는 최근 논의된 경제민주화를 제도적으로 정비해 나가는 구체적인 실천이 될 것이다. 아울러 기업 규제 완화 등 경제자유화 부분에 대한 논의는 수면 아래로 처져 있음을 지적하지 않을 수 없다. 경제민주화의 양대 축, 자유와 평등 가운데 평등에 지나치게 치우친 감이 없지 않다.

제1장
이명박 정부의 경제민주화 고려사항

　이명박 정부는 동반성장정책을 처음으로 도입한 데서 보듯이 경제민주화 논쟁에 앞서서 경제민주화를 위해 상당부분 노력한 것이 사실이다. 그러나 논쟁에 휘말리면서 크게 빛을 보지 못했다. 결국 박근혜 정부에서도 이 같은 정책 기조 하에 경제민주화가 추진될 것이다. 이명박 정부는 경제의 자유와 분배의 평등을 동시에 추진하기로 하고 일자리 창출에 우선해야 한다는 시각을 보이고 있다.

1. 반기업 정서 우려

　정치권을 비롯해 사회 각 분야에서 분출하고 있는 경제민주화 논쟁에 대해 이명박 정부는 거듭 우려를 표명했다. 자칫 반기업 정서를 확산시키면서 성장의 발목을 잡아 경제가 침체, 하강 국면에 접어들 것으로 보았기 때문이다. 특히 동반성장정책을 추진해 왔기 때문에 경제민주화 논쟁에 앞서서 선제적으로 대응한 것으로 보인다.

　정부는 입법부가 경제민주화 관련 법안을 처리하는 과정에서 또 입법 이후 집행 과정에서 경제민주화에 상당 부분 영향력을 행사할 수 있다. 집행 가능한 입법과 개혁 가능한 입법 그리고 궁극적으로는 동반성장이 가능한 정책 수립에 초점을 맞추었다고 하겠다.

이명박 대통령은 2012년 9월 25일 대선을 앞두고 정치권의 경제민주화 논의와 관련해, "대기업이 잘 되어야 중소기업도 잘 되는 것"이라며 "재계가 앞으로 이렇게 할 것이니 정치권도 이렇게 해 달라고 할 필요가 있다"고 말했다. 그리고 청와대에서 경제5단체장과 만나 "공생발전과 동반성장은 대기업과 중소기업이 서로 보완적으로 하면서 대기업 문화를 바꿔 보자는 것"이라고 밝혔다. 이 대통령의 이 같은 언급은 재계가 정치권에서 경제민주화를 빌미로 과도한 '반기업 정서'가 확산되고 있는 데 대해 강한 우려의 뜻을 밝히자 나온 것이었다.

경제5단체장들은 이에 대해 "정치권의 경제민주화 논의로 기업들의 의욕이 상실되는 측면이 있다"면서 "기업들에 대한 사기진작도 필요하다"고 지적했다. 또 대선을 앞두고 각 당 대선 후보들의 공약과 관련해 "성장과 안정이 바탕이 되어야 하고 어떤 정책을 내놓더라도 기업하기 좋은 환경을 만드는 것이 중요하다"고 강조했다. 이들은 이어 "국회의 기업인들에 대한 과도한 출석요청이나 일부 노사관련 입법안이 기업활동을 위축시킬 우려가 있다"고 밝히기도 했다.

2. 경제민주화 쟁점별 소극적 평가

정치권에서 논의해 온 경제민주화 관련 정책을 사실상 반대하는 기획재정부의 '경제민주화 관련 쟁점 검토'란 보고서가 언론을 통해 공개되었다.[409] 기획재정부는 새누리당과 민주통합당 등 경제민주화 관련 정책의 대부분에 대해 부작용을 우려하며 신중한 검토가 필요하다는 태도를 보였다. 이 보고서는 정치권이 앞다퉈 경제민주화 관련 공약을 내놓자

---

[409] 연합뉴스, 기획재정부, 경제민주화 공약 부정평가 보고서 작성, 2012. 11. 5

기획재정부가 관련 쟁점 18개를 추려 문답 형식으로 정리한 것이다. 먼저 경제민주화는 시장경제질서를 저해하지 않는 범위에서 추진하되 극히 예외적일 때 최소 범위에서 이루어지는 것이 바람직하다고 했다. 법과 제도보다는 문화나 관행으로 정착되는 노력이 필요하다는 의견도 제시했다.

대형유통업체 영업규제 강화는 소비자 편익, 서민 일자리 감소 등 부작용을 충분히 고려해야 한다면서, 산업 선진화나 신규시장 창출 등 측면에서 대기업 역할에 긍정적인 측면이 있을 수 있다며 신중한 접근이 필요하다고 했다.

하도급 부당인하, 담합 등 부당행위에 징벌적 손해배상제를 도입하자는 주장에 대해 거액의 배상금을 노린 '묻지마' 식 소송이 늘어 기업활동이 위축되는 부작용이 있을 수 있다며 경계론을 폈다. 공정거래위원회의 전속고발제 폐지, 담합행위 집단소송제 도입, 담당행위 자진신고 감면제 축소 등 기업의 불공정행위 방지를 위한 제도 강화에 대해서도 부정적 입장이다. 전속고발제를 유지하는 것이 타당하고, 이른바 '리니언시'[410] 축소는 수용하기 어렵다는 것이다. 단, 집단소송제에 대해선 일부 수용할 필요는 있으나 제기되는 우려에 대한 추가 검토가 필요하다고 했다. 중소기업 적합업종제도의 강제화는 시행되었다가 폐지된 전례가 있어 재도입에 신중해야 한다고 정리했다.

경제민주화 논의가 과열되어 대기업 규제를 통한 대·중소기업 간 격차 해소에만 치중한다면 대외 경쟁력을 저해할 수 있다는 우려를 제기했다. 순환출자금지 움직임에는 사실상 불가 견해를 보였다. 모든 나라에서 순환출자는 가능하고, 이를 법으로 규제하는 나라는 없는 만큼 신중한 검토가 필요하다는 의견을 제시했다.

---

410 leniency program : 자진신고자 감면제, 기업이 공동행위(담합, 카르텔)를 자진하여 신고했을 때 과징금을 완전 면제하거나 경감시켜 주는 제도, 독점규제 및 공정거래에 관한 법률 제22조의 2

출자총액제한제도의 재도입 역시 부작용이 나타날 우려가 크다며 출총제와 같은 획일적 사전적 규제를 도입하기보다는 부당거래 감시 강화 등 공정거래 질서를 확립하는 것이 바람직하다고 밝혔다. 우리 기업이 신수종 사업에 투자하는 것을 제한하거나 외국기업이 국내기업을 흡수·통합하기 쉬워질 수 있다는 점을 부작용으로 꼽았다. 대기업이 계열사에 투자하고 지급받는 수입배당금에 전액 과세하는 대기업세를 신설하는 것은 국제기준보다 과도하고 이중과세 문제를 불러올 수 있다고 지적했다.

대기업 총수가 1% 지분을 갖고 이른바 '황제경영'을 하는 것에는 지분 소유와 경영권 지배가 반드시 일치할 필요는 없다고 했다. 기획재정부는 외국에서도 극소수 지분으로 경영권을 행사하는 사례가 있다며 일본의 도요타 그룹, 프랑스의 루이뷔통-모에-헤네시 그룹, 미국의 GE 등을 반증 사례로 제시했다.

법인세 최고구간 신설과 소득세 최고세율 인상은 관련 세제 개편을 한 지 얼마 안 된 시점에서 다시 제도를 손보는 것은 정부 정책의 신뢰도를 훼손한다고 분석했다.

이 같은 기류 속에서 공정거래위원회는 징벌적 손해배상제를 '부당 단가인하'까지 확대하는 방안을 추진하겠다고 밝혔다.[411] 징벌적 손해배상제는 대기업의 부당행위가 명백할 경우 중소기업의 피해액보다 훨씬 많은 손해배상액을 부과하는 제도이다. 현재는 대기업의 '기술 탈취'에 대해 피해액의 3배까지 배상하도록 했다. 공정위는 부당 단가인하, 구두 발주, 기술 탈취 등 3대 핵심 불공정행위는 공정위와 중소기업의 핫라인 활성화, 현장조사 강화 등을 통해 엄정하게 처리하기로 했다. 대기업과 중소기업의 공정거래협약은 현재 2개 분야(하도급, 유통)인 평가기준을 4개 분야(제조, 건설, 정보서비스, 유통)로 세분하고 평가 포털도 구축하기로

---

411 연합뉴스, 공정위원장 "연못 물 모두 퍼내면 안돼", 2012. 9. 18

했다. 대기업의 1차 협력사인 중견기업은 2차 협력사와 공정거래협약을 체결하도록 독려하고, 중견기업이 하도급법상 수급사업자로 보호받을 수 있도록 법 개정을 추진하기로 했다.

3. 경제민주화 선제 조치로서 동반성장

이명박 대통령은 2012년 9월 27일 서울 마포 중소기업 DMC타워에서 열린 '2012 동반성장 주간 기념식'에 참석해 "우리 정치권에서도 경제민주화 얘기를 하고 있는데 이는 공생발전, 동반성장 개념의 표현을 담고 있는 것이라고 생각한다"면서 "우리 사회가 이제까지는 정신없이 발전해 왔지만 서로 간에 협력해서 발전하는 것이 아니고는 더 이상 나갈 수 없는 한계점에 와 있다"고 그 배경을 설명했다. 앞서 2011년 광복절 경축사에서 동반성장의 가치에 무한경쟁의 신자유주의를 극복하기 위한 '따뜻한 시장경제'를 융합해 후반기 국정 핵심 철학으로 내세웠다.

그리고 "항상 남을 배려하는 생각이 있으면 우리가 공생발전 할 수 있다"면서 "사회 전반이 더불어서 함께 가자는 측면에서 공생발전인데 그 안에 동반성장도 있는 것"이라고 설명했다. 이어서 "동반성장을 모두 100% 법으로만 할 수는 없다. 대기업의 기업윤리나 기업문화 등이 정착되면 완벽한 동반성장이 될 수 있다"면서 "규제와 법만 가지고 한다면 피해 갈 여러 기회를 찾아낼 것이고, 이를 막을 수가 없다"고 지적했다.

또한 "공정사회는 결과를 균등하게 만들자는 것이 아니고 기회를 균등하게 주자는 것"이라면서 "무한경쟁시대에 살고 있지만 패자도 부활할 수 있는 그런 따뜻한 사회를 만들어야 한다"고 강조했다. 이 대통령은 "세계가 사람, 물품, 돈이 마음대로 드나드는 경쟁시대에 살고 있기 때문에 우리가 살아남으려면(대기업과 중소기업이) 같이 협력해서 할 수밖에 없다"면서 "대기업이 잘 만든다고 해서 모두 대기업이 하면 다르게 할 수 있는 게 없을 것"이고, "물품을 구매하는 데 대기업이 대기업 내에서만 한다고 하면 기회균등이 아니라는 측면에서 공정한 사회가 아니다"라고 부연했다. 이는 일부 재벌가 자손의 제과업계 진출이나 내부거래 관행을 비판한 것으로 풀이된다.

그러나 이 대통령은 "대기업이 여러 가지 부당한 상황을 만들어내고 있지만 우리가 짧은 기간 산업을 발전시키는 동안 대기업 중심으로 발전 시켜 온 것도 사실"이라고 평가했다. 이 같은 인식은 박근혜 정부에서 추 진될 경제민주화의 가이드 라인적 성격을 갖는다.

4. 경제민주화의 요체, 일자리 창출

2012년 9월 5일 당시 홍석우 지식경제부장관은 "현재 정치권에서 논 의되고 있는 경제민주화 관련 여러 아이디어가 기업활동에 지장을 주지 않도록 정부가 최선을 다하겠다"고 밝혔다. 그리고 서울 소공동 롯데호 텔에서 30대 그룹 사장단과 만나 "연말 정치일정(대통령선거)을 앞두고 경제민주화와 관련한 각종 움직임이 기업활동을 위축시키는 요인으로 작용할 수 있다"고 했다.

또한 "경제민주화는 일자리와 같은 말일 수 있다. 일자리가 해결되면 경제민주화 논란은 자연히 해결될 것"이라며, "투자 증대도 중요하지만 노사 간 지혜를 모아 일자리 창출에 기여해 달라"고 당부했다. 아울러 대 기업-중소기업 간 동반성장을 강조하면서 "성과공유제와 공정거래 문화 를 확산하고, 협력업체와 함께 나아가는 공동체 의식을 가진다면 경제선 순환을 통해 기업의 미래에도 도움이 될 것"이라고 말했다. 30대 그룹 사 장단은 이에 대해 성과공유제 도입을 서두르는 등 동반성장 문화 정착을 위해 애쓰기로 했다.

박재완 기획재정부장관은 2012년 9월 10일 정치권의 경제민주화 논의에 대해 "하나같이 쉽게 결정될 수 있는 사안은 없는 것 같다"면서 국회에서 열린 '국회 경제정책포럼' 조찬세미나에 강연자로 참석, "경제민주화의 총론은 헌법에도 나오는 것으로 옳은 취지이지만, 이를 구현하는 각론에서는 상당히 미묘한 문제가 많다"고 밝혔다. 그러면서 "경제민주화에 관련한 법안만 해도 10여 개가 된다"며 "결국 각론을 놓고 얘기해야 하지 않겠느냐"고 부연했다.

이명박 정부의 경제민주화 정책은 친기업적이라는 비판과 같이 경제 자유에 초점을 맞추면서 동반성장과 일자리 창출을 축으로 하고 있다. 이 같은 입장은 앞으로 국회 입법과정에서 많은 논란을 제기할 것으로 예상되는 대목이다. 경제민주화는 헌법상 경제질서와 개별법과 경제행정의 조화를 요구하게 될 것이다.

제2장

경제민주화에 대한 정치권의 시각

1. '시장경제질서 확립'과 '경제성과 공정분배'

(1) 새누리당, '시장경제질서 확립'

새누리당은 2012년 4월 11일 총선에 앞서 경제민주화를 주요 공약으로 내세웠다. 여당으로서 정강정책에 경제민주화를 포함시켜 논쟁을 주도적으로 이끌어 나갔다. 박근혜 대통령도 경제민주화에 적극적인 입장이다. 1987년 헌법 개정 당시 경제민주화 조항을 주도적으로 포함시킨 김종인 전 청와대 수석이 박근혜 대통령의 경제민주화 정책 방향을 크게 조정한 바 있다. 여기에 전현직 의원 40여 명으로 구성된 '경제민주화실천모임'이 경제민주화 입법에 적극적이다.

새누리당은 당의 정강정책인 '국민과의 약속' 기본정책 가운데 세 번째 항목으로 '공정한 시장경제질서 확립을 통한 경제민주화 실현'을 규정했다.[412] 새누리당은 "시장경제의 효율을 극대화하고 공정하고 투명한 시장경제질서를 확립하기 위한 정부의 역할과 기능을 강화하여 경제민주화를 구현하겠다"고 천명했다. 시장경제질서 확립을 경제 분야의 궁극

---

[412] 새누리당, 국민과의 약속, 2012. 2. 13

적인 목표로 설정한 것이다. 이를 달성하기 위해 정부의 역할과 기능을 강화해 경제민주화를 구현하자는 것이다. 헌법 제119조 제1항과 제2항과 비슷하게 규정하고 있다.

구체적으로 살펴보면, 시장경제의 장점을 살리기 위해 경제세력의 불공정거래를 엄단하고 공정한 경쟁풍토를 조성한다. 이와 함께 대기업과 중소기업 간에 공정경쟁과 동반성장을 촉진할 수 있는 제도적 기반을 확대한다. 개인과 기업의 자유와 창의를 최대한 존중하여 근로의욕과 기업가 정신을 고취하고 모든 사람이 타고난 재능을 한껏 발현할 수 있도록 한다. 각 주체들은 사회구성원의 일원으로서 사회통합과 사회발전을 위해 책임과 의무를 성실히 수행하도록 한다. 새누리당은 공정거래와 공정경쟁, 대기업과 중소기업의 동반성장, 개인과 기업의 동시 발전, 궁극적으로 사회통합을 강조하고 있다.

(2) 민주통합당, '경제성과 공정분배'

민주통합당은 2011년 12월 16일 제정된 당 정강정책을 통해 경제민주화를 선언했다.[413] 정치현장에서 쟁점화하기 이전에 정강정책에서 이미 경제민주화를 밝혔다. 2012년에 들어와서도 새누리당보다 더 분배를 강조하면서 경제민주화특별위원회를 두고 9개 경제민주화 관련 법안을 발의했다. 민주당은 또 다른 야당을 포함해 30여 명의 의원들로 경제민주화 포럼을 만들고 경제민주화 실천방안을 구체화했다.

민주당은 정강정책으로 경제활동의 성과가 국민 모두에게 골고루 돌아가는 경제민주화를 실현하면서 강령·정책 전문에 성장과 경쟁지상주의, 개방만능주의에 기반을 둔 체제는 사회경제적 양극화의 심화와 특권기득권 강화라는 대재앙을 가져왔다고 현 경제질서에 대해 비판적 입장

---

[413] 민주통합당, 민주통합당 강령·정책, 2011. 12. 16

을 나타냈다. 또 중산층의 붕괴와 서민, 농어촌 경제의 파탄, 실업 증대와 비정규직 확대, 청년실업과 경쟁교육의 강화 등으로 국민의 삶은 더욱 피폐해지고 불안해졌다고 지적했다. 이를 해결하기 위해 정의와 연대의 가치를 추구하고, 사람과 노동의 가치를 존중하며, 국민 모두에게 혜택이 골고루 돌아가는 경제민주화를 실현하겠다고 천명했다.

그리고 당면한 사회경제적 양극화를 해소하기 위해 공정한 시장경제의 확립이 필요하며 대기업에 대한 근본적인 개혁을 요구했다. 이어서 기업의 사회적 책임을 강화하고, 조세정의를 실현하며, 부동산 투기 등으로 인한 불로소득을 근절하는 경제민주화 정책을 실현하겠다고 선언했다. 또 중소기업과 소상공인, 자영업자에 대한 지원을 강화하고 좋은 일자리를 창출하고 성장의 기반을 확충하며, 사람을 위한 경제성장 실현을 내걸고, 모든 경제주체가 동반성장하는 체제를 추구하겠다고 했다. 이와 함께 노동자의 권익이 보장되며, 노동의 가치가 존중받는 사회를 표방했다.

2. 단계적 추진론과 전폭적 추진론

(1) 새누리당, 단계적 추진론

새누리당 박근혜 대통령은 후보시절인 2012년 11월 16일 경제민주화 정책 공약을 발표했다.[414] 지난날 우리 경제는 보릿고개를 넘어 산업화와 민주화를 겪으면서 기적의 역사를 써왔고 세계 10위권의 경제성장을 이루어 냈다고 전제하며, 당시 경제성장은 혜택이 일부에게만 돌아가지 않고 전 계층에 광범위하게 퍼지는, 그래서 국민 대다수가 행복해지는 성장이었다고 밝혔다. 하지만 지금은 성장의 과실이 일부 계층에 집중되면서 양극화가 심화되고, 성장잠재력을 해치는 요인이 되고 있다고 지적했다.

---

414 박근혜의 경제민주화 정책, 2012. 11. 16

우리 경제의 지속가능한 발전과 일자리 창출을 위해서는 이런 상황을 바로잡아야 한다고 덧붙였다.

이에 따라 경제민주화를 통해서 모든 경제주체들이 성장의 결실을 골고루 나누면서, 그들이 스스로 변화의 축을 이루어 조화롭게 함께 커가는 나라를 만들겠다고 했다. 공정하고 투명한 시장질서를 확립하고, 균등한 기회와 정당한 보상을 통해 대기업 중심의 경제의 틀을 중소기업, 소상공인과 소비자가 동반 발전하는 행복한 경제시스템으로 만들겠다고 역설했다. 그러기 위해서는 그동안 대기업에서 골목상권이나 재래시장 등을 위협했던 것들을 과감히 내려놓고, 자기희생을 해야 한다고 제안했다. 그래서 모두 함께 공존하고 시장질서를 바르게 잡는 데 최선을 다하겠다고 했다.

첫째, 경제적 약자에게 확실하게 도움을 주는 경제민주화를 추진한다. 비정규직 근로자, 중소기업에 실질적인 도움을 준다.

둘째, 국민경제에 큰 부담을 주고 국민적 공감대가 미흡한 정책은 단계적으로 접근한다. 부작용을 최소화하면서 효과는 극대화한다.

셋째, 대기업의 장점은 최대한 살리되, 잘못된 점은 반드시 바로 잡는다. 미래성장동력에 투자하고, 일자리를 만드는 일은 적극 지원하겠지만, 시장지배력을 남용하는 행위는 용납하지 않는다.

이 같은 단계적 추진론은 이명박 정부의 기조를 따르는 듯하다. 기본적으로 경제헌법과 현행 법체계를 존중하면서 단계적으로 경제민주화를 이룩하려는 것으로 풀이할 수 있다.

(2) 민주통합당, 전폭적 추진론

민주통합당은 2012년 7월 9일 '대기업 개혁', '부자 증세'를 뼈대로 한 '경제민주화 실현을 위한 9개 법률 개정안'을 당론으로 전격 발의했다. 민주당은 출자총액제한제(출총제) 재도입, 순환출자 금지, 대기업세 도입 등 2012년 4월 11일 총선을 앞두고 내놨던 고강도 대기업 개혁 구상을 고스란히 담아 새누리당과의 차별화를 꾀했다. 한꺼번에 쏟아져 나온 강도 높은 개혁안에 재계는 큰 충격에 빠졌다.

민주당은 9개 법률 개정안은 경제력 집중완화, 불공정행위 엄단, 금산분리 강화 등 대기업의 사회적 책임을 강화하는 한편 중소기업 보호, 조세정의 실현과 고용 안전망 확충을 목표로 하고 있다고 설명했다. 그리고 경제민주화가 공정경쟁과 분배정의를 통해 경제력 집중을 방지해 대기업과 중소기업이 동반성장하고 부자와 서민이 상생하는 건강한 경제생태계를 만들자는 것으로서 상생, 동반성장, 균형발전이 3대 키워드라고 강조했다.

이에 대한 배경으로 그동안 사회 양극화가 심화되고, 대기업의 경제력 집중이 도를 넘어서 시장경제의 지속가능성에 빨간불이 켜진 상황이라고 주장했다. 상위 10대 재벌그룹 총수들은 1%도 안 되는 0.94%의 지분을 갖고도 순환출자 등을 통해 수십 개의 계열사 경영권을 장악하고 있다.[415] 상위 10대 재벌 중 총수의 지분율이 가장 낮은 SK는 불과 0.04% 지분으로 수십 개의 계열사를 거느리고 있으며, 삼성과 롯데는 각각 12단계와 11단계에 이르는 다단계 출자 또는 환상형 출자 방식을 통해 계열사를 지배하고 있다.

민주당은 대기업 개혁정책이 대기업을 해체하거나 시장경제를 부인하는 것이 아니고 대기업의 순기능을 살려나가되 대기업 소유자들의 탐욕을 규제하자는 것이다. 즉 중견기업과 중소기업의 성장토대를 마련하기 위해 소수 대기업에게 경제력이 과도하게 집중되는 것을 완화하고, 대기업들이 '깨끗한 부'를 추구하도록 불공정거래행위에 대해 엄정히 처벌하고, 대기업들이 사회적 책임을 다해 시장경제의 지속가능성을 높이기 위해 관련 제도를 개선하는데 중점을 두고 있다.

민주통합당의 문재인 대통령 후보는 2012년 11월 8일 중산·서민과 중소기업이 함께 잘사는 경제민주화를 실천하겠다고 공약했다.[416] 그는

---

415 공정거래위원회, 2012년 대기업 주식소유 현황 및 지분도 분석, 2012. 6. 20

대기업 중심의 성장론은 고용 없는 성장으로 중소기업과 자영업자의 몰락, 노동시장 양극화, 중산층 붕괴 등의 사회적 문제만 심화시키고 있다고 지적했다. 특히 대기업의 왜곡된 소유지배구조와 무분별한 확장으로 인한 경제력 집중과 독점의 폐해, 대기업 총수 일가의 부당한 사익추구와 불법행위는 시장경제의 근간을 훼손한다고 했다. 게다가 대기업의 중소기업·중소상인 영역에 대한 문어발식 무차별 사업 확장으로 골목상점, 재래상가의 생존권이 위협받고 있는 실정이다.

우리의 경우 노동3권의 사각지대가 매우 넓어 노동기본권이 충분히 보장받지 못하고 있다. 이로 인해 저임금 근로자가 양산되면서 사회적 양극화가 심화되고 있다. 1천조 원에 육박하는 가계부채는 우리 경제의 잠재적인 시한폭탄으로, 경제력이 취약한 서민들은 단순히 생활고에만 시달리는 것이 아니라, 살인적인 고금리와 악성부채로 인한 원리금 상환 부담으로 숨이 막힐 지경이다. 금융위기 때마다 부담은 국민이 지고, 이익은 금융회사와 대기업에게만 돌아가고 있다. 금융에도 민주주의가 요구되고 있는 실정이다.

문재인 후보는 공정한 시장경제질서 확립과 국민경제 구성원 모두가 지속적 성장을 이루는 토대를 마련하고 성장 과실의 공정한 분배, 골목상권 보호와 대중소기업 간의 상생발전 및 동반성장을 경제민주화 목표로 설정했다. 또 존중받는 노동으로 인간답게 일할 수 있는 권리보장과 '안심금융,' '공정금융,' '회복금융'으로 가계부채로 인한 서민 부담 경감 추진, 금융의 공공성 강화로 금융소비자의 권리 찾기, 사회적 경제를 통해 지역중심 순환경제의 활성화 추진 등도 경제민주화 목표로 밝혔다.

먼저 법률 개정을 통한 정책 변경을 통해 이행하기로 했다. 사회적 경제 이행을 위해 관련 법령을 정비하고, 대통령 직속 사회적경제위원회(가칭)를 신설해 사회투자기금 조성 등 관련 사업을 추진하겠다고 했다.

---

416 문재인, 중산·서민과 중소기업이 함께 잘사는 경제민주화, 2012. 11. 8

제3장

경제민주화 입법 추진

1. 경제적 약자의 권익보호

골목상권과 중소기업 보호·육성을 위해 유통산업발전법, 가맹사업거래의 공정화에 관한 법률, 하도급거래의 공정화에 관한 법률, 중소기업협동조합법, 중소기업 및 소상공인 적합업종 보호 특별법, 국가를 당사자로하는 계약에 관한 법률, 정부조직법 등이 입법 정비 추진 대상이다.

새누리당은 앞서 제시한 경제민주화 원칙을 기준으로 5대 분야에서 35개 실천과제를 추진하기로 했다. 먼저 경제적 약자의 권익을 확실하게 보호한다. 정규직과 비정규직 근로자 간의 차별을 해소하고, 보험설계사, 학습지교사, 화물운송기사 등 특수고용직 종사자들의 권익을 보호한다. 중소기업 적합업종제도의 실효성을 제고하고, 납품단가 협상력을 더욱 높인다.[417] 대형유통업체의 납품·입점업체에 대한 불공정행위, 가맹사업자의 가맹점에 대한 불공정행위도 근절한다. 대형유통업체의 골목상권 진입을 규제해서 골목상권과 영세자영업자의 생존권을 보호한다. 건설 및 IT 분야 등에서 하도급 불공정특약에 따른 중소사업자의 피해방

---

[417] 중소기업협동조합에 단가조정협의권 부여 방안

지에도 최선을 다한다. 소비자 권익증진을 위해 소비자보호기금을 설립하고, 소비자 피해구제 명령제[418]를 도입한다.

민주당은 경제민주화의 진정한 목적은 경제의 활력을 되찾고 좋은 일자리를 늘리며 골목상권을 보호하는 것이라고 강조했다. 이를 위해 중소기업·소상공인 적합업종 특별법 제정, 대형유통업체 입점 허가제, 프랜차이즈 가맹 사업자의 권익보호를 내세웠다. 중소기업·소상공인 적합업종 지정은 제조업과 서비스업에서 상위 3사 시장점유율이 30% 이하인 업종에 대해서는 중소기업·소상공인 적합업종을 지정해 대기업의 진입을 사전에 막겠다는 것이다. 이미 진출한 대기업에 대해서는 사업이양을 권고하고, 불이행시 강제명령 등 강력한 조치를 취한다. 현행 대형유통업체의 신고제를 허가제로 전환하기로 하며, 대형유통업체 신규 출점 시 매출영향평가를 의무화해 주변 상권에 피해가 큰 경우 출점을 불허하고, 이미 진출한 유통업체에 대해서는 영업시간과 영업일 규제를 강화한다. 프랜차이즈 가맹 사업자의 권익보호를 위해 수선 및 매장 확장 시 비용을 가맹본부도 분담하도록 의무화한다.

민주당은 국가를 당사자로 하는 계약에 관한 법률 개정안을 제출하면서, 국가 발주사업에 있어서 중견기업과 중소기업의 참여기회 확대를 위해 상호출자제한 기업집단 소속 회사 등 대기업의 경우 사업 참여를 의무적으로 제한하도록 한다.[419]

국가를 당사자로 하는 계약의 경우 중소기업 보호를 위해 중소기업청장이 지정·고시한 물품을 제조·구매하는 때에는 중소기업자 간 제한경쟁하거나 지명경쟁에 부쳐서 계약할 수 있도록 하고 있으나 이는 중소기업

---

418 2012년 3월부터 공정거래법상 '동의의결제도'가 시행되고 있으나, 소비자 피해가 밀접한 담합행위는 제외되어 있어 이를 소비자관련법(표시·광고법, 전자상거래법, 방문판매법 등)으로 확대. '동의의결제도'는 불공정행위에 대해 기업이 자발적으로 소비자 피해 구제방안을 마련하면 소송 없이 신속하게 사건을 해결하는 제도.

419 민주당, 홍조학 의원 대표발의

제품의 구매를 촉진하고 경쟁력을 향상하는 데 한계가 있기 때문이다.[420]

또 독점규제 및 공정거래에 관한 법률 개정을 통해 담합과 시장지배적 지위의 남용 등 중대한 위반행위에 대해서는 공정위의 고발 없이도 누구나 고발이 가능하도록 함으로써 시장 감시기능을 대폭 강화하고자 한다.[421]

현행법에 따르면 벌칙에 해당하는 죄는 공정위의 고발이 있어야 공소를 제기(이하 "전속고발제도"라 한다)할 수 있다. 이는 현행법 위반행위에 대한 형벌은 가능한 한 위법성이 명백하고 국민경제와 소비자에게 미치는 영향이 특히 크다고 인정되는 경우 제한적으로 활용되도록 하려는 취지이다.

그러나 전속고발제도는 공정위의 자의적 판단으로 위법행위에 대한 책임을 면하게 함으로써 소비자의 권리를 침해하고, 해당 사업자에게 형사처벌을 면제함으로써 담합 등 위법행위에 대한 유혹을 상존시켜서 불법행위를 예방하지 못한다는 지적이다. 최근에 공정위는 수십조 원의 재정이 투입된 4대강 사업과 관련하여 1단계 턴키사업에서 건설사들이 담합을 통해 1조 원 이상의 부당이득을 보았음을 확인하고도 불과 1,100억 원대의 과징금만 부과하고 검찰에 형사고발하지는 않았다.

특히 민주당은 부당내부거래행위를 불공정내부거래행위로 새롭게 규정하고, 불공정내부거래행위 규제를 위해 실태조사를 실시할 수 있게 함으로써 기업집단 계열회사 간 불공정내부거래의 관행을 근절하고 공정하고 자유로운 경쟁을 촉진하고자 한다고 말했다.

현재는 기업 계열사 간 일감몰아주기 등 부당내부거래에 해당하는 행위를 불공정거래행위의 하나의 유형으로 규정하고 있어, 그 행위로 인한 피해의 심각성에 비하여 규제가 제대로 이루어지지 않고 있다. 또 부당내부

---

420 2012년 5월 2일 국회 본회의를 통과한 '소프트웨어산업진흥법'에서도 상호출자제한 기업집단 소속 회사의 입찰 참여를 제한하고 있음.
421 민주당, 이용섭 의원 대표발의

거래행위의 근절을 위해 공정거래위원회가 매년 내부거래에 대한 실태조사를 하고 공표하도록 해야 한다는 의견이 제시되고 있으나, 이를 위한 관련 근거규정이 없어 제대로 실태파악조차 이루어지지 않고 있다.

민주당은 파견근로자보호 등에 관한 법률을 개정해 고용안전망을 확충하겠다고 했다.[422] 적법하게 파견근로자를 사용하여 사용기간을 초과할 경우에는 사용사업주로 하여금 파견근로자를 직접 고용하도록 하는 현행 '고용의무 규정'을 사용사업주가 파견근로자를 고용한 것으로 보는 '고용의무 규정'으로 전환하고, 불법적으로 파견근로자를 사용할 경우에는 2년 초과 여부를 불문하고 즉시 사용사업주로 하여금 직접 고용을 하게 한다.

또 파견근로자가 차별적 처우를 받은 경우 그 시정을 파견근로자 당사자 이외에 노동조합 또는 그 당사자를 조직대상으로 하는 노동조합, 그 노동조합을 구성하는 연합단체인 노동조합도 신청할 수 있도록 하고, 상시 근로자 4인 이하 사업장의 경우에도 차별금지 및 차별시정조치가 적용되도록 하고, 사용자업주와 파견사업주가 서로 연대하여 차별시정조치에 관한 책임을 부담하도록 한다.

현재는 파견근로자의 파견기간이 2년을 초과하거나 불법적으로 사용하는 경우에는 직접 고용하도록 하고 있으나, 법원의 판결에도 불구하고 도급을 위장한 불법파견 등으로 법의 실효성이 담보되지 않고 있는 실정이다.

민주당은 또 노동이 존중받는 사회를 위해 입법을 추진하기로 했다. ILO 결사의 자유(87호) 및 단체교섭권(98호) 협약 비준, 노동조합 및 노동관계조정법, 공무원의 노동조합설립 및 운영에 관한 법률, 교원의 노동조합설립 및 운영에 관한 법률, 경제사회발전노사정위원회법, 파견근로자보호법 등을 정비한다는 방침이다.

---

422 민주당, 은수미 의원 대표발의

문재인 후보는 노동자들이 경제적 의사결정과 분배 과정에 참여한다는 것은 경제민주화의 핵심을 이루는 일이라고 했다. 우리 사회가 '가진 자의 사회'에서 '함께 사는 사회'로 바뀌기 위해서는 '노동이 존중받는 사회'가 되어야 한다고 주장했다. '노동의 민주화'를 위해 정부는 공정한 중재자로서 대등한 노사관계를 보장하겠다고 공약했다.

먼저 비정규직 규모 감축과 차별 해소를 위해 기간제법에 기간제 근로자 사용 사유를 규정해 무분별한 비정규직 확대를 억제한다. 또 상시, 지속적 업무에 대해 직접고용원칙 확립, 불법파견 판정시 사용사업주를 근로자로 간주(고용의제), 공공부문 상시업무 비정규직을 정규직으로 전환, 비정규직의 정규직화와 간접고용의 직접고용 전환 시 정부지원 강화 그리고 비정규직의 차별 해소와 최저임금의 현실화를 위해 노력한다고 밝혔다.

노동기본권 보장과 초기업 단체교섭 강화를 위해 근로자와 사용자 개념을 확대하고, 특수고용과 간접고용 노동자의 노동기본권을 보장한다. 노조전임자 임금지급과 복수노조의 교섭에 있어 노사합의를 우선토록 한다. 공무원 및 교원의 단체교섭 정상화, 초기업별 교섭에 대한 법제도 정비, 소방공무원의 직장협의회 구성 허용, 노동자 단체행동권 보장 및 직장폐쇄 남용 방지, 필수유지업무제도 등을 개선하기로 했다.

특별히 노동자의 경영참여를 확대하며, 이를 위해 우리사주제도를 개선하고, 근로자 참여 및 협력증진에 관한 법률(근참법) 개정을 통해 노사협의회와 노동자 경영참여를 촉진한다. 공공기관의 운영위원회 노동계 참여 보장 및 공익적 가치에 위배되는 민영화를 재검토한다.

사회적 대화를 활성화한다. '경제사회발전노사정위원회'를 '경제사회위원회'로 개칭하고 대통령 소속 정부위원회로 개편해 위상을 강화한다. 산업별, 지역별 노사민정 협의를 활성화한다.

2. 공정거래관련법 집행체계 개선

새누리당은 공정거래관련법의 집행체계를 획기적으로 개선한다고 공약했다. 공정거래위원회의 전속고발권제도를 폐지해서 공정거래위반 행위에 대한 처벌을 강화하고,[423] 징벌적 손해배상제와 집단소송제를 도입해서 불공정거래를 방지하며, 불공정거래로 인한 손실을 보상한다. 공정거래 관련 법령을 위반하는 행위 전반에 대해 피해자가 직접 법원에 해당 행위 금지를 청구하는 제도를 도입한다.[424] 공정거래위원회의 정치적 독립성과 법 집행의 공정성 강화에도 힘을 기울인다.

새누리당은 독점규제 및 공정거래에 관한 법률 일부를 개정해 집단소송제와 징벌적 손해배상제를 도입하자고 2012년 10월 29일 발의했다.[425] 먼저 사업자 또는 사업자단체의 부당한 공동행위로 인하여 발생한 손해에 대해서는 그 손해의 3배에 해당하는 금액의 배상책임을 지도록 하고자 한다. 사업자 또는 사업자단체의 부당한 공동행위로 인하여 다수인에게 피해가 발생한 경우 그 중의 1인 또는 수인(數人)이 대표당사자가 되어 집단소송을 제기할 수 있도록 한다.

또 기업결합이 일정한 거래분야에서 경쟁을 실질적으로 제한하는 요건을 강화하기 위해 대규모 회사가 중소기업의 시장점유율이 2/3 이상인 분야에서 기업결합을 통해 시장점유율을 100분의 1 이상 가지게 되는 경우로 조정하자고 한다.

상호출자제한 기업집단에 속하는 회사는 사회적 책임 등을 규정한 윤리헌장을 제정하도록 한다. 공정한 대규모 내부거래 질서확립을 위해

---

[423] 조달청장, 중소기업청장, 감사원장 등이 고발을 요청할 경우 공정거래위원장이 의무적으로 고발

[424] 공정거래사건에 대해 법원에 직접 행위의 중지(금지)를 청구할 수 있도록 하는 사인의 금지청구제도 도입

[425] 새누리당, 이만우 의원 대표발의

내부거래 현황 등에 대해 실태조사 및 결과를 정기적으로 공표하도록 하고, 상호출자제한 기업집단에 속하는 국내 회사가 주주의 구성 등을 고려해 대통령령으로 정하는 계열회사 또는 특수관계인에 대해 가지급금, 대여금, 인력, 부동산, 유가증권, 상품, 용역, 무체재산권 등을 제공 또는 거래하는 행위가 제23조 제1항 제7호에 위반되는지 여부를 정기적으로 조사할 수 있도록 한다.

현행법은 사업자 또는 사업자단체의 불공정거래행위, 부당한 공동행위 및 손해배상책임 등을 규정하여 경제주체 간 공정한 경쟁을 촉진하고 소비자를 보호하기 위한 여러 제도를 운영하고 있다. 그러나 현행의 부당한 공동행위에 대한 손해배상 규정만으로는 부당한 공동행위로 인한 집단적인 피해의 실질적인 구제가 힘들고 사업자 등의 부당한 공동행위를 억제하기에도 어려운 실정이므로 집단소송제도 및 징벌적 손해배상제도의 도입이 필요하다는 주장이 제기되는 것이다. 또 대기업의 대규모 내부거래를 통한 일감몰아주기에 대한 강력한 사전 억지책과 대기업과 중소기업의 상생을 위해 기업결합의 요건을 강화하고 상호출자제한 기업집단이 사회적 책임 등을 포함한 윤리헌장을 제정해야 한다는 의견도 제시되었다.

이에 따라 부당한 공동행위로 인한 집단적인 피해의 실질적인 구제를 도모하고 부당한 공동행위를 억제하기 위해 집단소송 및 징벌적 손해배상제도를 도입하고, 대기업의 내부거래 현황 등에 대한 정기 실태조사, 일정지분 이상의 계열회사 또는 특수관계인과의 내부거래에 대한 정기적인 직권조사 등을 실시해 사회적 감시기능 강화 및 일감몰아주기 등 부당지원행위에 대한 실효적 법집행 강화, 대기업과 중소기업의 상생을 위하여 기업결합 요건을 강화하는 등 대·중소기업 협력과 관련된 제도를 보완해 국민경제의 균형 있는 발전을 이룩하려는 것이다.

민주당은 이에 대해 공정한 하도급 거래질서 확립을 위해 징벌적 손해배상제도 적용범위를 기존의 기술 탈취뿐 아니라 부당한 납품단가 인하, 납품대금 미지급, 물품수령 거부 등 불공정거래행위 전반으로 확대하고 손해배상을 최고 10배로 상향 조정한다. 납품단가 협상시 대기업의 우월한 지위에 대응해 중소기업 협동조합이 공동구매, 공동납품, 공동교섭할 수 있도록 공정거래법을 개정한다. 경제검찰로서 공정거래위원회의 역할을 확립한다. 이를 위해 납품단가 변동 등 하도급거래 주요정보를 공개하도록 해 불공정 사례를 사전에 차단한다. 문제가 있다고 보일 때는 즉각 직권조사를 실시한다.

중소기업 중심의 정부정책을 추진하며, 이를 위해 중소상공부를 설치하며, 중소기업 청년 취업자에 대해 임금보조, 사회보험료 감면, 대학 장학금 지급, 공공임대주택 입주 등 혜택을 제공한다. 또 지역단위 '공공기술인력지원센터'를 설립한다. 아울러 원자재 가격-납품단가 연동제와 이익공유제를 시행하고, 대기업의 '사회적 책임공시제도'를 시행하는 한편 공공입찰 및 국책사업에 반영해 상생협력의 기업생태계를 조성하자고 한다.

민주당은 하도급 거래의 공정화에 관한 법률 개정을 통해 징벌적 손해배상제도를 부당한 감액 등 주요 금지사항으로 확대하고자 한다.[426] 원사업자가 제12조의 물품구매대금 등의 부당결제 청구의 금지를 위반하면 1배, 원사업자가 제12조의2 경제적 이익의 부당요구 금지를 위반하면 1배, 원사업자가 제11조 제1항 감액금지를 위반하면 3배를 배상하도록 한다.

2011년 3월 오랜 논의 끝에 하도급 관계에서 원사업자가 하도급 사업자에게 "기술자료 제공 요구 금지(제12조의3 제1항)"를 위반해 손해를 입힌 경우에는 그 손해액을, "기술자료 유용 금지(제12조의3 제3항)"를 위반해 손해가 발생한 경우에는 손해액의 3배를 배상하도록 '징벌적 손해

426 민주당, 이상직 의원 대표발의

배상제도'를 도입한다. 그러나 원사업자의 하도급법 위반이 빈번하고 수급사업자에게 영향이 큰 "원사업자의 주요의무(하도급 계약의 서면발급 및 서류보존, 60일 이내 하도급 대금 지급 등) 및 금지사항(부당한 하도급 대금 결정, 하도급 대금 부당 감액 등)"에 대해서는 징벌적 손해배상제도가 적용되지 않고 있다. 특히 실제 하도급 현장에서 이루어지는 위반행위는 교묘하고 적발이 쉽지 않아서 상대적 약자인 하도급 업체를 보호하지 못하고 있을 뿐만 아니라, 불공정 하도급 행위의 근절을 중소기업들이 체감하지 못하고 있다는 게 문제라고 한다.

민주당은 또 하도급 거래의 공정화에 관한 법률을 개정함으로써 수급사업자가 하도급 대금 조정의 실효성과 합리성을 높이기 위해 업종별 협동조합에 하도급 대금 조정을 위임할 수 있도록 하고, 납품단가 조정신청의 조건인 하도급 계약 후 90일 경과를 60일로 단축해 수급사업자의 부담을 줄이고자 한다.[427]

2011년 법률 개정을 통해 원재료 가격 변동에 따른 납품대금 조정협상을 위해 관련 협동조합이 원사업자에게 납품단가 조정을 신청할 수 있도록 했다. 그러나 대기업과 중소기업의 교섭력 차이로 인해 대기업을 상대로 중소기업이 납품단가를 인상한다는 것이 여전히 어려운 실정이다.

3. 대기업 불법행위 엄정대처

쟁점이 되고 있는 대기업의 불법행위에 대해서는 독점규제 및 공정거래에 관한 법률, 금융지주회사법, 은행법, 법인세법, 증여세법, 상법, 자본시장법, 하도급 거래의 공정화에 관한 법률, 사면법 등의 개정이 추진되고 있다.

---

427 민주당, 홍영표 의원 대표발의

새누리당은 대기업 관련 불법행위와 총수 일가의 사익편취행위에 대해 엄격하게 대처하겠다고 한다. 특정경제범죄 가중처벌 등에 관한 법률상 횡령 등에 대해 집행유예가 불가능하도록 형량을 강화한다. 회계부정에 대한 처벌을 강화하고, 대기업 지배주주·경영자의 중대 범죄에 대해 사면권 행사를 엄격히 제한한다. 일감몰아주기 등 총수 일가의 부당내부거래 규정을 더욱 강화하고,[428] 부당내부거래가 발생하면 부당이익을 환수한다.[429]

경제민주화가 새누리당의 핫이슈로 떠오른 가운데 재벌개혁에 강경한 목소리를 냈던 경제민주화실천모임[430]이 첫 스타트를 끊은 것은 횡령·배임죄의 재벌총수는 반드시 징역형으로 처벌하는 '특정경제범죄 가중처벌법' 개정안이다. 횡령·배임죄를 저지른 재벌총수가 집행유예를 통해 실형을 면하는 경우를 원천적으로 차단하는 방안을 추진하겠다는 것이다. 경제민주화실천모임 소속 의원들이 2012년 7월 17일 발의했다.[431] 개정안은 횡령·배임 규모가 300억 원 이상일 때 무기 또는 15년 이상의 징역에 처하도록 규정했다. 또 50억 원 이상 300억 원 미만일 때는 10년 이상의 유기징역, 5억 원 이상 50억 원 미만일 때는 7년 이상의 유기징역에 처하게 했다.

이 경우 법원이 재판과정에서 형기를 최저형량의 2분의 1까지 작량감경해도 형량이 집행유예가 가능한 3년 이하로 내려가지 않기 때문에 실형을 살 수밖에 없다. 현행법은 5억 원 이상 50억 원 미만일 때 3년 이상 유기징역, 50억 원 이상일 때 무기 또는 5년 이상의 징역을 내리게 하고

---

428 부당내부거래의 요건에서 현저성과 부당성 규정을 완화하는 공정거래법 개정으로 입법
429 회사의 이익이 될 수 있는 기회를 총수 또는 총수 일가를 위해 이용하거나 이용하도록 하는 행위 금지. 회사기회를 유용한 자(예: 이사) 뿐만 아니라 이를 지시한 자(예: 총수)도 포함해 총수 일가에 대한 실질적 제재(과징금, 벌금) 부과
430 새누리당 남경필 국회의원 등 전현직 국회의원 40여 명으로 구성, 경제민주화 논의 주도
431 새누리당, 민현주 의원 대표발의

있어 집행유예 가능성이 열려 있다.

새누리당은 "이런 문제 때문에 지금은 수천억 원을 횡령한 기업인도 실형은커녕 집행유예 선고에 사면까지 받고 있다"며 "재벌 범죄에 대한 지나치게 관대한 처벌에 경종을 울리기 위해 개정안을 발의하게 되었다"고 설명했다. 재계에선 우려의 목소리가 높다. 대한상의는 "대기업 총수만을 지목한 듯한 법안 발의는 문제가 있다. 법원은 경제에 미치는 악영향을 고려해 집행유예 처분을 내리는데, 그 가능성까지 아예 없애 버리면 기업 의사결정이 위축될 수 있다"고 했다. 전경련도 "똑같은 잣대를 적용한다면 정치자금법을 위반한 정치인도 집행유예로 풀려나선 안 된다"고 했다.

경제민주화실천모임의 2호 법안은 2012년 9월 26일 발의된 독점규제 및 공정거래에 관한 법률 개정안으로, 대기업의 일감몰아주기를 막는 내용이다.[432] 대기업의 과도한 시장지배 행위를 근절하기 위한 개정안이다. 독점규제 및 공정거래에 관한 법률 개정안을 발의해 대기업의 일감몰아주기 관행을 차단하기 위해 대기업 총수 일가의 내부거래용 계열사 신설을 금지하고, 내부거래를 통한 총수 일가의 사익편취 행위 발생시 해당 계열사에 대한 주식처분이나 회사분할 등 강력한 명령을 내리는 방안을 추진하고 있다.

개정안은 먼저 총수 일가가 개인 회사를 설립하고 계열사들이 이 회사에 일감을 몰아주는 부당 지원행위를 막기 위해 총수가 있는 63개 상호출자제한 기업집단에 대해 내부거래를 통한 사익편취 목적의 계열회사를 신규로 편입하지 못하도록 규정하고 있다.

현행법 하에서는 총수 일가가 개인회사를 설립할 경우 공정거래위원회에 계열사 편입신고만 하면 되는데 앞으로는 내부거래용으로 의심받는 회사는 아예 계열사 편입을 허용하지 않겠다는 것이다. 개정안은 또

---

[432] 새누리당, 이종훈 의원 대표발의

내부거래를 통한 총수 일가 계열사에 대한 부당 지원행위 적발시 내리는 중지명령 등 현행 일회성 시정조치가 실효성이 없다는 판단에 따라 앞으로는 재발 방지를 위한 강력한 조치를 도입하도록 했다. 공정거래위 소관인 재발 방지 조치와 관련해, 부당 공동행위나 불공정거래행위 등 당해 위반행위의 중지 이외에 주식처분이나 회사분할까지 포함한 강력한 명령이 포함될 수 있다.

전경련은 "기업이 내부거래를 통해 사익을 편취할 목적이 있다는 것을 사전에 감별해 계열사 편입을 막는다는 것은 신(神)의 영역이나 마찬가지"라며 "결국 사주나 그 가족은 계열사에 투자하지 말라는 얘긴데, 그렇게 되면 적은 지분으로 계열사 전체를 지배하는 현상은 더욱 심화되는 모순을 안고 있다"고 반박하고 있다. 과징금 부과를 뛰어넘은 강제 기업분할과 같은 조치에 대해선 '위헌적 발상'이라는 지적이 나왔다. 시장경제의 토대가 되는 재산권이 침해될 수 있다는 우려에서다. 대한상의는 "기업을 몰수하겠다는 거나 마찬가지인데, 자본주의 경제에서 실제로 추진할 수 있는지 모르겠다"고 비판하고 있다.

새누리당은 2012년 6월 24일 국민연금기금이 투자한 대기업에 대한 주주권 행사를 의무화한 '국민연금법' 개정안을 발의했다.[433] 개정안은 국민연금이 주주권 행사 기준을 만들고 이에 따라 국민연금이 투자한 기업들에 대해 사외이사추천권, 대표소송제기권 등 '상법'에 따라 부여된 주주의 권리를 정당한 사유가 없는 한 행사하도록 의무화했다. 주주권이란 주주총회 의결권을 비롯해 주주제안권, 대표소송제기청구권, 이사해임청구권, 임시주주총회소집청구권 등 주식 소유로 인해 인정되는 각종 권리를 포함한다. 국민연금이 주주권을 행사하는 세부적인 기준은 국민연금에서 별도의 지침으로 정하도록 한다.

---

[433] 새누리당, 김재원 의원 대표발의

새누리당은 "국민연금이 투자한 자산의 가치를 보호하고 선량한 관리자의 주의의무를 이행하기 위해 주주권은 당연히 행사되어야 한다"며 "이를 통해 투자기업의 성장과 기업가치가 제고되어 국민연금기금의 수익증대 및 재정의 장기적인 안정에 기여할 것"이라고 말했다. 2012년 5월 말 국민연금기금운용위원회의 자산배분안 의결에 따라 국민연금의 국내외 주식 투자비중은 2011년 말 23.2%(82조 원)에서 2017년까지 30%(187조 원) 이상으로 증가할 것으로 보인다. 2011년 9월 말 기준으로 국민연금이 5% 이상 주식을 대량 보유한 국내 상장사들은 삼성전자, 현대차를 포함하여 169개사에 이른다.

이에 대해 재계는 기업 옥죄기로 규정하며 거세게 반발하고 있다. 한국경영자총협회(경총)는 성명서를 통해 "국민연금의 안전성·수익성을 위해 지금처럼 재무적 투자자의 관점에서만 의결권을 행사하는 것이 바람직하다"고 밝혔다. 또 "국민연금의 의결권을 강제화하고 사외이사 추천을 의무화하는 것은 정치권이 국민연금을 통해 민간기업의 고유 영업활동에 개입한다는 우려가 있다"고 했다. 기업들은 '경영권 간섭'을 가장 우려하고 있다.

전경련은 "국민연금이 상장기업의 지배구조를 개선한다면서 관치 목적으로 지배구조나 경영권에 간섭하는 건 운영 목적에 맞지 않는다"고 했다. '연금사회주의'에 대한 경계심도 나온다. 앞으로 연금 규모가 커지면 결국 국가가 기업을 지배하게 될 것이라는 내용이다. 경총은 "이 같은 제도를 도입한 외국의 경우 보통주보다 의결권 권한을 더 갖는 '황금주'처럼 기업의 경영권을 보호하는 다양한 장치를 마련했다"며 "연금 운영의 중립성을 갖추지 않은 채 국민연금이 주주권을 행사한다면 1960~70년대 관치행정을 답습할 우려가 있다"고 주장했다.

국민연금의 지배구조부터 개선해야 한다는 지적도 있다. 대한상의는 "정치 논리에 의해 기금이 운용되거나 주주권이 행사되는 것을 막기 위해 국민연금이 정부와 정치권으로부터 먼저 독립해야 한다"고 비판했다.

민주당 문재인 후보는 경제민주화를 통해 실현하고자 하는 한국 경제의 미래는 한 마디로 '공정경제' 라고 했다. '공정경제' 는 시장경제의 강점을 살리면서 동시에 국민경제 구성원 모두가 함께 성장하는 경제구조라고 설명했다.

재벌의 소유지배구조 개선을 통한 경제력 집중을 완화하기 위해 순환출자 금지 및 기존분 3년 내 해소, 미이행시 해당 출자분 의결권 제한을 시행한다. 공기업 제외 10대 대기업에 대해 순자산 30%까지 출자총액제한제를 재도입한다. 지주회사의 부채비율 상한을 200%에서 100%로 내린다. 산업자본의 은행 지분 소유한도를 4%로 축소하고, 비은행지주회사의 비금융(손)자회사 소유를 금지한다.

민주당은 특정경제범죄 가중처벌 등에 관한 법률을 위반해 징역형을 선고받고 형기의 3분의 2 이상을 채우지 않았거나 집행유예 기간 중에 있는 사람에 대해서는 대통령이 특별사면을 할 수 없도록 해 대통령의 사면권 제한을 추진하고 있다.[434]

우리 헌법은 입법이나 사법의 결함을 교정하고 법집행의 가혹함을 완화하기 위해 법률이 정하는 바에 따라 대통령이 사면권을 행사할 수 있도록 하고 있다. 그러나 조세포탈, 횡령과 배임, 분식회계, 재산국외도피 등의 중대한 기업범죄를 저지른 재벌총수 등에 대해 대통령이 사면권을 남발함으로써 돈이 있으면 죄도 면할 수 있다는 법질서 경시 풍조를 만연시키는 요인으로 작용하기 때문이다.

---

[434] 민주당, 오제세 의원 대표발의

4. 기업지배구조 개선

새누리당은 기업지배구조를 개선하려고 한다. 이에 따라 대기업의 신규 순환출자를 금지하고, 사외이사의 경영감시기능을 강화하기 위해 소액주주 등 비지배주주들이 독립적으로 사외이사를 선임하는 시스템을 구축했다.[435] 독립성 강화를 전제로 국민연금 등 공적 연기금의 의결권 행사를 강화하고, 또한 집중투표제와 전자투표제 그리고 다중대표소송 제도를 단계적으로 도입하기로 했다.

경제민주화실천모임 소속 의원들은 경제민주화 3호 법안으로 대기업의 신규 순환출자 금지와 가공의결권 제한을 추진하고 있다. 이들은 '독점규제 및 공정거래에 관한 법률' 개정안을 2012년 9월 26일 발의했다.[436] 개정안의 핵심은 자산총액 합계 5조 원 이상 기업의 신규 순환출자를 금지하는 것이다. 다만 주식 교환과 이전, 회사 합병과 영업 양수 등 사유로 순환출자 관계가 형성된 경우 주식 취득일로부터 6개월 이내에 처분하도록 했다. 또 법 시행 이전 순환출자 관계를 형성한 경우 해당 주식의 의결권을 행사할 수 없도록 했다. 기존 순환출자에 대해 부풀려진 의결권을 제한하겠다는 것이다.

개정안은 이를 위해 자산총액 5조 원 이상 기업은 공정거래위원회에 순환출자 회사, 순환출자 형태, 시기, 지분비율, 출자금액 등을 신고하게 했다. 다만 다단계 출자에 대해선 특별한 제한을 두지 않았다. 남경필 의원은 "이번 개정안의 규제대상은 고리형 출자"라며 "최초 출자회사가 순환출자를 통해 투자자금을 다시 회수하는 행위를 막겠다는 것"이라고 설명했다. 그는 "이 경우 투자금이 투자대상에 쓰이지 않고 자기 회사의 지배력을 높이는 데 사용되어 순환출자가 거꾸로 투자의 여력을 없애게 된

---

435 현재 사외이사는 거의 모두 지배주주가 선임하고 있어서 경영감시기능이 미약함
436 새누리당, 남경필 의원 대표발의

다"고 덧붙였다. 앞서 경제민주화실천모임은 대기업의 순환출자 행위가 소유와 지배 간 괴리 심화, 과도한 경제력 집중, 가공자본의 확대·재생산 등으로 자본시장 왜곡과 선단식 경영의 원인이 된다며 규제의 필요성에 의견을 모은 바 있다.

민주당은 재벌총수 일가의 부당한 사익추구행위를 규제하고자 한다. 이를 위해 부당지원으로 이득을 얻은 계열사에도 과징금을 부과하고, 부당이익을 얻은 총수 일가에 대한 과세 강화를 추진한다. 회사, 소수주주의 피해가 없도록 집중투표제를 의무화하고, 다중대표소송제를 도입한다. 이와 함께 대기업의 불법행위에 대한 처벌을 강화한다. 공정거래법 및 하도급 위반행위 전체에 대해 3배 배상제를 도입하며, 집단소송제의 대상을 확대하고 요건을 완화한다. 기업범죄에 대한 사면 제한과 처벌을 강화하며, 이사 자격요건도 강화한다. 공정위의 전속고발권 일부를 폐지하며, 집단소송제를 전면 도입한다.

민주당은 독점규제 및 공정거래에 관한 법률 개정을 통해 출자총액제한제도를 재도입하려 하고 있다. 상위 10위 대기업 내(공사 제외) 모든 계열사에 대해 적용하되, 출자총액은 순자산의 30%를 한도로 하고, 3년의 유예기간을 부여한다.[437] 이와 함께 상호출자의 변칙적 회피수단인 '순환출자'는 재벌의 소유구조 투명화와 경제력 집중 완화를 위해 명확히 금지한다. 상호출자 제한 기업에 속하는 경우 '신규 순환출자'는 금지하고, 법 시행 이전의 '순환출자'에 대해서는 3년간의 유예기간을 부여하며, 유예기간 경과 후에도 해소되지 않은 순환출자에 대해서는 의결권을 제한한다.

특히 지주회사의 부채비율을 현행 200%에서 100%로 낮추고, 자회사와 손자회사의 지분 보유한도를 상장기업의 경우 20%에서 30%로, 비상

[437] 민주당, 김영주 의원 대표발의

장기업의 경우 40%에서 50%로 상향 조정하되, 3년의 유예기간을 부여한다. 아울러 현행 법인세법은 법인주주가 얻은 배당소득을 익금불산입해 이중과세를 조정하는 제도를 두고 있는 것을 개정하려고 한다. 즉 독점규제 및 공정거래에 관한 법률에 따른 상호출자 제한 기업집단에 속한 법인 간 수령한 수입 배당금액에 대해서는 익금불산입 적용을 배제해 법인세를 과세하고, 상호출자 제한 기업집단에 속한 법인 간 출자를 위해 차입한 자금에 상당하는 이자는 손금에 산입하지 아니하도록 한다.[438]

재계는 민주당 법안 중 순환출자 금지가 주요 기업에 가장 큰 타격을 줄 것으로 예상하고 있다. 현재 상호출자 제한 대상인 63개 대기업 가운데 순환출자 구조인 곳은 삼성과 현대자동차를 포함해 15개 그룹에 이른다. 순환출자를 해소하려면 계열사 지분을 사들여 그룹을 수직계열화 해야 하며 그룹별로 수조 원에서 수십조 원의 자금이 필요하다.

3년 내에 순환출자 구조를 해소해야 하고 이를 위반하면 순환출자된 계열사 지분의 의결권을 제한하는 방안은 주요 그룹의 경영권에 결정적 영향을 미칠 것으로 예상된다. 삼성전자 등 상당수 대기업은 외국인 지분이 절반 안팎이며 의결권이 제한되면 해외 기업의 인수합병(M&A) 시도 등에서 경영권을 방어할 수단이 사라지게 된다는 우려가 제기되고 있다.

출총제 재도입과 지주회사 규제 강화는 기업 투자에 찬물을 끼얹을 것이라는 지적이 나온다. 민주당 법안대로 출총제가 도입되면 상위 10대 그룹 중 SK, 현대중공업, 한진, 한화 등 4개 그룹이 투자규제를 받게 된다. 자회사의 손자회사 지분보유 한도가 높아지면 LG그룹 등 지주회사로 전환한 대기업들이 계열사 지분을 추가로 사들여야 해 투자여력이 줄어든다. 또 대기업세는 기업의 세(稅) 부담을 늘려 수익성 지표를 악화시킨다.

새누리당 김영우 대변인은 논평에서 "민주당의 경제민주화는 기업도

---

438 민주당, 홍종학 의원 대표발의

1%와 99%로 나누어 대기업 때리기에만 치중하는 반쪽짜리 경제민주화이다. 이것은 또 다른 정책적 포퓰리즘"이라고 비판했다.

새누리당의 경제민주화에 관해서 "용어만 경제민주화, 재벌개혁일 뿐"이라며 "양극화 해소나 서민들의 삶에 개선이 이루어지기 힘들다"는 비판이 제기되고 있다.[439] 새누리당은 대기업의 비정상적인 소유구조를 개편하는 문제보다는 담합, 일감몰아주기 근절 등 불공정행위에 대한 규제에 초점을 맞추고 있다. 이에 대해 "대기업의 개혁 없는 경제민주화는 가능하지 않다"며 "은산분리(은행과 산업자본의 분리) 등 금산분리(금융과 산업자본 분리) 강화에 관심을 둬야 한다"며 방향을 제시하고 있다. 즉 "경제민주화는 대기업이나 중소기업, 소상공인, 노동자, 소비자 등이 자신의 몫을 정당하게 챙기는 것"이라고 정의를 내렸다. 민주당의 경제민주화에 대해서는 "구호는 요란한데 구체적으로 어떻게 한다는 방안이 보이지 않는다"고 비판했다.

5. 금산분리 강화

금융소비자의 권리 찾기와 금융민주화 등을 위해 금융소비자보호법, 금융위원회설치법, 한국은행법, 금융회사의 지배구조에 관한 법률, 자본시장법, (가칭)지역재투자법, 금융지주회사법 등의 개정과 제정이 추진되고 있다.

새누리당은 금산분리 강화를 도모하고 있다.[440] 금융·보험 계열사가 보유 중인 비금융 계열사 주식에 대한 의결권 제한을 강화하려고 한다.[441] 지주회사에서 금융 계열사가 일정요건 이상인 경우[442] 중간금융지주회사

---

439 한겨레, 정운찬 '새누리, 용어만 재벌개혁… 민주 구체적 방안 안 보여', 2012. 7. 9
440 금융의 안정성을 높이고 고객자산이 대주주의 사적 이익 추구에 동원되는 것을 방지
441 금융보험사의 계열사에 대한 의결권 한도는 단독으로 10%로 설정하고, 이를 5년간 1%포인트씩 인하해 5%로 한다.

설치를 의무화한다. 산업자본이 은행을 사금고로 이용하는 일이 없도록 산업자본의 은행 지분 보유한도를 축소한다. 현재 은행과 상호저축은행에 대해서만 시행되는 대주주 적격성 심사를 금융·보험회사로 확대한다.

새누리당 경제민주화실천모임은 배임·횡령 시 금융회사 대주주 자격을 박탈하는 방안을 4호 법안으로 2012년 9월 11일 발의했다.[443] 금융회사 대주주 자격심사를 대폭 강화하는 차원에서 4개의 금융관련법 개정안을 발의한 것이다. 개정 대상 법률은 보험업법, 저축은행법, 여신전문금융업법, 자본시장법 등이다. 모임은 이들 법률의 대주주 자격 요건에 특정경제범죄가중처벌법 규정을 적용하기로 했다. 특정경제범죄가중처벌법은 횡령·배임 등으로 인한 재산상 이득이 5억 원 이상일 때 적용된다.

이에 따라 앞으로는 금융회사를 계열사로 거느린 재벌총수들이 횡령·배임을 저지를 경우 금융 계열사 지분을 매각하도록 하겠다는 것이다. 새누리당은 "부도덕한 자본가는 금융업에 진출하지 못하도록 하고 이미 진입했더라도 퇴출시켜야 한다"며 "다만 헌법상 소급입법 금지 원칙에 따라 모 그룹 회장 등 종전의 횡령·배임 사건에 대해서는 적용하기 어렵다"고 말했다. 경제민주화실천모임은 아울러 증권·보험·카드사 등 제2금융권에 대해서도 1~2년마다 주기적으로 대주주 적격성 심사를 받도록 했다.

민주당 문재인 후보는 금융위기에서 비롯된 경제위기 때마다 부담은 국민이 지고 이익은 금융회사와 대기업에게만 돌아갔다고 지적했다. 부담은 사회화하고, 이익은 사유화했다는 것이다. 금융당국은 거시건전성

---

442 금융자회사 등이 보험업법에 따른 보험회사를 포함해 일정 수 이상이거나 금융자회사 등의 자산총액의 합계액이 일정 금액 이상인 경우(금융자회사 등이 1개인 경우 제외)로서 구체적 기준은 시행령에 위임함(김상민 의원안). 보험사를 포함해 3개 이상 금융사를 지배하는 경우 또는 보험사가 없더라도 지배하는 금융사 자산합계가 20조 원을 넘는 경우에는 반드시 설치토록 의무화(18대 국회 정무위 대안)
443 새누리당, 이이재 의원 대표발의

감독에 실패했을 뿐만 아니라 금융기관 중심적으로 사고했기 때문에 금융소비자의 이해는 무시되었다고 설명했다.

민주당은 독과점 폐해 방지 및 금융회사 지배구조 개선을 추진한다. '금산분리' 원칙 강화를 위해 산업과 금융이 융합되어 있는 복합금융그룹에 대한 통합감독 실시, 계열회사 일감몰아주기와 금융회사 간 담합 엄격 규제, 모든 금융회사의 대주주 적격성을 정기적으로 심사하는 것을 골자로 하는 '금융회사의 지배구조에 관한 법률' 제정 등을 추진한다.

민주당은 은행법 개정을 통해 비금융주력자의 은행 지분 소유한도를 2009년 개정 전 은행 지분 소유한도인 4%로 환원함으로써 금융회사에 대한 위험의 전이, 과도한 지배력 확장 등의 부작용을 방지하고자 한다.[444] 우리나라는 대기업 중심의 독점적 경제구조로 되어 있어 금산분리제도 완화는 대기업에게 모든 자본이 집중되는 심각한 경제적 불균형을 초래할 수 있고, 금산 결합에 따른 위험 전이로 인해 전체 금융그룹 차원의 건전성이 악화되고, 이해상충의 문제가 생겨날 소지도 있기 때문이라고 한다. 또 비은행지주회사가 비금융회사의 주식을 소유하지 못하도록 해 비은행지주회사의 비금융회사 지배를 원천적으로 막고, 비금융주력자는 은행지주회사의 의결권 있는 발행주식 총수의 100분의 4를 초과하여 보유할 수 없도록 했다.

정부가 2009년 규제완화를 통한 경쟁력 제고를 위해 금산분리제도를 완화함에 따라 재벌에게 모든 자본이 집중되는 심각한 경제적 불균형을 초래할 수 있기 때문이라는 것이다. 또 금산 결합에 따른 위험 전이로 인해 전체 금융그룹 차원의 건전성이 악화되고, 이해상충의 문제가 생겨날 소지도 있다. 이에 금산분리제도 강화를 통해 금융회사의 대형화·겸업화에 따라 발생할 수 있는 위험의 전이, 과도한 지배력 확장 등의 부작용

---

444 민주당, 김기식 의원 대표발의

을 방지하고자 한다.

민주당은 더 나아가 금융감독체계 혁신 및 금융소비자보호 강화에 나섰다. 이를 위해 금융정책과 금융감독의 분리, '금융소비자 보호' 전담 독립기구 설립을 추진한다. 기능적으로 국내 금융정책과 국제 금융정책의 통합, 정부조직 개편에서 견제와 균형 원리 적용, 금융감독기구의 관료적 독점 방지를 위한 지배구조 개선 업무를 담당케 할 예정이라고 한다. 한국은행 금융통화위원회 구성 혁신 및 자율성 보장, 이자제한법, 공정대출법, 공정채권추심법 등 '피에타3법' 등 금융소비자 보호 관련 법제를 정비하고, '신용기회 차별금지' 법제화, 가산금리, 수수료, 불완전판매 등에 대한 규제강화 등을 내용으로 하고 있다.

정책금융과 서민금융을 강화할 방침이다. 중소기업 자금경색 등 금융애로를 해결할 신용중재센터(Credit Mediation Center) 설립과 한국판 지역재투자법(Community Reinvestment Act) 제정, 우리금융 민영화 시 지방은행 분리매각 추진, 지방은행 없는 지역의 지방은행 설립 지원, 산업은행 민영화 중단, 정책금융기관 역할 재조정, 고용창출효과가 큰 신성장동력 산업과 정규직 고용 확대기업 등 금융지원 강화, 새마을금고, 신협, 상호금융 등 조합형 금융회사가 지역경제 선순환에 기여할 수 있도록 지원하는 것을 내용으로 한다.

6. 경제민주화 추진 한계

새누리당 박근혜 대통령은 후보로서 공약을 발표하면서 경제민주화가 정치적 구호가 아니라 우리 헌법의 규범 내에서 국민에게 실질적인 도움을 주면서도 국민경제에 불필요한 부담을 줘서는 안 된다고 발표했다. 이 같은 원칙에 따라 다음 몇 가지 사항은 공약에 반영하지 않았다.

첫째, 대규모 기업집단법 제정에 대한 논의가 있었지만 세계적으로 선례가 거의 없고, 현행 법체계와 충돌 가능성이 크다는 지적이 있었다는 것이다. 이에 따라 집단법에 포함될 내용 중 필요한 부분은 개별법에 실효성 있게 반영하고 집단법 제정 논의는 중장기 과제로 검토하기로 했다. 헌법상 재산권 보호와 기업의 자유 등과 충돌할 것을 우려한 때문으로 분석된다. 사실 입법 사례가 없는 데다 입법한다고 하더라도 위헌 소지가 있기 때문에 신중한 입장인 것으로 보인다.

둘째, '기존 순환출자 의결권 제한' 정책은 우리 기업이 외국 기업의 적대적 인수합병에 노출될 수 있고, 지금 어려운 시점에 합법적으로 인정되던 과거의 의결권까지 제한한다면 기업이 큰 혼란을 겪을 수밖에 없다. 그 혼란은 기업에 몸담고 있는 직장인들에게 피해를 줄 수도 있다며, 과거의 것은 인정하되 새로운 순환출자는 금지하는 것이 지금 경제 위기를 극복하는 데 도움이 된다고 생각한다고 밝혔다. 경영권 방어에 들어갈 막대한 비용을 투자와 일자리 창출에 쓰도록 하는 것이 국민경제에 더 큰 도움이 된다는 결론을 내렸다는 것이다. 형법불소급의 원칙 등과 같이 국민에게 재산권 침해 등 불이익을 주려 할 때에는 헌법의 기본권 보장과 제37조 2항의 근거에 따라 법률 유보의 원칙이 지켜져야 할 것이다.

셋째, '중요 경제범죄에 대한 국민참여재판 도입' 방안은 유보하기로 했다. 대신 헌법이 보장한 평등권 침해 논란 등 여러 부작용에 대한 우려를 감안해 경제범죄에 대한 형량 강화로 해결하기로 했다. 박근혜 대통령은 우리 경제의 패러다임을 그동안의 양적 성장에서 질적 발전으로 전환하고, 성장의 온기가 온 국민에게 골고루 퍼지게 하기 위해서는 반드시 경제민주화를 실현해야 한다고 굳게 믿는다고 강조했다.

이에 따라 새누리당은 대기업의 불공정거래 관행을 없애기 위해 정부에 적극적 규제를 주문하면서도 경제민주화 논의가 대기업의 경쟁력을 훼손시켜서는 안 된다고 선을 그었다. 새누리당은 "대기업의 불공정 행위로 인한 폐해를 어떤 방식으로든 고쳐야 하지만 경제민주화를 너무

과하게 해서 기업의 경쟁력을 약화시켜서는 안 된다"며 "대기업과 중소기업의 상생이 경제민주화의 목표"라고 말했다.[445] 또 "대기업의 납품단가 후려치기, 중소기업 인력탈취 등이 비일비재한데도 법적 조처는 미흡하다"며 "특히 공정거래위원회가 불공정거래에 대해 솜방망이 처분을 내리는 것은 중소기업의 어려움을 외면하는 것"이라고 비판했다. 새누리당 경제민주화실천모임은 대기업 개혁에 이어 문화·예술·체육계의 경제적 약자를 배려하는 쪽으로 입법 방향을 선회하고 있다. 민주화 확산의 도미노현상으로 이해할 수 있을 것이다.

민주통합당은 2012년 7월 9일 "대기업 개혁 없는 경제민주화는 허구"라며 "경제민주화와 대기업의 개혁에 당의 명운을 걸 것"이라고 발표했다.[446] 이어 "대기업이 2, 3세를 이어가는 세습 경영으로 사회통합을 저해하고 있다. 대기업이 사회 모든 곳을 잠식하는 단계에 진입하고 있다"며 "19대 국회에서 대기업도 개혁특위를 설치하겠다"고 밝혔다.

---

445 연합뉴스, 여야 경제민주화 공방, 2012. 9. 10
446 연합뉴스, 이해찬, '경제민주화 · 재벌개혁에 당 명운을 걸 것', 2012. 7. 9

제4장

박근혜 정부의 경제민주화 과제

경제민주화 논의가 활발하고 입법이 추진되는 만큼 박근혜 정부도 경제민주화에 사활을 걸 것으로 보인다. 앞서 국민의 여론대로 경제성장을 이룩하면서 일자리를 창출하며 대한민국 공동체를 지속가능하게 하는 것이 경제민주화의 요체이다. 이 같은 바람을 박근혜 정부는 구체적으로 실천해 나가야 한다.

우리는 아직도 권위주의적인 공권력, 관으로부터 경제자유화를 쟁취해야 하며, 거대공룡처럼 커진 대기업의 민주화, 통제도 절실하다. 자본주의 발달 과정에서 드러난 양극화 등 사회격차를 해소하는 데도 경제민주화 실천과정에서 주의를 기울여야 할 것이다. 각 경제주체들의 경제민주화 요구는 앞서 상세히 살펴보았다. 이들 모두를 일시에 실천하기는 어려울 것이다. 하나하나 단계적으로 짚어보며 제시된 대안들을 실천하는 데 역량을 모아야 한다.

새누리당의 대선 공약, 특히 경제민주화 공약을 집대성한 김종인 위원장은 경제민주화를 향한 정책 과제로 양극화 해소, 대규모 경제세력(대기업) 개혁, 노사관계 기본틀의 개혁, 복지개념의 정립, 조세·재정 개혁, 금융 개혁을 꼽고 있다.[447] 양극화를 극복하지 못하면 민주주의·자본주의는 없다고 전제하고 경기부양보다는 구조조정정책 등을 통해 양극화를 해소해야 한다고 제시했다. 대기업 개혁과 관련해서는 출자제한보다 지배구조 개선을 촉구하고 있다. 기업 내 노조 개혁과 노동법 개혁, 비정규직 문제 해결 등을 통해 노사관계의 기본틀을 개혁하는 방안을 내놓고 있다. 또 성장과 복지의 균형, 연금제도의 전환 등 복지개념의 재정립을 주장했다. 이와 함께 조세·재정 개혁면에서는 예산구조 조정과 국민연금의 기금운용 개선을, 그리고 금융 개혁면에서는 중앙은행의 독립과 금산분리 원칙 고수를 강조했다.

정치권과 이명박 정부는 기본적으로 경제민주화에 대해 의견 차이가 컸다. 이에 대해 전직 경제장관 13인은 '경제민주화'에 관한 정책 제안을 내놓았다.[448] 남덕우 전 국무총리, 진념 전 경제부총리, 이봉서 전 산업자원부장관 등 경제분야 전직 최고위 관료 13명은 경제민주화를 위해서는 대기업 때리기에 나설 것이 아니라 대기업의 폐해를 고치고 장점은 살리는 방향으로 가야 한다고 촉구했다. 이들은 경제민주화 논의에서 다루어지는 내용을 '양극화 해소', '사회보장제도 확충', '대기업 규제', '일자리 창출' 등으로 나눠 정부, 정당, 대기업 차원의 해결 방안을 중립적으로 제시했다. 그리고 모든 주장을 민주화라는 말로 포장하면 통할 수 있다고 생각하는 정치인들은 대선 전략으로 경제민주화를 주장하고 있다고 지적했다.

그러나 경제민주화를 위해 무엇을 어떻게 하겠다는 것인지 말하지 않고 다만 '대기업 때리기'에 열중하고 있는 것 같다고 우려했다. 그러면서 우리가 지향하는 경제민주화는 성공한 사람을 끌어내리고 가진 자의 부를 빼앗아 나누어 주는 것이 아니라 새로운 부를 지속적으로 창출하고, 모든 사람에게 기회가 열려 있는 사회, 더불어 잘사는 사회를 만드는 것이라고 강조했다. 이 같은 주장은 입법과 행정 과정에서 박근혜 정부가

---

447 김종인, 앞의 책, 123-191쪽
448 전직 경제장관 13인, '경제민주화'에 관한 정책제안, 한반도선진화포럼, 2012. 9. 26

실천해 나가야 하지 않을까 생각한다.

1. 경제구조 개혁과 양극화 해소

박근혜 정부는 경제구조 개혁으로 양극화를 해소해 나가는 데 중점을 두어야 한다. 우리 경제의 구조적 변화와 정책적 대응 방식과 양극화는 밀접한 관련이 있다. 먼저 구조적 변화는 세계화와 무한경쟁 시대에 BRICs(브라질, 러시아, 인도, 중국)의 경제적 약진으로 중소기업 중심의 전통적 제조업은 몰락하고 대기업 중심의 지식기반산업 및 IT산업의 비중이 커지는 등 산업구조가 바뀐 것에 기인한다. 중소기업의 몰락은 생산과 소득의 양극화로 이어진다. 생산뿐만 아니라 유통산업에 있어서도 대형유통업체가 나타나 골목상권을 장악하면서 영세 자영업자들의 생존권을 위협하고 있다.

이러한 구조적 변화에 대응하려면 박근혜 정부의 정책 전환이 필요하다. 조세를 통한 재분배 정책은 별로 실효가 없고 중소기업 정책은 문제의 핵심을 찌르지 못해 공전을 계속하며, 사회보장제도에는 미비점과 사각지대가 있다. 이러한 요인들이 합세해 중산층의 폭이 좁아지고 소득 분배 격차가 확대되고 있는 것이 오늘의 현실이다.

양극화를 극복하기 위한 대책은 중소기업의 부품과 소재 생산을 적극적으로 지원하는 시스템을 확립해야 한다. 중소기업의 어떠한 기술 문제라도 해결해 줄 수 있는 제도적 장치를 마련해야 한다. 대형유통업체는 유통 현대화의 현상이므로 그것을 막을 수는 없으나, 골목 영세상인들이 마트 안에 매장을 설치하는 방안을 검토할 필요가 있다. 대형유통업체의 영업 제한도 업체 자율에 맡기되 근로자들의 건강권과 골목상권을 보호하는 대책을 함께 모색해야 한다.

가맹사업에 대한 모범거래 기준도 입법화할 필요가 있다. 가계부채가 지속적으로 증가할 경우 빈곤층이 확대되고 금융부실, 소비감소 등 악순환이 되풀이될 것이다. 이에 대해서는 부동산 안정 대책과 가계부채에 대한 과감한 구조조정이 필요하다. 가계부채 조정과정에서 도덕적 해이가 최소화하도록 해야 한다. 조세구조의 재분배 효과를 강화하도록 조세구조를 재검토할 필요가 있다. 한국조세연구원이 연구한 바에 따르면 조세를 통한 재분배 효과가 미약하다고 한다. 유럽 각국에서는 조세구조의 재분배 효과가 뚜렷한 것으로 알려져 있다.

2. 사회안전망, 사회보장제도 확충

우리나라는 5대 사회보험[449]과 1개 공적 보조제도, 즉 기초생활보장법을 가지고 있다. 복지국가의 제도적 구색을 갖추고 있으나 내용이 매우 부실하다는 데에 문제가 있다. 특히 사회복지제도는 빈곤층 구제를 위한 사회안전망 역할을 해야 한다. 그러나 오히려 빈곤하기 때문에 복지제도 적용 대상에서 제외된 사각지대가 적지 않다.

예컨대 정부 통계에 따르면 국민연금은 자영업자 등 지역 가입자 860만 명 중 500만 명이 보험료를 내지 못하는 '납부 예외' 상태에 있다. 지난해를 기준으로 국민연금 수혜 연령인 60세 이상 노령 인구 780만 명 중 국민연금 수혜자는 약 300만 명에 불과하다. 이러한 문제를 해결하자면 막대한 재정이 필요한데 정치권에서 국가적 우선순위의 고려 없이 인기 위주의 '보편적 복지'를 주장하는 것은 포퓰리즘에 불과하다.

사회복지정책의 방향으로는 먼저 조세감면의 적정 여부를 심사해 지금의 30조 원(GDP의 23.5%)의 감면액을 축소하고 조세포탈을 근절하기 위해 세정을 강화해야 한다. 복지재원 확보를 위해 전반적인 재정지출 구조

---

449 5대 사회보험 : 국민연금, 건강보험, 고용보험, 산재보험, 노인요양보험

조정을 통해 복지재원의 비중을 증가시켜 나가야 한다. 사회보장제도를 내실화하자면 국민들의 조세부담 증가가 불가피하다. 이를 위해서는 소득세가 아니라 부동산세, 공해세, 교통세, 담배-주류 등의 특수상품 소비세 등 국민 건강과 과세 형평을 동시에 실현할 수 있는 세목과 방법을 선택해야 한다.

예견되는 국민연금 적자를 감축하기 위해 수령 연령을 60세에서 65세로 인상해야 한다는 연구 보고가 있다. 정년을 서둘러 연장하고 수령 연령도 더 늘려야 할 것이다. 재원 마련 없이 인기주의식 복지정책을 남발하면 지금의 남유럽 국가들과 마찬가지로 국가부채위기→금융위기→경제위기를 초래할 수 있다는 점을 정부가 국민에게 설득해야 하는데 사회복지의 미래상을 제시하지 않으면 설득력이 없다.

또 지방정부의 불필요한 공공시설 사업을 줄이고 서민을 위한 재정 지출로 돌리도록 지도해야 한다. 장학사업, 양로원, 보육원, 의료봉사사업 등에 민간이 적극적으로 참여할 수 있도록 정부 지원책을 마련해야 한다. 현존하는 사회보장제도의 사각지대를 해소하고 우선순위에 따라 복지사업을 확대하는 선택적 사회보장제도를 실시해야 한다.

노령화로 점점 늘어나는 은퇴 후 인력을 교원, 경찰, 환경, 복지요원으로 활용할 수 있는 방안을 강구해야 한다. 급속한 노령화를 최대한 억제하기 위해 획기적인 출산장려정책과 개방적인 이민정책을 수립해야 한다. 통계청에 따르면 소득 하위 20%의 서민들이 사회보험료(월평균 3만9천 원)를 월 총소득(110만6천 원)의 3.56%로 부담하고 있다. 어떠한 경우에도 서민의 사회보장 부담을 올리지 않아야 한다.

3. 대기업 규제와 개혁

대기업의 행태에 문제가 있는 것은 사실이다. 그러나 그들이 1960~1980년대 우리나라 경제성장을 주도하며 생산, 소득, 고용을 통해 국민의 생활수준 향상에 크게 기여했다는 것도 사실이다. 대기업이 비대해진 것은 그들의 힘이나 의사만으로 가능했던 것이 아니라 시장에서의 소비자 선택과 산업구조 변화의 결과이기도 하다. 소비자 선택과 시장수요에 맞지 않는 물건을 생산하면 결코 대기업이 될 수 없다. 결과적으로 중소기업 대 대기업, 고소득층 대 저소득층의 양극화가 심화되고 있다. 이것을 대기업 탓만으로 돌리기는 어렵다.

대기업의 독점이 자본주의의 근본적인 문제이다. 그러나 독점적 지위는 남들이 모방할 수 없는 창안으로 구축한 것도 있다. 경제민주화가 자유와 평등을 추구하는 것이라면 일방의 가치에 전도되어서는 안 된다는 점을 고려해야 할 것이다.

(1) 대기업 개혁 신중

세계적 경제위기를 극복하기 위해 여야 양대 정당은 대기업의 폐해를 시정하되 강점은 살리도록 효과보다 부작용이 더 우려되는 제도 도입에는 신중해야 한다. 그러나 구체적인 입법에 대해서는 차이가 크다. 우리 경제 볼륨이 커진 만큼 제도 개혁도 국민적 합의와 함께 현인(philosopher)과 같은 깊은 통찰(insight)이 있어야 한다.

① 출자총액제한제도 보류

이 제도는 1997년에 폐지되었다가 1999년에 부활했지만 2009년 다시 폐지되었다. 부활을 주장하는 사람들은 기업의 전문화와 핵심역량 강화를 위해 필요하다고 하나, 그것은 기업이 시장원리에 따라 판단하고 결정할 문제이지 법으로 규정한다고 해결되는 일은 아니다. 출총제는 자회사 방식의 신규사업 진출을 봉쇄하는 결과가 되어 기업의 투자활동 및 일자리 창출도 어렵게 된다. 외국에서는 이 제도를 찾아볼 수 없는데 우리만이 이 제도를 채택하면 외국인의 적대적 M&A에 대항할 방법이 없게 되는 점도 문제이다. 헌법상 재산권과 기업의 자유, 영업의 자유 등에 중대한 장애요소가 될 것이다.

② 대기업의 순환출자 자율화

자기가 투자한 것 이상으로 의결권을 행사할 수 있다는 불합리한 면이 있다. 그러나 순환출자가 계열기업 간의 시너지 효과를 통해 국제경쟁력에 기여한 면도 있다. 순환출자를 금지하면 경영권 유지에 필요한 자본의 재구성을 위해 막대한 자본을 조달해야 하는데 지금과 같은 불황기에는 쉽지 않다. 현재의 세계경제 장기불황 위기에 더 역동적으로 대응할 수 있도록 기존의 순환출자부분은 기업 판단에 맡기는 것이 옳다.

③ 금산분리 점진적 추진

산업자본이 금융을 지배하면 금융이 대기업의 사금고화 되어 건전성을 침해할 우려가 있다. 그러나 한 가지 고려할 점은 현재 우리나라 주요 시중은행들은 외국인 지분율이 매우 높은 상태이므로 국내 산업의 금융주식 보유를 극도로 제한하면 시중은행이 외국인 지배로 넘어갈 우려가 있다. 금융기관의 국내 자본을 강화할 필요가 있다.

(2) 대기업의 자기혁신

대기업의 시장지배력 남용, 일감몰아주기, 중소기업과의 불공정거래, 골목상권 영업확대, 납품단가 후려치기 등이 논란의 대상이 되고 있다. 이것은 오늘날 한계점에 도달해 대기업에 대한 대중의 반감, 반기업 정서를 초래하는 것을 넘어서 자본주의 시장경제체제에 대한 불신으로 연결되고 있다. 대기업의 과감한 자기혁신이 필요하다.

이에 따라 대기업은 과거 잘못한 행태를 탈피해 현대적 기업으로 거듭나는 자정 노력을 강화해야 한다. 대기업은 우리나라 대표기업으로 세계시장 개척에 집중해야 한다. 중소기업과 자영업자의 골목상권까지 침투하는 탐욕스런 행태는 스스로 자제해야 한다.

양극화가 심화될 경우 자유민주주의와 시장경제체제가 위험해지므로 대기업은 체제 수호 차원에서 양극화 해소에 지도력을 발휘해야 한다. 노블리스 오블리주(noblesse oblige) 정신으로 기업의 사회적 책임 수행, 기부문화의 확산 등 투명한 경영과 부의 세습으로 국민들로부터 사랑받는 기업이 되어야 한다.

(3) 경제민주화 행정 강화

박근혜 정부는 자본주의를 위태롭게 하는 장애요인을 제거해야 한다. 이제 행정도 경제민주화에 초점을 맞춰야 할 것이다. 이에 따라 기업집단의 강점을 살리고 폐단을 시정하기 위해 공정거래법을 엄격히 시행해야 한다.

그리고 일감몰아주기와 같은 부당내부거래와 불공정 하도급거래 등에 대해 징벌적 보상제도 등 실효성 있는 대책을 강구해야 한다. 중소기업과 자영업자 영역에 대한 대기업 확장은 상생차원에서 적정한 규제가 불가피하다. 대기업의 비리에 대해서는 법 앞의 평등정신에서 엄정히 해야 한다.

4. 성장정책과 일자리 창출

경제민주화도 성장과 일자리 창출 없이는 이룩할 수 없다. 역으로 경제민주화 없이 한국 경제는 지속가능하기 어렵다.[450] 경제민주화 논의를 촉발시킨 것도 상당 부분 대규모 실업과 청년층의 취업난, 저임금 구조의 고착화, 좋은 일자리의 부족 등에서 비롯되었다. 박근혜 정부는 성장정책을 통해 일자리를 창출하며 경제민주화 기반을 다져나가야 한다.

오늘의 실업문제는 산업구조의 변화와 밀접한 관계가 있다. IT산업 등 첨단산업일수록 고용계수가 낮으므로 생산이 증가해도 옛날처럼 일자리가 늘지 않는다. 경제성장에도 불구하고 청년 실업이 늘어나는 이유가 여기에 있다. 기업은 강성노조에 대한 우려와 인건비 절약을 목적으로 비정규직 고용을 선호하며 확대해 왔다. 결과적으로 고용의 불안정과 임금격차가 심화되었다. 근본적으로는 일자리가 늘어나야 하는데 일자리는 민간기업이 창출한다. 이 때문에 정부는 기업하기 좋은 여건을 조성하는 데 역점을 두어야 한다.

이에 대한 주요 대책으로는 고용률을 경제 운영에서 최우선 지표로 해야 한다. 한국경제 구조개혁의 차원에서 고용유발 효과가 큰 서비스업(의료, 교육, 관광, 공공서비스 등)에 대한 진입장벽을 과감하게 철폐해야 한다. IT산업(소프트웨어 등)의 인력 수급 장기계획을 수립하고 미취업 인재들을 대대적으로 재교육하는 프로그램을 실시해야 한다. 문화, 콘텐츠 산업 등 창조산업이 발전할 수 있는 생태계를 조성한다. 공공서비스 분야에 있어서는 행정수요가 증대하는 교원, 경찰, 환경과 복지 요원을 증원할 필요가 있다.

또한 산업구조의 변화에 맞는 인재를 양성할 수 있도록 현재의 고등교

---

[450] 김종인, 앞의 책, 7쪽

육 제도를 개편하고 인력개발 투자도 확대해야 한다. '반값 등록금'은 모든 학생에게 일률적으로 적용할 것이 아니라, 특히 국가적으로 필요한 학과 지망생, 가정이 가난해서 학비 조달이 어려운 학생에게 선별적으로 적용하는 것이 바람직하다. 대학 교육의 질적 수준을 높이도록 부실 대학의 정리와 구조조정을 실행해야 한다.

비정규직 증가와 정리해고 증가 이유는 노동시장의 경직성과 기업의 경쟁력 약화에 있다. 이를 해결하기 위해서는 일자리 창출이 가장 중요하다. 아울러 기득권을 가진 정규직 근로자와 정부가 협력하여 노동시장의 유연성을 높여야 한다. 첨단산업의 1인당 부가가치 상승을 고려해 장기적으로 노동시간 단축을 검토할 필요가 있다.

제8부

경제 자유와 평등의 조화

경제민주화를 부정하든 인정하든 이에 대한 욕구는 분출하고 있는 게 사실이다. 정치권에서 이와 같은 욕구를 우리 경제헌법 질서에 맞게 걸러낼 필요가 있다. 경제면에서 시민혁명과 같은 국민적 열망을 정화(catharsis)하는 통과의례(rite of passage)가 사회적 비용을 크게 지불하지 않고 현명하게 치러져야 할 것이다.

ECONOMIC DEMOCRACY

결국 경제민주화 문제는 경제적 과제인 성장과 분배, 정치적 자유민주주의의 핵심 가치인 자유와 평등을 어떻게 조화시킬 것인가 하는 문제에 달려 있다. 1987년 현행 헌법은 제119조 경제조항에서 보는 바와 같이 기본적으로 경제적 자유를 바탕으로 성장을 선도하며 사회정의와 경제민주화를 실천하려는 데 초점을 맞추고 있다. 이를 지탱해 주는 개별 행정법과 상법, 형법 등도 이 같은 흐름에 서 있다.

　　세계 10위권의 경제대국을 구가하고 있는 우리나라로서는 경제민주화 문제는 한번 정도 짚고 넘어가야 할 공법적 의제이다. 경제질서를 헌법상 어떻게 설정해야 하며, 그 내용적 실체로서 경제민주화를 어떻게 정착시킬 것인지 주권자로서 국민의 결단(People's Decision as Sovereign)이 필요한 시점이다.

　　국민은 대체로 경제민주화의 필요성을 인식하면서도 현행 헌법, 행정법 테두리에서 경제민주화가 진전되기를 바라는 것으로 나타났다. 공법학의 오랜 숙제인 재산권과 영업의 자유, 기업의 자유를 바탕으로 노동권과 생존권의 보호가 조화를 이루어야만 한다. 이 같은 문제를 헌법사를 비롯해 헌법과 행정법 등 공법학적인 접근과 경제학, 정치학, 철학적 접근을 통해 종합해 보려 했다. 또한 주제와 관련된 논의과정에서 학문적 접근과 저널리즘적 접근을 융복합적으로 시도해 보려고 했다.

　　우리나라 자본주의는 정부의 강력한 지원 아래 틀을 갖추고 경쟁력을 키워 온 것이 사실이다. 이 과정에서 정부의 특혜와 지원이 편중적으로 이루어졌다. 이제 대기업은 세계 유수의 기업들과도 경쟁할 수 있게 되었다. 그러나 이 과정에서 노동은 수많은 희생을 감내해야 했다. 물론 대기업의 번영을 통해 교육이 이루어지고 문화가 발전했으며 국위도 선양되었다. 기본적으로는 우리나라가 축약적으로 자본주의를 발전시켜 나온 만큼 대기업은 더욱 더 사회적 책임을 완수함으로써 사회정의, 경제민주화를 실현해야 할 것이다.[451]

역설적으로 노동으로 대표되는 사회집단은 그동안 기여분에 대한 정당한 권리를 주장할 수 있다. 이런 점에서 경제민주화는 자본과 노동의 등가치를 수용하면서 제각기 해야 할 일을 하게 해야만 한다.[452] 기능적으로 자본은 자본으로서 정당하게 이윤을 추구하되 지속가능한 성장을 유지해야 할 의무가 있다. 노동은 노동대로 각자 주어진 직분을 다하며, 자본주의의 건전한 발전에 기여하게 될 것이다.

우리는 1987년 6·29선언 등을 통해 정치면에서 민주주의를 앞당길 수 있다. 그러나 경제를 비롯한 문화, 예술, 교육 등 여러 분야에서 민주화는 요원하다고 하겠다. 민주화가 어느 정점에 이르는 게 아니라 지향하는 과정이기에 더욱 그렇다. 자본주의가 고도화할수록 사회적 모순 또한 양적으로 팽창한다. 지금이 그런 시점이 된 것 같다. 양적 팽창의 질적 변화로의 전이(shift)가 필연적이다. 경제적 자유와 함께 평등을 동시에 추구하고 달성해야만 한다.

일부 대기업은 태생과 발전과정에서 특혜 속에서 자란 만큼 사회적 책

---

451 Archie B. Carroll, "A Three-Dimensional Conceptual Model of Coporate Performance", The Academy of Management Review 1979, Vol 4, No4, pp. 497-505
기업의 사회적 책임으로 법적 윤리적 재량적 요소를 들고, 사회적 쟁점을 지속적으로 관리할 것과 사회적 반응성을 고려해야 한다고 주장한다.
452 Max Weber, Die Protestantische Ethik und der Geist des Kapitalismus, 1904, 박성수 번역(문예출판사, 1996), 12쪽

임을 다해야 한다. 노동 또한 우리 기업이 국제적 경쟁력을 갖추며 감내할 만한 사항을 요구하며, 점진적으로 평등사회를 이룩해야 한다. 노동의 경영참가는 경영 그 자체가 고도의 판단을 요하고, 개방화 시대에 국제경쟁에 대비한다는 차원에서 한계가 있다. 경제민주화는 경쟁적 질서형성의 다른 표현이며, 다수의 창의적 노력이 결합되는 것에 의존한다. 시장경제의 개방적 특성처럼 경제민주화 과정도 미래에 대해 끝없이 열려 있다.[453] 헌법상 경제질서가 개방성·중립성을 지닌다 해도 헌법의 기본질서에서 벗어날 수는 없다.[454]

대기업은 언제나 악을 행하며 언제나 선을 행하는 것은 아닐 것이다. 대기업이 우리 경제에서 수행하는 막대한 역할을 사회적으로 받아들이고, 기업인이 존경받는 풍토를 조성해야 한다. 기업인이 존경받지 못하고, 기업인이 해외로만 나가서 투자한다면 우리 사회의 기본인 경제질서가 무너진다. 대기업에 대한 규제와 조정 또한 무제한적인 것이 아니다. 본문의 헌법학과 행정법학적 이론에 근거해 제시한 한계 내에서 규제와 조정이 가능하다. 그럼에도 기업의 자유를 더욱 증진시켜야 한다. 아울러 기업 의사 결정 등 기업경영에도 노동이 참여할 수 있는 조건을 갖춰나가는 등 양자간의 절충점을 찾는 조화롭고 균형적인 접근이 필요하다.

경제민주화를 부정하든 인정하든 이에 대한 욕구는 분출하고 있는 게 사실이다. 정치권에서 이와 같은 욕구를 우리 경제헌법 질서에 맞게 걸러낼 필요가 있다. 경제면에서 시민혁명과 같은 국민적 열망을 정화(catharsis)하는 통과의례(rite of passage)가 사회적 비용을 크게 지불하지 않고 현명하게 치러져야 할 것이다. 경제민주화를 위키피디아에서 얘기하는 이해관계자 자본주의로 해석할 경우 스웨덴의 사민주의 경제체제와

---

453 지석재, 한국헌법의 사회적 시장경제질서, 서울대 석사학위 논문, 1999, 115쪽
454 이원우, 헌법상 경제질서와 공생발전을 위한 경제규제의 근거와 한계, 공생발전을 위한 행정법의 대응, 한국행정법학회·한국법제연구원 행정법분야 연합학술대회, 2012. 12, 331쪽

가장 유사하다고 볼 수 있다.455 여기서 핵심은 살트셰바덴(Saltsjobaden) 협약식의 노사정 대타협이 요구된다. 정쟁 타협의 결과물인 세율 인상과 고용 보장, 경영권 보장을 교환할 준비가 되어 있는지 자문해 봐야 한다.

앞에서 살펴본 바와 같이 우리와 전혀 토양이 다른 독일식 사회민주주의적 전통을 무리하게 수입하는 것도 법리적으로 맞지 않는다. 다만 독일의 사회민주주의적 전통을 원용해서 우리 식의 자유민주주의를 발전시켜 나가는 게 현명할 것이다. 아울러 최근에 논의가 확산되고 있는 사회적 기업과 협동조합운동456을 통해 경제민주화를 풀뿌리에서부터 실천하는 대안을 모색해야 할 것으로 보인다. 국민 각자의 생활 주변에서부터 자본주의를 건전하게 발전시키고, 노동과 소비 그리고 유효수요의 경제주체로서 자신의 권리를 지켜내는 협동조합운동이 필요하다. 이는 자본주의의 건전한 경제적 안전망으로서 기능하다.

경제민주화 논의 과정에서 지역 격차와 이로 인한 지역간 정치적 갈등 문제는 소홀히 취급되고 있다.457 이 문제는 우리나라 경제발전 정책이 불균형적 성장과 수출주도형으로 진행되면서 비롯된 것이다. 경제적으로 낙후지역은 국가적 저투자→저생산→빈곤→낙후→저소득→저투자로 이어지는 낙후의 악순환(vicious circle of underdevelopment)에서 헤어나지 못하게 된다. 낙후지역은 또 정치적으로 소외가 가중된다. 낙후로 인한 인구 감소→국회의원 정수 감축→중앙에서의 영향력 감소→국가 예산, 투자로부터의 소외→저발전의 상시화→가속적 지역 공동화 등으로의 정치적 소외의 악순환(vicious circle of political alienation)에서

---

455 안동현, 경제민주화, 어디서부터 출발해야 하나?, 나라경제, 2012. 9, 57쪽
456 협동조합기본법 : 제정 2012. 1. 26 법률 제11211호 시행일 2012. 12. 1, 자주적 · 자립적 · 자치적인 협동조합 활동을 촉진하고, 사회통합과 국민경제의 균형 있는 발전에 기여함을 목적으로 한다.
457 김정호, 기존의 경제민주화 조치부터 잘 챙겨보라, 한국경제연구원, 경제민주화 제대로 알기, 2012. 10. 17, 34쪽에서는 중앙과 지역 사이에 민주화가 제대로 진전되는 것으로 분석함.

벗어나지 못하게 된다. 낙후지역이든 발전지역이든 특정 정파가 장기간 특정지역을 지배함으로써 정치적으로 덜 민주화가 될 수밖에 없다. 경제 문제가 지역 문제, 더 나아가 정치 문제로까지 번져나가는 것이다. 이 같은 현상을 자유롭고 공정하다고 할 수 있는지 지역 경제민주화 관점에서 살펴봐야 할 것이다.[458]

경제민주화 논의가 확산되면서 대형유통업체들이 자발적으로 휴업일을 지정해 운영해 나가기도 하고, 동네 빵가게 진출을 자제하고 있다. 기업들은 또 선제적으로 의사결정기구에 노동의 참여를 늘리거나 개방적 태도로 전향하고 있다. 이와 같이 경제민주화는 단계적으로 추진하며 성과를 거둬야 한다. 그러나 아직 대기업 중심의 거대노조가 비정규직 등의 보호에 나선다는 소식은 들리지 않는다. 결론적으로 첨예하게 대립된 논쟁의 소재를 하나씩 천착하며 박근혜 정부에서는 대한민국이 진정 경제민주화면에서 선진국이 될 수 있는 길을 모색해야 한다고 본다.

논쟁의 귀결점은 각자의 이기심을 극대화하자는 게 아니다. 공동체의 건강한 발전과 자본과 노동의 동반성장에 다름아니다. 경제민주화 논쟁 이전에 다문화(multiculture) 현상이 유행처럼 번진 바 있다. 다문화사회를 맞이하는 우리는 서로의 다름, 문화적 차이를 인정함으로써 미래공동체의 번영과 안정을 구가하게 될 것이다.[459] 이와 마찬가지다. 자본과 노동의 각자 역할을 인정함으로써 경제민주화를 완성해 나갈 수 있다. 온갖 역경을 이겨내고 정치민주화를 이룩한 대한민국이 이제 경제민주화를 슬기롭게 이룩해야만 할 것이다.

---

458 지역균형발전을 위한 헌법 조항
전문 : …안으로는 국민생활의 균등한 향상을 기하고…
제119조 제2항 : 국가는 균형 있는 국민경제의 성장을 유지하고…
제120조 제2항 : 국가는 (국토의) 균형 있는 개발과 이용을 위하여 필요한 계획을 세운다.
제123조 제2항 : 국가는 지역 간의 균형 있는 발전을 위하여 지역경제를 육성할 의무를진다.
459 이성미, 다문화정책론, 박영사, 2012, 285-295쪽

참고문헌

1. 국내문헌

[단행본]

강철규, 소설 테크노믹스, 엘도라도, 2011

권영설, 헌법이론과 헌법담론, 법문사, 2007

　　　　기업규제법연구, 삼영사, 1984

권영성, 헌법학원론, 법문사, 2010

김기영, 헌법강의, 박영사, 2002

김남식, 헌법학강의, 유스티니아누스, 2002

김대환, 자본주의의 이해, 비봉출판사, 1989

김동희, 행정법요론, 박영사, 2010

김비환, 데모크라토피아를 향하여, 교보문고, 2008

김종수, 한국 사회의 변동, 도서출판 한울, 1994

김종인, 지금 왜 경제민주화인가, 동화출판사, 2012

김철수, 법과 사회정의, 서울대학교출판부, 1989

　　　　법과 정치, 교육과학사, 1995

　　　　한국에서의 미국헌법의 영향과 교훈, 대학출판사, 1987

　　　　헌법개정, 회고와 전망, 대학출판사, 1986

　　　　헌법학개론, 박영사, 2007

김철용, 행정법 II, 박영사, 2010

김태영(외), 한국의 사회경제사, 한길사, 1987

류지태 · 박종수, 행정법신론, 박영사, 2011

민주화운동기념사업회 연구소, 민주주의 강의 3 제도, 민주화운동기념사업회, 2009

박균성, 행정법론(상), 박영사, 2009

　　　　행정법론(하), 박영사, 2011

박종국, 행정법 II, 동방도서, 2002

박윤흔 · 정형근, 최신행정법강의(상), 박영사, 2009

박윤흔, 최신 행정법강의(하), 박영사, 2002

박현채, 한국자본주의의 전개의 제 단계와 그 구조적 특징, 한울, 1986

박호성, 평등론, 창작과비평사, 1994

배찬복 · 안정수, 자유민주주의의 본질과 미래, 을유문화사, 1992

변형윤, 경제민주화의 길, 비봉출판사, 1992

변형윤(외), 한국사회의 재인식, 한울, 1985

서중석, 이승만의 정치이데올로기, 역사비평사, 2005

서희경, 대한민국 헌법의 탄생, 창비, 2012

성낙인, 헌법학, 법문사, 2012

신동아, 대선 화두 '경제민주화' 대해부, 2012. 9

양 건, 헌법강의 I , 법문사, 2007

유진오, 신고 헌법해의, 일조각, 1957

이근영, 한국경제의 성장과 발전, 비봉출판사, 1997

이대근, 현대한국자본주의의 전망, 한국의 사회경제사, 한길사, 1987

이대근, 정운영 편, 한국자본주의론, 까치, 1984

이성미, 다문화정책론, 박영사, 2012

　　　　다문화코드, 생각의 나무, 2010

이용필, 민주주의와 사회주의, 1990

이종은, 민주주의와 혁명, 영학출판사, 1989

전득주, 자유민주주의와 사회주의 비교, 행림출판, 1991

전철환, 경제민주화와 위기의 대응철학, 지식산업사, 2002

정하중, 행정법개론, 법문사, 2011

정회철, 기본강의 헌법, 도서출판 여산, 2011

조기준, 한국자본주의발전사, 대왕사, 1991

조연홍, 한국행정법원론(하), 형설출판사, 2005

주성수·정상호, 민주주의 대 민주주의, 도서출판 아르케, 2006

최장집, 한국민주주의의 이론, 도서출판 한길사, 1993

최태군, 행정법정론, 율곡프레스, 2008

허 영, 한국헌법론, 박영사, 2011

　　　　헌법이론과 헌법, 박영사, 2011

홍성방, 헌법학, 현암사, 2008

홍정선, 행정법원론(하), 박영사, 2011

홍준형, 행정법, 법문사, 2011

황남기, 헌법, 도서출판 찬글, 2005

황성모, 제3의 이데올로기, 태극출판사, 1978

[논문]

경제민주화시민연대(준), 노동 없는 경제민주화는 허구, 경제민주화와 노동정책
　　　대토론회, 2012. 9

권건보, 경제민주화와 복지, 차기정부의 공법적 과제, 2012년 공동학술대회,
　　　한국공법학회 · 한국행정법학회 · 한국국가 법학회, 2012. 10

권영설, 국가와 경제-경제질서의 헌법적 기초, 공법연구 제16집, 1988
　　　경제에 대한 헌법의 가치정향, 법학논문집 제9집 중앙대학교 법학연구소,
　　　1984
　　　경제활동의 법적 규제와 조성, 한국공법학회 연례학술대회, 1987년
　　　기업활동에 있어서 자유와 규제의 헌법이념, 법학논문집 제12집 중앙대학교
　　　법학연구소, 1987
　　　헌법상의 경제질서와 기업규제, 한국경제법학회(엮음), 1984

권오승, 우리나라 경제입법과 국회의 역할, 제6공화국과 정부규제 합리화 추진방향에
　　　관한 심포지엄 초록, 전국경제인연합회, 1988

김광수, SSM 규제와 공존상생, 사회통합과 공법적 과제, 한국국가 법학회 ·
　　　전북대학교 법학연구소 공동학술대회, 2012. 12

김남진, 국가의 경제에의 참여와 개입, 공법연구 제16집, 1988

김민배, 경제민주화와 국가의 역할, 법연, 법제연구원, 2012. 11 vol. 35

김병규, 경제 규제의 탈규제화 제도에 관한 연구, 단국대 박사학위논문, 2001. 2

김지훈, SSM 규제에 관한 입법연구, 공생발전을 위한 행정법의 대응,
　　　한국행정법학회 · 한국법제연구원 행정법분야 연합학술회, 2012. 12.

김철수, 경제헌법에 관한 소고, 공법의 제문제, 해암 문홍주 박사 화갑기념논문집,
　　　현암사, 1978

김현식, 한국헌법에서의 경제질서-헌법재판소의 결정을 중심으로, 한림대 석사학위
　　　논문, 1999. 2

김형성, 경제헌법과 경제간섭의 한계, 공법연구, V.21, 1993
　　　독일과 한국에 있어서의 사회적 시장경제, 법철학연구, 제3권 제1호,
　　　한국법철학회, 2000
　　　헌법상의 경제질서와 경제간섭의 한계, 한국공법학회 제28회 학술발표회

민경식, 서독기본법에 있어서의 사회화에 관한 연구, 서울대학교 박사학위논문, 1987

박우방, 사회적 시장경제질서에서의 국가간섭의 근거와 한계에 관한 연구, 배재대
　　　석사학위 논문, 2000. 2

송기춘, 경제의 민주화를 위한 법적 과제, 법연, 법제연구원 2012. 11 vol. 35

신용락, 계약자유의 헌법적 한계, 재판자료 77, 1997

양　건, 헌법과 소비자보호, 공법연구 제10집, 1982

오수창, 2011 역사 교육과정과 '자유민주주의'의 현실, 한국역사연구회, 2011

유진오, 헌법과 현대법학의 제문제, 현민 유진오박사 고희기념논문집, 현암사, 1975

이기선, 한국헌법에 있어서 사회국가이념에 관한 연구, 사회적 시장경제질서에 관한 우리 헌법재판소의 판례를 중심으로, 서울대 석사학위 논문, 1996, 8

이덕연, 한국헌법의 경제적 좌표, 공법연구(한국공법학회) 제33집 제2호, 2005
　　한국의 경제헌법질서상 기업의 자유, 공법연구, 29. 1,2000

이석연, 기업활동에 대한 국가개입의 헌법적 근거와 한계, 판례연구(서울변호사회) 제12집. 1999.

이원우, 경제 규제와 공익, 법학, 서울대학교 법학연구소 제47권 제3호, 2006
　　헌법상 경제질서와 공생발전을 위한 경제규제의 근거와 한계, 공생발전을 위한 행정법의 대응, 한국행정법학회 · 한국법제연구원 행정법분야 연합학술대회, 2012. 12

이인재, 2011 사회과 교육과정 고시에 나타난 몇가지 문제점과 해결방안, 한국역사연구회, 2011

이주하, 민주주의의 다양성과 공공성: 레짐이론을 중심으로, 행정논총, 제48권 2호

이춘구, 자유민주주의의 공법적 고찰, 법학연구 제34집, 전북대학교 법학연구소, 2011. 12

이희동, 우리 헌법상의 경제질서, 연세대 석사학위논문, 2001. 2

정순훈, 국가의 경제간섭의 법적 한계에 관한 연구, 연세대학교 법학박사학위논문, 1987
　　우리 헌법상의 경제질서와 경제규제의 한계, 공법연구 제16집, 1988

주진오, 2011년 역사 교육과정의 문제점과 '한국현대사학회', 한국역사연구회, 2011

지석재, 한국헌법의 사회적 시장경제질서-사회적 시장경제의 기능과 헌법 제119조를 중심으로, 서울대 석사학위논문, 1992

지성우, 경제민주화 논의의 규범적 의의와 실천적 지향점에 대한 헌법적 관점에서의 재해석, 공생발전을 위한 행정법의 대응, 한국행정법학회 · 한국법제연구원 행정법분야 연합학술대회, 2012. 12.

참여연대, 상생과 동반성장에서 제도적 재벌규제로, 경제민주화와 재벌체제 개혁을 위한 참여연대 정책보고서, 2012. 8

최갑선, 경제관계 헌법 규정들에 대한 고찰, 헌법논집 9. 1998
한국경제연구원, 경제민주화, 어떻게 볼 것인가: 2012 대한민국에서의 시사점,
　　　KERI정책토론회, 2012. 6
　　　경제민주화, 어떻게 할 것인가: 쟁점별 고찰, KERI정책토론회, 2012. 7
　　　경제민주화와 기업가정신, KERI심포지엄, 2012. 11 경제민주화 칼럼,
　　　2012. 8
　　　학문적 관점에서의 경제민주화 제대로 알기, KERI정책토론회, 2012. 10
　　　대한민국 역사속에서의 경제민주화 제대로 알기, KERI정책토론회, 2012. 10
한상범, 헌법상의 경제질서와 소비자보호의 제문제, 공법연구, 제5집, 1977
한수웅, 한국헌법상의 경제질서, 공법학의 현대적 지평-심천 계희열 박사 화갑기
　　　념 논문집, 1995
허　영, 헌법과 사회국가와 사회보장, 성속논총, 제6집, 1975
홍정선, 한국헌법의 경제체계에 관한 연구, 논총, 이화여대, 1992

2. 외국문헌

Allan Engler, Economic Democracy, Fernwood Publishing, 2010

André Béteille, Social Inequality, Penguin Books, 1978

Archie B. Carroll, A Three-Dimensional Conceptual Model of Corporate
　　　Performance, The Academy of Management Review 1979, Vol14, NO4

Avram Noam Chomsky, People First Economics, New Internationalist Publications,
　　　2011(김시경 역, 경제민주화를 말하다, 위너스북, 2012)

C. B. Macpherson, The Real World of Democracy, Oxford University, 1971

Cho Hee Yeon, States of Democracy, Earthworm Books, 2008

Clifford Hugh Douglas, Economic Democracy(1920),

Harcourt, Brace and Howe, 1920

David Held, Models of Democracy third edition, Stanford University Press, 2006

Gary Taylor, Ideology and Welfare, Palgrave Macmillan, 2007

G. C. Field, Political Theory, Methuen & Co Ltd, 1963

Fritz Rittner, Wirtschaftsrecht, C. F. Müller Juristischer Verlag, 1987

G. Gutman(Hrsg.), Die Wirtschaftsverfassung der Bundesrepublik Deutschlands,
　　　1976

Grundgesetz für die Bundesrepublik Deutschland

John Rawls, A Theory of Justice, The Belknap Press of Havard University, 1972

Joseph A. Schumpeter, Capitalism, Socialism and Democracy, Routledge, 2010

J. W. Harris, Legal Philosophies, Butterworths, 1995

J. W. Smith, Economic Democracy, Institute for Economic Democracy Press, 2005

M. Judd Harmon, Political Thought, McGraw Hill Book Company, 1964

Max Weber, Die Protestantische Ethik und der Geist des

Kapitalismus, Gesammelte Aufsätze, zur Religionssoziologie, Bd. 1, J. C. B. Mohr, Tübingen, 1920(박성수 역, 프로테스탄티즘의 윤리와 자본주의 정신, 문예출판사, 1996)

Michael Novak, The Spirit of Democratic Capitalism, Simon and Schuster Publication, 1982(김학준·이계희 역, 민주자본주의의 정신, 을유문화사, 1983)

Peter L. Strauss, Administrative Justice in the United States, Carolina Academic Press, 2002(법제처, 미국행정법개론, 한국법제연구원, 2010)

Rober A, Dahl, A Preface to Economic Democracy, 1985(배관표 역, 경제민주주의에 관하여, 후마니타스, 2011)

Thomas Meyer with Lewis Hinchman, The Theory of Social Democracy, Polity Press, 2008

Walter Lippmann, The Public Philosophy, 1955(이극찬 역, 민주주의의 몰락과 재건-공공의 철학 대한기독교서회, 1974)

Wikipedia, Economic Democracy

Will Durant, The Story of Philosophy, Washington Square Press, 1961

Wolfgang Nörr, Über das Konzept der Wirtschaftverfassung, 1996. 10 (이준섭 역, 경제헌법의 관념에 대하여-독일 역사상의 한 장)

吉田傑俊, マルクス思想の現代的可能性-民主主義·市民社會·社會主義-, 大月書店, 1997

畑安次 舟越耿一, デモクラシーと法, ミネヴァ書房, 1994

田口富久治, マルクス主義國家論の新展開, 青木現代叢書, 1979

伊藤正己, 현대일본국헌법론 엮음, 구병삭 옮김, 현대일본국헌법론, 법문사, 1983

G. 사르토리, 이행 역, 민주주의 이론의 재조명 I, 도서출판 인간사랑, 1999

칼 베커·S. M. 립세트, 마상조 역, 민주주의란 무엇인가?, 종로서적, 1982

콜린 크라우치, 이한 역, 포스트민주주의, 도서출판 미지북스, 2008